Die Reihe
„Internationale Schriften
der Hochschule Bonn-Rhein-Sieg"
wird herausgegeben von

Hartmut Ihne und Wiltrud Terlau

Band 1

Eckhard Deutscher | Hartmut Ihne [Hrsg.]

`Simplizistische Lösungen verbieten sich´

Zur internationalen Zusammenarbeit im 21. Jahrhundert

Festschrift zu Ehren von Professor Uwe Holtz

Die Deutsche Nationalbibliothek verzeichnet diese Publikation in
der Deutschen Nationalbibliografie; detaillierte bibliografische
Daten sind im Internet über http://dnb.d-nb.de abrufbar.

ISBN 978-3-8329-5382-9

1. Auflage 2010
© Nomos Verlagsgesellschaft, Baden-Baden 2010. Printed in Germany. Alle Rechte, auch
die des Nachdrucks von Auszügen, der photomechanischen Wiedergabe und der Übersetzung, vorbehalten. Gedruckt auf alterungsbeständigem Papier.

Inhaltsverzeichnis

Einleitung 9

Herausforderungen an die internationale Zusammenarbeit im 21. Jahrhundert 11

Der Entwicklungspolitiker – eine Würdigung 15

Würdigung des politischen Wirkens von Prof. Uwe Holtz
Heidemarie Wieczorek-Zeul 17

Entwicklung und Sicherheit 25

Global Europe: From Geopolitics to Human Security
Ludger Kühnhardt 27

Deutschland und der internationale Terrorismus – eine
Annäherung in neun Thesen
Gerd Langguth 37

Entwicklung, Demokratie und globale Politik 51

Mit Korruptionsbekämpfung zum *take off* bei den MDGs?
Zu Möglichkeiten und Grenzen einer entwicklungspolitischen Strategie
Tobias Debiel/Birgit Pech 53

Global development cooperation: where are we and what do we need to do?
Eckhard Deutscher 69

Global change management: eine systemische Utopie der Nachhaltigkeit im
Angesicht der Apokalypse
Pierre L. Ibisch 79

Dawning of a new global order – An essay on global transformations from an European perspective
Dirk Messner   105

Das Hohelied von Good Governance in der entwicklungspolitischen Bewährungsprobe
Franz Nuscheler   117

Ownership und die Verpflichtung zur Rechenschaft: Zwei Seiten einer Medaille
Jürgen Wilhelm   133

Weltentwicklungspolitik – Aufgabe kompetenter und demokratisch legitimierter Globaler Staatlichkeit
Christoph Zöpel   145

Nachhaltigkeit und Ressourcen   167

Die Dritte Welt in der fossilen Ressourcenfalle – Ressourcenabhängigkeit trotz Ressourcenreichtum
Hermann Scheer   169

Ohne Bildung geht es nicht! Kritische Anmerkungen zur deutschen Nachhaltigkeitsdebatte
Bernd Schleich   175

Wasser-Ressourcen-Management in Sub-Sahara Afrika – Eine Analyse der Tarif- und Kostenstruktur sowie der Subventionspraxis –
Wiltrud Terlau   195

Entwicklung, Kommunikation und Wissen   203

Deutsche Welle-Akademie: Entwicklungspolitische Medienarbeit weltweit
Theo Blank   205

Von Asien lernen: Singapur auf dem Weg zur Wissensgesellschaft
Solvay Gerke, Hans-Dieter Evers, Thomas Menkhoff   213

Entwicklungspolitik, Afrika und Europa   231

Die EU im Umbruch: Der Lissaboner Vertrag als Meilenstein oder
Zwischenstufe?
Wolfram Hilz   233

Dilemmata und Versäumnisse der Entwicklungspolitik
Detlev Karsten   243

Migration hat viele Gesichter: Ein entwicklungspolitischer Blick auf das
Potenzial von Migration für Afrika
Karin Kortmann   255

Ende des Elends in Afrika?
Winfried Pinger   271

Entwicklung und ethische Verantwortung   281

Zu den Grundlagen einer Weltwirtschaftsethik
Hartmut Ihne   283

Corporate Social Responsibility in Zeiten der Wirtschaftskrise – die
wachsende Bedeutung von CSR in Entwicklungsländern
Winfried Polte   309

Literaturverzeichnis   321

Autorenhinweise   343

Einleitung

Herausforderungen an die internationale Zusammenarbeit im 21. Jahrhundert

I.

Internationale Zusammenarbeit ist schwieriger und unübersichtlicher geworden. In den vergangenen zwei Jahrzehnten hat sich nach dem Fall des Eisernen Vorhangs die Themenpalette verschoben, die die internationale Politik herausfordert. Das Verhältnis zwischen Industrie- und Entwicklungsländern hat sich dramatisch verändert. Einige ehemalige Entwicklungsländer sind heute selber Geber geworden, mit erheblichem Einfluss, und sind zugleich Kokurrenten auf dem Weltmarkt. Andererseits hat sich in der Folge der globalen Finanz- und Wirtschaftskrise die Armut in vielen Entwicklungsländern verschärft und macht Entwicklungserfolge der vergangenen Jahrzehnte zunichte.

Es sind eine Reihe von Baustellen, die globale Antworten brauchen, weil sie selbst globale Dimensionen und Auswirkungen haben. Ihre besondere Sprengkraft steckt jedoch in ihren noch nicht hinreichend verstandenen Interdependenzen. Politik muss aber reagieren, wenn auch im Schatten großflächiger Unwissenheit.

(1) Da ist der globale Klimawandel als eine der globalen Baustellen. Klimawandel wird in seiner Ursache von den meisten Wissenschaftlern als anthropogen verursacht betrachtet. Damit verbunden ist die Hoffnung, ihn auch anthropogen zu dämpfen: durch Adaption, Minderung, Prävention.

(2) Da ist – nach wie vor – die globale Armutsfrage, nämlich, dass über 3 Mrd. Menschen, die Hälfte der Menschheit, in Armut leben. Also (statistisch!) weniger als 2,5 US-$ pro Tag zum Leben haben.

(3) Da ist die globale Bevölkerungsfrage, nämlich, dass in den Armutsregionen dieser Welt – und dort leben 5/6 der Menschheit – die Bevölkerung rasant steigt. Die Armutsländer verjüngen sich dadurch, in den reichen Ländern leben immer mehr ältere Menschen. Das ist Chance und Risiko zugleich.

(4) Damit verbunden ist die globale Migrationsfrage: Die UNO schätzt 30-50 Mio. Flüchtlinge weltweit. Zusätzlich geht man von über 300 Millionen Binnenflüchtlingen in den Entwicklungsländern aus.

(5) Da ist die Verschiebung der globalen Ökonomie: Es ist deutlich, dass wir uns mitten in einer Umwälzung politischer und wirtschaftlicher Macht befinden, die die Vormachtstellung der alten Triademärkte USA-Europa-Japan bricht, zum Teil schon gebrochen hat, und neue machtpolitische und ökonomische Konstellationen erzeugt.

Die „BRICS"-Gruppe der großen Schwellenländer – Brasilien, Russland, Indien, China, Südafrika – nimmt längst am globalen Marktrennen teil und verändert massiv die Kräfteverhältnisse und damit globale Politik. Die alte Triade hat somit starke Mitbewerber bekommen.

(6) Da ist nicht zuletzt die Weltfinanzmarktfrage: Binnen 1½ Tagen wird der Gegenwert des gesamten Weltbruttosozialprodukts durch die globalen Märkte geschleust. Das ist ein ungeheuerliches Machtpotenzial. Auch hier stehen Chancen und Risiken in einem schwer zu überschauenden Zusammenhang. Klar ist aber, dass es neue Regulierungsregime geben muss, um Risiken einzudämmen, zugleich aber muss Kapital für Investitionen flexibel gehalten werden. Die Kreditkrise der Immobilienmärkte wird nicht die letzte sein. Die Zeche zahlen zuerst die Schwachen.

(7) Da ist auch die Weltkulturfrage, insbesondere die erstarkende Rolle von Religionen und deren Verhältnis untereinander. Wir kennen alle die Rede vom „Clash", vom Zusammenprall der Kulturen. Auch wenn man den Theoretiker der Clash-These, den Harvard-Politologen Samuel P. Huntington, kritisch sehen muss, ist das Thema von globaler Bedeutung. Nicht alleine ökonomische Machtverschiebungen sind relevant, auch die Auswirkungen kultureller Faktoren sind für die Zukunft der Globalisierung von zentraler Bedeutung.

(8) Zuletzt noch die Weltressourcenkonfliktfrage: Energie, Wasser, Boden, Luft und Biodiversität werden längst als neue Konfliktgegenstände des 21. Jahrhunderts in internationalen Foren diskutiert.

Umwelt, Armut, Bevölkerungswachstum, Migration, Weltfinanzmärkte, Ressoucenkonflikte: Alles hängt zusammen. Nichts erlaubt wirklich Aufschub. Entwicklungspolitik hat sich in den letzten Jahren wesentlich verändert: Sie ist nicht mehr „Hilfe" für Entwicklungsländer, sondern sie ist eine politische Zukunftsinvestition, die sich dieser Themen angenommen hat und Teil einer Globalisierungsgestaltung ist. Aber eben nur ein Teil. Die Frage muss erlaubt sein: Wer ist eigentlich für das Ganze zuständig? Sind die Nationalstaaten, die internationalen Organisationen und die Weltkonferenzen dazu in der Lage, Lösungen anzubieten? Kann die internationale Politik praktikable Entscheidungen unter einem immer stärker werdenden Zeitdruck vornehmen? Oder wird die Komplexität aller Herausforderungen zusammen zu einem globalen Waterloo?

Die internationale Zusammenarbeit versucht seit Jahrzehnten, in diesem unübersichtlichen Spannungsfeld strategische Antworten zu geben. Dabei lebt sie nicht nur von Institutionen und Regelregimen, sondern vor allem auch von Persönlichkeiten, die sich der Aufgabe stellen, die Komplexität internationaler Entscheidungsprozesse zu verfolgen und durch ihr Können nachhaltig mit zu prägen. Entscheidende Kriterien für eine erfolgreiche Arbeit im Kontext internationaler Politik sind Wissen, Können, Ausdauer und Mut. Man hat den Eindruck, dass in der internationalen Politik mehr noch als in anderen Politikfeldern Max Webers' Diktum vom geduldigen Bohren dicker Bretter gilt. Das hängt zum einem mit der nahezu undurchschaubaren

Komplexität internationaler Verflechtungen und der Vielschichtigkeit politischer Themenfelder wie Entwicklungspolitik (die selbst die meisten Politikfelder umfasst) zusammen, zum anderen ist es aber auch die verhältnismäßig niedrige Rückkopplung hinsichtlich der Erfolge ihres eigenen Tuns, die die Geduld internationaler Politik und der sie Betreibenden besonders beansprucht.

II.

Vor dreißig Jahren, zu Zeiten der sozialliberalen Koalition unter Helmut Schmidt, hat ein junger Politiker im Deutschen Bundestag das methodische Prinzip für eine verantwortungsvolle Politik der internationalen Zusammenarbeit angesichts wachsender Interdependenzen und Divergenzen von Nord und Süd, Ost und West im Sinne einer Negativdefinition so formuliert: „Simplizistische Lösungen verbieten sich". Sein Name: Uwe Holtz, damals Vorsitzender des Bundestagsausschusses für wirtschaftliche Zusammenarbeit. Ihn zeichnet jene Geduld aus, die Max Weber im Auge gehabt haben muss. Seit nunmehr fast vierzig Jahren bestimmt die Entwicklungspolitik sein berufliches und persönliches Engagement. Zuerst als einer der führenden deutschen Entwicklungspolitiker im deutschen Bundestag, danach als Professor für Politikwissenschaft an der Universität Bonn. Zentrales Ziel dieses Engagements ist eine „nachhaltige und menschenwürdige Entwicklung".

Uwe Holtz gehört zu einem, in Deutschland raren, aber zunehmend unerlässlich werdenden Typus von Übersetzer zwischen der Welt der Politik und der Welt der Wissenschaft.

Der Wissenschaft kommt bei der Bewältigung vieler, insbesondere langfristiger und globaler Probleme, eine besondere Bedeutung zu. Sie muss helfen, anwendbare Strategien zu entwickeln und Entscheidungsträger dabei unterstützen, die komplexe Wirklichkeit für ihre Entscheidungen und ihr Handeln zu entschlüsseln und verständlicher zu machen. Dafür muss die Wissenschaft aber die Sprache der Politik sprechen. Sie muss ihre eigene Unverständlichkeit in Verständlichkeit übersetzen. Wissenschaft muss sich selbst auch aktiver als ein Beitrag zur menschlichen Entwicklung begreifen. Das muss sie in Deutschland noch mehr lernen als anderswo und braucht dafür engagierte Menschen, die beide Welten kennen und zwischen ihnen vermitteln können. Uwe Holtz kennt die Praxis der Politik von innen her durch langjährige eigene Erfahrung und ihre Möglichkeiten und Grenzen. Und er kennt gleichermaßen aus eigener Erfahrung das Innenleben der Wissenschaft sowie des Wissenschaftsbetriebs.

Diese doppelte Erfahrung unterscheidet ihn vom klassischen Politikwissenschaftler, der – zugespitzt – seinen letzten Außenkontakt mit der Wirklichkeit in der Regel beim Abitur hatte und dann in der stark selbstreferentiellen Eigenwelt der Universität seine Karriere bis hin zum Professor macht (um dann die Wirklichkeit, die er nicht aus eigener Erfahrung kennt, anderen zu erklären). Uwe Holtz weiß, dass Politik nicht nur vom Produzieren von guten Argumenten lebt – davon lebt die Wissenschaft –, sondern vor allem vom Produzieren von Mehrheiten für gute Argumente. Der Mehrheitsdiskurs in der Politik ist etwas anderes als der Wahrheitsdiskurs in der Wissenschaft. Ohne Mehrheit ist in der demokratischen Politik solange nichts "wahr", solange es nicht durchsetzbar ist. Diese wahrheitstheoretische Differenz, die insbesondere einen pragmatischen Wahrheitsbegriff kennzeichnet, ist struktureller Art und erschwert den so notwendigen Brückenschlag zwischen Politik und Wissenschaft.

Diese doppelte Erfahrung unterscheidet ihn aber auch vom klassischen Politiker. Wer je mit Uwe Holtz gearbeitet hat, als politische Kollegin oder politischer Kollege, als Mitglied seines Arbeitsstabs oder als Student, weiß, dass er in seinen politischen und wissenschaftlichen Ämtern stets hohe und höchste Ansprüche an Genauigkeit und Verlässlichkeit gestellt hat. Der Wissenschaftler Uwe Holtz war im Politiker Uwe Holtz stets präsent und umgekehrt, das zeigen hunderte von Publikationen, die von ihm verfasst wurden.

Das hohe Ansehen, dass er sich erarbeitet hat, drückt sich auch in der Liste der Autorinnen und Autoren aus, die zu diesem Buch beigetragen haben. Sie umfasst führende Persönlichkeiten der internationalen Zusammenarbeit, Entwicklungspolitik und Entwicklungsforschung. Vieles von dem, was in den Beiträgen formuliert wird, kann im Sinne von Uwe Holtz Ansatz von internationaler Zusammenarbeit verstanden werden. Einiges wird ihn auch zum lebhaften Widerspruch herausfordern.

Alle Autorinnen und Autoren eint mit ihm das Engagement für die „Eine Welt" – und: eine „nachhaltige und menschenwürdige Entwicklung".

Bonn, November 2009   Eckhard Deutscher
                                                          Hartmut Ihne

Der Entwicklungspolitiker – eine Würdigung

Würdigung des politischen Wirkens von Prof. Uwe Holtz

Heidemarie Wieczorek-Zeul

Der Titel dieser Festschrift ist ein Zitat von Uwe Holtz. Die Aussage spiegelt gleichzeitig eine Grunderkenntnis moderner Entwicklungspolitik. Uwe Holtz hat die Gedanken der Komplexität und der multidimensionalen Verknüpfung von Entwicklungspolitik schon zu einem Zeitpunkt in den Fachdiskurs eingebracht, als viele andere noch in einem überkommenen Kosmos klassischer und in ihrer Wirkung begrenzter Projekte in Ländern der damals sog. Dritten Welt argumentierten.

Uwe Holtz hat 20 Jahre lang von 1974 bis 1994 als Vorsitzender die Arbeit des Bundestagsausschusses für wirtschaftliche Zusammenarbeit und Entwicklung (AWZ) geprägt. Dies ist eine außergewöhnlich lange Zeit; Uwe Holtz wusste, dass nachhaltige Entwicklungserfolge – um mit Max Weber zu sprechen – das unermüdliche Bohren dicker Bretter bedeutet; denn Entwicklungsprozesse sind vielschichtig und von verschiedensten, einander widersprechender Interessen und Vorstellungen geprägt. Um die Globalisierung gerecht zu gestalten, Frieden und Demokratie zu stärken, die Umwelt zu bewahren und um die Armut wirksam zu bekämpfen, brauchen wir also einen langen Atem. Wir benötigen Mut, Überzeugung, Sachkunde und dauerhafte Konsequenz im Handeln. Komplexe Wandlungsprozesse anzustoßen, ist dabei immer nur ein erster Schritt. Es geht nicht nur um die Änderung von wirtschaftlichen, sozialen und politischen Regelwerken und um institutionelle Neuerungen. Wandel bedeutet auch die Veränderung von Denk- und Verhaltensmustern, oft gegen immense Beharrungskräfte des Bestehenden und des Gewohnten; und gegen die handfesten Interessen derjenigen, die von bestehenden, ungerechten Strukturen profitieren.

Durch seine herausragende Fachkompetenz und seine bewundernswerte Beharrlichkeit hat Uwe Holtz die deutsche Entwicklungspolitik stark geprägt. In seinen 20 Jahren als Vorsitzender des AWZ hat er immer wieder seinen starken Gestaltungswillen unter Beweis gestellt und die Kraft gehabt, seiner Vision von einer gerechteren Welt auch dann Geltung zu verschaffen, wenn es Gegenwind für die Entwicklungspolitik gab, oder wenn unser Politikfeld nicht ausreichend beachtet wurde. Er wurde niemals müde, Entwicklungs- und Zukunftspolitik gegenüber kurzfristig angelegten Prioritäten anderer Ressorts zu verteidigen.

So schrieb er im Jahre 1975 dem damaligen Fraktionsvorsitzenden Herbert Wehner einen eindeutigen Brief, als die Entwicklungspolitik in der Regierungspolitik und der Arbeit der Fraktion nicht ausreichend berücksichtigt schien. „Onkel Herbert" hatte verstanden und antwortete mit gestochen scharfer Handschrift, dass ihm der Brief von Uwe Holtz zu Herzen ginge. Wehner sagte die Unterstützung der Entwicklungspolitik einschließlich der „von Dir besonders angesprochenen wichtigen Verpflichtungsermächtigungen" zu. Es ist schön, dass dieses kleine, aber aussagekräftige Dokument der Zeitgeschichte noch heute existiert.

Im Rückblick auf mehr als eine Dekade sozialdemokratisch geführter, deutscher Entwicklungspolitik danke ich Uwe Holtz aufrichtig für seine unschätzbaren Beiträge. Er hatte als anpackender und souveräner AWZ-Vorsitzender, als politischer Vordenker und durch seine Überzeugungsarbeit viele Grundlagen dafür geschaffen, dass während meiner Amtszeit als Bundesministerin Entwicklungspolitik an Bedeutung gewann und zur globalen Strukturpolitik wurde. Als kritischer und immer konstruktiver Wissenschaftler hat er unsere moderne Entwicklungspolitik weiter begleitet und viele Impulse gegeben.

Ich erwähne beispielhaft einige Dinge, die heutzutage selbstverständliche Elemente unserer Globalen Strukturpolitik sind. Es sind Dinge, die in den 1970er und 1980er Jahren keineswegs im entwicklungspolitischen Mainstream lagen, aber von Ausnahmepersönlichkeiten wie Uwe Holtz längst erkannt worden waren.

Die Erkenntnis von Theodor Adorno, dass es kein richtiges Leben im falschen gibt, hat für die Entwicklungspolitik zentrale Bedeutung. In einer falschen Weltordnung kann es keine nachhaltigen Entwicklungserfolge geben. Die Finanz- und Wirtschaftskrise hat uns drastisch vor Augen geführt, wie nötig eine kooperative Weltordnung sowie gerechte, globale Regelwerke und schlagkräftige, internationale Organisationen sind. Etwa 100 Millionen Menschen sind dazu verurteilt, in Armut zu verharren, weil ein verantwortungsloses, marktradikales Denken sich selbst ad absurdum geführt hat. Die Weltbank geht davon aus, dass 2009 noch 100 Millionen Menschen mehr in Armut zurückfallen.

Wir müssen den tragischen Schock der Finanz- und Wirtschaftskrise aber auch als Chance begreifen. Es ist überdeutlich geworden, dass die Zukunft nicht ohne eine zuverlässige, globale Finanzordnung und nicht ohne Kontrollmechanismen für Rating-Agenturen und Finanzprodukte aller Art zu meistern ist. Wir brauchen einen Weltwirtschaftsrat, der global ein sozial gerechtes und ökologisch tragfähiges Wirtschaften garantiert.

Der G20-Gipfel im April 2009 in London, die Arbeit der Stiglitz-Kommission und die Frühjahrstagung von IWF und Weltbank haben wichtige erste Schritte zum Aufbau solcher lebensnotwendiger Strukturen getan. Wir sind auf gutem Wege, doch wir sind noch in einer sehr frühen Phase notwendiger, globaler Reformprozesse. Als einer der nächsten wichtigen Schritte sollte die Einrichtung eines zwischenstaatlichen Gremiums geprüft werden, das die vorhandenen wissenschaftlichen Erkenntnisse zu Fragen nachhaltigen Wirtschaftens bündelt und für die verschiedenen Regierungen und Institutionen – später für den Weltwirtschaftsrat – aufbereitet. Pate für diese Idee hat der international renommierte und höchst erfolgreiche Weltklimarat (IPCC) gestanden. Ein derartiges Forum würde unabhängig von Regierungen tätig werden und keine eigene Forschung betreiben. Es würde bestehende Erfahrungen und Expertisen in einem transparenten Prozess akademisch analysieren und in internationaler Abstimmung Empfehlungen erarbeiten.

Uwe Holtz gehört zu den progressiven Entwicklungspolitikern, die lange vor dem allgemeinen, entwicklungspolitischen Diskurs den Blick auf die Schaffung internationaler, gerechter Systeme und zuverlässiger multilateraler Institutionen gelenkt haben. Ihm war klar, dass sich die immer mehr verfestigende Globalisierung neuer Verantwortungsgefüge bedurfte.

Uwe Holtz war nie ein reiner „Projektmann". Er ist ein Mann der Vielschichtigkeit und ein glänzender Analytiker der Nord-Süd-Beziehungen. Uwe Holtz setzte bei wissenschaftlichen Entwicklungstheorien an und hat entsprechend früh erkannt, dass Entwicklungspolitik auf die Rahmenbedingungen gerichtet sein muss. Internationale Rahmenbedingungen waren für ihn schon in den 1970er und 1980er Jahren extrem wichtige Bestimmungsfaktoren der Entwicklungszusammenarbeit. In den 1990er Jahren stellte er die „Entwicklungspolitik im weiteren Sinne" deutlich in den Vordergrund und wandte sich konsequent gegen eine neuerliche „Bilateralisierung", die seinerzeit in der Diskussion stand.

In seiner AWZ-Zeit hat Uwe Holtz einen deutlichen Schwerpunkt auf Evaluierungen gelegt und sich bei Inspektionsreisen selbst ein Bild von der Realität vor Ort gemacht. Er ist kein Mann am grünen Tisch, sondern jemand der weltläufig und sprachgewandt genug ist, um die Wirkungen der deutschen Entwicklungszusammenarbeit aus eigener Anschauung treffend zu bewerten. Er hat immer wieder Licht und Schatten systematisch gegenüber gestellt und zielführende Schlussfolgerungen daraus gezogen.

Nach Beendigung seiner politischen Laufbahn hat Uwe Holtz neben vielen anderen Publikationen zwei sehr grundsätzliche Darstellungen der Entwicklungspolitik herausgegeben: „Die Zukunft der Entwicklungspolitik – Konzeptionen aus der entwicklungspolitischen Praxis" im Jahre 1995 und „Probleme der Entwicklungspolitik" im Jahre 1997. In beiden Sammelbänden kommen namhafte Entwicklungspolitikerinnen und Entwicklungspolitiker aus Theorie und Praxis zu Wort. Die in diesen Werken veröffentlichten und von Uwe Holtz jeweils glänzend zusammengefassten Erkenntnisse sind auch heute noch wichtige Grundlagen und Anregungen für die Arbeit des BMZ.

Sehr beeindruckt hat mich seine Feststellung und Grundphilosophie: „Der Mensch ist nicht nur ein „homo oeconomicus", sondern auch ein „zoon politicon" und ein Kulturwesen; und er muss sich zu einem „homo oecologicus" weiterentwickeln." Die Schlussfolgerung daraus ist zwingend: Wir dürfen die Geschicke einer Gesellschaft nicht allein dem Markt überlassen; die Steuerungs- und Rahmensetzungsfunktion des Staates ist unverzichtbar. Diese Zusammenhänge hat uns die aktuelle Finanz- und Wirtschaftskrise tragisch und überdeutlich in Erinnerung gerufen.

Eine der wesentlichen Schlussfolgerungen der Holtz'schen Analysen war die eindeutige Identifizierung von schlechter Regierungsführung als eine der Ursachen für Armut. Eine weitere Schlussfolgerung war die hohe Bedeutung, welche die nichtstaatliche Zusammenarbeit und die Zivilgesellschaft in den Partnerländern für Entwicklungsprozesse hat. Auch die zentrale Rolle von Frauen im Entwicklungsprozess, die Notwendigkeit von Frauenförderung, Empowerment und Gleichstellung waren für ihn prominente Themen und entwicklungspolitische Imperative zugleich.

Uwe Holtz stellte nicht nur die Verknüpfung zwischen Umweltschutz und Entwicklungspolitik her und bereicherte die internationalen Diskussionsprozesse, die über den Bericht der von Willy Brandt ins Leben gerufenen Nord-Süd-Kommission und den Brundland-Bericht zum heute unbestrittenen Paradigma der Nachhaltigen Entwicklung führten. Er hat nicht nur lautstark seine Stimme erhoben, weil die Menschheit auf einen „Ökozid" zusteuert. Holtz hat auch stets darauf bestanden, dass die Menschenwürde Teil nachhaltiger Entwicklung sein muss. Nachhaltigkeit ist mehr als „grüne" Entwicklungspolitik. Menschenrechte und Entwicklung bedingen einander. Auf diese Weise entsteht ein mehrdimensionaler Entwicklungsbegriff, der auch die menschliche Sicherheit als konstitutives Merkmal beinhaltet und bei dem menschenwürdige Verhältnisse im Zentrum der politischen Herausforderungen stehen. Diese Überlegungen mündeten bei Uwe Holtz in klaren politischen Schlussfolgerungen. Er forderte bereits 1990 in den „Sozialdemokratischen Leitlinien für eine neue Nord-Süd-Politik in den 1990er Jahren": „Die Kollaboration mit den Despoten in Zaire, Togo, Malawi und anderen Diktaturen des Südens muss aufhören!"

Uwe Holtz ist ein unermüdlicher Verfechter eines fairen Nord-Süd-Ausgleichs und steht in der besten Tradition von Willy Brandt und Ehrhard Eppler. Ihn und mich verbinden viele Grundeinstellungen, vor allem die sozialdemokratische Grundeinstellung, dass gerechter Ausgleich Voraussetzung für Zukunftsfähigkeit ist. Uns verbindet die Empörung über die Ungerechtigkeit der Strukturen in der Welt, Strukturen, die zulassen, dass etwa eine Milliarde Menschen in extremer Armut leben müssen.

In den letzten zehn Jahren war es gelungen, Millionen von Menschen aus der Armut zu befreien. Die Finanz- und Wirtschaftskrise hat die Armutsspirale, die wir überwunden glaubten, zurück in die Realität gebracht. Es geschah zu einem Zeitpunkt, als viele Entwicklungsländer, vor allem auch in Afrika beachtliche Entwicklungserfolge verbuchen konnten. Der südafrikanische Bischof Desmond Tutu sagt zu Recht: „For every tragedy that is Zimbabwe or Sudan or DRC, there are more than twice as many more positive African stories to tell – like Mozambique, Tanzania, Ghana, Benin or Mali." Die liberianische Staatspräsidentin Ellen Johnson-Sirleaf schreibt in der Washington Post: „For more than a decade, much of Africa has been moving forward. Economic growth is rising, poverty is falling and democratic governance is spreading. But the financial crisis threatens to undo this progress by reducing investment, export and aid just as they should be expanding to build on these successes." In demselben Artikel hebt Frau Johnson Sirleaf die hohe Bedeutung der internationalen Entwicklungszusammenarbeit hervor. Sie widerspricht ausdrücklich neueren, marktradikalen Kritiken an der Entwicklungspolitik, die trotz des dramatischen Marktversagens bei Klimawandel und Finanzkrise immer noch glauben, man könne die Armut ohne Sozialpolitik und ohne staatliche Regulierungen der Wirtschaft reduzieren. Neoliberalen Autorinnen und Autoren wie Dambisa Moyo oder James Shikwati ist zudem vorzuwerfen, dass sie in ihren Büchern eine „Entwicklungshilfe" beschreiben, die wir seit mindestens zehn Jahren hinter uns gelassen haben. Zentrale Elemente moderner Entwicklungspolitik wie die Umsetzung der Paris Deklaration, die Ausrichtung auf nationale Armutsbekämpfungsstrategien, die Förderung von guter Regierungsführung oder die Orientierung an den Millennium-Entwicklungszielen werden schlicht ignoriert.

Die Schlussfolgerung kann nur sein, die erfolgreichen Linien der Entwicklungspolitik fortzuschreiben. Es muss sowohl um die Erreichung quantitativer Vorgaben wie dem ODA-Stufenplan als auch um qualitative Verbesserungen im Sinne der Paris Deklaration und der Accra Agenda for Action gehen. Es muss aber auch darum gehen, entwicklungspolitische Positionen, die zu einer kooperativeren Weltordnung führen, stärker in der Regierungspolitik und in den internationalen Politiken zu verankern. Wir wissen, dass die Entwicklungsländer mehr an diskriminierenden Handelsbedingungen verlieren als sie an Mitteln der Entwicklungszusammenarbeit bekommen. Hier ist Kohärenz im Regierungshandeln gefragt, ein Thema, das auch Uwe Holtz sehr am Herzen liegt. Ich erinnere mich noch sehr gut daran, dass er „Entwicklungsverträglichkeitsprüfungen" und regelmäßige Sitzungen auf Staatssekretärsebene, ja sogar ein „Entwicklungskabinett" gefordert hat, in dem die Entwicklungsrelevanz der Bundespolitik diskutiert wird. Einen Teil dieser Kohärenzforderung konnten wir durch die Schaffung des Aktionsprogramms 2015 umsetzen; auch dadurch, dass das BMZ seit der ersten rot-grünen Regierung im Bundessicherheitsrat vertreten ist.

Einer der größten, entwicklungspolitischen Erfolge der letzten Dekade ist die Kölner Entschuldungsinitiative aus dem Jahre 1999. Die G8-Staaten hatten auf Vorschlag der Bundesregierung beschlossen, hochverschuldete, arme Entwicklungsländer von ihrer drückenden Schuldenlast zu befreien. Auf dem G8-Gipfel 2005 in Gleneagles wurde die Initiative durch einen Schuldenerlass seitens der multilateralen Organisationen ergänzt. In zwei Stufen konnten insgesamt Schulden in Höhe von fast 150 Milliarden US-$ erlassen werden. Wichtiger Bestandteil der Entschuldungsstrategie war, wirksame Beiträge zur Armutsbekämpfung zu leisten und gleichzeitig verantwortungsvolle Regierungsführung und nachhaltige Entwicklung zu fördern sowie Parlamente und die Zivilgesellschaft zu stärken. Deshalb war der Erlass daran gebunden, dass die Partnerländer Armutsbekämpfungsstrategien verfolgten. In den jeweiligen Ländern konnten sich Organisationen der Zivilgesellschaft an der Erarbeitung dieser Strategien beteiligen. Durch die Entschuldung freiwerdende Mittel gingen in soziale Sektoren wie Bildung oder Gesundheit und verdoppelten auf diese Weise in vielen Ländern die entsprechenden Budgets. Damit war der Abschied von den eingleisigen und sozial schädlichen Strukturanpassungsprogrammen eingeleitet. Die Partnerländer gewannen an Spielraum zur eigenen Finanzierung von Armutsbekämpfung. Die Schuldenerlasse führten unter anderem dazu, dass allein in Afrika heute etwa 29 Millionen Kinder mehr zur Schule gehen.

Mit der Entschuldungsinitiative haben wir neuen, entwicklungspolitischen Boden betreten und unser Instrumentarium enorm bereichert. Dies bedurfte nicht nur politischer Überzeugungsarbeit, es bedurfte auch einer soliden konzeptionellen Vorbereitung. Ich bedanke mich ausdrücklich dafür, dass Uwe Holtz zusammen mit Prof. Bohnet, dem ehemaligen Abteilungsleiter für multilaterale Entwicklungspolitik im BMZ, bereits Anfang der 1990er Jahre die analytischen Grundsteine für die Kölner Entschuldungsinitiative gelegt hat. In einem sog. „Quadriga-Kreis", den Prof. Uwe Holtz ins Leben gerufen hatte und an dem neben ihm Prof. Bohnet, Prof. Detlef Karsten und Dr. Alfred Pfaller teilnahmen, wurde u.a. die analytische Basis für die Entschuldungsinitiativen erarbeitet. Prof. Bohnet hatte über das Thema Verschuldung der Entwicklungsländer sowie Umschuldungen öffentlicher und privater Forderungen an Entwicklungsländer habilitiert.

Entwicklungspolitik muss kreativ und flexibel sein. Sie muss aber auch sehr prinzipientreu sein und sich bisweilen Ansätzen und Begehrlichkeiten verweigern, die nicht im Einklang mit der Kernaufgabe der Armutsbekämpfung stehen. Gerade in diesem Aspekt können sich die Entwicklungspolitik und die Menschen, für die wir arbeiten hundertprozentig auf Uwe Holtz verlassen. Ich bewundere seine Prinzipienfestigkeit und seine Konsequenz. Er hat über viele Jahre und immer wieder gegen die Finanzierung der U-Bahnen in Shanghai und Kanton aus Entwicklungsmitteln gewettert. Die Vorgängerregierung aus CDU/CSU und FDP betrieb bei diesen Großprojekten Außenhandelsförderung mit Mitteln aus dem Entwicklungshaushalt. Sie hatte in Uwe Holtz einen engagierten Gegner, der sich zu keinem Zeitpunkt gescheut hat, seine richtigen Argumente zu wiederholen und damit die Diskussion über eine vernünftige Verknüpfung von Entwicklungspolitik und Wirtschaftspolitik lebendig zu halten. In meiner Amtszeit gab es die Neuausrichtung im Sinne von Uwe Holtz; ich habe die Kofinanzierung von U-Bahnen in China beendet und mich insbesondere geweigert, einen Finanzierungsbeitrag für den Transrapid in China zu leisten.

Uwe Holtz war schon in jungen Jahren der dienstälteste Ausschussvorsitzende des Deutschen Bundestages. Er hat aber auch immer die Wissenschaft verehrt und trotz allen Engagements nicht zugelassen, dass Politik und Macht sein Leben bestimmen. Deswegen hat er sich mit 50 Jahren aus der Politik in der ersten Reihe zurückgezogen und sich mit gleichem Erfolg auf Forschung und Lehre konzentriert. Er hat ungezählte junge Menschen an unser wichtiges Politikfeld herangeführt.

Ich habe bei einem Besuch 2001 in einem seiner Seminare selbst erlebt, wie eindrucksvoll Uwe Holtz es versteht, theoretische Überlegungen der Wissenschaft mit praktischer Entwicklungspolitik zu verbinden. Er ist ein glänzender Entwicklungstheoretiker. Zugleich kennt er die Verhältnisse vor Ort so gut wie kaum ein anderer Entwicklungswissenschaftler. Außerdem ist er ein überzeugender Redner. Dementsprechend sind seine Seminare ausgesprochen beliebt und immer gut besucht; es sind Highlights für die Studierenden und eine notwendige Bereicherung für die Praktikerinnen und Praktiker der Entwicklungspolitik zugleich. Manche Studentinnen und Studenten haben ihn aber auch gefürchtet; denn Professor Holtz duldet nicht, dass die Studierenden ihre Texte vom Blatt ablesen. Er erwartet von ihnen, dass sie lernen, die freie Rede zu beherrschen. Da kann es sogar einmal passieren, dass der strenge Lehrer dem Studiosus, der sich allzu sehr an seinen vorbereiteten Text klammert, das Manuskript stibitzt. „Wenn Sie frei reden, hören wir Ihnen viel lieber zu!". Professor Holtz vermittelt den Studierenden sehr eindringlich, dass entwicklungspolitische Botschaften nicht nur verstanden werden müssen; sie müssen auch vermittelt werden, damit wir in der Politik und in der Öffentlichkeit das Gehör bekommen, das wir für unser Politikfeld benötigen.

Dazu gehören auch praxisorientierte Forschung und überzeugende Organisationen. Uwe Holtz und Michael Bohnet haben gemeinsam im Jahr 1995 die konzeptionellen Grundlagen für das Zentrum für Entwicklungsforschung an der Universität Bonn gelegt, eine interdisziplinäre Einrichtung, die Bonn als internationalen Standort und die Entwicklungspolitik als zukunftsorientierten Bereich aufwertet. Das Zentrum arbeitet mit international rekrutierten Wissenschaftlerinnen und Wissenschaftlern und steht in ständigem Dialog mit Vertreterinnen und Vertretern aus Politik, Wirtschaft sowie Zivilgesellschaft. Die Arbeit des Zentrums erfasst den komplexen und vieldimensionalen Kontext der menschlichen Entwicklung durch zentrale Themen der Globalisierung wie Wirtschaft, politischer und technologischer Wandel, Ökologie und natürliche Ressourcen, aber auch das komplexe und vielfach zu wenig beleuchtete Spannungsfeld von Kultur, kulturellem Wandel und Entwicklung.

Kultur und interkultureller Dialog sind äußerst praxisrelevante Themen. Es sind wesentliche Einflussfaktoren für Entwicklungsprozesse. Interkulturelle Kompetenz entscheidet vielfach über den Erfolg und Misserfolg von Projekten der Zusammenarbeit; sie beeinflusst auch die Gestaltungsmöglichkeiten und die Ergebnisse von internationalen Verhandlungen. Aus dieser Erkenntnis heraus hat das BMZ im Jahr 2008 eine Stelle für diesen Themenbereich eingerichtet.

Im Zuge der fortschreitenden Globalisierung nimmt die Erkenntnis zu, dass internationale Konferenzen, Regelwerke und Institutionen mehr als jemals zuvor die Geschicke der Menschheit und unserer Zukunft bestimmen werden. Die Politik muss sich genauso globalisieren wie Wirtschaft und Handel es längst getan haben. Tut sie das nicht, entsteht ein Vakuum, in dem eine ungezügelte Bereicherung Platz greift, in dem die Natur zerstört wird und Millionen von Menschen in Armut stürzen. Es entstehen brisante Gerechtigkeitslücken, die den Frieden in der Welt verhindern. Erfolgreiche internationale Politik kann nur auf Partnerschaft und Dialog aufbauen. Diese Partnerschaft muss politisch gewollt sein, und der Dialog braucht interkulturelles Verständnis und Kompetenz. Für beides ist Uwe Holtz seit langem in seinem politischen und wissenschaftlichen Wirken eingetreten.

Er ist auch stets für den europäischen Einigungsprozess eingetreten und hat ihn vielfältig befördert. Er hat viel im Europarat bewirkt. Seine Veröffentlichung „50 Jahre Europarat" hat viel Beachtung gefunden. Uwe Holtz war immer ein Verfechter der Einbindung Deutschlands und seiner Entwicklungspolitik in den Kontext der Europäischen Union.

Simplizistische Lösungen verbieten sich. Diese Aussage kann ich nur unterstreichen. Entwicklungsprozesse verlaufen nicht monokausal. Um Armut zu bekämpfen müssen wir immer wieder nach neuen Lösungen in einer sich rasant verändernden und komplexer werdenden Welt suchen. Wir müssen beharrlich sein und immer wieder aufs Neue teilweise massive Widerstände überwinden. Gerade die aktuellen Krisen zeigen, wie dringend notwendig unsere entwicklungspolitischen Botschaften sind, wie überlebensnotwendig auf Nachhaltigkeit und Gerechtigkeit ausgerichtete Politiken sind.

Uwe Holtz hat schon sehr früh die Vielschichtigkeit und zentrale Rolle der Entwicklungspolitik erkannt. Diese wesentliche Erkenntnis setzt er konsequent in seiner praktischen und wissenschaftlichen Arbeit um. Er verfügt gleichermaßen über politisches Können, über Weltläufigkeit, über Erfahrung und über eine fast einmalige wissenschaftliche Durchdringung seines Tuns. Er gehört zu den großen Persönlichkeiten der Entwicklungspolitik, die wirklich die Welt bewegen.

Entwicklung und Sicherheit

Global Europe: From Geopolitics to Human Security

Ludger Kühnhardt

I.

European integration is often understood as the European way of coping with globalization. Whether or not this is a sufficient definition of the purpose and goal of integration in Europe, this assessment certainly constitutes a revision of the original raison d'etre of European integration. While in the early decades of integration, its main purpose was the creation of a European peace order, today European integration is increasingly understood as the frame for European nations to engage jointly with the world at large. European integration is more and more about Europe's reaction to global challenges and about the global role of Europe. No matter transient internal integration obstacles, the European Union is considered by its constituting parts as one of the sources of protection in trying times. Many external observers perceive European integration as a source of inspiration for their own region. They look at the EU to better understand how best to cope with their own challenges of history and identity, politics and economics in the age of globalization. Inside the European Union, the integration idea is confronted with the challenge of legitimacy: How can the EU guarantee socially acceptable and culturally accommodating answers to the manifold challenges of the 21st century? Internal European reservations to European integration do not oppose the "idea of Europe" as such, but rather its concrete realization and the political management through EU institutions (and in fact more often through incompetent national institutions and policy processes).

The notion and character of Europeanization has changed, certainly since the introduction of a common European currency and its underlying transfer of fiscal sovereignty to the European level. European integration increasingly impacts national political and economic but also social and cultural structures: From tax systems to education structures, efforts of benchmarking and European-wide comparisons of standards and qualities are growing. These efforts demonstrate that no member state of the European Union can escape the experiences, norms and debates of other EU partners. The interference into the domestic political, economic and constitutional structure of member states has provoked counter-reactions: Populist, anti-European, xenophobic and other attitudes converge in myopic responses to the ever increasing Europeanization of the European political and socio-economic spheres. These challenges increase the need to reinvigorate legitimacy and democratic rootedness of the European integration project. Neither has representative democracy been properly installed on the EU level yet, nor can participatory, deliberative democracy be the all-encompassing answer to the pending questions of legitimacy and accountability in the European Union. There can be no doubt that the structure of democracy and the perception of democratic norms have entered a phase of transformation in Europe. These developments need to eventually bring a recalibration of the relationship between participatory and representative democracy and its reconnection on the European level.

Against this internal background, the European Union is expanding its global presence. The ever growing global role of Europe is largely influenced by the ability of the EU to project European values and norms beyond the shores of Europe as a contribution to global governance, regional conflict resolution and the stability of countries and societies in turmoil. Whether or not Europe is a community of values is no longer confined to a rhetoric debate inside Europe. Europe as a community of values has to stand the test of a global agenda, where it can succeed only if its political strategies are perceived as contradiction-free. Europe's proliferation of the values of human rights, rule of law and the promise of pooled sovereignty through a global proliferation of regional integration mechanisms will remain dependent on Europe's internal performance, that is to say on its ability to convince through example, and on Europe's relationship with the United States of America. This indispensable partnership is the cornerstone for establishing a consistent and effective global role.

II.

Change – whatever the content of this hypnotising word that has travelled the world since the election of Barack Obama as 44th President of the United States: Any lasting change requires that ideas turn into institutions. Each turning point in history was marked by this fundamental phenomenon. Today, the world is moving from the age of globalization to the reality of globality. But institutions of globality are yet to emerge:

- The United Nations Security Council requires a fair representation of those regions in the world that are not represented yet, including Africa, South East Asia, the Arab world, Latin America and Europe, represented by the European Union.
- The current world financial crisis requires a remaking of the global financial institutions to make them true representatives of globality, including a stronger representation of China, India, Brazil, Russia, the Gulf Cooperation Council and the EU.
- The International Court of Justice will need to be strengthened in its authority as the legal body with the right, no: with the duty to intervene in domestic affairs of any country in the world if these domestic affairs mean genocide, civil war, flagrant violations of human rights, failed statehood.
- The group of G8 has to be replaced by a body better reflecting the key economic regions across the world, especially in regard to their responsibility for climate protection, social inclusion of economic progress and a speedier implementation of the UN Millennium Development Goals for combating poverty worldwide.

Transatlantic relations remain at the heart of managing globality. No other combination of partners around the world has the same breadth, depth and outreach. No other coalition of partners can project the same degree of power, influence and capacity to act – if they wish so. Here is the test case for a renewal of transatlantic relations under President Barack Obama: To formulate with clarity and to form with patience a new transatlantic frame of mind, an organizing idea for transatlantic relations in managing globality: That is one of the key challenges ahead. During decades of the Cold War, transatlantic relations were inspired by the defining idea of defending freedom through joint security. No transatlantic dispute – and there were many – was able to derail this defining idea. Since 1989, the transatlantic partners almost lost each other. While Europe was absorbed with overcoming the division of the continent and deepening European integration, the United States became autistic about its unitary world power status – and after 9/11 deeply shattered about its limits. During almost two decades, transatlantic relations were defined by their limits and not by their opportunities. A defining and mobilizing idea was missing. The main lesson learned during these past years for the EU: whenever transatlantic relations are strained, European integration suffers, too. The main lesson learned for everybody around the world: Whenever transatlantic partners do not reach consensus, no big global problem can be resolved. Think of climate change, UN reforms, WTO, the Broader Middle East.

Ahead of the Obama presidency of hope and change is the renewal of transatlantic relations.[1] During past years, a lot of noise has been made about soft power and hard power, Venus and Mars. Time has come to reconnect and to recombine:

- The US and the EU should form a joint policy group to define the hard power agenda ahead of them: how to stabilize a democratic and federal Iraq, how to prevent Iran from obtaining nuclear weapons, how to win Afghanistan, how to prevent Pakistan from getting lost, how to cope with a neo-authoritarian and neo-imperial Russia, how to deal with China and conflicts in Africa and elsewhere originating in the unresolved power struggles with this new world power, how to broaden the Atlantic security architecture to the belt of uncertainty that stretches across the Sahara and its adjacent regions north and south.
- The US and the EU should also form a joint policy group to define the joint agenda of their joint soft power projection in the age of globality: how to stabilize the global financial markets, how to reignite world trade negotiations aimed at enhancing global free trade, how to cope with global migration pressure, how to turn Africa from the continent of despair into the continent of promise, hope and development, how to institutionalize a form of multilateralism that includes China, India, Brazil, Russia, the Arab Gulf.

The world has become ready for a new order. It must be an order at whose heart is a new notion of security. It must be a notion of security for a world that looks for new expressions of the human condition. It must be a strategy aimed at enhancing human security. It is here that the need for a renewal and broadening of transatlantic rela-

---

[1] *Valasek,* What Europe wants from President Obama (2008); *de Vasconcelos / Zaborowski* (Hrsg.), European perspectives on the new American foreign policy agenda (2009); *Hamilton et al.,* Alliance Reborn: An Atlantic Compact for the 21st century (2009).

tions intertwines with the global agenda and especially with the development agenda. Thirty years ago, Uwe Holtz – then a young member of the German Parliament climbing the ladder of development policy – already noticed that structural change is necessary for the world to achieve its basic development goals. Structural change, he knew ahead of many actors and analysts in development policy and development research, would bring about new dimensions of international competition – which would make structural change even more difficult yet inevitable.[2] In light of the UN Millennium Development Goals, the early insight of Uwe Holtz is even more inescapable today.

Resistance to change can generate conflicts as much as too rapid, unfocused and misguided change may generate conflict. More than ever, simple answers are out of the question. Multidimensional and multilateral thinking has become the key requirement for understanding, assessing and managing change and transformation in the age of globality. In the past, geopolitics seemed to be the guiding concept for global action. Today, this concept is insufficient and has to be broadened: Geo-economic, geo-demographic and geo-religious dimensions have to be added, at least. It is here where the claim to transatlantic global leadership meets the demands of the developing world. To achieve global stability, Europe and the US must go global, but they must be guided by the compass of human security.

III.

The geo-religious dimension of this challenge lies at the doorsteps of Europe: Turkey. Eventually, the European Union will probably have to recognize Turkey as an EU member state – provided Turkey accepts all membership criteria. This assesment is based on the assumption that the EU wants a long-term stabilization of its relationship with Turkey and that the EU over time needs to transform the overall debate on Turkey from being one about the limits of Europe to one about the global role of Europe, along with Turkey and its potential and contribution. At the heart of the matter – from a geo-religious perspective – is the successful reconciliation between Islamic democracy and Western values. The question of Turkish EU membership is the key frontier of geo-religious reasoning.[3]

Most issues related to Europe's global exposure find an echo in domestic social, cultural and socio-economic trends inside Europe. This is largely the consequence of migration, enforced or voluntary, and of cultural encounters across religious and habitual lines. In the long run, Europe will only be able to cope with the challenges of globality on the basis of a broadened horizon, an inclusive attitude towards "otherness" and the recognition of a public role and sphere of religion in its plurality. First and foremost, this requires Europe to reflect anew and honestly about its own particular roots, traditions and norms, most notably its Christian roots. As 21st century Europe cannot be thought any longer without a public recognition of the role of religion, Europe must, firstly, reacquire its Christian values and norms in order to en-

---

2   *Kühnhardt,* Die deutschen Parteien und die Entwicklungspolitik (1980), p. 71.
3   On the situation in Turkey see *Seufert,* Staat und Islam in der Türkei (2004), p. 29.

gage, secondly, in any meaningful way with the challenges and opportunities of the non-Christian minority sectors of Europe's society, Islam in particular. Without honest and genuine self-assertion of Christian norms and faith-bound values, Europe will become a soulless entity incapable of being respected by other religions and cultures while betraying itself to be only the embodiment of a lifestyle. Only as embodiment of values and norms, culture and freedom of religion, only in harmony with the Christian faith of its majority and the Islamic and Jewish faith of its minorities can Europe contribute in a meaningful way to the dialogue of religions and will be taken seriously as a global moral voice.

Should Turkey comply with the principle of reciprocity of religious freedom – meant as positive freedom to practice one's religion even if it represents a very small minority in a dominantly Islamic country – it would have become a different Turkey. It would have recognized in practice standards of civilization and standards in the relationship between religion and politics that are nowadays of European normalcy. Such a Turkey could be and, in fact, should be, a welcome part of any European integration scheme and regional grouping.

It was impressive to see that in the course of his 2006 visit to Turkey, Pope Benedict XVI has set the perspective and framed the central issue that is most pressing and of long-term implication for Europe: He opted for a dialogue among religions and civilizations. This approach to the Turkey-EU issue is of much more long-term significance than all the 35 technocratic "chapters" the EU needs to negotiate with Turkey. During his 2006 visit to Turkey, the Pope entered the world of common Christian roots and of the Christian heritage of Turkey: The origin of Christianity in Europe is unthinkable without the many bridges of Anatolia. The term "Christians" was used for the first time in a cave church in Antioch, now Antakya. Paulus was born in Tarsus. Many of his epistles were written for the early Christian communities in Anatolia, Asia Minor as it then was called. The merger of Greek philosophy and Christian theology happened on that soil.

It is not surprising that the Greek Orthodox Church and its patriarch are in favour of Turkey joining the EU one day. They know that only such a full realization of Turkey's "Europeanness" will ultimately improve their own situation and lead to full recognition of the Orthodox Church by Turkish authorities. Turkey has begun to reconcile Turkish national interests and European obligations. This is a long and complex way. In the end, it would mean nothing less than a revolutionary revision of Turkey's understanding of religious pluralism, of the relationship between religion and politics, of the relationship between national pride and patriotism on the one hand and European obligations and standards on the other. Turkey will and can by all means remain a Muslim country. But it can and should be a Muslim country that fully recognizes reciprocity in the free exercise of religious faith. Being able to accept this acquis communautaire of the contemporary European consent on freedom of religion would mean nothing less than a civilizational quantum leap for Turkey, which has been framed by radical laicism for most of the past century.[4] By all rational accounts, such a reform would lead to the recognition that the EU and Turkey belong to each other, that Turkey inside the EU is no anachronism but a logical consequence of the values and principles the EU stands for in the 21st century.

IV.

Geo-demographics is the second challenge to turn the world of geopolitics into a world of human security. It is also a fundamental challenge for a renewed transatlantic global contract. The European Union has suggested to discuss the nexus between development and migration – especially in its relation with Africa – from the perspective of brain circulation.[5]

Brain circulation is a rather new concept that suggests to replace the loss of human capital through brain drain by circular processes of migration that are beneficial and profitable for developing countries and industrial countries alike.[6] Brain circulation has been conceptualized in light of the return of high skilled emigrants to emerging countries, such as India or China. The limits of the concept have also been discussed. Brain circulation may reduce the remittances traditionally transferred by high skilled people to their families in poorer societies. The concept does not give an answer as to how brain circulation could be linked to the fight against absolute poverty. Brain circulation may end as a zero-sum game between the gain of intellectual capital of host countries and the pressure brain circulation might pose for its unskilled labor market.

Yet, it was both surprising and promising that the 2005 "European Union Strategy for Africa" introduced the notion of "brain circulation" as a possibility to "turn migration into a positive force in the development process"[7]. As far as Europe's relation with Africa is concerned, it remains somewhat unclear how the potential of skilled African migrants living in the diaspora (or fleeing to reach it!) could be used for the benefit of their home countries. It might even be more difficult to initiate circular and reciprocal migration of Africans and Europeans alike. For the time being, so it seems, Europe is more afraid of migration – legal or illegal – from Africa that

---

4   On the European constellation see *Ferrari*, Religions, Secularity and Democracy in Europe: For a New Kelsenian Pact (2005); on Turkish laicism in relation to freedom of religion see *Oehring*, Zur Lage der Menschenrechte in der Türkei – Laizismus = Religionsfreiheit? (2002).
5   *Chou*, EU and the Migration-Development Nexus: What prospects for EU-wide policies? (2006).
6   *Saxenian*, Brain Circulation: How High Skilled Immigration Makes Everyone Better off (2002); *Kuznetsov*, From Brain Drain to Brain Circulation: Emerging Policy Agenda (2005); *Friedrich / Schultz (Hrsg.)*, Brain drain or brain circulation? Konsequenzen und Perspektiven der Ost-West-Migration (2008) (this last book is focussing on the intra-German aspects of the topic).
7   *European Union*, European Union Strategy for Africa, towards a Euro-African Pact to accelerate Africa's development (15-16 December 2005), in: Michel (Hrsg.), p. 121.

ready to rationally reflect about the prospects of brain circulation in which even Europeans could participate.

But this taboo has to be tackled. Not only Africa but also other developing countries and emerging markets are becoming an increasing demographic, social and migratory challenge for Europe: Their population is young, growing and often socially marginalized with all the known problems of instability, including terrorism. At the same time, these non-European populations are growing older – which will increase their social claims against the wealthy Northern hemisphere. In 2050, the average Yemenite will be 32 years younger than the average European. He or she will think of his or her job and children while Europeans think of retirement and health care.

Already in 2020, the European population will on average be older than 50 years. The growing age gap between Europe and the developing world is salient (while the US remains younger than Europe, on average 36 years): While Europeans will be inclined to protect their welfare systems, people from other parts of the world will claim their share in Europe's affluence that is diminishing due to decreasing population and decreasing productivity. The labor pool in the Arab world will increase until 2020 by 146 million, in Sub-Saharan Africa by 402 million. By 2020, the European Union will experience a 20 per cent decrease in its age group between 20 and 25. In Germany, the age cohort born between 1995 and 1999 is even 47 per cent smaller than the group born between 1970 and 1974.

It remains a fundamental issue as to how under such conditions and prospects a pattern of brain circulation might be organized. Brain circulation implies the idea to organize migration in a reciprocal way. Instead of remaining exposed to illegal migration or contingent migratory activities, brain circulation assumes that reciprocal benefits could be drawn from orchestrated and mutual migratory activities: While young African students might come to Europe to acquire new skills, experienced European (or American or Japanese) professionals might go temporarily to Africa to disseminate knowledge and experience before trained Africans will return to their home countries. Whether or not this perspective is a realistic one remains to be seen. But the demographic pressure around the globe forces all responsible actors and analysts to reflect about managed migration.

Demographic patterns define markets, generate growth opportunities or provoke age recessions. Whatever the specific agenda aimed at turning demographic issues from the perspective of threat into one of opportunity, the future of demographics is a global issue that goes beyond the past dichotomy between "old and few in the North" and "many and young in the South". Illegal migration, boat people along the shores of Europe, and the growing socio-economic pressure from the Southern hemisphere require Europe to think anew about the connection between demography and migration, development and globality. One fact is certain: Simple answers will not work.

V.

Geo-economics is the third important component to turn the world of geopolitics into an agenda of global human security. Unlike geo-religion or geo-demographics, the term geo-economics has long since become an established notion. It claims to be an extension of the concept of geopolitics, covering the economic, social and temporal aspects of the resources and processes of the economy. The links between these two concepts and their inherent limits have been discussed for more than a decade.[8]

In light of the current global transformation, the concept of geo-economics will need to be enlarged. It cannot suffice to travel the world of globality with a split mindset, on the one hand covering issues of global economy and the global financial system, on the other hand covering issues of development and poverty alleviation. The age of globality requires the need to bridge the existing gap and bring the two divergent approaches to human economic activity conceptually together. Thus development becomes an inherent feature of global economic activity and underdevelopment and poverty another term for the social exclusion in the world of globality.

The traditional approach to development ought to become a sort of global social politics. This would challenge notions of solidarity that are confined to national loyalties – and purses. It would redefine the traditional concept of development aid which is by and large organized as a mechanism of reallocation of resources from the Northern to the Southern hemisphere. Development and especially poverty alleviation as painful issues of a global social order would have to take into consideration the fact that inclusion and exclusion are not a matter of statehood or nationality. Poverty and exclusion happen within states and within nations all over the world.

The market economy has proven to be the most dynamic economic model, echoing the most realistic understanding of human nature and economic behavior: the pursuit of individual advantage. Yet, the market requires a legal frame in order to link freedom to responsibility. Only then will as many participants of the world community as possible be able to benefit from its potential. It is not the market that can be blamed for the absence of order: The root cause of the economic and financial crisis that unleashed with global consequences in 2008 was state failure, not market failure. Wherever state policies deregulated financial markets without providing a sufficient frame and order, the free use of the market could derail or be manipulated.

The main trouble in the age of globality: The global market does not correspond with global political regimes and orders that can frame the market. Efforts to add a geo-economic regime to the mechanisms of the United Nations point into the right direction. But sooner or later, these efforts will have to confront the very autonomy of sovereign legitimacy that the states of the earth preserve as an embodiment of their claim right. It is state autonomy that prevents the emergence of a global political and geo-economic order while it is state failure that has prevented the development of a more inclusive and balanced world economy and social reality in the past

---

8   *Jlien*, Die Stabilität der internationalen Ordnung und das Prinzip der Zivilisation stehen auf dem Spiel (2005).

centuries. And yet: autonomous state decisions are needed to tackle both its own limits and deficits.

In light of these lacunas in global governance, it is not surprising that regional integration has become attractive for various development regions around the globe. Following the European experience, other regional groupings try to emulate the relationship of politics, law and economic development on the regional level. Region-building is replacing nation-building. Currently, the world is experiencing the daunting first stages of this process. Along with the emerging markets in several regions of the world, new mechanisms of multilateral, regional and bilateral nature define already the trends in trade and investment.[9] Globality is reaching out to new frontiers.

It is here that the European experiment in region-building is encountering a world in search of partnership and order. The most revolutionary element of region-building in Europe has remained the least developed one so far: the notion of transnational solidarity and citizenship. With the Maastricht Treaty, in force since 1993, the notion of a Union citizenship has entered the European Union. Its implycations are long-term, its potential scope manifold. For other regions of the world, this concept entails fundamental insights into the path that lies ahead. To liberate poverty from its national home and to turn development into an integral element of global order and governance, the level of regional groupings can – and will – play an enormous role as intermediary. In some cases, region-building can anticipate globality in one given region. In other cases, region-building will serve as a protective force to tame the asymmetries and unbalanced implications of globality. In any case, the global trend of region-building accompanies the European Union as it shapes its new global role as a normative power.[10]

VI.

Eventually, human security can become the appropriate new label replacing the old notion of geopolitics as the defining parameter of politics in the age of globality. The age of globality will not be an age without conflicts. Nor will the conditio humana be different from the past. But Europe has been transformed as it re-enters the global arena. After centuries of internal conflict, a reconciled Europe is returning to the global sphere. By and large, its former colonial and imperial image has withered away. Today, Europe is rather perceived as overly apologetic and its leaders are swift indeed to excuse past deeds. In intellectual circles, a certain normative relativism has replaced Europe's normative self-assertion of past days.

In the age of globality, Europe will have to redefine the balance between normative universalism and cultural dialogue, between smart power and hard power, between interests and values. The notion of human security is a strong guiding star in this effort. A long march has only just begun: Europe is expected to be a partner of the world. It wants to be a partner and it has the ingredients, based on tradition, ex-

---

9   *de Lombaerde (Hrsg.)*, Multilateralism, Regionalism and Bilateralism in Trade and Investment (2007).
10   *Laïdi*, The Normative Empire (2006).

perience and transformation. For the time being, Europe is still defining its instruments and reshaping its intellectual frame of mind for a new global role. The results of the new encounter between a Europe transformed and a transforming world will shape the path of the 21st century. Eventually, its result will initiate new waves of transformation in Europe and – hopefully – new dimensions of human security and stability around the globe.

Deutschland und der internationale Terrorismus – eine Annäherung in neun Thesen

Gerd Langguth

Nach dem Ende des Ost-West-Konflikts und dem Zusammenbruch des Sowjetimperiums glaubten viele, dass nun im Sinne Kants das Zeitalter des „ewigen Friedens" anbräche. Mit dem Ende des Kalten Krieges ging aber auch die disziplinierende Klammer weltpolitischer Ordnung verloren, es folgten Jahre des wilden, nicht des ewigen Friedens. Was zuerst mehr still und leise vonstatten ging, wurde spätestens mit dem lauten Knall der zerberstenden Zwillingstürme des World Trade Centers in New York am 11. September 2001 offenkundig: An die Stelle des alles überwölbenden Konflikts der Supermächte traten und treten mit den terroristischen Selbstmordanschlägen islamistischer Fanatiker andere sicherheitspolitische Herausforderungen, die ein anderes, aber nicht unbedingt geringeres Gefahrenpotenzial in sich tragen.

New York, Washington, Djerba, Bali, Mombasa, Casablanca, Istanbul, Madrid, London, Sharm-el-Sheik, Bombay – diese Auflistung lohnenswerter Reiseziele füllte noch vor einigen Jahren einzig und allein die bunten Kataloge eines Reisebüros. Heute, an der Schwelle in das 21. Jahrhundert, füllen sie die blutige Statistik der bisherigen Angriffsziele islamistischer Terroristen. Kein Land, keine Region, kein Mensch ist vor terroristischen Anschlägen von solcher Qualität sicher, das Verständnis von Terrorismus als „Geißel der Menschheit" bekommt einen sehr grundlegenden Charakter.

Was ist Terrorismus? Terrorismus hat nicht nur viele Köpfe, sondern mindestens genauso viele Gesichter und ist mindestens so alt wie die Geschichte selbst, so dass es wenig verwunderlich ist, dass eine einheitliche, allseits verbindliche Definition von Terrorismus nicht existiert.[1] Wer sich dem Phänomen „Terrorismus" nähern will, muss zunächst einmal die Frage klären, was unter „Terrorismus" zu verstehen ist.

These 1: Terrorismus ist eine Methode der asymmetrischen Kriegsführung eines unterlegenen Akteurs gegenüber einem überlegenen Gegner. Die ideologische Zielsetzung bestimmt dabei das Ausmaß der Gewaltanwendung.

a) Die größte Übereinstimmung über die Definition von Terrorismus besteht darin, dass ihm immerzu die Anwendung von physischer und psychischer Gewalt innewohnt. Die verschiedenartigen Erscheinungsformen und Ausprägungen von Terrorismus einmal außer Acht gelassen, zeigt sich, dass die Ausübung von Gewalt im-

---

1 *Laqueur*, Die globale Bedrohung (2001), S. 44 ff.

mer ein wesentliches Merkmal des Terrorismus ist, angefangen mit subtilen Formen der psychologischen Einschüchterung, der Erpressung oder Entführung, über die ermäßigte Gewaltausübung gegen Sachgüter, Einzelpersonen oder Personengruppen, bis hin exzentrischen Formen terroristischer Selbstmordanschläge.

b) Die zwangsweise Anwendung von Gewalt richtet sich in ihrer Intensität nach der ideologischen Zielsetzung der Terroristen. Der Begriff der „Ideologie" soll hier als Sammlungsbegriff für politische, soziale, revolutionäre oder religiös-fanatische Zielsetzungen verstanden werden. Die Geschichte des internationalen Terrorismus zeigt deutlich, dass es einen kausalen Zusammenhang von ideologischer Zielsetzung und Ausmaß der Gewalt – im Grunde genommen könnte man auch sagen, so etwas wie eine: Gewalt*philosophie* – gibt. Terrorismus ist kein Gegenwartsphänomen, im Gegenteil, seine Ursprünge und Erscheinungsformen lassen sich weit zurückverfolgen. Das Spektrum des Terrorismus umfaßt extreme Linke wie extreme Rechte, säkularisierte-weltanschauliche wie religiös-fanatische Gruppierungen, regionale, nationale wie globale Bewegungen. Im Grunde ist auch der Terrorismus, um mit Clausewitz zu sprechen, ein Chamäleon, das beständig seine äußere Erscheinung wechselt, aber nicht seine grundsätzlichen Verhaltensweisen.[2] Was in der Antike der Tyrannenmord war, was der politische Mord der Assassinen oder die Ermordung des österreichischen Thronnachfolgers Franz Ferdinand durch die Schwarze Hand war, tritt heute als Selbstmordattentat auf. Terrorismus ist jedenfalls eine politisch-ideologisch begründete spezifische Form von Gewaltausübung. Die global dimensionierte Zielsetzung islamistischer Terroristen, etwa ihre Umfunktionierung von Linienflugzeugen in fliegende Bomben und des menschlichen Körpers als Waffe für Selbstmordanschläge erfordert also die *ent*grenzte Gewaltausübung. Hingegen ist das Ausmaß der Gewaltanwendung anderer terroristischer Organisationen, beispielsweise der Roten Armee Fraktion, der baskischen ETA, der irischen IRA oder des „Leuchtenden Pfades" von Peru, auf die physische Gewalt gegen Personengruppen oder Einzelpersonen oder Sachen begrenzt. Das Ausmaß der Gewaltanwendung ist somit untrennbar mit der Dimension der Zielsetzung terroristischer Akteure verklammert. Es kann deshalb die These aufgestellt werden, dass, je fundamentaler oder universaler die ideologische Zielsetzung terroristischer Akteure ist, umso entarteter das Ausmaß und die Intensität terroristischer Gewaltakte sind.

These 2: Terroristen brauchen den medialen Resonanzboden, um Botschaften zu transportieren und die Effekte ihres Handelns zu potenzieren.

a) Mit Carl von Clausewitz Theorie „Vom Kriege"[3] könnte man sagen, dass Terrorismus ein Ziel, soll heißen die Ideologie, einen Zweck, also eine Kommunikationsform zwischen Angreifer und Adressaten und das Mittel der Gewaltanwendung in sich trägt. Neben der ideologischen Zielsetzung und der Anwendung von psychischer und / oder physischer Gewalt kommt als drittes Merkmal hinzu, dass Terro-

---

2 *von Clausewitz,* Vom Kriege (2004), S. 22.
3 Ebd., S. 22 ff.

rismus im Grunde genommen eine Methode der asymmetrischen Konfliktaustragung ist – eine Kommunikationsform zwischen Täter und Opfer, um den überlegenen Gegner mittels Gewalt zu einer Verhaltensänderung zu zwingen, zugleich eine Selbstlegitimation der ideologischen Zielsetzung gegenüber den eigenen Sympathisanten, dem zu interessierenden Dritten.[4]

So gesehen stehen terroristische Gewaltakte und der mediale Resonanzboden in einer dialektischen Abhängigkeit. Terroristen wollen Aufmerksamkeit, Journalisten wollen Bilder, Terroristen brauchen einen medialen Katalysator, um die Wirkung ihrer Anschläge weltweit zu potenzieren. Es war durchaus kalkuliert, ja es war von den islamistischen Dramaturgen der terroristischen Anschläge auf das symbolische Ziel des amerikanischen Kapitalismus, das World Trade Center, am 11. September 2001 propagandistisch intendiert, dass der Weltöffentlichkeit der zweite Angriff eines Linienflugzeuges mit fünfzehnminütiger Verzögerung live und ungeschnitten vor Augen geführt wurde, um den paralysierenden Schockeffekt zu maximieren. Die symbolische Auswahl der Angriffsziele unterstützt die publizistische Effekthascherei. Der vielzitierte „CNN-Faktor"[5] verschafft jedoch nicht nur den Terroristen kommunikative Transportmöglichkeiten, sondern dieser mediale Effekt spielt umgekehrt auch für die Bekämpfung des Terrorismus eine gewichtige Rolle, denn über die mediale Bande lassen sich Stärke, Handlungsmacht, Solidarität und Entschlossenheit bewußt demonstrieren und weltweit platzieren.

b) Die Definitionsgrenzen von Terrorismus, Freiheitskampf und Guerillakampf sind mitunter nur schwerfällig zu ziehen, da alle diese Phänomene nur annäherungsweise zu greifen sind und teilweise miteinander in komplexe Wechselwirkungen treten. Terrorismus und Guerillakampf unterscheiden sich jedoch darin, dass letzterem das Ziel einer systematischen Bekämpfung des Gegners durch militärische Maßnahmen innewohnt, bei der – nach der Genfer Konvention – zumeist die Trennung von Kämpfern und Zivilisten, von Kombattanten und Nonkombattanten aufrechterhalten und somit auch die Gewaltanwendung unter zivilisatorischen Gesichtspunkte in gewisser Form begrenzt bleibt. Die Unterscheidung von Terrorismus und Freiheitskampf ist dagegen schwieriger und wird wohl am ehesten durch die jeweils vorherrschende Selbst- und Fremdwahrnehmung bestimmt.[6]

Formen terroristischer Gewaltausübung: Nach diesen grundsätzlichen Bemerkungen über wesentliche Charakterzüge des Terrorismus seien die vielseitigen Erscheinungsformen von Terrorismus in sechs Kategorien aufgeschlüsselt, auch wenn deren vermeintlich klare Grenzen oft fließend sind, sie sich zum Teil überlappen oder wechselseitig bedingen:[7]

---

4 *Münkler*, Terrorismus als Kommunikationsstrategie (2001), S. 11-18.
5 Ebd., S. 11 ff.; *Nacos*, Terrorism as Breaking News (2003), S. 23-52.
6 *Laqueur*, S. 15 ff.
7 *Hirschmann / Gerhard (Hrsg.)*, Terrorismus als weltweites Phänomen (2000).

a) Ethnisch-nationalistischer, separatistischer Terrorismus
Solche Terrorgruppen treten als nationale Unabhängigkeitsbewegungen in Erscheinung und wollen durch Einsatz terroristischer Methoden Autonomie oder Unabhängigkeit für eine bestimmte Region innerhalb eines bestehenden Staatsverbandes erreichen. Das wohl bekannteste Beispiel hierfür kann in der baskischen ETA, der nordirischen IRA oder der UCK im Kosovo gesehen werden.

b) Politisch-ideologischer, sozialrevolutionärer Terrorismus
Der Terrorismus dieser Gruppierungen ist auf die Destabilisierung bestehender politischer Verhältnisse, die Beseitigung bestehender sozialer Ungleichgewichte und politischer Autoritäten und den revolutionären Umsturz zugunsten einer neuen politischen oder gesellschaftlichen Ordnung gerichtet. Beispiel hierfür ist vor allem die linksextremistische Rote Armee Fraktion (RAF) oder der „Leuchtende Pfad" von Peru. Ein Beispiel für rechtsgerichteten Terrorismus ist der „Ku-Klux-Klan" in den USA. In Lateinamerika sind zudem „Todesschwadronen" aktiv, die im Auftrag des Staates einen „schmutzigen Krieg" gegen politische Gegner und Aufständische führen. Die Breitenwirkung rechtsterroristischer Strömungen ist im Vergleich zu linksextremistischem Terrorismus weitaus unbedeutender.[8]

c) Religiös-fanatischer Terrorismus
Religiös-fanatische, global vernetzte Terrororganisationen wie Al-Qaida und andere instrumentalisieren religiöse Glaubensgrundsätze für politische Zwecke und substantiieren diese mit neuen, gewaltlegitimierenden Inhalten, die zusammen mit paradiesischen Heilserwartungen gewaltpotenzierende Synergieeffekte erzeugen. Unbedingt zu unterscheiden ist dabei die Wechselbeziehung von fundamentalistischer Zielsetzung und radikaler Gewalt, denn religiös-fanatischer Terrorismus ist mehr eine Ausdrucksform, eine Methode der asymmetrischen Kriegsführung, deren Ursachen in einer pseudoreligiösen und fundamentalistischen Weltanschauung wurzeln. Historisch betrachtet ist auch der religiös-fundamentalistische Terrorismus kein modernes Phänomen, wenn wir etwa an die japanische „AUM-Sekte" denken, die am 20. März 1995 einen Giftgas-Anschlag auf die U-Bahn in Tokio verübte. Neu hingegen sind aber die Formen und Methoden, insbesondere das Ausmaß von Selbstmordattentaten, die radikale Ideologie, das globale Operationsfeld und das Ausmaß der Gewalt. Die religiös-aufgeladene Selbstlegitimation religiös-fanatischer Terroristen potenziert allerdings das Gefahrenpotenzial immens, da nicht der irdische Schutz des Lebens, sondern die Aufopferung des eigenen Lebens für transzendentale Glaubensinhalte im Vordergrund steht. Der Selbstmord wird durch eine utopistische Antithese zur Realität generiert, das universale Produkt der Aufklärung, die Würde des Menschen, wird zugleich liquidiert, die massenhafte Tötung unschuldiger Zivilisten wird legitimiert.

---

8   *Bundesministerium des Innern (Hrsg.)*, Verfassungsschutzbericht 2007 (2008), S. 56 ff.

d) Einzeltäterterrorismus
Terroristische Einzeltäter sind häufig hochintelligente Personen mit psychologischen Störungen, die teils genetisch veranlagt, teils durch biographische Schlüsselereignisse generiert werden. Das von Einzeltätern ausgehende Gefahrenpotenzial ist deshalb nicht zu vernachlässigen, weil sie ohne komplizierten logistischen Aufwand verletzbare Ziele angreifen können und als Terroristen nicht verhaltensauffällig identifizierbar sind. Beispiele hierfür sind der amerikanische „UNA-Bomber", Ted Kaczynski, der mittels Anschlägen auf Studenten, Genforscher und Informatiker einen persönlichen Krieg gegen die „Herrschaft der Technologie" führte, oder auch der „Oklahoma-Bomber", Timothy McVeigh, der am 19. April 1995 aus politischem Haß auf die amerikanische Regierung einen Sprengstoffanschlag auf ein Behördenhaus in Oklahoma City verübte.

e) Ökoterrorismus
In vielen westlichen Industriestaaten organisieren sich Anarchisten und Kleingruppen, die sich mit wachsender Tendenz transnational vernetzen und sich auf die Bekämpfung einzelner politischer, wirtschaftlicher oder gesellschaftlicher Problemfelder, etwa Umweltschutz oder Gentechnik, konzentrieren und sich bei der Verfolgung ihrer Zielsetzungen terroristischer Methoden bedienen. Verstärkt formieren sich darüber hinaus seit einigen Jahren organisierte Globalisierungsgruppen, die zwar nicht als Terroristen im eigentlichen Sinne gesehen werden können, deren Grenzen zu terroristischen Aktivitäten jedoch immer fließender werden. Das Ausmaß des gewalttätigen Widerstandes bei internationalen Gipfeltreffen, etwa der Welthandelsorganisation in Seattle 1999, des Internationalen Währungsfond und der Weltbank in Washington und Prag 2000 oder des G8-Gipfels in Genua 2001 oder 2007 in Heiligendamm oder des „G 20"-Gipfels in London und vor allem daran anschließend der NATO-Gipfel in Kehl und Straßburg im April 2009, nimmt mehr und mehr vergleichbare Züge zu terroristischer Gewaltanwendung an.

f) Staatsterrorismus und staatlich unterstützter Terrorismus
Terrorismus kann nicht nur als asymmetrische Gewaltanwendung eines unterlegenen Akteurs gegen einen überlegenen Gegner „von unten nach oben" verstanden werden, sondern auch als die systematische Gewaltanwendung eines Staates gegen Einzelne oder gegen Personengruppen innerhalb seines eigenen Staatsgebietes „von oben nach unten". Die amerikanische Unterstützung der „Contras" in Nicaragua 1986, der von Lybien unterstützte Absturz einer Passagiermaschine über dem schottischen Lockerbie 1988, die von der Taliban unterstützten Trainingscamps und Ausbildungslager der Terrororganisation Al-Qaida in Afghanistan oder die logistische und finanzielle Unterstützung der libanesischen Hizbollah durch den Iran sind Beispiele für staatlich unterstützten Terrorismus. Auf die „Todesschwadronen" in Lateinamerika wurde bereits hingewiesen.

These 3: Europa und Deutschland sind mit den Herausforderungen eines historisch begründeten und regional begrenzten Terrorismus seit langem vertraut. Dieser „Gewöhnungseffekt" schwächt das Bewußtsein für die Gefahrensituation, da zudem die von terroristischen Aktivitäten auch für Deutschland ausgehenden Gefahren von den politisch Verantwortlichen nicht deutlich genug benannt werden.

Moderne Industrienationen und Zivilgesellschaften sind sehr verletzbar, weil der Zusammenbruch einzelner Segmente den gesamten Organismus des Staates in seiner Funktionsweise beeinträchtigen kann. Darüber hinaus haben freiheitliche, offene, tolerante und pluralistische Demokratien sozusagen systemimmanente Sollbruchstellen an der prekären Schnittstelle zwischen Freiheit und Sicherheit, auf die terroristische Attentäter mit systemzerstörerischen Absichten hinwirken. Terroristische Anschläge evozieren lähmende Schockeffekte, die Paralyse rationalen Handels und möglicherweise staatliche Überreaktionen, die wiederum Regierungen und Gesellschaften destabilisieren sollen. Gerade die Bundesrepublik Deutschland hat die Logik terroristischer Gewalt mit den Aktivitäten der Roten Armee Fraktion schmerzlich erfahren müssen:

Das Entstehen der Roten Armee Fraktion steht in deutlichem Zusammenhang mit der 68er Revolte.[9] Streng genommen begann der Terrorismus bereits 1998, als Andreas Baader, Gudrun Ensslin, Thorwald Proll und Horst Söhnlein am 2. April 1968 Brände in zwei Frankfurter Kaufhäusern gelegt haben. Gemeinhin gilt als Geburtsstunde der RAF der 14. Mai 1970, als der inhaftierte Baader während eines Aufenthaltes im Deutschen Zentralinstitut für soziale Fragen in Berlin unter Anwendung von Waffengewalt befreit wurde. Die erste programmatische RAF-Erklärung wurde am 5. Juni 1970 veröffentlicht: „Die Rote Armee aufbauen!" Weitere programmatische Erklärungen sollten folgen, unter anderen „Das Konzept Stadtguerilla" im April 1971 und „Stadtguerilla und Klassenkampf" im April 1972. Die RAF unternahm zahlreiche Anschläge auf deutsche Politiker, Banker und amerikanische Soldaten. Ferner gab es die terroristische „Bewegung 2. Juni", die sich konzeptionell von der RAF unterschied, darüber hinaus weitere Gruppen wie das „Sozialistische Patientenkollektiv (SPK)" in Heidelberg. Es gab auch eine Vernetzung mit anderen terroristischen Gruppen etwa in Frankreich, Italien oder Belgien. Am 20. April 1998 ging bei der Agentur Reuters ein Schreiben ein, in dem die Selbstauflösung der RAF verkündet wurde.

These 4: Der islamistische Terrorismus ist die größte sicherheitspolitische Herausforderung für die internationale Staatenwelt. Europa und Deutschland sind nicht mehr nur propagandistische, sondern tatsächliche Angriffsziele von terroristischen Anschlägen fanatischer Islamisten geworden.

Viele haben, ob zu Recht oder Unrecht sei dahingestellt, im Zusammenhang mit den terroristischen Gewalttaten der Roten Armee Fraktion im Jahr 1977 vom „Heißen

---

9 *Bulig*, Von der Provokation zur „Propaganda der Tat" (2007); *Langguth*, Protestbewegung – Entwicklung, Niedergang, Renaissance (1983), S. 201-230.

Herbst" gesprochen. Auch die gegenwärtige Herausforderung der Bundesrepublik durch den islamistischen Terrorismus hat ihren Ausgangspunkt in einem „Heißen Herbst" genommen, nämlich am 11. September 2001 mit den Terroranschlägen auf das World Trade Center und das Pentagon in den USA. Der von islamistischen Fanatikern ausgehende Terrorismus ist sicherlich nicht die einzige gegenwärtige Herausforderung, aber das Gefahrenpotenzial ist am größten. Seit den Anschlägen vom 11. September 2001 zieht sich eine Blutspur des islamistischen Terrorismus vom Nahen Osten, über Asien bis nach Europa, und auch bis nach Deutschland.

Islamistischer Terrorismus ist mittlerweile in allen Regionen der Welt zuhause, kein Land ist vor ihm sicher. Spätestens mit den Anschlägen von Madrid am 11. März 2004, bei dem 191 Menschen starben und in London, bei dem 52 Menschen ihr Leben opfern mussten, ist deutlich geworden, dass die Terrorgefahr für Europa nicht mehr abstrakt, sondern sehr real ist. In Deutschland ist es bisher nicht zu Anschlägen gekommen. Sie wurden einerseits durch das Eingreifen der deutschen Sicherheitsbehörden verhindert, wie 2007 das Beispiel der „Sauerlandgruppe" zeigt[10], blieben andererseits aber auch durch technisches Unvermögen wirkungslos, weil der Sprengstoff in den am 31. Juli 2006 auf deutschen Bahnhöfen abgestellten Koffern nicht zündete. Dass es in der Bundesrepublik bisher nicht zu einem schlimmeren Anschlag gekommen ist, dürfte weniger eine Frage des Ziels, sondern vielmehr eine Frage der Zeit sein. Es stellt sich die Frage: Was macht den islamistischen Terrorismus so gefährlich?

These 5: Islamistischer Fundamentalismus ist die utopistische Antithese zur gesamten westlichen Welt- und Werteordnung im Sinne einer radikalen Antwort auf die Unfähigkeit zur Bewältigung politischer und sozialer Wandlungsprozesse.

a) Zunächst einmal muss begrifflich präzise unterschieden werden: Die Wurzeln des islamistischen Terrorismus liegen nicht im Islam als gemäßigt und friedfertig gelebter Weltreligion, sondern in seinen fundamentalistischen Ablegern, in der gewaltverherrlichenden Interpretation religiöser Glaubensgrundsätze, die mit entsprechenden Inhalten substantiiert werden. So wird der Islam gewissermaßen politisiert und in eine religiöse Ideologie umgeformt.[11]

b) Wir können – auch mit Blick auf eine geeignete Gegenstrategie – islamistischen Fundamentalismus als eine wesentliche Ursache, als den Kern der terroristischen Bedrohung ausmachen. Fundamentalismus wiederum ist die radikale Antwort auf die, etwas verkürzt gesagt, Schattenseiten der Globalisierung, die entlang der spannungsreichen Konfliktlinien und wechselseitigen Überlappungen zwischen oder innerhalb der vormodernen, der klassisch-modernen und der postmodernen Welt verläuft.[12] Vor allem die fragmentarischen und diffusen Strukturen der vormodernen Welt sind gewissermaßen idealer Nährboden für die Ausbildung fundamentalisti-

---

10 „Schlimmer als London und Madrid", Zeit online, dpa, 5. September 2007.
11 *Zewell (Hrsg.)*, Islam – Die missbrauchte Religion (2001).
12 *Cooper*, Gibt es eine neue Weltordnung?, in: Senghaas (Hrsg.), Frieden machen, S. 107-116.

scher Strömungen, organisierter Kriminalität und terroristischer Aktivitäten.[13] Terrorismus ist hingegen „lediglich" – wenn man so will – eine terroristische Kommunikationsstrategie, die Methode der Kriegsführung in den Händen islamistischer Fundamentalisten, sozusagen also nur das Symptom, dessen Ursprünge im islamistischen Fundamentalismus und Fanatismus anzusiedeln sind.

c) Islamistische Fundamentalisten immunisieren eigene Wertvorstellungen gegen die kulturelle Moderne der westlich zivilisierten Welt und entwickeln einen utopischen Gegenentwurf zur existierenden Weltordnung. Sie bedienen sich dabei religiöser Symbole und füllen diese mit entsprechendem Bedeutungsinhalt, um den Islam zu politisieren und zu ideologisieren. Diese Instrumentalisierung von Glaubensinhalten des Islam wird verknüpft mit einer radikal vereinfachten Einteilung der Welt in „Gläubige" und „Ungläubige", in „Gotteskrieger" und „Kreuzfahrer".[14] Das angestrebte Ziel einer kosmopolitischen islamistischen Theokratie als Antwort auf die Herausbildung der westlichen Werteordnung und Weltkultur lässt sich als Reflex auf die Unfähigkeit zur kulturellen Integration des sozialen Wandels innerhalb islamischer Gesellschaften verstehen. Das ist die Wurzel für die Selbstlegitimation von Selbstmordattentätern. Von großer Bedeutung für die Radikalisierungsprozesse von Muslimen zu Islamisten innerhalb der westlichen Industriegesellschaften sind dabei die „Erweckungserlebnisse", die als Folge von Desintegration und Identitätsverlust innerhalb der anonymen westlichen Gesellschaftsformen auftreten und durch die identitätsstiftenden Solidarisierungseffekte religiöser Glaubensgemeinschaften aufgefangen werden.

d) Terrorismus ist immer auch ein Frage des Organisationsgrades: Mit der Terror*holding* Al-Qaida, die weltweit viele kleine autonome Netzwerke unter einer Dachorganisation zusammenfasst,[15] verbindet sich ein neuer Totalitarismus, denn es geht zwar einerseits um konkrete politische Zielsetzungen wie Truppenabzug aus der islamischen Welt und so weiter, andererseits aber steht dahinter eine in sich geschlossene Zielsetzung der Erschaffung eines islamischen Gottesstaates, also die Totalislamisierung oder „Shariarisierung" der Welt nach Vorbild des islamischen Kalifats. Al-Qaida, 1988 als Organisationsbüro von Osama Bin Laden zur Rekrutierung freiwilliger Mudschaheddin im Kampf gegen die Sowjetunion gegründet, war bis zu den Anschlägen vom 11. September 2001 ein streng hierarchisch organisiertes Netzwerk mit einer religiösen Ideologie und einer charismatischen Führungsfigur in Osama Bin Laden. Diese Ideologie in den Köpfen der Fundamentalisten speist nun weltweit viele selbstständige regionale Terrorzellen (Jemaa-Islamiyah in Indonesien; Al Jama 'a al Islamiyah; Al Jihad al-Islami; Groupe Salafiste pour la Prédication et le Combat GSPC in Algerien), wozu noch das wachsende Gefahrenpotenzial tritt, das von dem sogenannten Homegrown-Terrorismus ausgeht. Ein Beispiel hierfür

---

13 *Münkler,* Die Neuen Kriege (2002).
14 *Heine,* Terror in Allahs Namen (2001), S. 7-44; *Tibi,* Die neue Weltordnung: westliche Dominanz und islamischer Fundamentalismus (1999), S. 25; *Tibi,* Islamischer Fundamentalismus, moderne Wissenschaft und Technologie (1993), S. 13 und S. 38 ff.
15 *Hirschmann,* Der Masterplan des islamistischen Terrorismus (2004), S. 35.

sind die Terroranschläge von London 2005, die vorwiegend von radikalen britischen Islamisten pakistanischer Herkunft verübt wurden, vorher also kaum als verhaltensauffällig identifizierbar waren.

e) Die Gewaltbereitschaft islamistischer Terroristen gegenüber der westlichen Welt hat sich mit den Operationen „Enduring freedom" und „Iraqi freedom" unzweifelhaft erhöht. Dabei haben beide Operationen das Problem nicht gelöst, sondern verschärft. Aber das Verständnis, auch innerhalb der (gemäßigten) islamischen Welt für die amerikanische Intervention in Afghanistan war dennoch ein anderes als für den Irakkrieg. Es mag paradox klingen, aber jetzt zeigt sich, dass Saddam Hussein für die weltweite Terrorismusbekämpfung das kleinere Übel war, denn jetzt versumpft der Irak im interreligiösen Bürgerkrieg und ist ein Hort des islamistischen Terrorismus geworden. Der Irakkrieg hat die terroristische Gefahr nicht gelöst, sondern ist Teil des Problems geworden und hat dem islamistischen Terrorismus enormen Auftrieb gegeben. Nicht anders in Afghanistan: Die Taliban konnte sich im Windschatten der Irakkrise rehabilitieren und reorganisieren, das Land versinkt im Drogenhandel, die Zahl der Terroranschläge nimmt beständig zu. Inwieweit die neue, von Präsident Obama entschiedene Strategie in Afghanistan zu greifen vermag, wird sich noch herausstellen.

Gefährdungssituation für Deutschland: Die konkrete Gefährdungslage der Bundesrepublik Deutschland bezieht sich auf mehrere Dimensionen:

a) Die unmittelbar drohende Gefahr durch terroristische Anschläge islamistischer Extremisten auf deutsche Staatsbürger im In- und Ausland.
b) Die mittelbare Gefahr durch Anschläge auf ausländischer Staatsbürger oder Einrichtungen innerhalb der Bundesrepublik.
c) Die Gefahr von Selbstmordanschlägen auf deutsche Soldaten bei den Auslandseinsätzen der Bundeswehr im Rahmen der weltweiten Terrorismusbekämpfung.

In der Bundesrepublik Deutschland leben zum jetzigen Zeitpunkt rund 3,4 Millionen Muslime aus verschiedensten Herkunftsländern. Die im Verfassungsschutzbericht von 2007 ermittelte Zahl der davon in gewaltbereiten, islamistischen Gruppierungen organisierten Muslime liegt bei ungefähr ein Prozent, also etwas über 30.000.[16] Von größter Bedeutung ist dabei für alle islamistischen Gruppierungen und Organisationen das Kommunikationsmedium Internet, über das sich weltweit problemlos Anhänger rekrutieren, Gewalt potenzieren und Botschaften transportieren lassen. Die Gefahr ist groß, dass wir uns in gefährlich falscher Sicherheit wägen, die schwerwiegende Folgen haben könnte. Die Bundesrepublik ist im Hinblick auf potenzielle Terroranschläge jedenfalls schon mittendrin, statt nur dabei, wie vielerorts fälschlicherweise angenommen wird, wenn wir einmal eine Zwischenbilanz ziehen und die Chronik des Terrors betrachten:

---

16 *Bundesministerium des Innern (Hrsg.)*, Verfassungsschutzbericht 2007 (2008), S. 186.

- Der Anschlag radikaler Islamisten auf die jüdische Synagoge in Djerba am 11. April 2002, bei dem 14 Deutsche starben,
- das bei seinem Deutschlandbesuch am 3. Dezember 2004 verhinderte Attentat auf den Ministerpräsidenten der irakischen Übergangsregierung Ijah Allawi,
- die gescheiterten Koffer-Bomben von 31. Juli 2006, die sich häufenden Videobotschaften von Al-Qaida oder die Anschläge auf Soldaten der Bundeswehr wie am 27. März 2008, bei dem zwei deutsche Soldaten schwer verletzt wurden,
- oder am 19. Mai 2007 im afghanischen Kunduz, als drei Deutsche ihr Leben opfern mussten.

Alle diese Beispiele sind Fälle einer sehr konkreten Gefahrenlage für die Bundesrepublik. Auch Terrorwarnungen gegen amerikanische Einrichtungen in Deutschland gehören mittlerweile zum Tagesgeschäft.

Einer besonderen Qualität der Bedrohung stehen die Kontingente der Bundeswehr gegenüber, die einen professionellen und wichtigen Beitrag bei der weltweiten Bekämpfung des Terrorismus leisten. Die lange Zeit auf die statische Landesverteidigung ausgerichtete deutsche Bundeswehr musste zur flexiblen und mobilen Krisenreaktionstruppe umorganisiert werden, was mit einigen Schwierigkeiten vonstatten geht. Trotzdem ist der deutsche Beitrag zur weltweiten Terrorismusbekämpfung in Afghanistan, am Horn von Afrika oder im Libanon beachtlich. Derzeitig ist die Bundeswehr mit rund 7.400 Soldaten in Auslandseinsätzen, darunter 3.770 in Afghanistan, beteiligt.[17] Dennoch wäre ein Abzug der deutschen Truppen aus Afghanistan ein falsches Signal, denn die Bundesrepublik leistet dort im Rahmen der ISAF wichtige Unterstützungsarbeit beim zivilen Wiederaufbau des Landes. Der Truppenabzug würde nur den Terroristen in die Hände spielen, Erinnerungen an den erfolgreichen Kampf der Mudschaheddin gegen die Sowjetunion würden geweckt. Die moralischen „Gretchenfragen" wiegen in der Bundesrepublik schwer, aber uns muss klar werden, dass die Gefahren und die Risiken der robusten Auslandseinsätze der Bundeswehr im Zuge des weltweiten Antiterrorkampfes sehr groß sind. Andererseits wird zunehmend eine „Exit Strategy" angemahnt.

Gegenmaßnahmen und Gefahrenabwehr: Der Transformationsprozess terroristischer Gewaltstrukturen und islamistischen Fundamentalismus von einer regionalen hin zu einer transnationalen Vernetzung und einer globalen Kriegsstrategie ist kein spontanes Phänomen, sondern das Produkt einer prozessualen Entwicklung. Der 11. September hat aber gezeigt, dass der diffusen Bedrohung durch Terrorismus zunächst nur altbewährte Verhaltensweisen und Reaktionsmuster des internationalen Krisenmanagements gegenüberstanden. Die Strategie der Abschreckung gehört ebenso zum Antiquariat des Kalten Krieges wie auch die klassische Struktur zwischenstaatlicher Kriegsführung. Terroristische Akteure können vielleicht selbst Teil des globalen Nuklearwaffengeflechts werden, Konfliktstrukturen bewegen sich fortan im staatlich-substaatlichen, im innerstaatlichen oder im terroristisch globalvernetzten Bereich. Und genau hierin liegt das Epizentrum der neuen Herausforderung an die internationale und auch an die deutsche Politik. Das meint:

---

17 Stand April 2009.

a) Terrorismus als Strategie, als Methode der Kriegsführung gegen einen überlegenen Gegner.
b) Angriffe substaatlicher Akteure auf „harte" und „weiche" Ziele mit hohen Opferzahlen.
c) Angriffe aus dem Innern des zivilisatorischen Netzes unserer Gesellschaften.
d) Das Hineingleiten in Anonymität und Logistiknetz von Industriestaaten.
e) Das Umfunktionieren von Flugzeugen in Tomahawk-Raketen und symbolischer Ziele in das Schlachtfeld.
f) Psychologische Kriegsführung und mediale Potenzierung des Schockeffekts.
g) Terrorismus als doppelte Kommunikationsstrategie nach außen, um den Adressaten zu einer Verhaltensänderung, sprich zum Rückzug zu bewegen, aber auch nach innen hin, um den „zu interessierenden Dritten", also die islamistischen und gewaltbereiten Gruppierungen, für den globalen Kampf zugewinnen.

Das Problem ist benannt, aber was können wir tun? Wie kann in Umrissen eine effiziente Gegenstrategie skizziert werden?

These 6: Terrorismus lässt sich nicht besiegen, sondern allenfalls bekämpfen, da es die Terroristen sind, die Ziele und Methoden der von ihnen geplanten und verwirklichten Anschläge auswählen.

Auf der Suche nach effektiven Gegenstrategien zur Bekämpfung des internationalen Terrorismus sollte zunächst klar sein, dass dieses Phänomen nicht eliminiert werden kann. Es hat immerhin 28 Jahre gebraucht, bis sich die Rote Armee Fraktion selbst aufgelöst hat. Die blutige Bilanz des Terrorismus seit den Anschlägen vom 11. September 2001 bestätigt die These überdeutlich: der nächste Anschlag kann morgen, kann übermorgen oder in einem halben Jahr sein, in Kuala Lumpur oder Neu Delhi, in Washington oder Paris, in Berlin oder vielleicht sogar in Frankfurt oder Bonn. Klar ist, dass sich auch für die Bundesrepublik Deutschland die Gefahrenlage von einer abstrakten zur einer sehr konkreten gewandelt hat.
Diagnosen von Ursachen, Zielen, Mitteln und Strategien des Terrorismus sind für den Politikwissenschaftler noch das greifbarste. *Prognosen* sind schwierig, denn die Terroristen überraschen durch die Auswahl der Ziele und die Methoden. *Therapien* sind hingegen kaum möglich. Terrorismus ist einer unheilbaren Krankheit sehr ähnlich. Besiegen kann man ihn nicht, aber man kann das Ausmaß reduzieren. Terrorismus, und vor allem das Selbstmordattentat, sind eine ernsthafte Herausforderung für jede freie und offene demokratische Gesellschaft, denn neben den direkten Opfern wird auch indirekt die Frage nach dem Verhältnis von Sicherheit und Freiheit gestellt.

These 7: Die Herausforderungen durch den islamistischen Terrorismus ist global und verlangt deshalb nach einer globalen Antwort. Die Attentäter und Anschläge erfolgten aber aus dem zivilisatorischen Netz und der klandestinen Anonymität unserer Gesellschaft heraus, so dass Maßnahmen zur Terrorismusbekämpfung im Innern ansetzten müssen. Daran schließt sich eine entscheidende Frage an: Ist ein gläserner Bürger besser als ein toter Bürger? oder stehen wir etwa vor der Wahl: Entweder „Shariarisierung" oder „Orwellisierung" unserer Gesellschaft?

Das Problem ist, dass die Attentäter und die Anschläge aus dem Innenleben unserer demokratischen Gesellschaftsform heraus erfolgt sind und das höchste Schutzgut liberal-demokratischer Menschen- und Freiheitsrechte, das eigene Leben, mit den Selbstmordattentaten als operative Waffe einsetzen. Eine absolute Sicherheit wird es damit nicht geben. Die Maxime müßte in etwa lauten: Soviel Sicherheit wie nötig, soviel Freiheit wie möglich. Das Sicherheitsbedürfnis der Bürger ist jedenfalls stark ausgeprägt. Die Toleranzgrenze wird also eng mit der akuten Gefahrenlage einhergehen. In jedem Fall müssen die westlichen Demokratien einer systemzerstörerischen Rückwirkung der Terrorismusbekämpfung entgegentreten, denn ansonsten verwirklichen die systemimmanenten Sollbruchstellen der Demokratie die Zielsetzung islamistischer Terroristen. Die Toleranzgrenzen unserer grundrechtlich verbürgten Freiheitsrechte sind dabei sehr groß und kollidieren mitunter mit Grundfragen der inneren Sicherheit.

Nehmen wir den Fall Kurnaz: Kurnaz hatte sich dem islamischen Missionsverein Dschama 'at Tablighi (Jamaat Tabligh) angeschlossen, die nach Erkenntnissen des Verfassungsschutzes Kontakte zu radikalen islamistischen Gruppierungen unterhält. Kurz nach den Terroranschlägen vom 11. September 2001 reiste Kurnaz, ohne sich von Freunden und Familie zu verabschieden, nach Pakistan, um in der Hoffnung auf religiöse Erleuchtung die dortigen Koranschulen der Dschama 'at Tablighi aufzusuchen. Dort wurde er von den pakistanischen Behörden verhaftet und den Amerikanern überstellt, die ihn zuerst nach Afghanistan und dann nach Guantanamo Bay verschleppten. Einen deutschen Auslieferungsantrag gab es nicht, zumal Kurnaz türkischer Staatsbürger ist, der in Bremen lebt. Nachdem er von zwei deutschen BND-Mitarbeitern und einem Verfassungsschützer verhört wurde, schwanden die Anzeichen für ein von Kurnaz ausgehendes Gefahrenpotenzial. Hierbei geht es auch um eine grundsätzliche Frage: Wie soll die Bundesrepublik Deutschland mit derartigen Fällen umgehen? Wie potenziell gefährlich oder verhaltensauffällig könnte ein solcher Fall sein oder laufen wir Gefahr, uns in einen „Terrorismustotalverdacht" hineinzumanövrieren? Dies betrifft auch die eventuelle Aufnahme von Guantanamo-Häftlingen.

These 8: Mit der terroristischen Bedrohung schwinden die klaren Grenzen von Innen- und Außenpolitik. Ein wirkungsvoller Antiterrorkampf muss deshalb die Synergieeffekte aus innen- und außenpolitischen Gegenmaßnahmen einschließen.

Wie die Anschläge auf deutsche Bundeswehrsoldaten in Afghanistan belegen, hat militärischer Antiterrorkampf für sich genommen definitiv begrenzte Wirkung. Beim islamistischen Terrorismus haben wir es mit einer religiös aufgeladenen Ideologie in den Köpfen zu tun, die sich mit militärischer Waffengewalt kaum besiegen lässt. Hinzu kommt, dass die Aufrechterhaltung des Feindbildes für Islamisten ein bedeutender Teil ihrer Selbstlegitimation ist. Bei der Antwort auf die globale Herausforderung durch den islamistischen Terrorismus verschwimmen die klaren Grenzen von Innen- und Außenpolitik immer mehr. Diese Synergieeffekte müssen genutzt werden. Aber wie?

a) Die Tatsache, dass Terroristen aus dem Innenleben unserer offenen Gesellschaften heraus ihre Angriffe planen, vorbereiten und durchführen, erfordert mehr Aufmerksamkeit und Wachsamkeit in der Bevölkerung sowie ein ausgeprägteres Risikobewußtsein über die potenziellen Gefahren, die auch von den politisch Verantwortlichen klar benannt werden müssen.

b) Eine gemeinsame Verständigung über die Grundfrage, was Terrorismus überhaupt ist, um dann durch internationale Kooperation eine effektive Gegenstrategie zu entwickeln.

c) Die Verbesserung wirksamer Schutzmechanismen im informellen Bereichen durch:

- die nationale und internationale Vernetzung von Geheimdiensten,
- die Austrocknung von Finanzströmen,
- zentrale Datenerfassung,
- Überwachung von potenziellen Hasspredigern in den Moscheen,
- Verschärfung des Pass-, Asyl- und Migrationsrechts,
- systematische Überwachung verfassungsfeindlicher Inhalte des Internet.

d) Die Verbesserung eines transnationalen und interkulturellen Religionsdialogs, der von allen Seiten offen und gleichwertig auf der Grundlage der geltenden Verfassung geführt werden muss.

e) Die Umsetzung einer effektiven nationalen Integrationspolitik, denn entscheidend wird vor allem die Verhinderung der Entstehung subkultureller Parallelgesellschaften infolge der identitätslosen Anonymität unserer Gesellschaft und der vorschnellen Präjudizierung und Stilisierung friedliebender Muslime zu einem kollektiven Feindbild sein.

These 9: Deutschland und die gesamte westliche Welt muss die seit der Aufklärung schwerlich und schmerzlich erkämpften liberalen Freiheitswerte offensiv verteidigen. Abgrenzung bedeutet nicht zwangsläufig Ausgrenzung, sondern weniger Toleranz gegen Gefährdungen der Freiheit bedeutet Freiheit.

Samuel P. Huntingtons „Kampf der Kulturen" gehört zu den geschichtsmächtigen Werken, die viel zitiert und wenig gelesen werden. So sehr seine Thesen im Einzelnen zu kritisieren sind, seine zentrale These der veränderten Konfliktstrukturen von den rein machtpolitischen zu kulturellen Bruchlinien zwischen der islamischen und der westlichen Welt ist doch eingetroffen, was sich durch Fakten ohne Weiteres untermauern läßt: Der Mord an dem niederländischen Schriftsteller van Gogh, die dänischen Mohammed-Karikaturen, die Regensburger Vorlesung von Papst Benedikt XVI., die Christenmorde in der Türkei, die Absetzung von Mozarts „Idomeneo" in der Deutschen Oper Berlin, der Verzicht auf islamkritische Karikaturen im Kölner und Mainzer Karneval. Die westliche Welt sucht nicht die offensive Verteidigung ihres freiheitlich-demokratischen Wertekanons, sondern den sicheren Rückzugsraum der politischen Angepasstheit. Eine vernünftige Übereinkunft zwischen westlicher und islamischer Welt aber wird sich ohne Zweifel nur auf der Grundlage gemeinsamer Überzeugungen einstellen, die zum gegenwärtigen Zeitpunkt nur bedingt ersichtlich sind. Was selten offen ausgesprochen wird: Es existiert derzeit kein Land muslimischer Prägung, das nach westlichem Vorbild demokratisch regiert wird. Ob Islam und Demokratie überhaupt zu einer Synthese finden können, wird eine in der Zukunft entscheidende Frage sein.

Uwe Holtz weist unermüdlich darauf hin, dass in vielen Staaten ein „akutes Defizit an Freiheit" besteht, dass die Religion „zur Aufrechterhaltung der Tyrannei und Repression vereinnahmt" wird und dass von einer Gleichstellung von Mann und Frau nicht die Rede sein kann.[18] Er mahnt zu Recht eine mutige Strategie an, die darauf setzt, die totalitären Bewegungen und Regime zu schwächen und die moderaten Moslems für die liberale Demokratie zu gewinnen. Die Durchsetzung von Menschenrechten sei im Antiterrorkampf letztlich effektiver als „eine rigide Fixierung auf Sicherheit", denn die Erfahrungen in Osteuropa haben gelehrt, dass es entschlossenes Auftreten war, das politischen Wandel herbeigeführt hatte.[19] „Soft Power" ziele nicht wie traditionelle „Hard Power" auf Zwang und Gewalt, sondern auf die Transformation von Informationen, Ideen, Werten und Normen. Um dem Terrorismus den Boden zu entziehen, geht es in der Entwicklungspolitik darum, alle ethnischen und religiösen Konfliktlinien in den Blick zu nehmen, sie durch behutsame Förderung des intrakulturellen Dialogs, der Begegnung und Verständigung zu entschärfen. Außerdem kommt der Bekämpfung von Armut eine zentrale Bedeutung zu.[20]

Abschließend sei der fast resignierende Satz des amerikanischen Politikwissenschaftlers Paul R. Pillar zitiert: „Terrorism happens. It should never be accepted, but it should always be expected."[21]

---

18 *Holtz*, Europa, das Mittelmeer und der Kampf gegen den internationalen Terrorismus (2006), S. 43.
19 Ebd., S. 44.
20 Ebd.
21 *Pillar*, Terrorism and U.S. foreign policy (2001), S. 218.

Entwicklung, Demokratie und globale Politik

Mit Korruptionsbekämpfung zum *take off* bei den MDGs? Zu Möglichkeiten und Grenzen einer entwicklungspolitischen Strategie

Tobias Debiel/Birgit Pech

Die Millenniumserklärung von 2000 und das Bekenntnis der 56. Generalversammlung der Vereinten Nationen zu den Millennium Development Goals (MDGs) im September 2001 bildeten einen Markstein für internationale Verpflichtungen im Bereich der Entwicklungspolitik. Unterdessen ist für die meisten MDGs mehr als die Hälfte der Umsetzungsfrist bis 2015 zurückgelegt. Die Zwischenbilanzen fallen durchwachsen aus; der Global Monitoring Report 2008 der Weltbank warnt trotz einiger Teilerfolge, ohne zusätzliche Anstrengungen würden die meisten Entwicklungsländer die MDGs verfehlen.[1] Zugleich versäumen es die Fortschrittsberichte oft, die Ursachen für die ernüchternden Aussichten klar zu benennen – ein Umstand, auf den Uwe Holtz wiederholt und mit Nachdruck hingewiesen hat. Neben gravierenden Versäumnissen der Industrieländer, entwicklungsförderliche handels- und finanzpolitische Rahmenbedingungen herzustellen, sind politisch-strukturelle Defizite in den Entwicklungsländern selbst hierfür verantwortlich: undemokratische, schlecht regierte Staaten mit einem hohen Grad der Korruption.[2] Können vor diesem Hintergrund internationale Maßnahmen zur Förderung von Good Governance zur schnelleren Verwirklichung der MDGs beitragen? Und welche Rolle könnte dabei insbesondere die Korruptionsbekämpfung spielen? Dieser Frage gehen wir in unserem Beitrag nach.

Wir beginnen damit, die Korruptionsbekämpfung in den Kontext der Good Governance-Agenda einzubetten und den Korruptionsbegriff näher zu definieren. In einem zweiten Schritt fragen wir, welches die Erkenntnisse der Forschung über den Zusammenhang zwischen Korruption, sozioökonomischer Entwicklung, der Konsolidierung von Staatlichkeit und Demokratisierungsprozessen sind. Danach wenden wir uns dem *take off* der Korruptionsbekämpfung in den 1990er Jahren zu und ziehen eine erste Zwischenbilanz der entsprechenden Bemühungen, wobei das Ergebnis ernüchternd ausfällt. Wir begründen dies damit, dass die gängigen Rezepturen nur unzureichend die bestehenden institutionellen Arrangements sowie Machtkonstellationen berücksichtigen und die Möglichkeiten externer Akteure tendenziell überschätzen. Die Schlussfolgerung ist nicht, sich von der Good Governance-Agenda zu verabschieden. Allerdings müssen Maßnahmenpakete weitaus stärker als in der Ver-

---

1 *Word Bank*, Global Monitoring Report 2008 (2008); *Martens / Debiel*, Das MDG-Projekt in der Krise (2008).
2 *Holtz*, Die Zahl undemokratischer Länder halbieren! (2006); *Ders.*, Die Millennium-Entwicklungsziele – eine defekte Vision (2009).

gangenheit auf konkrete Konstellationen vor Ort zugeschnitten und mitunter neu entwickelt werden.

1. MDGs, Good Governance und Korruptionsbekämpfung

Auch wenn Good Governance als Rahmenbedingung in der Millenniumserklärung Berücksichtigung findet, so sind die damit zusammenhängenden Merkmale doch bei der Operationalisierung der MDGs außer Acht gelassen worden – ein mehr als misslicher und zugleich vielsagender Umstand. Denn Fortschritte bei Transparenz, Rechenschaftspflicht, Verantwortlichkeit und damit einhergehend auch der Bekämpfung von Korruption[3] gelten in Entwicklungsforschung und -politik heute weithin als wichtige Faktoren, um sozioökonomische Fortschritte und „menschliche Entwicklung" voranbringen, extreme Armut überwinden sowie vertiefte Partizipation im Entwicklungsprozess erreichen zu können.[4] Insofern sind seit den 1990er Jahren externe Unterstützungsmaßnahmen in diesen Bereichen fester Bestandteil der Entwicklungszusammenarbeit geworden. Für das Policy-Feld der Korruptionsbekämpfung wurde gar von einem *take off* gesprochen.[5]

Tatsächlich hat das Thema beständige Aufmerksamkeit erhalten – und sich ein Konsens herauskristallisiert, demzufolge die externe Unterstützung von Anti-Korruptionsmaßnahmen ein wichtiges Element entwicklungspolitischer Strategien darstellt. Was ist aber unter „Korruption" zu verstehen? Einen „klassischen" Ausgangspunkt bildet das Begriffsverständnis der Weltbank von Korruption als „abuse of public office for private gain".[6] Freilich ist die in der Bezeichnung „abuse of public office" zum Vorschein kommende Orientierung an formalen Regelübertretungen unzureichend – kann doch die Regelsetzung selbst bereits durch Korruption beeinflusst worden sein. Mit den Worten von Cameron: „one cannot have confidence in the ability of a corrupt legislator to make good laws."[7] Gängigerweise wird deshalb bei der Definition mit einbezogen, ob ein Verhalten gemessen an kontextgebundenen sozialen Maßstäben, die von den jeweiligen rechtlichen Normen abweichen können, als legitim oder illegitim betrachtet werden kann.[8]

Auch das Definitionselement des „privaten Nutzens" erscheint problematisch. Denn die weit verbreitete Korruption in der politischen Sphäre liegt oftmals weniger in rein privaten Selbstbereicherungsmotiven begründet als vielmehr im Streben nach

---

3 *Fjeldstad / Isaksen*, Anti-Corruption Reforms (2008).
4 *United Nations Development Programme*, Bericht über die menschliche Entwicklung 2002 (2002).
5 *von Alemann*, Politische Korruption: Ein Wegweiser zum Stand der Forschung, in: Ders. (Hrsg.), S. 15.
6 *World Bank*, Strengthening World Bank Group Engagement on Governance and Anticorruption (2007), S. 3; *Bardhan*, Corruption and development: A review of issues (1997), S. 1321.
7 *Cameron*, Corruption, Encroachment, and the Separation of Powers, Paper prepared for the Workshop on Corruption and Democracy (2007), S. 4.
8 *von Alemann*, Politische Korruption: Ein Wegweiser zum Stand der Forschung, in: Ders. (Hrsg.).

Erhalt oder Ausbau politischer Macht.[9] Uns erscheint es deshalb sinnvoll, Korruption zu bestimmen als Missbrauch eines öffentlichen Amtes im Sinne einer Verletzung formaler Regelungen bzw. sozialer Normen über richtiges Verhalten mit dem Ziel, private oder politische Vorteile zu erzielen.

2. Korruption als Hemmnis für Entwicklung und Transformation? Eine Zusammenschau erster Forschungsergebnisse

Ausgangspunkt der entwicklungs- und transformationsorientierten Korruptionsforschung waren zunächst Rückwirkungen auf sozioökonomische Parameter. In jüngerer Zeit sind weitere Dimensionen in den Blick gekommen, so insbesondere die Frage, wie Korruption in Zusammenhang mit der Konsolidierung von Staatlichkeit und mit Prozessen der Demokratisierung steht.

2.1. Korruption und Wohlfahrt

Ökonometrische Studien kommen beim Verhältnis von Korruption und Wohlfahrt zu einem zunächst klaren Ergebnis: Endemische Korruption bringt erhebliche ökonomische und sozioökonomische Kosten mit sich – und zwar sowohl hinsichtlich der Wohlfahrtsmehrung bzw. -minderung als auch hinsichtlich der Verteilung von Einkommen, Eigentum und Chancen. Bereits 1998 arbeitete die einschlägige Studie „Does corruption affect income inequality and poverty?" heraus, dass höhere Maße von Korruption mit höherer Ungleichheit der Einkommen und beim Zugang zu Land und Bildung einhergehen.[10] Die Folgeuntersuchung „Corruption and the provision of health care and education services" wies nach, dass Korruption in signifikant negativer Weise mit staatlichen Ausgaben für Gesundheit und Bildung korreliert.[11] Nach Lambsdorff vermindert sich bei hohem Korruptionsniveau zudem die Attraktivität eines Landes für internationale und einheimische Investoren, was eine Kette von Folgen nach sich ziehe:

> „This reduces capital accumulation and lowers capital inflows. Also the productivity of capital suffers from corruption. There is equally strong evidence that corruption distorts government expenditure and reduces the quality of a wide variety of government services, such as public investment, health care, tax revenue and environmental control."[12]

Trotz empirischer Evidenz und plausibler Argumentationsmuster zu den abträglichen Effekten hoher Korruptionsniveaus ist aber auf den zweiten Blick teils durch-

---

9   *Rose-Ackerman*, Political Corruption and Reform in Democracies: Theoretical Perspectives, in: Kawata, S. 45; *Fritz*, Corruption and anti-corruption efforts (2006), S. 1.
10 *Gupta et al.*, Corruption and the provision of health care and education services (1998).
11 *Gupta et al.*, Does corruption affect income inequality and poverty? (2001).
12 *Lambsdorff*, Consequences and Causes of Corruption (2005), S. 27.

aus strittig, wie im Einzelnen die Kausalitätsrichtungen verlaufen und wie wechselseitige Wirkungszusammenhänge zu gewichten sind.[13] Gerade beim Verhältnis von Pro-Kopf-Einkommen und Korruptionsniveau sind simultane Effekte in beide Richtungen zu vermuten, so dass sich deren Verhältnis mit statistischen Mitteln nur schwer bestimmen lässt.[14] Auch scheint es regionale Besonderheiten zu geben: So konnten im ostasiatischen Raum Länder mit hohem Korruptionsniveau und schwachen formalen Governance-Institutionen entgegen konventionellen Erwartungen sehr hohe Wachstumsraten erzielen. Ein Grund könnte die Funktionalität informaler Institutionen sein, die in der Regel nur bei small-N-Studien angemessene Berücksichtigung finden.[15]

Unterschiedliche institutionelle Arrangements können mit entsprechend unterschiedlichen Verteilungswirkungen bei den durch Korruption erzielten Renten einher gehen. Mithin ist die Höhe von Korruption bei der Frage von Wohlfahrtsgewinnen bzw. -verlusten gegebenenfalls weniger entscheidend als die Frage, wie korruptionsinduzierte Renten zugeteilt und genutzt werden. In Südkorea und Taiwan bedeutete Korruption etwa vornehmlich den „transfer of a percentage of the profits earned by privately owned enterprises to government officials in return for policies and services that allow these enterprises to earn profits".[16] Mithin wurden hier in informeller Weise Dividenden eingesammelt im Austausch gegen industriepolitisch und institutionell vorteilhafte Anreize – eine Konstellation, die laut Wedeman mit nachhaltigem ökonomischen Wachstum durchaus kompatibel sein kann.

2.2. Korruption und die Konsolidierung von Staatlichkeit

Abweichungen und Rätsel, die das scheinbar klare Bild eindeutiger Negativwirkungen von Korruption irritieren, verweisen in den politökonomischen Kontext, der offenbar eine entscheidende intervenierende Variable darstellt: Wofür die durch Korruption erwirtschafteten Renten verwendet werden und welchen Nutzen bzw. Schaden sie stiften, ist offenbar durch institutionelle Begebenheiten und nicht zuletzt das Machtverhältnis zwischen politbürokratischen Entscheidungsträgern und gesellschaftlichen Gruppen mit-determiniert. Die Transformationsforschung hat dieses Verhältnis näher beleuchtet und die Konsolidierung von Staatlichkeit über die Handlungsautonomie politbürokratischer Eliten zu bestimmen versucht: Sind Staaten „zu schwach", so die Überlegung, gelingt es gesellschaftlichen Akteuren, staatliche Institutionen zugunsten partikularer Eliteninteressen zu instrumentalisieren und ihnen ihre Agenda aufzuzwingen.[17] Sind Staaten dagegen „zu stark", besteht die Gefahr, dass eine zu starke Penetration des Staates in andere gesellschaftliche Subsysteme

---

13 *Khan,* Governance, Economic Growth and Development since the 1960s (2006).
14 *Lambsdorff,* Consequences and Causes of Corruption (2005), S. 27. Zu entsprechenden Bemühungen vgl. v.a. *Kaufmann / Kraay,* Growth without Governance (2002).
15 *Grindle,* Good Enough Governance Revised (2007).
16 *Wedeman,* Looters, Rent-Scrapers, and Dividend Collectors (1997), S. 460.
17 *Merkel et al.,* Defekte Demokratie (2003); *Croissant,* Staat, Staatlichkeit und demokratische Transformation in Ostasien (2001).

(Markt, Zivilgesellschaft) deren Autonomie und Funktionsfähigkeit zu sehr beschränkt und die Rechtspositionen der Bürger verletzt oder entwertet. Von daher favorisiert die Transformationsforschung einen teil-autonomen, nicht aber die Gesellschaft völlig durchdringenden Staat.

Wie stehen diese Überlegungen in Zusammenhang mit Ausmaß und Wirkungen von Korruption? Insbesondere schwach herausgebildete Staatlichkeit scheint mit einem hohen Maß an Korruption einherzugehen. Bereits Mitte der 1960er Jahre brachte Huntington diesen Sachverhalt zugespitzt zum Ausdruck: „Political organizations and procedures which lack autonomy are, in common parlance, said to be corrupt."[18] Dabei können machtvolle gesellschaftliche Gruppen mit Hilfe von Korruption eine partikulare Umverteilung zu ihren Gunsten bewirken (*redistributive corruption*); möglich ist auch, dass gesellschaftlich dominante Eliten sich des Staates direkt bemächtigen und diesen im Sinne einer *extractive corruption* dazu instrumentalisieren, gesellschaftliche Ressourcen auszubeuten.[19]

Typische Beispiele schwacher Staatlichkeit finden sich im postkolonialen Subsahara-Afrika: Die neopatrimonialen Herrschaftssysteme[20] sind Ausdruck nur unvollständiger Staats- und Nationenbildung. Hier fehlte es an einer ökonomischen Klasse, die kraftvoll genug gewesen wäre, um für die Stabilisierungs- und Legitimierungsinteressen der Machthabenden von Belang zu sein und eigene Entwicklungsinteressen einzufordern. In den ethnisch zumeist heterogenen Gesellschaften rückte vielmehr die Loyalitätssicherung über ethno-regionale Klientele in den Vordergrund.[21] Über informelle Elitennetzwerke entwickelte sich in einigen Ländern eine Praxis des *hegemonial exchange*, bei der die proportionale Zuteilung staatlicher Positionen und Ressourcen an verschiedene ethnische Gruppen durch Patronage und Klientelismus erfolgte.[22] In den erfolgreicheren Fällen (v.a. Kenia, Kamerun und der Elfenbeinküste) trug dieses Instrument in der Vergangenheit zur vorübergehenden politischen Stabilisierung und zu temporären Wachstumserfolgen bei.[23] Zugleich beförderten kurzfristige Rentenmaximierungsstrategien Misswirtschaft und schlichte Selbstbereicherung; eine Teilautonomie von politischer und gesellschaftlicher Sphäre bildete sich unter diesen Umständen nicht heraus.

Ganz anders die Situation in eher „starken" Staaten. So verfügten die südost- und ostasiatischen Wachstumsökonomien zwar ebenfalls über ein beachtliches Korruptionsniveau. Doch wurde Korruption hier insbesondere eingesetzt, um „(...) integrating political and economic power rather than (...) giving either a decisive advantage over the other."[24] Die Korruptionsfunktion, politische und ökonomische Unsicherheit zu vermindern, wurde im Laufe der Zeit jedoch „übererfüllt": es entwickelten

---

18　*Huntington,* Political Development and Political Decay (1965), S. 402.
19　*Amundsen,* Political Corruption (1999).
20　Als Neopatrimonialismus bezeichnen *Bratton / van de Walle* „(...) those hybrid political systems in which the customs and patterns of patrimonialism co-exist with, and suffuse, rational-legal institutions". *Bratton / van de Walle,* Democratic Experiments in Africa (1997), S. 62.
21　*Englebert,* State Legitimacy and Development in Africa (2000).
22　*Rothchild,* Hegemonial Exchange (1986).
23　*Hartmann,* Ethnizität, Präsidentschaftswahlen und Demokratie (1999); *Chazan,* Politics and Society in Contemporary Africa (1999).
24　*Johnston,* Syndromes of Corruption (2005), S. 90.

sich zunehmend sklerotische Kartelle zur Abwehr von Wettbewerbern, die systemnotwendige Adaptionsleistungen in Form ökonomischer und politischer Reformen behinderten. Diese wurde nicht zuletzt in der krisenhaften Zuspitzung der Asienkrise 1997/98 deutlich.[25] Korruption kann unter diesen Bedingungen im Sinne einer invertierten U-Kurve interpretiert werden. Zunächst vermag sie, durch eine Verschränkung von politischer und ökonomischer Sphäre Wachstum zu befördern, um dann in ihrem Nutzen abzunehmen und sogar Schaden für die Wohlfahrt zu bewirken.

Wichtiger aber noch als die sich wandelnde Funktionalität von Korruption in relativ starken Staaten dürfte die folgende Erkenntnis sein: Einigermaßen konsolidierte Staatlichkeit kann, wenn effektive Herrschaft auf tragfähigen Elitenarrangements beruht, Ausmaß und Negativwirkungen von Korruption nachhaltig begrenzen. Voraussetzung ist insbesondere auch ein gewisser Konsens über die zugrunde liegenden Regeln und Werte, wie Johnston am Beispiel Botswanas illustriert:

> „Botswana, by most measures ought to have more corruption, in more disruptive forms, than it seems to experience. Its working political framework was no one's design for reform or good government, but rather an elite settlement, rooted in society itself, that reconciled important groups and values and provided a coherent basis of effective rule."[26]

Eine dritte Ländergruppe verbindet schließlich „schwache" mit „starken" Eigenschaften von Staatlichkeit. Typisch für diese Konstellation sind die drei südkaukasischen Länder Armenien, Aserbaidschan und Georgien. Koehler/Zürcher argumentieren, dass der Staat hier weder einfach von einer außerstaatlichen gesellschaftlichen Gruppe in Besitz genommen worden sei, noch aber Autonomie gegenüber gesellschaftlichen Partikularinteressen besitze.[27] Vielmehr behaupte er – wenn auch in prekärer Weise – seine Initiative und das Monopol auf wesentliche Steuerungsinstrumente. Ein Teil der durch informelle Abgaben mobilisierten Ressourcen werde dabei in gewaltfreie, rechts- und vertragssichere Räume durchgesetzter Staatlichkeit investiert, die jedoch nur loyalen strategischen Gruppen zugänglich seien. Korruption perpetuiert derartige Situationen und kann – im Unterschied zu den starken Staaten – Ressourcen nicht für die konstruktive Verbindung von gesellschaftlicher und politischer Sphäre zur Verfügung stellen. Stattdessen sichert sie einen Ressourcenzufluss für loyale Teilsegmente von Staat und Gesellschaft. Gerade unter autoritären oder semi-autoritären Verhältnissen entspricht eine derartige Strategie einem recht einleuchtenden Kosten-Nutzen-Kalkül.[28] Loyalität ist demnach günstiger über ökonomische Renten als über Repression oder politische Konzessionen zu erreichen.[29]

---

25 *Faust*, Informelle Politik und ökonomische Krisen in jungen Demokratien (2000).
26 *Johnston*, Syndromes of Corruption (2005), S. 218.
27 *Koehler / Zürcher*, Der Staat und sein Schatten (2004).
28 *Ghandi / Przeworski*, Cooperation, Cooptation and Rebellion under Dictatorships (2006).
29 *Acemoglu / Robinson*, De Facto Political Power and Institutional Persistence (2006).

2.3. Korruption und Demokratisierung

Gibt es über das bislang Gesagte hinaus einen spezifischen Zusammenhang von Korruption und Demokratisierung? Empirisch-quantitative Studien deuten darauf hin, dass in jungen und schwachen Demokratien Korruption eher noch stärker ausgeprägt ist als in autoritär regierten Ländern;[30] in eine ähnliche Richtung deuten Studien mit regionaler, vergleichender oder Einzelfallperspektive.[31] Die „dritte Welle" der Demokratisierung verstärkte gerade in Subsahara-Afrika die Hybridität politischer Herrschaft und führte nicht zu einer Überwindung neopatrimonialer Strukturen.[32] Die Einführung von Mehrparteiensystemen und Wahlen erhöhte den Wettbewerb zwischen rivalisierenden Klientelgruppen, ohne dass sich die informellen Mechanismen des Machtzugangs und Machterhalts wesentlich veränderten – durch den erhöhten Ressourcenaufwand nahmen die Korruptionsanreize oftmals noch zu.[33]

Die umgekehrte Frage, welche Wirkungen Korruption auf Systemwandel ausübt, wurde in empirisch-quantitativen Arrangements bislang noch kaum untersucht. Dies ist unter anderem einer weitgehenden Beschränkung auf Querschnittsdatensätze geschuldet. Die verlässlichsten Indizes – wie der Corruption Perception Index (CPI) von Transparency International oder der Korruptionsindex der Weltbank – existieren erst seit Mitte der 1990er Jahre; vor allem lassen sich ihre Jahreswerte über die Zeit jeweils nur bedingt miteinander vergleichen. Nahe liegt jedoch die Vermutung, dass Korruption selbst zur Persistenz hybrider Strukturen beiträgt und informelle Verteilungskoalitionen stabilisiert, die wenig durch echten Systemwandel gewinnen können. Erste empirische Studien auf Basis von Längsschnittdaten bestätigen, dass das Korruptionsniveau signifikant negativ mit der Wahrscheinlichkeit korreliert, dass eine Transition von hybriden hin zu vollen Demokratien gelingt.[34] Allerdings ist die Qualität der Datenbasis nicht unumstritten.[35] Schließlich gibt es noch keine signifikanten Ergebnisse zu der Frage, ob das Korruptionsniveau in Zusammenhang mit autoritärer Regression steht.

---

30 *Manow*, Politische Korruption und politischer Wettbewerb (2005); *Montinola / Jackman*, Sources of Corruption (2002).
31 *Doig / Marquette*, Corruption and democratisation (2005); *Moran*, Democratic transitions and forms of corruption (2001); *Harris-White / White*, Liberalization and the New Corruption (1996).
32 *Erdmann*, Neopatrimoniale Herrschaft (2002).
33 *Mungiu-Pippidi*, Corruption: diagnosis and treatment (2006).
34 *Fjelde / Hegre*, Depraved. Corruption and Institutional Change 1985-2004 (2007).
35 *Fjelde / Hegre*, Depraved. Corruption and Institutional Change 1985-2004 (2007) stützen sich für das Korruptionsmaß auf den International Country Risk Guide, der als vergleichsweise wenig verlässlich und valide gilt. *Lambsdorff*, Consequences and Causes of Corruption (2005).

3. Korruptionsbekämpfung in der Praxis

Wie sah nun in den vergangenen anderthalb Jahrzehnten die Praxis der Korruptionsbekämpfung aus? War sie in der Lage, nach ihrem *take off* in den 1990er Jahren bereits Effektivität zu entfalten?

3.1. Elemente entwicklungspolitischer Korruptionsbekämpfung

Wie bereits angedeutet, etablierte sich Korruptionsbekämpfung als Bestandteil der umfassenderen Good Governance-Agenda, die nach den Misserfolgen der Strukturanpassungsprogramme der 1980er Jahre maßgeblich von der Weltbank voran getrieben worden war.[36] Vor dem Hintergrund des Aufschwungs institutionen-ökonomischer Vorstellungen in der Entwicklungsforschung wurde Korruption zunehmend als Hemmnis für ökonomische Entwicklung wahrgenommen; mit den geopolitischen Umwälzungen seit 1989 rückte sie auch als Blockadefaktor für vermutete Synergien zwischen ökonomischer und politischer Liberalisierung ins Blickfeld. Zudem gewann das Thema an Aufmerksamkeit, weil eine zunehmende Anzahl von Entwicklungsökonomien sich in den Weltmarkt integrierte und Korruption als Risiko für ausländische Investoren angesehen wurde. James Wolfensohn griff die Frage unmittelbar nach seinem Amtsantritt als neuer Weltbankpräsident im Jahre 1995 auf – und konnte sich dabei die Unterstützung internationaler NGOs wie Transparency International gewiss sein.[37]

In relativ kurzer Zeit entwickelten zahlreiche entwicklungspolitische Geber Maßnahmenpakete zur Unterstützung von Korruptionsbekämpfung, die in der Regel geprägt waren von folgenden Elementen:

- Begleitung von Antikorruptionsgesetzgebung;
- Aufbau von Antikorruptionsbehörden;
- Erhöhung von Transparenz und Rechenschaftspflicht im staatlichen Finanzmanagement (Haushaltsplanung, Steuerverwaltung, Beschaffungswesen, interne und externe Finanzkontrolle);
- Förderung unabhängiger Gerichtsbarkeit und von Integrität innerhalb der Justiz, Rechtsweggarantie und transparente Strafverfolgung;
- Einführung klarer Regeln zur Besoldung sowie leistungsbezogener Einstellungs- und Beförderungsmechanismen im öffentlichen Dienst;

---

36 Die Weltbank definiert Governance heute als „(…) the manner in which public officials and institutions acquire and exercise the authority to shape public policy and provide public goods and services". *World Bank,* Strengthening World Bank Group Engagement on Governance and Anticorruption (2007), S. i.

37 *Doig / Marquette,* Corruption and democratisation (2005); *Fjeldstad / Isaksen,* Anti-Corruption Reforms (2008).

- Stärkung von Kontrollinstitutionen wie Parlamenten, Medien und zivilgesellschaftlichen Organisationen mit den Zielen Transparenz, Monitoring, Partizipation und Bewusstseinsbildung.[38]

Neben diesen entwicklungspolitischen Maßnahmen wurden auf multilateraler Ebene Initiativen zur Verregelung oder gar Verrechtlichung im Bereich von Korruptionsbekämpfung und verwandten Themenbereichen ergriffen. Die OECD-Konvention gegen Bestechung im internationalen Geschäftsverkehr aus dem Jahre 1997 war ein wichtiger Meilenstein. Sie war nicht zuletzt von Teilen der US-Wirtschaft voran getrieben worden, die im US Foreign Corrupt Practices Act von 1977 einen globalen Wettbewerbsnachteil sah. Ihr folgten weitere Initiativen zur Bekämpfung internationaler Geldwäsche, zur Kontrolle von Kleinwaffen und des Handels von „Blutdiamanten" sowie zur Veröffentlichung von Einkommen aus extraktiven Industrien (Extractive Industries Transparency Initiative). Das 2005 in Kraft getretene UN-Übereinkommen gegen Korruption (UNCAC) beinhaltet umfassende Bestimmungen zur Verhütung und Bekämpfung der Korruption, darunter zur internationalen Zusammenarbeit bei der Rückgabe ins Ausland verbrachter Vermögenswerte und zur verbesserten Bankenaufsicht.

3.2. Ernüchternde Zwischenergebnisse

Ist bereits eine erste Zwischenbilanz der entwicklungspolitischen Unterstützung von Korruptionsbekämpfung sowie der multilateralen Vereinbarungen möglich? Das Politikfeld ist noch relativ jung, und ein Erfolg bzw. Misserfolg schon von daher nicht leicht zu messen. Zudem gibt es grundlegende methodische Schwierigkeiten. Beispielsweise können erhöhte Transparenz oder effektivere Strafverfolgung zunächst sogar eine Zunahme wahrgenommener oder statistisch erfasster Korruption bewirken; zugleich kann solch ein möglicherweise „paradoxes Signal" natürlich nur bedingt als Beleg für den Erfolg von Antikorruptionsmaßnahmen verbucht werden. Und sollte tatsächlich nach Einführung entsprechender Maßnahmen Korruption längerfristig rückläufig sein, so lässt sich dies angesichts der Multikausalität nur begrenzt konkreten Maßnahmen zurechnen.

Trotz dieser Vorbehalte hat die Independent Evaluation Group (IEG) im Jahre 2008 eine umfangreiche Bestandsaufnahme von Projekten und Programmen der Weltbank erstellt. Ihr Gesamtfazit ist ernüchternd:

> „With respect to anti-corruption reforms, we know at present more about what has not worked in the past than what is likely to work in the future. There are many cases of obvious failure, but few cases of unequivocal success."[39]

---

38 *World Bank*, Helping Countries Combat Corruption (2000); *Dies.*, Strengthening World Bank Group Engagement on Governance and Anticorruption (2007); *Bailey*, Synthesis of Lessons Learned of Donor Practices in Fighting Corruption (2003); *Kolstad et al.*, Corruption, Anti-Corruption Efforts and Aid (2008).
39 *Fjeldstad / Isaksen*, Anti-Corruption Reforms (2008), S. 17.

Nur für zwei bis drei von insgesamt 17 Ländern stuft die IEG die Programme der Weltbank als „moderately successful" ein, nämlich für Bulgarien, Indien und in gewisser Weise Sierra Leone;[40] stellenweise wird zudem noch Ghana positiv hervorgehoben. Ein entscheidender Faktor für den recht überzeugenden Erfolg in Indien war offenbar der Reformwille der Regierung. Bulgarien wiederum konnte in denjenigen Bereichen Fortschritte erzielen, in denen sich lokale Reforminteressen mit denen der Weltbank deckten, so etwa im Steuer- und Zollwesen; auch dürfte sich der EU-Kandidatenstatus bis 2007 positiv ausgewirkt haben. Sensiblere Bereiche wie das öffentliche Personalwesen oder die Justiz waren hingegen weniger zugänglich für Reformen. Die Erfolge in Sierra Leone blieben im Übrigen angesichts der geringen Motivation auf Regierungsseite begrenzt; ein Mangel an qualifizierten Kräften trat hinzu. In Ghana sorgte die lebendige Zivilgesellschaft für ein gewisses Momentum bei Antikorruptionsinitiativen.

Weitaus länger ist die Liste offenkundiger Fehlschläge, die eine Vielzahl der oben angeführten Elemente von Antikorruptionspaketen betraf. So lehnte sich eine Reihe von Geberinitiativen an das Beispiel der Antikorruptionsbehörden in Hongkong und Singapur an, die dort auf Eigeninitiative hin etabliert worden waren und durchgreifende Wirkungen erzielten.[41] Doch zeigte sich in fast allen Fällen, in denen von außen entsprechende Einrichtungen geschaffen werden sollten, wie schwer sich derartige institutionelle Innovationen in andere Kontexte übertragen lassen.[42] In den beiden semi-autoritären Stadtstaaten waren neben einem jeweils dezidierten und dauerhaften politischen Willen ein recht starkes Rechts-, Justiz- und Strafverfolgungssystem vorhanden. In vielen schwachen bzw. hybriden Staaten, in denen die Weltbank aktiv wurde, fehlten eben diese Voraussetzungen. Ähnliches galt für Versuche der Begleitung von Antikorruptionsgesetzgebung, die ohne entsprechende institutionelle Einbettung im besten Fall zum Papiertiger wird. Im schlechteren Fall dient eine derartige Gesetzgebung der selektiven Aufdeckung prominenter Korruptionsskandale, mit denen dem politischen Gegner geschadet werden kann.[43]

Einen weiteren Ansatzpunkt internationaler Maßnahmen bildete die Stärkung parlamentarischer Kontrollkapazitäten, die sich allerdings nicht in messbaren Änderungen niederschlug. Strittig ist, ob derartige Maßnahmen falsch angelegt waren oder schlicht nicht in substanziellem Maße durchgeführt wurden.[44] Auch mit Bezug auf die Zivilgesellschafts- und Medienförderung gibt es bisher noch wenige systematische Evaluierungsergebnisse.[45] Es scheint jedoch, dass die verbesserte Verfügbarkeit von Informationen und die Möglichkeit von Partizipation nur dann Wirkung erzielt, wenn auch entsprechende staatliche Kapazitäten und ein gewisser politischer Wille

---

40 *Fjeldstad / Isaksen*, Anti-Corruption Reforms (2008), S. 62.
41 Ebd.; *Bailey*, Synthesis of Lessons Learned of Donor Practices in Fighting Corruption (2003).
42 *Mungiu-Pippidi*, Corruption: diagnosis and treatment (2006); *Doig et al.*, Measuring "Success" in Five African Anti-Corruption Commissions (2005); *Heilbrunn*, Anti-Corruption Commissions Panacea or Real Medicine to Fight Corruption? (2004).
43 *Norad*, Anti-Corruption Approaches (2008).
44 *Fjeldstad / Isaksen*, Anti-Corruption Reforms (2008); *Norad*, Anti-Corruption Approaches (2008).
45 *Chêne*, The impact of strengthening citizen demand for anti-corruption reform (2008); *Foresti et al.*, Voice for accountability (2007).

vorhanden sind, um Responsivität zu gewährleisten. Nicht zuletzt ist bei allen Maßnahmen zur stärkeren Überwachung der Exekutive zu berücksichtigen, dass die möglichen Kontrollinstanzen und *watch dogs* (Parlament, Medien, Zivilgesellschaft) selbst in oftmals erheblichem Maße korruptionsanfällig sind.

Die Beurteilung der multilateralen Initiativen erscheint zurzeit noch schwieriger. In der Tendenz gilt das UN-Übereinkommen zur Korruptionsbekämpfung als noch zu schwach ausgebildet, während die OECD-Konvention wichtige Umsetzungserfolge verbuchen konnte; ihre letztendliche Wirkung ist dennoch schwer zu erfassen.[46] Die noch junge und freiwillige EITI-Initiative kann erste Implementierungsfortschritte vorweisen, auch wenn wichtige Förderländer (wie Russland, die meisten arabischen Ölstaaten) bisher nicht zum Kreis der Mitglieder zählen.

4. Grenzen von Institutionentransfer und *social engineering*

Angesichts der bisher wenig ermunternden Erfahrungen mit entwicklungspolitischen Maßnahmen im Bereich der Korruptionsbekämpfung wird die Rolle der Geber zunehmend kritisch hinterfragt. Der gescheiterte Aufbau von Antikorruptionsbehörden zeigt exemplarisch, wo ein Grundproblem liegt:

> „the rationale for many of these initiatives has also been to bypass existing but often corrupted ordinary police and prosecutorial systems. This (…) created the impression that many of the new bodies are in fact donor-supplied and to a large extent beholden to the international community rather than to the local political system, and thus has questionable legitimacy and credibility in the eyes of many local stakeholders."[47]

Die IEG-Evaluation kommt für Tansania, Kambodscha und Jemen sogar zu dem Schluss, dass ein eigenmächtiges, lokale Reformkoalitionen vernachlässigendes Vorgehen der Weltbank und anderer Geber den Reformwillen negativ beeinflusst hätten.[48] Aus der zunehmend selbstkritischen Diskussion wurden in der jüngsten Zeit folgerichtig einige Prinzipien entwickelt, die in Richtung von mehr Bescheidenheit weisen.[49] Neben einer genauen Analyse vorhandenen Bedarfs und lokaler Expertise wird die Orientierung an Ownership in den Partnerländern betont. Außerdem wird darauf verwiesen, dass Anfangserfolge zwar notwendig seien, um ein Reformmomentum zu schaffen; nachhaltige Wirksamkeit sei jedoch nur beim Aufbau entsprechender Kapazitäten in Staat und Zivilgesellschaft zu erzielen.

---

46 *Heimann / Dell*, UN Convention against Corruption (2009); *Dies.*, TI Progress Report 2008 (2008); *Bailey*, Synthesis of Lessons Learned of Donor Practices in Fighting Corruption (2003).
47 *Norad*, Anti-Corruption Approaches (2008), S. 23-24.
48 *Fjeldstad / Isaksen*, Anti-Corruption Reforms (2008).
49 *Unsworth*, Rethinking Governance to Fight Corruption (2007); *Bailey*, Synthesis of Lessons Learned of Donor Practices in Fighting Corruption (2003).

So richtig diese Einsichten sein mögen – es gibt offenbar zurzeit noch wenig Anhaltspunkte, dass sie sich in einer veränderten Praxis niederschlagen.[50] Dahinter könnte ein grundlegenderes Problem liegen: Trotz Ownership-Rhetorik und beständigen *lessons learned* sind Good Governance-Strategien häufig an dem OECD-Referenzmodell liberaler und marktwirtschaftlicher Demokratien ausgerichtet. Die offenkundige „Lücke", die sich zwischen dieser Zielvorstellung und den Realitäten in den meisten Entwicklungsländern auftut, soll dann durch finanziell und technisch unterstützten Institutionentransfer geschlossen werden.[51] Dieser Institutionentransfer ist freilich nur sehr begrenzt möglich, da sich Machtverteilungen und Praktiken der Herrschaftsausübung von Region zu Region und von Land zu Land unterscheiden.

Einige Geber haben bereits auf diese Erkenntnisse reagiert und Analyseinstrumente entwickelt, um Machtkonstellationen zwischen relevanten Akteursgruppen, ihre Austauschprozesse und ihre jeweilige Ressourcenbasis besser zu erfassen.[52] Freilich ist es ein hoch anspruchsvolles Unternehmen, derartige Analysen in die konkrete Planung und Ausgestaltung von Antikorruptionsmaßnahmen einzubeziehen. Bislang scheint dies noch kaum erfolgt zu sein.[53] Und dies könnte einen Grund haben: Denn tatsächlich stellt sich die Frage, ob externe Akteure bei der Konzeption und Umsetzung eines derart ausgeklügelten *social engineering* nicht ihre Fähigkeiten überschätzen würden, lokale Politiken verstehen und beeinflussen zu können. Vor diesem Hintergrund erscheinen internationale Akteure gut beraten, sich bei Maßnahmen gegen Korruption im Wesentlichen darauf zu beschränken, lokale Initiativen aufzugreifen. In diesem Kontext könnten Beratungs- und Kapazitätsbildungsprozesse deutlich machen, welches die politisch-institutionellen Voraussetzungen erfolgreicher Korruptionsbekämpfung sind.

5. Was bleibt?

Ausgangspunkt unseres Beitrages war die Einsicht, dass ein *take off* bei der Verwirklichung der MDGs nicht ohne Änderung von Governance-Strukturen möglich sein wird. Dabei spielt die Transformation und Überwindung von Korruption eine nicht zu unterschätzende Rolle, da die hier erzielten Renten politischer Rechenschaftspflicht entzogen sind und in aller Regel nicht für das Ziel menschlicher Entwicklung eingesetzt werden. Ein Blick in die quantitativen Forschungsergebnisse zu Korruption und Unterentwicklung bestätigte zunächst die Grundvermutung, dass das Korruptionsniveau signifikant negativ mit entscheidenden sozioökonomischen Parametern korreliert. Zugleich ließen sich entwicklungsgeschichtlich gerade für Ost- und Südostasien Beispiele finden, bei denen Korruption zeitweise funktionale Wirkungen entfaltete. Dies verwies uns auf die Notwendigkeit, formell-informelle insti-

---

50 *Unsworth*, Rethinking Governance to Fight Corruption (2007).
51 Ebd.
52 Beispiele sind die „Drivers of Change-Analysen" des britischen Department For International Development (DFID), die „Political Economy Studies" der Weltbank oder die „Power Analyses" der Schwedischen Entwicklungsagentur SIDA.
53 *Norad,* Anti-Corruption Approaches (2008); *Leftwich,* Drivers of Change (2006).

tutionelle Arrangements in die Analyse mit einzubeziehen, die offenkundig die Verwendung von Renten mitbestimmen.

Auch scheint Korruption unter Bedingungen schwacher Staatlichkeit in besonderer Weise dysfunktionale Wirkungen zu entfalten, was nicht nur Wirtschaftswachstum, sondern auch politische Transformation hemmt. Bei einigermaßen konsolidierter Staatlichkeit stehen die Chancen hingegen besser, Ausmaß und Schädlichkeit von Korruption unter Kontrolle zu halten. Demokratisierung ist – zumindest unter Bedingungen schwacher oder hybrider Staatlichkeit – nur bedingt ein Mittel, endemische Korruption zu überwinden. Denn zumindest kurzfristig führt der zunehmende politische Wettbewerb rivalisierender Kräfte zu einem erhöhten Ressourcenbedarf. Die damit einhergehenden, tendenziell steigenden Korruptionsniveaus wiederum erschweren den Übergang von Semi- zu konsolidierten Demokratien.

Wie fiel die Zwischenbilanz für die entwicklungspolitische Korruptionsbekämpfung seit Mitte der 1990er Jahre aus? Die entsprechenden Maßnahmenpakete umfassten v.a. folgende Elemente: die Begleitung von Antikorruptionsgesetzgebung; den Versuch des Transfers von andernorts erfolgreichen Antikorruptionsbehörden; Reformen in Finanzmanagement, Justiz und öffentlichem Dienst; schließlich – mit eher demokratietheoretischem Impetus – die Stärkung von Kontrollinstanzen in Parlament, Medien und Zivilgesellschaft. Die Wirkung der Maßnahmen blieb bisher gering. Wie sich im Forschungsüberblick bereits andeutete, sind gesetzgeberische und institutionelle Innovationen in einen politökonomischen Kontext eingebettet. Ob eine Umsetzung von Reforminitiativen gelingt, hängt von dem Machtverhältnis zwischen staatlichen Eliten und gesellschaftlichen Gruppen, aber auch der Ausprägung politischer Herrschaftsformen ab. Externes Engagement kann bei sensiblen Themen wie Korruptionsbekämpfung u.U. sogar kontraproduktive Wirkungen entfalten.

Bedeuten diese Zusammenhänge und Erfahrungen nun, dass externe Akteure die Good Governance-Agenda zurücknehmen und den Missbrauch öffentlicher Ämter für private oder politische Zwecke nicht mehr in den Blick nehmen sollten? Wohl nicht. Allerdings erscheint es notwendig, überzogene Erwartungen zu korrigieren und die Ansätze neu auszurichten. Dass nur solche Bemühungen sich als tragfähig erweisen werden, die an lokale Bedarfe, Legitimationsdiskurse, Interessen und Akteurskonstellationen anknüpfen, wurde bereits erwähnt. Ein lokaler Bedarf setzt neben einer gewissen Responsivität der Regierung auch voraus, dass es im Bereich der Privatwirtschaft Akteure gibt, die ein originäres Eigeninteresse an einer verbesserten rechtlich-institutionellen Absicherung ihrer Investitionen sowie an staatlichen Infrastrukturleistungen haben.[54] Vor der Konzeption und Umsetzung spezifischer Maßnahmen ist es mithin ein zentraler Schritt, Akteure mit derart konvergierenden Vorstellungen zusammenzubringen und gemeinsam mögliche Instrumente und Verfahren zu identifizieren und zu vereinbaren.

Im Unterschied zu derart partizipativ und kooperativ angelegten Verfahren haben sich die in den 1990er Jahren eingehend diskutierten und auch praktizierten Konditionalitäten bei der Förderung von Good Governance und Korruptionsbekämpfung tendenziell nicht bewährt. Das Instrument der negativen Konditionalität, d.h. des

---

54 *Johnston / Kpundeh*, Building a clean machine (2004).

teilweisen oder vollständigen Entzugs von Unterstützung, bleibt zwar sinnvoll, um beim groben Verstoß gegen elementare Grundsätze der Good Governance eine Art „rote Linie" markieren und auch durchsetzen zu können. Zugleich eignet es sich nicht zur Feinsteuerung, da die Anwendung auf extremste Fälle begrenzt bleiben sollte. Positive Konditionalitäten erweisen sich als tauglicher – allerdings nur, wenn es sich nicht um sachfremde Geberauflagen handelt, sondern um integrale Bestandteile von wechselseitig nützlichen Kooperationsarrangements.

Um es konkret zu benennen: Kreditvergabe an sog. Policy-Konditionalitäten, also etwa Maßgaben in Richtung Liberalisierung und Privatisierung zu binden, beschneidet die wirtschaftspolitische Handlungsautonomie des Partnerlandes und untergräbt letztlich die innere Legitimation der Partnerregierung. Entsprechend sind derartige Auflagen zu Recht rückläufig. Anders sieht es mit Konditionalitäten im Bereich der Public Sector Governance aus.[55] Sie lassen sich besonders für Länder begründen, bei denen zunehmend auf Budgethilfe gesetzt wird und die bereits über einigermaßen funktionsfähige Governance-Strukturen verfügen.[56] Konditionen und Benchmarks beim staatlichen Finanzmanagement stehen hier in unmittelbarem Zusammenhang mit einer erhöhten Entscheidungsautonomie der Partnerregierungen bei der Verwendung finanzieller Unterstützung.

Insgesamt stehen viele der bisherigen Maßnahmen zur Verminderung von Korruption in der Gefahr, tieferliegende Ursachen – nämlich Fragen des Machtzugangs und -erhalts sowie die über Klientelismus und Patronage verlaufenden Austauschprozesse zwischen verschiedenen Eliten – nicht wirklich zu berühren und somit an der Oberfläche eines tief verwurzelten Phänomens zu bleiben. Sie werden von daher mittelfristig nur Erfolge zeitigen können, wenn sie durch strukturelle Maßnahmen flankiert werden, die staatliche Handlungsautonomie bei einer gleichzeitigen Herausbildung gesellschaftlicher Gegengewichte und der Etablierung von *checks and balances* stärken. Einem derartigen Transformationsprozess sollte ein differenziertes Verständnis von Korruption zugrunde gelegt werden, welches die mitunter stabilisierenden und kooperationsfördernden Formen und Wirkungen von Korruption nicht tabuisiert, sondern zeitweise ggf. hinnehmbar macht.[57] Gerade dort, wo prekäre institutionelle und strukturelle Rahmenbedingungen mit extrem hohen politischen Risiken zusammentreffen, benötigen Eliten eine gewisse Form von Erwartungssicherheit. In solchen Konstellationen werden radikale Schritte wie auch extern forcierte Demokratisierungsprozesse eher kontraproduktiv wirken, da hier das Motiv einer Macht- oder Loyalitätssicherung „um jeden Preis" schnell die Oberhand gewinnen kann.

Stattdessen lässt sich mit Johnston ein schrittweises Vorgehen empfehlen, das Prioritäten setzt und konkrete Maßnahmen der Korruptionsbekämpfung an die An-

---

55 Nach stetigem Anstieg in den Vorjahren waren im Finanzjahr 2005 alle Weltbank-Kredite mit Public Sector Governance-Konditionalitäten versehen. Anteilig waren von allen Konditionalitäten der Weltbank nunmehr 48 Prozent Public Sector Governance-Konditionalitäten, der Anteil der Policy-Konditionalitäten hatte seit den 1980er Jahren stetig abgenommen und lag bei 12 Prozent. *World Bank,* Review of World Bank Conditionality (2005).
56 *Department for International Development,* Partnerships for Poverty Reduction (2005).
57 *Johnston,* Syndromes of Corruption (2005).

passung bestehender institutioneller Arrangements bindet.[58] In solch einem Gesamtkonzept kann es durchaus sinnvoll sein, nicht gleich auf eine Minderung des Korruptionsniveaus zu setzen, sondern zunächst die schädlichsten „Korruptionssyndrome" in weniger schädliche Formen umzuwandeln. Mit anderen Worten: Dem Ziel von Good Governance nähert man sich über realistische Zwischenschritte des Less Bad Governance. Klar ist damit allerdings auch: Eine selbstkritische, gradualistisch angelegte Strategie der Korruptionsbekämpfung wird in den Krisenländern keinen *take off* bei der Erreichung der MDGs bis zum Jahre 2015 bewirken. Zugleich kann sie aber vielleicht einen Beitrag zu einer politischen Transformation leisten, bei der die Rechenschaftspflicht von Eliten zunimmt und verlässlichere rechtlich-institutionelle Rahmenbedingungen die Chancen erhöhen, die verfügbaren Ressourcen zeitgerechter für Armutsbekämpfung und menschliche Entwicklung einzusetzen.

---

58 *Johnston,* Syndromes of Corruption (2005).

Global development cooperation: where are we and what do we need to do?

Eckhard Deutscher

"We now expect the global economy to come to a virtual halt": is a depressing statement, as far as statements go from the International Monetary Fund. In its most recent forecast,[1] the IMF predicts that world growth will fall to its lowest levels since World War II, financial markets will remain under stress, and both global output and trade will plummet. In the wake of this global economic turmoil, calls are increasing for better management of collective action problems. In 'situation rooms' across the globe, world policy and economic leaders and their advisors are contemplating putting new paradigms in practice. Calls for new rules and regulations for the international finacial markets in the global society are becoming common currency in policy papers and speeches. While imminently attractive, these concepts will have to jostle for attention amongst often contradictory public perceptions of globalisations.

Where does the aid agenda stand in all of this? The crisis and its responses will create both challenges and opportunities for the development policy sector. Clearly, the crisis is likely to take its toll on developing countries that will face reduced investment, shrinking remittances and dwindling export markets. Globalisation, as defined by Anthony Giddens, entails a reconfiguration of geography, so that distant localities are linked in such a way that local happenings are shaped by events occurring many miles away.[2] The current environment is a clear illustration of the perils of this new modernity as a sub-prime mortgage crisis in the United States will have indirectly led to 53 million more people around the world trapped in poverty and an additional 200,000 to 400,000 more infants dying each year between now and 2015 according to the World Bank's latest figures on the impact of the financial crisis.

At the same time, domestic pressures in developed countries will mean that donors will be tempted to cut aid budgets in the name of fiscal prudence. The downward trend has already started. 2007 data from members of the OECD's Development Assistance Committee (DAC) show that total net official development assistance (ODA) was US$ 103.5 billion in 2007. This represents a drop from 0.31% of their combined gross national income in 2006 to 0.28% in 2007, or a fall of 8.5% in real terms.[3] And although ODA to Africa (excluding debt relief) rose by 12% in 2007 prior to the crisis, these levels do not come anywhere near meeting the Gleneagles commitments (2005) to double aid to Africa.

---

1   28 January 2009.
2   *Giddens,* The Consequences of Modernity (1990), p. 64.
3   *Development Assistance Committee,* Aid Targets Slipping out of Reach? (2008).

In 2008, total net official development assistance from members of the DAC rose by 10.2% in real terms to US$ 119.8 billion. This is the highest dollar figure ever recorded. It represents 0.30% of members' combined gross national income (GNI).

Bilateral development projects and programmes have been on a rising trend in recent years; however, they rose significantly by 12.5% in real terms in 2008 compared to 2007, indicating that donors are substantially scaling up their core aid programmes. In 2008, preliminary data show that net bilateral ODA from DAC donors to Africa totalled US$ 26 billion, of which US$ 22.5 billion went to sub-Saharan Africa. Excluding volatile debt relief grants, bilateral aid to Africa and sub-Saharan Africa rose by 10.6% and 10% respectively in real terms (The increases including debt relief were 1.2% and 0.4% respectively).

But we should remind: in the area of aid financing political credibility is at stake – before the financial crisis and also in the next future.

Despite these gloomy predictions, however, policy makers and aid practitioners should not loose sight of the fact that times of extreme crises such as these are also times of opportunity – an opportunity to reassess current governance mechanisms which regulate the international development architecture, and an opportunity to put forward innovative ideas on how to address its most obvious failings.

With the economic turmoil as a backdrop, this paper begins by focusing on the state of play of international efforts to improve the effectiveness with which donors deliver their aid. Given that more effective aid is a necessary complement to increased levels of aid, how far have international development agencies and developing country governments been able to effectively cooperate to improve the effectiveness of aid? The response to this first question will help qualify the answer to the next: can we expect the economic crisis in OECD countries to provide the fuel for new (and better) ways of governing aid delivery? Finally, this paper addresses the role of the DAC in responding to the new challenges that this new global order has created.

1. Governance of aid: do current models adequately address the need for more effective aid?

a) There is still a lack of cooperation between donors

In September 2008, all OECD bilateral donors, multilateral and regional development banks, and representatives from 92 developing countries gathered in Accra to endorse a landmark agreement. The Accra Agenda for Action (AAA) was the culmination of an intense global consultation process on how to best implement the aid effectiveness principles as enshrined in the Paris Declaration (signed in March 2005). Earlier commitments made in Paris were reiterated and deepened to reflect current experiences and lessons learned. Renewed commitments are timely as evidence shows that current ways of governing aid at the international and country (both donor and recipient) levels leave much room for improvement. In particular, cooperation between states, development agencies, and non-state actors remains below par. Historically, DAC donors together with their partner countries are on a new qualitative level of global development cooperation, but a lot of homework still has to be done.

First, evidence clearly points to the need for better cooperation between development agencies and developing country governments. In 2007, less than half of all aid (in the 55 countries surveyed) was recorded in the receiving country budget.[4] The inability of countries to plan is epitomised by the aptly named 'John's nightmare', after John Rwangombwa, the Secretary to the Treasury in Rwanda who explained how he struggled to plan his resources over the medium term as a result of the unpredictability of donor funds. Donors often do not provide detail on the future levels or composition of their donor portfolios (how much aid will be allocated to which sector – health, education, infrastructure, etc.). Even though the Rwandese government had put in place a database through which donor data should be collected, donors were reluctant to use it. All of which make planning a real 'nightmare' for government officials. Moreover, only minimal progress has been achieved since the Paris Declaration – with an improvement of only five percentage points (from 41% to 47%) between 2005 and 2007 in the proportion of scheduled aid reported as disbursed in the government accounts. This story is replicated in many different countries across different countries and regions (see Figure 1 for evidence in African countries).

Second, not only should development agencies be better attuned to the needs of their developing country counterparts, but better cooperation is needed between development agencies themselves at the country level. Aid fragmentation is a matter of big concern. An often cited number from the 2008 Survey on Monitoring the Paris Declaration, relates to the number of missions that donors undertake in different countries (to meet their government counterparts, to initiate new programmes and to audit ongoing aid activities). More than 14,400 were recorded for 55 countries, and for some countries these averaged at more than three a day. More cooperation between development agencies would mean that they are less likely to burden government staff and to reduce their capacity to govern even further. Fragmentation at the country level also creates significant pressure on country level staff to react to each and every donor request, no matter how small their financial contribution is. Improving the division of labour is a clear challenge in an 'industry' which does not allow for bankruptcies and where accountability lines are not always strong enough to dictate better donor behaviour.

Third, evidence shows that developing country governments do not always cooperate with external accountability institutions – namely auditing and parliamentary bodies. The Accra Agenda for Action calls on states to strengthen their accountability towards their citizens. In particular developing countries committed to work more closely with parliaments and local authorities in preparing, implementing and monitoring national development policies and plans (Accra Agenda for Action). At the

---

4   *Organisation for Economic Co-operation and Development*, 2008 Survey on Monitoring the Paris Declaration (2008).

same time, donors are expected to support efforts to increase the capacity of all development actors, including parliaments and other external accountability bodies. Evidence from the 2008 Survey on Monitoring the Paris Declaration suggests, however, that country authorities need to pay greater attention to presenting to their parliaments budgets that more realistically capture all aid flows.

Finally, cooperation is lacking within donor countries themselves on development policy. Policy coherence is one of the most crucial challenges for Governments. Better policy coherence at the national level is needed across the spectrums of security, trade, agriculture, fisheries, development and finance policies, amongst others. Policies taken in such areas have been shown to have a profound impact on development, and at times a negative one. Building political will to strengthen coherence across all policy levels (despite disparate interest groups), is key to ensuring that policies do not undermine development. A recent review of OECD country policies has shown that some members have yet to show any sign of political commitment towards more coherence in their policies impacting on development, although others (Netherlands, Sweden, and the European Community) have given policy coherence a central place in their approaches to international development.[5]

Current evidence at the country and international level, therefore, clearly suggests that more work needs to be done to improve how aid is managed and delivered. The Accra Agenda for Action is a bold step in this direction, as international commitments are endorsed, and expected to be realised by the target date of 2010. Monitoring countries' efforts is a key part of strengthening mutual accountability between donor and recipient countries.

b) New actors and financial flows in the context of the current crisis

Beyond changing the paradigms of aid delivery, however, the current economic crisis, non-ODA financial flows and new actors puts the need for thinking about new governance of aid mechanisms squarely into focus.

The increase in private flows, has outpaced the increase in ODA: by 2007 private flows were twice as large as ODA flows.[6] There is also a growing diversity of sources of finance, including remittances and not-for profit foundations, as well as non-DAC donors and innovative financing mechanisms. Private foundations and non-governmental agencies give close to US$ 60 billion to the poorest countries. This is both a positive development and a vulnerability as the world faces a global economic crisis. The proliferation of new channels of finance creates less dependence on traditional donors, often placing developing countries in the driver's seat. At the same time, the volatility of such flows, the possibility of overlap and inefficient uses of resources may make developing countries even more vulnerable – in particular in the context of today's crisis.

5   *Development Assistance Committee*, Synthesis Report on Policy Coherence for Development (2008).
6   *Africa Partnership Forum*, Development Finance in Africa (2008).

The role of non-DAC donors in particular creates both opportunities and challenges. It leads first and foremost to an increase in external financial flows and to Africa in particular. These new interventions have also been shown to increase opportunities for investment and trade.[7] Developing countries have also commented that non-DAC donors bring with them new ideas and counter the perception of monolithic thinking from the more traditional donors. At the same time, challenges arise from new actors that have not endorsed international commitments to strengthen the effectiveness of aid by reducing the bureaucratic pressure on recipients, and increase local ownership by for instance untying aid.

2. Reforming the Governance of Aid

Despite the proliferation of new actors, however, in this uncertain economic climate characterised by risk-averse investors, aid agencies and multilateral development banks will continue to play an important role as sources of finance for investment. Current estimates show that private capital flows will drop significantly from US$ 1 trillion in 2007 to US$ 530 billion on 2009. As a result, as Collier notes: "While the commercial banks have stopped lending, the World Bank has never been as busy."[8] An opportunity presents itself, therefore, to both focus on reassessing the governance of aid institutions and to search for new and additional financing arrangements.

a) New sources of aid

The financial crisis increases the interest and support for new sources of financing for development. Since the Financing for Development conference in Monterrey in 2002, there has been considerable progress on the identification and implementation of a range of mechanisms. Examples include the establishment of the air ticket levy, the international finance facility for immunisation, an advance market commitment for pneunomococcal vaccine and other private voluntary contributions. The airticket levy alone has raised more than US$ 300 million in 2008 and 12 countries have passed a law to contribute to Unitaid through a tax mechanism. The International Finance Facility for Immunisation (IFFIm) has received cash pledges of US$ 230 million and has already raised more than US$ 1.2 billion for GAVI's immunisation and health programmes with an objective of raising up to US$ 4 billion in the financial markets. Other innovations are discussed and are in the pipeline – notably proposals for a voluntary solidarity contribution. These initiatives are to be welcomed as long as they do not detract from the continuing importance of both scaled-up and more effective aid. These innovative financing mechanisms, however, should

---

7 *Kragelund,* The Return of non-DAC Donors to Africa (2008), p. 555-584.
8 *Collier,* Review of Dead Aid by Dambisa Moyo (2009).

not be seen as a substitute for more traditional forms of assistance, or as an excuse by donors to cut their aid budgets in a time of crisis.

b) Better governance of aid

Current governance models of aid delivery present a key set of challenges including: diffuse accountability and legitimacy for determining the targets, mechanisms, and scope of aid; disparate actors and interests in the delivery of that aid; and changing interlocutors for developing countries as new donors and financing mechanisms come to the fore. Strengthening how aid is governed, therefore, is crucial to resolving some of these key questions.

The current economic crisis places multilateral institutions such as the World Bank and IMF in prime position to promote better cooperation and calls have been made to bolster these institutions with increased financing in the wake of new challenges and emerging crises (financial and food crises, climate change, and others). The resources currently available to the IMF (about US$ 200 billion including borrowing agreements) are not seen as sufficient to adequately channel capital from surplus to deficit countries, and Japan has offered an additional US$ 100 billion. Apart from receiving further funding, the Bretton Woods Institutions have heralded the need for a 'new age of responsibility', including a more responsible multilateralism where countries and institutions face up to global problems.[9]

The IMF and World Bank themselves have to face up to this new age of responsibility by placing the governance of their own institutions under review. The G20 have sent out clear messages regarding the need to reform the Bretton Woods Institutions. Of particular concern is the lack of inclusivity and questionable representativity of the World Bank and IMF boards in a changing global order. These institutions have themselves failed to globalise their governance structures.[10] As Woods notes: "The basic structure of voting power and shares in the organization is based on an anachronism. The US is no longer the world's largest creditor – it is now the world's largest debtor."[11] In sum, it requires gaining the confidence of members of these organisations who have felt sidelined in the past (both non-DAC donors and recipient countries). This is all the more important given that rather than being directed by a single institution or authority, global governance mechanisms will entail the creation of consensus around a series of norms and practices defined and exercised at different levels of the international system.

---

9   *Zoellick*, Time to herald the Age of Responsibility (2009).
10 *Woods*, From intervention to cooperation: reforming the IMF and World Bank (2008).
11 Ibid., p. 4.

c) Better governance beyond aid: we need more policy coherence

In order to counter the volatility of aid and challenges created by the proliferation of new actors, especially in the context of crisis, strengthening domestic accountability arrangements to ensure that countries can better govern their own resources becomes essential. One area which is of paramount importance in this regard, is the strengthening of taxation systems which can contribute significantly to shaping accountability relationships between government and its citizens.[12] Bargaining between rulers and taxpayers has across time helped to give governments an incentive to promote broad economic prosperity. In Africa, domestic revenue is the most significant source of development finance and accounts for close to 75% of total development finance. In 2007, domestic revenue for Africa rose to US$ 367 billion from US$ 138 billion in the period 1997-2002. Given the crisis and slower global economic growth, it is imperative that efforts are made to strenghten domestic revenue mobilisation, and to improve the transparency, equity of tax policy as well as improving general financial management. The establishment of an African Tax Administration Forum is a key step in this regard. In the context of the crisis, technical assistance is needed to support the tax policy and administration units in developing countries.

d) Communication, communication, communication

Better governance of aid and of the aid delivery process also entails communicating better and through different channels. Significant transparency gaps exist, as outlined above, in the way parliaments in recipient countries can access information on the levels of aid received by their governments, where this aid is directed to, and importantly, its results. Accountability remains weak therefore between governments and its citizens in the provision of aid.

Just as important, communication to citizens on aid processes should be improved and rendered less technocratic. Currently, a language of development has evolved which both captures and isolates different state and non-state actors. As one donor noted: "We face a real challenge in explaining to people on the street what these initiatives mean and why they are important."[13]

In this communication effort, we must also not to ignore the success stories. Universal primary education has continued to rise – the average net enrolment ratios for sub-Saharan Africa increased its average net enrolment ratio from 54% to 70% between 1999 and 2006. Moreover, it has been shown that trends in primary education are susceptible to public policy. Ethiopia and Tanzania are "making remarkable progress in increasing enrolment and reaching the poor, thanks to policies such as the abolition of school fees, the construction of schools in underserved areas and in-

---

12 *Development Assistance Committee,* Governance, Taxation, and Accountability (2008).
13 *Development Assistance Committee,* Compendium on donor implementation of the Paris Declaration (2008).

creased teacher recruitment."[14]

3. The role of the Development Assistance Committee

The Development Assistance Committee is faced with a new international landscape defined not only by the economic crisis but also by: a growing global population (from 6.5 billion to 8 billion in 2020); economic growth of developing countries; the challenges of climate change and environmental sustainability; globalisation with increasing insecurity and alienation for some groups; unequal access to technology; and pressures on existing governance structures. Recognising these trends, the 2007 OECD in-depth evaluation of the Development Assistance Committee recommended that the DAC should undertake a strategic reflection exercise, the overall purpose of which is to address the role of the DAC and its Subsidiary Bodies in the changing development cooperation landscape, building on its strengths and comparative advantage, with a time horizon to 2020.

The strategic reflection exercise will be completed in May 2009. However, initial discussions point to the need for the DAC to play a strong part in the renewal of international governance structures. In particular, the DAC currently assumes in part, and by default, the role of regulator (as part of a dedicated single forum to discuss the aid system). There are clear limitations, and the DAC's role needs to be clarified. In particular, as greater attention is needed on global issues, the DAC has a responsibility to respond by improving its legitimacy in this area against a background of increasing interdependence and inequality. This means that its own structures will need to be reviewed, if it wants to include developing countries not currently represented, whilst recognising that this will increase its anomalous nature within the OECD structures themselves. Clearly more cooperation with other institutions is needed, such as the United Nation's Economic and Social Council which hosts the Development Cooperation Forums. The DAC will also need to forge relationships with assistance providers outside the DAC, but in a pragmatic way, drawing on mutual interest.

4. Conclusion

Ulrich Beck noted that we have stepped beyond a first modernity into the transnational turmoil of a world risk society.[15] The inherent volatility of this society and plurality of organisations and perspectives requires that global policy-makers show flexibility in their approaches and in choosing their partners. So it is that although this crisis has highlighted our vulnerability in the face of a global world, it has also paved the way for considering new and innovative solutions for better global gover-

---

14 *United Nations Educational, Scientific and Cultural Organization,* EFA Global Monitoring Report 2009 (2008).
15 *Beck,* World Risk Society (1999).

nance.

Current reviews of the governance of aid institutions, including the DAC's strategic reflection exercise, highlight the willingness of practitioners to not only consider but also address the challenges that current global crises have brought to the fore. The political systems must surmount the ritualisations of actions in conferences and speeches. Symbolic policies have no longer any place when global problems will be teckled effectively. It is not too late, in other words, to turn the global crises into global opportunities. But significant efforts will need to be made if this is to be achieved. First, donors should not retreat under the cover of fiscal adversity and slash their aid budgets – as was the case during the 1990s recession. Secondly, it must be clearly communicated that this is not business as usual. International institutions will need to be governed with a view to taking collective action, as well as promoting a more predictable and equitable aid delivery system. This will mean letting go of some well-entrenched ways of working (both for donors and developing countries) – some of which were highlighted above. Finally, this is a political endeavour. This is an opportunity to use not only national and international economic tools but political tools as well. Ministers attending high-level international meetings should be encouraged to address the accountability challenges that are created as a result of their actions at the national and international levels. They should be answerable to questions such as: Why not make aid more predictable and why not use developing country's own systems for delivering aid to enable them to be accountable to their own citizens and not to donors. Only then will the governance systems be ready for a new global era.

Global change management: eine systemische Utopie der Nachhaltigkeit im Angesicht der Apokalypse

Pierre L. Ibisch

Zusammenfassung

Angesichts eines komplexer werdenden Zusammenspiels mehrerer sich beschleunigender Prozesse des globalen Wandels von ökologischen und menschlichen Systemen wird der kompetente Umgang mit Ursachen und Folgen dieser Prozesse zur Schicksalsfrage der modernen Zivilisation. Das Erdsystem droht allein durch den anthropogenen Klimawandel in einen Zustand zu geraten, welcher Resilienz und Anpassungsfähigkeit vieler seiner Teilsysteme – zahllose Ökosysteme und biologische Arten ebenso eingeschlossen wie soziale, ökonomische und politische Systeme – überfordern könnte. Systemistisch gesehen musste die Evolution biologischer und kultureller Systeme geradezu zwangsläufig und damit „fatalerweise" zu immer größerer Organisationshöhe und Komplexität führen sowie zur Globalisierung dieser Systeme und ihrer emergenten Wirkungen. Apokalyptische Rückschläge für diese Evolution hat es in der Erdgeschichte gegeben und sie stehen auch in der Zukunft bevor. *Global change management* meint vor allem, dass man globalen Wandel nicht mehr einfach passieren lässt. Es bedeutet vor dem Hintergrund des Verständnisses des evolutionär-systemisch sich entwickelnden Schicksals des Lebens und der Menschheit und im Angesicht der immer besser vorstellbaren Apokalypsen, den Versuch, ein historisch einmaliges und für Individuen nicht mehr zu bewältigendes Ausmaß an Wissen und Nichtwissen in Umsteuern zu transformieren. Die Transdisziplin *Global change management* steht für ein Veränderungsmanagement auf allen hierarchischen bzw. holarchischen Ebenen sozialer Systeme, welches deren Anpassung an die unvermeidbaren globalen Wandelprozesse und ihre Folgewirkungen betreibt, ohne deshalb die zum Abwenden gefährlichen Wandels vorrangige Minderung und Entschleunigung dieser Prozesse zu vernachlässigen. Zugrunde liegt die Utopie, dass die Menschheit als Gemeinschaftswesen rechtzeitig eine ausreichende holarchische Intelligenz erreicht, um unter Anwendung von demokratischen Regeln das komplexe Anthroposystem und darüber hinaus auch Teile des Erdsystems im Sinne der Nachhaltigkeit umzusteuern.

1. Einleitung

1.1. Im Angesicht der Apokalpyse

Die Todeskenntnis unterscheidet Menschen von allen anderen Tierarten, die bislang unseren Planeten belebten. Sie ist ein Preis für die im Rahmen der Evolution erworbene Intelligenz und stellt einen enormen kulturellen Stimulus dar. Nicht zuletzt ermöglichte sie das Bewusstsein dafür, dass über den individuellen Tod hinausgehend auch größere uns beherbergende Systeme und vielleicht die gesamte uns bekannte Welt endlich sein könnten. Die seit Urzeiten gedachte Möglichkeit der Apokalypse hat bekanntlich immer wieder mächtigen Einfluss auf die menschliche Geschichte genommen. Apokalyptismus bewegt auch die modernen Gesellschaften[1] und gilt gemeinhin als Relikt der unaufgeklärten Natur des Menschen. An die Seite der religiösen bzw. theologischen „Weltuntergangs"-Vorstellungen sind allerdings längst ernstzunehmende wissenschaftliche Indizien getreten, dass unsere Welt, wie wir sie kennen, wohl nicht ewig sein kann. So muss es als sehr plausibel gelten, dass dereinst, in etlichen Milliarden Jahren, unsere Sonne vor ihrem endgültigen Verglühen die sie umgebenden Planeten verbrennen wird. Auch unser Sonnensystem verhält sich dynamischer und chaotischer als Laien vermuten würden.[2] Es könnte nach bestimmten Szenarien in wenigen Milliarden Jahren zu dramatischen „Unfällen" wie etwa planetaren Zusammenstößen kommen.[3] Und nicht zuletzt verändert sich die Erde selbst dergestalt, dass den Lebewesen spätestens in wenigen Milliarden Jahren die Lebensgrundlagen genommen werden: So dürfte das Ende der Rotation der erkaltenden und kinetische Energie verlierenden Erde wahrhaft apokalyptische Folgen haben. Doch die globale Apokalypse könnte viel frühzeitiger eintreten, zumindest für solche Teilsysteme des Erdsystems, welche ausgelöscht werden, bevor der Planet selbst dramatische Veränderungen erfährt. Insofern ist Apokalypse ein subjektives Ereignis, welches in der Vergangenheit bereits Millionen von biologischen Arten ereilt hat, welche sich allerdings weder vor noch nach der Auslöschung *ihres* „Weltuntergangs" bewusst waren.

Keine menschliche Generation vor uns hat derartig umfassendes Wissen über das Aussterben von früheren Lebensformen und den vielgestaltigen Wandel unserer Erde in Vergangenheit und Zukunft haben können. Wir begreifen heute globalen Wandel als ein Leitthema unseres Planeten. Keine Generation vor uns war sich des menschlichen Einflusses auf das globale Erdsystem so bewusst wie wir. Und keine Generation vor uns hat einen solchen Einfluss ausüben können. Bei allem wissenschaftlichen Erkenntnisfortschritt gibt es allerdings Indizien dafür, dass unsere Gesellschaft die gewaltige Dynamik des Erdsystems und seiner komplex ineinander verwobenen Teilsysteme – einschließlich des globalisierten Anthroposystems – eklatant unterschätzt. Der globale Wandel hat die Art Mensch möglich gemacht und letztlich

---

1 *Stewart / Harding*, Bad endings: American apocalypsis (1999).
2 *Sussmann / Wisdom*, Chaotic evolution of the solar system (1992).
3 *Laskar / Gastineau*, Existence of collisional trajectories of Mercury, Mars and Venus with the Earth (2009).

auch die moderne Zivilisation. Früher oder später hätte der Erdwandel eine apokalyptische Bedrohung für beide dargestellt, ohne dass die Menschheit ihr Schicksal selbst in die Hand nehmen brauchte. Doch nun ist es soweit gekommen: Die immer rascher sinkende Ressourcenverfügbarkeit und die Erreichung der „Grenzen des Wachstums"[4] sind nur einige Facetten dieses menschgemachten globalen Umweltwandels; hinzu kommen die Veränderungen sehr fundamentaler Eigenschaften des globalen Ökosystems. Die mannigfaltigen Auswirkungen des Funktionierens des Anthroposystems mit seinen vielen Teilsystemen und ihrem Umsatz v.a. von Materie und Energie haben begonnen, das Angesicht der Erde in vergleichsweise sehr hoher Geschwindigkeit umzugestalten. Wichtige Prozesse des anthropogenen globalen Wandels betreffen vor allem die direkte Veränderung der Ökosysteme der Erde sowie das schlagartige In-Umsatzbringen von materiellen Resten „fossiler" Ökosysteme, welche zusammen zu Veränderungen von Atmosphäre und Klimasystem führen. Diese Umgestaltung wirkt auf andere Teile des Erdsystems genauso wie auf den Menschen selbst. Angesichts dieses immer komplexer werdenden Zusammenspiels mehrerer sich beschleunigender Prozesse des anthropogenen globalen Wandels von ökologischen und menschlichen Systemen wird der kompetente Umgang mit Ursachen und Folgen dieser Prozesse zur Schicksalsfrage der modernen Zivilisation. Das Erdsystem droht allein durch den anthropogenen Klimawandel in einen Zustand zu geraten, welcher Resilienz und Anpassungsfähigkeit vieler seiner Teilsysteme – zahllose Ökosysteme und biologische Arten ebenso eingeschlossen wie soziale, ökonomische und politische Systeme – überfordern könnte.[5] Viele Teilsysteme des globalen Ökosystems und des in ihm entstandenen Anthroposystems befinden sich im Angesicht ihrer Apokalypse und zwar dergestalt, dass ihre *nachhaltige Existenz* in Frage gestellt ist. Diese Apokalypse ist nicht der *Untergang aller Welt*, doch es steht fast alles auf dem Spiel, was das heutige Leben des modernen Kulturmenschen ausmacht. Es geht nicht mehr allein um das Aussterben seltener Pflanzen und Tiere, sondern auch um die fundamentalen Lebensgrundlagen von Millionen oder gar Milliarden von Menschen und um das Fortbestehen moderner Zivilisation und ihrer Errungenschaften.[6]

1.2. Der Mensch als Spielball im Wandel der Systeme oder als Global change manager: die offenen Fragen

Gleichzeitig hat sich die menschliche Kultur zu einem Gehäuse entwickelt, in dem wir uns vortrefflich und zusehends stärker mit uns selbst beschäftigen, in dem wir uns so sicher aufgehoben fühlen, als lebten wir gar nicht mehr in und von diesem globalen Ökosystem, dessen Funktionalität sich gerade dramatisch verändert. Ein Grund für dieses kognitive Problem ist zum einen der kulturhistorisch v.a. in Europa besonders ausgereifte Irrtum des Natur-Kultur-Antagonismus, der uns vorgaukelt, dass das Menschensystem vom Erdsystem entkoppelt sei. Zum anderen treiben so-

---

4 *Meadows / Meadows / Zahn*, Die Grenzen des Wachstums (1972).
5 *Richardson et al.*, Synthesis Report (2009).
6 *Welzer*, Klimakriege (2008).

wohl die disziplinäre und lineare Analyse von Problemen als auch die unzulässige Übertragung von historischen Erfahrungen aus vergleichsweise sehr kurzen Zeiträumen relativer Stabilität auf eine durch neuartige Rahmenbedingungen gekennzeichnete Zukunft die Menschen immer wieder in unberechtigten Optimismus. Im Rahmen einer gerafften transdisziplinären Betrachtung der verschiedenen Dimensionen und Facetten des globalen Wandels zeigt sich, dass wir gut beraten sind, uns nicht an den bestmöglichen Zukunftsszenarien zu orientieren. Die Kunst des Umgangs mit dem globalen Wandel dürfte darin bestehen, das apokalyptische Potenzial der eingeschlagenen Entwicklung ins Auge zu fassen, ohne entsetzensgelähmt zu erstarren.

Eine Reihe von Fragen gilt es dringend zu bearbeiten: Ist der Mensch allein Getriebener und Spielball im ewigen Wandelspiel der Systeme, welches ihn innerhalb eines Augenblicks der Evolution an eine relevante Schaltstelle gebracht hat, um ihn hernach durch wiederum andere Schalter auszuknipsen und abzulösen? Oder befähigen ihn ebenjene Eigenschaften, die ihn so „wichtig" gemacht haben, auch dazu, den Lauf der Systeme zielgerichtet zu beeinflussen, aufzuhalten oder gar umzukehren? Wie muss in einer Welt von sich fortlaufend verändernden komplexen globalen Systemen eigentlich Nachhaltigkeit definiert werden? Ist die Befähigung des *Homo sapiens culturalis*, als Individuum und als Gemeinschaft über sich selbst und mögliche (*apokalyptische*) Zukünfte nachzudenken sowie die Auswirkungen der eigenen Aktion zu beobachten, zu dokumentieren und kritisch zu reflektieren, stark genug, um daraus den Anspruch eines weniger schicksalhaften als vielmehr bewussten, strategischen und wahrhaft nachhaltigen Umgangs mit dem Erdsystem und dessen Wandel abzuleiten? Kann es ein solches *Global change management* geben, oder ist allein der Gedanke daran Ausdruck einer chronischen, sozusagen systemimmanenten Selbstüberschätzung des Menschen? Welche wären die erforderlichen Voraussetzungen und Prinzipien für einen effektiven und strategischen Umgang mit dem globalen Wandel? Welche Konsequenzen ergeben sich aus den entsprechenden Einsichten für die globale Nachhaltigkeits- und Entwicklungspolitik?

In dem vorliegenden Aufsatz sollen einiger dieser Fragen und entsprechende Antworten weiter herausgearbeitet werden. Dies geschieht in der tiefsten Überzeugung, dass sich simplizistische Lösungen nicht nur verbieten, sondern uns nur umso schneller einem sich systemisch zusammenbrauenden Schicksal entgegenführen würden. Die Zukunft der Menschheit hängt davon ab, ob wir uns dem Kampfe mit den freigesetzten Geistern der komplexen Systeme der menschlichen Gesellschaft stellen.

2. Unsere Welt als vernetztes System – ein *déjà-vu*?

Das apokalyptische Potenzial des anthropogenen globalen Wandels kann wohl nur derjenige angemessen erahnen, der die Welt als komplexes System betrachtet. Vielerlei Befunde sprechen für eine systemistische Weltsicht.[7] Tatsächlich hat die kon-

---

7 *Bunge,* Systemism (2000).

sequente systemische Betrachtung von Organismen, Institutionen, Gesellschaften oder natürlichen Prozessen immer wieder den Erkenntnisgewinn befördert, eine „fachuniversale Theorie" oder „Supertheorie" begründet,[8] neue wissenschaftliche Ansätze initiiert und auch historisch-politische Entscheidungen beeinflusst[9]. Es ist nur zu offenkundig, dass diese Welt aus Teilen besteht, welche nicht für sich allein einfach existieren, sondern die sich u.a. verändern und vielfältige Einflüsse auf wiederum andere Teile ausüben. Genauso erfahren sie selbst solche Wirkungen, welche wiederum von anderen Weltteilen ausgehen. Im Zuge der Entfaltung solcher Wechselwirkungen kommt es immer wieder dazu, dass sich verschiedene Teile – auf der Grundlage ihrer Eigenschaften in einem gewissen Rahmen sogar berechenbar – räumlich und zeitlich arrangieren, sozusagen sich selbst organisieren und dabei weitere Wirkungen entfalten, welche gar nicht auf der Grundlage der Eigenschaften der Einzelteile zu verstehen sind, also die sogenannten emergenten Eigenschaften und Wirkungen. Die Einzelteile sind Teil eines Systems geworden, in dem mehr oder weniger komplexe Beziehungsgeflechte zu Veränderungen oder auch zur vorübergehenden Stabilisierung von Zuständen führen.[10] Zu den systemspezifischen Verhaltensweisen gehören u.a. Selbstorganisation und Komplexifizierung sowie Rückkopplungen und das Aufschaukeln von Prozessen, welche unter Umständen zu nichtlinearen Veränderungen beitragen.

Dass die Welt ein vernetztes komplexes System darstellt, klingt zu Beginn des 21. Jahrhunderts vertraut und geradezu banal. Frederic Vester, prominenter deutscher Verfechter einer angewandt-systemischen Weltsicht, rief das „kybernetische Zeitalter" aus,[11] dessen Eintritt jedoch nur langsam voranschreitet. Zweifellos wurden ab den 1970er Jahren wichtige Fortschritte im Sinne einer komplexeren Betrachtung unserer Welt erzielt. Parallel zum wissenschaftlichen Paradigmenwechsel eröffnete die Computertechnologie in den letzten Jahrzehnten des vergangenen Jahrhunderts ungeahnte Möglichkeiten der kybernetischen Anwendungen. Die Modellierung komplexer Prozesse, an denen eine mehr oder weniger große Zahl von aufeinander einwirkenden Elementen beteiligt ist, gehört zu den Standardmethoden in einer Mehrzahl der natur- und auch der sozialwissenschaftlichen Disziplinen. Aber komplexe wissenschaftliche Systemmodelle sind nur eine Facette unserer modernen Gesellschaft. Für die derzeitige Lage der Welt gilt, dass die meisten wichtigen politischen Entscheidungen nach wie vor nicht auf system(at)ischer Grundlage zustande kommen und dass ein wachsender Prozentsatz der Erdbevölkerung immer weniger nachvollziehen kann, was Wissenschaftler mit komplexen Modellen berechnen. Der Systemansatz ist nicht nur *nicht* zu einem allgemeinen Paradigma aller (angewandten) Wissenschaften und der Bildung geworden, sondern vielmehr weisen starke Trends in eine entgegengesetzte Richtung. Dabei birgt gerade die systemistische Weltsicht ein bedeutendes Potenzial für die transdisziplinäre Analyse globaler Zu-

---

8 *Luhmann*, Soziale Systeme (1987).
9 *Becker*, Geschichte und Systemtheorie (2004).
10 „In it's broadest conception, a 'system' may be described as a complex of interacting components together with the relationships among them that permit the identification of a boundary-maintaining entity or process." *Laszlo / Krippner,* System theories, in: Jordan (Hrsg.).
11 *Vester*, Das kybernetische Zeitalter (1974).

sammenhänge. Vermutlich ist sie geradezu eine Grundlage für einen kompetenten Umgang mit globalen Problemen und Herausforderungen.

Es ist überaus faszinierend, dass es auf allen nur denkbar räumlichen Skalen zur Ausbildung von Systemen kommt und zwar unter Einbeziehung ganz unterschiedlicher Manifestationsformen des Seins, von konkreten materiellen bis hin zu materielosen virtuellen. Der Aufbau der Materie aus den verschiedenen Elementarteilchen ist selbst systemischer Natur, da aus ihnen auf der Grundlage energetischer Beziehungen etwas wird, was man Neutrinos, Elektronen, Protonen, Atomen oder Molekülen nicht „zugetraut" hätte. Zellen und Organismen können ebenso als Systeme betrachtet werden wie Ökosysteme oder menschliche Gesellschaften und Institutionen. Allen Systemen gemein ist das Bestehen und Funktionieren im Rahmen von multiplen Einzelteil-Wechselwirkungen in Form des Austausches von Energie, Materie und/oder Information. Kleine Systeme treten unter bestimmten Umständen in Wechselwirkungen mit anderen und bilden Systeme höherer Ordnung aus. Dabei entstehen komplexe, verschachtelte immer größere Systeme, die auch immer relevantere makroskopische Wirkungen entfalten. Unsere Erde ist Mitglied in Systemen höherer Ordnung, wie etwa demjenigen des Sonnensystems und unserer Galaxie. Sie ist damit auch Wirkungen anderer Teile dieser Systeme ausgesetzt wie etwa der Energie unserer Sonne und den vielfältigen Anziehungskräften derselben sowie anderer Planeten, welche damit die Position und die Bewegungen der Erde mitbestimmen.

Innerhalb unseres Erdsystems gibt es mächtige Teilsysteme wie etwa dasjenige der Erdkruste mit den Kontinenten und den Ozeanen, welche während Jahrmilliarden die Veränderung der Erde beeinflussten bzw. wesentliche Prozesse des *globalen Wandels* ausmachten. Schließlich entstanden lebende Systeme, die lange Zeit irrelevant für das große Ganze blieben, bis von ihnen immer größere Mengen von Materie, Energie und Information umgesetzt wurden, so dass sie über Entwicklungen und Zustände des Planeten mitbestimmend wurden. Das System der biologischen Art *Homo sapiens* ist an einem solchen Punkt des Relevantwerdens für den globalen Wandel angekommen. Das ist dem Menschen passiert, ohne dass er es angestrebt hätte. Die Eigenschaften des Menschen, welche ursprünglich nicht *dafür* entstanden sind, dass er die Geschicke der Erde mitbestimmt, haben ihn in Interaktion mit anderen Systemen geradezu system(at)isch schicksalhaft in diese Rolle getrieben.

3. Ein schicksalhafter Weg in die Apokalypse?

3.1. Eine kurze Geschichte der Evolution der Systeme dieser Erde

Nach einer langen abiotischen Erdgeschichte erschienen schließlich die Systeme des Lebens und mit ihnen eine neue Qualität des Seins und der systemischen Entwicklung. Lebende Systeme sind nicht nur Einzelteile, die miteinander in Verbindung treten, sich selbst strukturell und funktionell organisieren sowie Materie und Energie austauschen. Vielmehr tritt eine informationelle Interaktionsebene hinzu, die vor allem bedeutet, dass die lebenden Systeme sich nach Maßgabe enthaltener Information reproduzieren. Daraus ergeben sich neue emergente Systemeigenschaften, welche weit über die spontane Selbstorganisation hinausgehen: Lebende Systeme vermehren sich, und außerdem haben sie die Möglichkeit zur Bewahrung von einmal hervorgebrachten Eigenschaften, an die weitere Entwicklungen im Rahmen der Komplexifizierung anknüpfen können. Echte lebende Systeme stellen mehr oder weniger abgeschlossene Kompartimente dar, deren wichtige Eigenschaft es ist, aktiv – unter Einsatz von Energie – einen in Bezug auf bestimmte Parameter mehr oder weniger stabilen Zustand, eine Homöostasis, aufrechtzuerhalten, auch wenn es zu Schwankungen der Umweltbedingungen kommt. Mit dem Erscheinen lebender Zellen kam somit auch die *Umwelt* um diese Kompartimente herum zur Welt. Die Zellen wiederum organisieren sich so, dass sie für eine gewisse Zeit *nachhaltig* existieren, zumindest solange, bis sie sich reproduzieren und Nachfolgerzellen mit gleichen Eigenschaften an ihre Stelle treten. Der Prozess der selbstreferentiellen Selbsterhaltung und -erschaffung ist Autopoiesis genannt worden.[12] *Nachhaltigkeit* ergibt sich im Falle von lebenden Systemen also als eine emergente – keinesfalls teleologische – Eigenschaft.

Lebende Zellen schaffen Ordnung in einer Welt, in der allgemein die Unordnung (Entropie) zwingend zunimmt.[13] Dies gelingt allerdings nur durch Umsatz von Energie, welche von anderen Systemen bereit gestellt wird bzw. durch deren Desintegration freigesetzt wird, deren Unordnung – also Entropie – im Zuge dessen zunimmt. Sogenannte heterotrophe Organismen wie der Mensch können nur solange „ihre Ordnung" erhalten oder weiter ausbauen, wie sie die Ordnung anderer Organismen zunichtemachen. Die Nachhaltigkeit eines lebenden Systems ist zugleich auch immer die Unordnung anderer. Evolution ist ein Prozess, der unter diesen geltenden physikalischen Rahmenbedingungen Systeme hervorbringt, welche sich unter Mehrung von Entropie selbst organisieren, sich derart vermehren und diversifizieren, dass die zunehmenden Interaktionsmöglichkeiten zur Komplifizierung von Systemen immer höherer Ordnung führen.[14] So entstanden auf der einen Seite Zellen mit Zellkern und weiteren Organellen und schließlich vielzellige Organismen. Auf der anderen Seite wurden die Einzeller bzw. später die Mehrzeller Mitglied eines anderen Systems höherer Ordnung, der Population, also einem Verband mehr oder weniger gleichartiger Systeme, mit denen Erbinformation ausgetauscht werden kann. Dieser Austausch erfolgt mit der Entwicklung der sexuellen Fortpflanzung sozusagen planmäßig, was durch Rekombination von genetischer Information die Diversifizierung der Lebensformen anheizt. Außerdem wurden die Lebewesen Mitglieder in mehr oder weniger lokalen Ökosystemen, in denen sie in Wechselwirkung

---

12 *Varela / Maturana / Uribe,* Autopoiesis (1974).
13 2. Hauptsatz der Thermodynamik. *Niclois / Prigogine,* Self-organization nonequilibrium systems (1977).
14 „Evolution: A cosmic process specified by a fundamental universal flow toward ever increasing complexity that manifests itself through particular events and sequences of events that are not limited to the domain of biological phenomenon but extend to include all aspects of change in open dynamic systems with a throughput of information and energy. In other words, evolution relates to the formation of stars from atoms, of Homo sapiens from the anthropoid apes, as much as to the formation of complex societies from rudimentary social systems." *Laszlo,* The Nature of Evolution (2009).

mit anderen Lebensformen und abiotischen Systemkomponenten ökologische Prozesse in Gang setzen.

Durch die Globalisierung des Lebens entstand ab einer kritischen Masse von pflanzlichen Organismen ein *globales* Ökosystem. In diesem Ökosystem kommt es – wie schon in den einzelnen Zellen – in gewissem Rahmen zur Selbstregulierung und -stabilisierung der Bedingungen, einer Homöostasis.[15] Das Erdsystem nimmt mehr oder weniger diskrete Zustände ein, zumindest bis zu dem Zeitpunkt, an dem ein oder mehrere Treiber des globalen Wandels, den Übergang in einen neuen Zustand einleiten. Grundsätzlich kann exogener und endogener globaler Wandel unterschieden werden. Exogene Einflüsse stehen bspw. mit der Sonne oder Meteoriteneinschlag in Verbindung. Wichtige endogene Treiber sind z.B. Kontinentaldrift und Vulkanismus oder – nach einem Jahrmilliarden dauernden Anlauf – eben auch die biologische Evolution.

Mehrfach löste globaler Umweltwandel (z.B. Klimaveränderungen in Folge des Zusammentretens oder Auseinanderdriftens von Kontinenten) tiefgreifende Krisen des Lebens aus. Degradation (Verringerung von Abundanz, Diversität, Funktionalität und/oder Komplexität) und Totalverlust von Teilsystemen gehören zur Funktionalität und zum Wandel des Erdsystems. Immer wieder kam es zu bedeutenden Massenaussterbeereignissen, bei denen ein Großteil der vordem innerhalb von Jahrmillionen entstandenen Arten ausgelöscht wurde. Diesen Arten war aus Gründen des globalen Wandels also keine nachhaltige Existenz beschieden, sie erlebten ihre Apokalypse und starben aus. Gleichzeitig machte bekanntlich das Aussterben von mächtigen Organismengruppen, die entsprechend viel Raum, Ressourcen und Primärenergie beanspruchten und zum Teil in längeren Zeiträumen keine konkurrierenden Lebensformen aufkommen ließen, Platz für neue, noch vielfältigere und komplexere Experimente der biologischen Evolution. In den Zeiträumen zwischen den apokalyptischen Massenaussterbeereignissen kam es jeweils zu einer größeren Diversifizierung des Lebens. Immer neue Formen wurden entwickelt, wie sich Organismen „ihr Leben verdingen" konnten, jede neue Art bedeutete auch eine neue Ressource für neue Symbionten, Räuber, Parasiten und Krankheitserreger, so dass biologische Evolution bislang als ein systemischer, sich selbst befeuernder und aufschaukelnder Prozess verstanden werden konnte. Je mehr Arten entstanden, umso vielfältiger wurden die Optionen des Lebens auch im Angesicht von Umweltwandel. In gewissem Maße bedeutet biologische Vielfalt also auch größere Stabilität bzw. Resilienz des Lebens und von Ökosystemen. Deshalb ist der menschliche Betrachter geneigt, in dem evolutiven Prozess einen zwangsläufigen positiven Trend der Vervollkommnung und eine aristotelische *causa finalis* zu sehen.[16]

Genau genommen war die evolutive Diversifizierung jedoch eine Folge der Unvollkommenheit bzw. Beschränkungen der biologischen Systeme. Die Zahl der Arten und Ökosysteme nahm deshalb zu, weil die einzelnen Arten lediglich in der Lage waren, ein beschränktes Gebiet zu besiedeln und nur bei gewissen Ressourcenkom-

---

15 Gaia-Hypothese – Erde als Superorganismus. *Lovelock / Margulis,* Atmospheric homeostasis by and for the biosphere (1974); *Lenton,* Gaia and natural selection (1998); *Goddéris / Donnadieu,* Biogeochemistry (2009).
16 *Kullmann,* Aristoteles und die moderne Wissenschaft (1998).

binationen zu existieren. Außerdem sorgten genetische Kopierfehler bei der Vervielfältigung der „Bauanleitungen" und die mehr oder weniger ausgeprägte Unfähigkeit der Überbrückung von Barrieren wie etwa Meeren oder Bergketten dafür, dass immerzu neue Arten entstanden. Insofern war es nur eine Frage der Zeit, wann eine „erfolgreichere" Art auftreten würde, um sich über derartige Hürden hinwegzusetzen und in erfolgreicherem Maße dem reproduktiven Auftrag des „egoistischen Gens"[17] zu folgen, als es anderen Arten bislang möglich war. Diese bisher erfolgreichste Art ist der Mensch.

3.2. Vom afrikanischen Primaten Homo sapiens zum globalisierten Anthroposystem

Die Entstehung der Vorfahren des modernen Menschen erfolgte im systemischen Wechselspiel mit sich verändernden Umweltbedingungen im pleistozänen Afrika.[18] Auslöser war ein Klimawandel hin zu trockeneren Bedingungen, welche mit der Entstehung von offenen Savannenlebensräumen einhergingen. In den west-afrikanischen Regionen, in denen Wald erhalten blieb, entwickelten sich aus den Vorfahren der Menschen die Schimpansen. In den ostafrikanischen Savannengebieten kam es zu relevanten Veränderungen der Lebensweise der vormaligen Waldbewohner: Erwerb des permanenten aufrechten Gangs, Übergang zu einer fleischreicheren Ernährung (Aas), Bildung von kooperierenden bzw. arbeitsteiligen Gruppen. Im Zuge von sich aufschaukelnden systemischen Prozessen wurde das Gehirn der Menschen größer, was größere intellektuelle Leistungen ermöglichte, aber ebenso erforderte, dass Menschenbabys wegen des größeren Kopfes relativ unreif geboren wurden, was eine längere Kinderbetreuungszeit und damit auch einen längerfristiger angelegten Familienzusammenhalt zur Folge hatte. In den längerfristig relativ stabilen und immer komplexer kooperierenden Familienverbänden der immer intelligenter werdenden Primaten entwickelte sich die verbale Kommunikationsfähigkeit, welche nicht nur die Mitteilungs- und Überlieferungsmöglichkeiten von Erfahrungen und Erlerntem revolutionierte, sondern auch einen weiteren permanenten Stimulus für die Entwicklung der intellektuellen Leistungsfähigkeit darstellte. Soziale Kooperation und verbale Kommunikation legten den entscheidenden Grundstein dafür, dass eine neue Dimension systemischer Interaktion auf Grundlage von gedachter und gesprochener Information in die Welt kam. Es konnten komplexere soziale Systeme entstehen, deren Funktionsweise – nicht wie z.B. bei sozialen Insekten – genetisch programmiert und rein chemisch gesteuert werden. Die Kooperation mit anderen Menschen(gruppen) bot erhebliche Vorteile im Sinne der Verbesserung oder Stabilisierung der Ressourcenverfügbarkeit und wurde also evolutiv belohnt und damit positiv rückkoppelnd verstärkt.

Die menschliche Population bildete im Rahmen der geographischen Ausbreitung immer neue Teilsysteme aus, die wenig oder zum Teil über lange Zeiträume nicht miteinander interagierten. Die *kulturelle Evolution* folgte analog den oben beschriebenen Leitthemen der biologischen: Replizierung, Multiplizierung, Diversifizierung

---

17 *Dawkins,* The selfish gene (1976).
18 *Leakey / Lewin,* Origins reconsidered (1992).

und Komplexifizierung. Im Zuge der Anpassung an die mannigfaltigen Umwelt- und Ressourcenbedingungen in den verschiedenen Teilen der Erde, der geographischen Isolation von Populationen und „Kopierfehlern" bei der kulturellen Weitergabe von Sprache und Gebräuchen („kulturelle Mutationen") kam es zum einen zur Ausbildung einer großen Zahl von Sprachen und Kulturen. Zum anderen setzte in verschiedenen Räumen konvergent die Ausbildung von sozialen Systemen höherer Ordnung ein. Eine Grundbedingung dafür, die kritische Dichte von menschlichen Individuen bzw. Familien, konnte nach dem Übergang zur Landwirtschaft und einer sesshaften Lebensweise erreicht werden, sofern ein Angebot geeigneter domestizierbarer Pflanzen und Tiere zur Verfügung stand. Dieser Übergang erfolgte 10.000-7.000 Jahren vor heute konvergent auf verschiedenen Kontinenten – eventuell auch beeinflusst durch eine Klimaverbesserung bzw. -stabilisierung.[19] Der Wandel der Lebensweise von den Jäger- und Sammlerkulturen zu den Ackerbaukulturen bedeutete (wie auch später beim Übergang zu industriellen und postindustriellen Gesellschaften) nicht nur eine weitere Erhöhung der Bevölkerungsdichte, sondern ging auch mit Veränderungen der politischen Organisation, der Weltsicht und der Religionen einher. Der Siegeszug des Ackerbaus und die Konzentration der Bevölkerung, welche mit fortschreitender Arbeitsteilung einherging, beförderte die Staatenbildung. Sie wurde im Sinne der politischen Nachhaltigkeit geradezu notwendig, da ohne eine geregelte Organisation großer Ansammlungen interagierender und arbeitsteilig wirtschaftende Menschen nicht funktionieren.

Auch aufgrund von beschränkten Transport- und Informationstechnologien kam es v.a. zur Entstehung von Feudalgesellschaften als soziale Systeme, in denen Fürsten den Bauern Schutz boten und sie gleichzeitig unter Kontrolle hielten. Macht- und Ausbeutungsverhältnisse entstanden dabei als emergente Eigenschaft und wurden evolutiv solange belohnt, wie sie Stabilität bzw. Nachhaltigkeit des sozialen Systems beförderten. Auch die religiöse Evolution erfolgte in systemischer Interaktion mit sich verändernden Ressourcennutzungssystemen und politischen Systemen und war immer nachhaltigkeitsrelevant. Je mehr Menschen in die Ökosysteme eingriffen, ihre Bevölkerungsdichte erhöhten und damit umso intensiver die Naturressourcen nutzten, desto mehr schwanden animistische oder pantheistische Religionsvorstellungen, und die Tendenzen zum Monotheismus oder gar Atheismus wurden stärker. Die Instrumentalisierung von Religion durch politische Führer war in den komplexer werdenden Gemeinschaften von großer Bedeutung. Kulturelle Höchstleistungen – oft auch zu religiösen Zwecken betrieben sowie zum damit in Verbindung stehendem Machterhalt von Führern sozialer Systeme (z.B. bezüglich der Erschaffung von monumentalen Bauwerken) – erforderten einen besonders hohen Ressourceneinsatz, welcher in der Regel nur von Sklaven bzw. durch Unterwerfung anderer Gesellschaften im Rahmen der Arealerweiterung geleistet werden konnte, wodurch erhöhter Energieinput möglich wurde.

Wie in biologischen Systemen gilt auch in sozialen, dass ein hohes Maß an Ordnung in der Regel nur durch die Vermehrung der Unordnung anderer möglich wird. Die agrarischen Gesellschaften stießen schließlich früher oder später an die Grenzen

---

19   *Gupta,* Origin of agriculture and domestication of plants and animals linked to early Holocene climate amelioration (2004).

des Wachstums – ein wesentlicher Minimumfaktor war dabei die Energie, die aus der Nutzung von landwirtschaftlichen Pflanzen auf den zur Verfügung stehenden Flächen gewonnen werden konnte. Die Interaktion von miteinander um Ressourcen – und damit letztlich um Land – konkurrierenden sozialen Systemen führte zu sich verschärfenden Konflikten und zur Evolution von immer effektiverer Kriegstechnologie. Das systemische Aufschaukeln entsprechender Faktoren in Kombination mit bestimmten Gunstfaktoren des Naturraums bedingte,[20] dass sich die europäische Zivilisation frühzeitiger aufschwang, weite Erdteile zu kolonialisieren, als es anderen möglich wurde. Agrarische, staatlich organisierte Gesellschaften erfuhren regelmäßig – vermutlich geradezu systemimmanent –Wachstum und Verdichtung der Bevölkerung, welche dadurch früher oder später an Tragfähigkeitsgrenzen stieß, und trachteten entsprechend durch Arealausdehnung und Kolonialismus, ihre Nachhaltigkeit im Sinne der Erhaltung als wesentlich angesehener Systemeigenschaften (wie z.B. Sprache, nationale Identität, fortschreitende Binnendifferenzierung und Diversifizierung der Teilsysteme, wirtschaftliches Wachstum und „Fortschritt") zu erhalten.

Leidens- und Anpassungsdruck in den an Tragfähigkeitsgrenzen operierenden agrarischen Gesellschaften führten zusammen mit einer starken kulturellen Verdichtung dank der Erfindung der Schrift und einer konsequenten Revolution der kulturellen Tradierung zur industriellen Revolution. Deren wesentliches Element war die Ausweitung der Grenzen der Tragfähigkeit und des Wachstums durch die Investition von fossiler Energie in die Nahrungserzeugung. Im Rahmen der Erzeugung von Kunstdünger und Pestiziden sowie dem Einsatz von Maschinen wird heute ein Vielfaches an fossiler Energie eingesetzt, um eine vergleichsweise geringe Menge an Nahrungsenergie zu erzeugen.[21] Die entsprechende Intensivierung der industriellen Landwirtschaft war entscheidend für die Ermöglichung einer noch vor wenigen Jahrzehnten unvorstellbaren Erhöhung der globalen Bevölkerungsdichte, die sich aus einem exponentiellen Wachstum der menschlichen Population ergibt. Von großer Bedeutung ist die Tatsache, dass die Landwirtschaft eine Vervielfachung des Energieinputs erfahren hat.[22] Vor allem im Rahmen der sogenannten Grünen Revolution ab den 1950ern bis 1960ern steigerte sich die Nahrungsmittelproduktion stärker und schneller als das Bevölkerungswachstum; diese entsprechende positive Schere scheint sich aber inzwischen geschlossen zu haben.

Die Industrialisierung und die immer intensivere Nutzung fossiler Energieträger bedeuteten, dass das Zeitalter der Urbanisierung und des Kapitalismus auf systemische Weise den Siegeszug antrat. Die Bevölkerung wurde stärker konzentriert, Arbeitsteilung und soziale Ungleichheit in der Gesellschaft wurden immer markanter. Damit wurden auch politische Umwälzungen systemisch zwangsläufig.[23] Im

20 *Diamond*, Guns, germs, and steel (1997).
21 „(…) the food system consumes ten times more energy than it provides to society in food energy. However, since in the U.S. the exo/endo energy ratio is 90/1, each endosomatic kcalorie (each kcalorie of food metabolized to sustain human activity) induces the circulation of 90 kcalorie of exosomatic energy, basically fossil." *Giampetro / Pimentel*, The tightening conflict: population, energy use, and the ecology of agriculture (1993).
22 *Giampetro / Pimentel*, The tightening conflict: population, energy use, and the ecology of agriculture (1993).
23 *Fulcher*, Kapitalismus (2004).

Rahmen der Demokratisierung in vielen Staaten wurden die Freiheit und Möglichkeit des Einzelnen größer. Die Entwicklung von Transport- und Informationstechnologien ermöglichte gleichzeitig eine immer effizientere Vervielfältigung, Weitergabe und Speicherung von Information und Wissen. Das Wachstum der Bevölkerung und der Ansprüche bzw. Wünsche der Individuen in den industrialisierten Gesellschaften trieb diese in eine stetig zunehmende Abhängigkeit von wachsender wirtschaftlicher Leistung und der Verfügbarkeit von (fossilen) Energieträgern. Die Interaktionen zwischen immer freier und globaler agierenden Individuen bzw. sozialen Systemen vervielfältigten sich; dadurch wurde auch die wissenschaftlich-technologische Entwicklung befeuert, welche wiederum positiv rückkoppelnd die Dimensionen von individuellen Informations-, Stoff- und Energieumsatz sowie die weitere Differenzierung und Komplexifizierung von sich verdichtenden sozialen Systemen beeinflussten. Da die Gesetze der Thermodynamik auch für die menschliche Gesellschaft gelten, wird mit der industrialisierten Zivilisation die biogene Erzeugung von Entropie auf eine neue Stufe gehoben.[24]

3.3. Das Ende der Diversifizierung: ein Wendepunkt der Evolution

Nachdem die biologische Evolution im Rahmen des emergenten Prozesses systemischer Interaktion und Komplexifizierung bis in die Neuzeit zu immer größerer Diversität führte, die allenfalls durch exogene Krisen reduziert wurde, kommt es nunmehr durch die Entwicklung des globalisierten Anthroposystems zur Umkehr. Zunächst war v.a. das globale Anthroposystem selbst betroffen. Durch immer höhere Dichte und größere Interaktion der Teilsysteme kam es bei gleichzeitig beschleunigter Komplexifizierung zu Diversitätsverlust und Homogenisierung: Wenige dominierende Kulturen und Sprachen breiteten sich auf Kosten ethnischer und linguistischer Vielfalt aus. Inzwischen ist allerdings die gesamte Biodiversität betroffen. Die Vielfalt der Ökosysteme und Arten der Erde schrumpft anthropogen durch (a) direkte Beeinträchtigung und Auslöschung im Rahmen der Konkurrenz um Raum und entsprechende Ressourcen, (b) durch den gesteigerten Umsatz organisch bzw. organismisch bereit gestellter Energie und die Erzeugung von Entropie sowie (c) durch Homogenisierung der menschlichen Umwelt (inkl. der gezielten oder fahrlässigen Einbringung von Arten aus anderen biogeographischen Zonen: Problematik der Neobiota und invasiven Arten).

Die Tatsache, dass es nun die globalisierte Gesellschaft ist, welche an die Grenzen des Wachstums[25] stößt und nicht mehr lokal oder regional begrenzte Gesellschaften, welche in der Vergangenheit entweder kollabierten,[26] migrierten oder expandierten, bedeutet den Beginn einer neuen Phase der menschlichen Geschichte. Das Risiko, dass die Folgewirkungen von Ressourcenknappheit, weiterer sozialer Verdichtung, von Biodiversitäts- und Funktionsverlusten des globalen Ökosystems

---

24 *Pfeiffer,* Eating fossil fuels (2006).
25 *Meadows / Meadows / Zahn,* Die Grenzen des Wachstums (1972); *Meadows / Meadows / Randers,* Die neuen Grenzen des Wachstums (1992); *Dies.,* Grenzen des Wachstums (2006).
26 *Diamond,* Collapse (2005).

und des damit verbundenen, signifikanten anthropogenen Klimawandels einen immens wachsenden Stress für die Zivilisation bedeuten, welcher auf verschiedene Weise zum Kollaps führen könnte, wird zusehends konkreter diskutiert.[27] Der modernen Zivilisation und einem mehr oder weniger großen Teil der Menschheit droht eine selbstgemachte Apokalypse.

4. Ein System des Fatalen: in der Schicksalsfalle?

4.1. Die Systemfalle

Bei aller Ziellosigkeit der biologischen Evolution spricht – bei Ausblendung denkbarer und verfügbarer religiöser Deutungen – einiges dafür, dass unter den physikalischen Bedingungen auf der Erde und angesichts der offenkundigen Gültigkeit der Naturgesetze und wichtiger systemischer Prinzipien bestimmte Prozesse praktisch nahezu zwangsläufig stattfinden mussten. Ebenso wie die Entstehung der organischen, für das Leben wichtigen Verbindungen im Millerschen Urzeugungsversuch nachvollzogen werden konnte, erscheint es wahrscheinlich, dass die Entstehung von Vielzellern als Konsequenz des Zusammentretens von Einzellern auch passiert wäre, wenn zunächst gänzlich andersartige Einzeller entstanden wären. Wenngleich die Diskussion alternativer Evolutionspfade müßig ist, drängt sich angesichts des Phänomens der konvergenten biologischen und kulturellen Evolution (z.B. unabhängige Entwicklung von Sinnesorganen wie Augen, Flügeln oder Flossen in nicht miteinander verwandten Organismengruppen; z.B. parallele und unabhängige Entstehung von sesshafter agrarischer Lebensweise, Schrift oder Kalendern in unterschiedlichen Kulturen) der Eindruck auf, dass viele evolutive Schritte und Innovationen praktisch nicht „vermeidbar" waren. Auch die beschreibbaren Analogien von biologischer und kultureller Evolution bzw. die vergleichbaren Prinzipien der Entwicklung von sozialen und biologischen Systemen unterstützen die entsprechende Theorie einer nicht zielorientierten, aber dennoch gerichteten und progressiven Evolution.[28] Die kulturelle Evolution mit dem derzeitigen Ergebnis der exponentiell wachsenden Bevölkerung, den steigenden Pro-Kopf-Konsumansprüchen, der voranschreitenden Landnahme und dem anthropogenen globalen Umweltwandel „ist uns passiert", ohne dass Menschen das geplant haben; es ist ebenso passiert, wie andere Arten im Rahmen der Evolution in bestimmte ökologische Nischen gerieten, ohne dies jemals angestrebt zu haben. Bestimmte Leitthemen der menschlichen Evolution und Geschichte sind als geradezu systemisch schicksalhaft erklärbar, ohne dass dies bedeutet, dass deshalb konkrete historische Ereignisse prognostizierbar wären.

---

27 *Kunstler,* The long emergency (2005); *Ders.,* World made by hand (2008); *Welzer,* Klimakriege (2008); *Hutter / Goris,* Die Erde schlägt zurück (2009).
28 *Stewart,* Evolution's arrow (2000).

Was würde eine solche systemo-fatalistische Weltsicht für plausible Zukunftsszenarien bedeuten, die von der heutigen Situation abgeleitet werden?

Das sich immer stärker globalisierende Anthroposystem ist gekennzeichnet durch eine weiter fortschreitende Komplexifizierung; dank großer Mobilität und v.a. dank progressiver Informations- und Kommunikationstechnologien vernetzen sich immer mehr Menschen und soziale Systeme. Die Homogenisierung von Werten und Wünschen schreitet in weiten Teilen der Erde voran. Das Basisparadigma dieses Fortschritts ist ungeachtet verschiedener ideologischer Spielarten das Wachstum von wirtschaftlicher Leistung, also der Verfügbarkeit von Gütern und Leistungen, und geht mit wachsender Flächenbeanspruchung, wachsendem Energie- und Naturressourcenumsatz und entsprechend wachsender Entropie einher. Symbolsysteme wie Währungen und Finanzmärkte verselbständigen sich; entsprechende laterale Weltsysteme wie Wirtschafts-, Handels- und Finanzsysteme entfalten im Sinne der Abhängigkeit des systemimmanenten Wachstumsparadigmas (im industrialisierten Weltteil) bedeutende atopische und systemische Macht, ohne dass sie von einzelnen Individuen oder Institutionen geplant und gesteuert würden, und drängen die Relevanz überkommener, in den letzten beiden Jahrhunderten entstandener Nationalstaaten zurück.[29] Das – zutiefst menschliche und ursprünglich einen Selektionsvorteil bietende – unermüdliche individuelle Streben nach Sicherung und Verbesserung des Zugangs zu Ressourcen – und das damit verbundene Trachten nach Freizügigkeit und Unabhängigkeit – als ein wesentlicher Treiber der systemisch ablaufenden kulturellen Evolution hat paradoxerweise dazu geführt, dass kleinere, von Individuen(-Gruppen) gesteuerte soziale Systeme (Gemeinden, Staaten) einen Kontrollverlust erfahren haben. Durch das Aufkommen von globalisierten Umweltproblemen wie dem Klimawandel droht nunmehr – für eine große Mehrheit der Menschen – eine Beschneidung individueller (Ressourcen-)Sicherheit und Entfaltungsmöglichkeiten, ohne dass dieser Bedrohung auf Ebene traditioneller politischer Systeme effektiv entgegengetreten werden kann.

Im letzten Jahrhundert dominierende Nationen mit besonders fortgeschrittenen individuellen Ansprüchen fallen bezüglich ihrer wirtschaftlichen Kraft und damit auch ihrer politischen Bedeutung zurück; aufstrebende Schwellenländer werden neue Akteure in einer multipolaren Welt, in der damit auch globale Außen- und Sicherheitspolitik komplexer wird.

Der Kampf von wenigen Großmächten um die globale ideologische Hoheit und Vormachtstellung, welcher die zweite Hälfte des 20. Jahrhunderts bestimmte, wird zusehends ersetzt durch die sich verschärfende Konkurrenz um den Zugang zu Naturressourcen, Energie und Land. Nachdem in früheren Jahrhunderten ähnliche Konflikte zwischen lokalen oder regionalen Kleinstaaten politik- und geschichtsbestimmend waren, werden analoge Streitfragen auf der globalen Ebene relevant. Nahezu ganze Erdteile werden zwar teilweise, z.B. im Rahmen der Anwendung von Kommunikationstechnologie, in das globale Anthroposystem integriert, zugleich aber bezüglich der „wirtschaftlichen Entwicklung" abgehängt und auch politisch

---

29 *Willke,* Atopia (2001); *Holtz,* Entwicklungspolitisches Glossar (2009).

marginalisiert.[30] Nach einer Phase der Linderung der menschlichen Armut, welche sich bspw. durch einen sinkenden Anteil chronisch hungernder Menschen kennzeichnete, verschlechtern sich die Lebensbedingungen eines großen Teils der weiterhin explosionsartig wachsenden Erdbevölkerung. Immer mehr Staaten scheinen kritische Zustände von miteinander interagierender Armut, Ressourcenübernutzung und politischer Stabilität zu erreichen und könnten sogenannte *failing states* darstellen. Relativ einfache politische lokale oder regionale Brandherde in der globalisierten Gesellschaft lenken die Aufmerksamkeit der Entscheidungsträger und v.a. auch Ressourcen von komplexeren subakuten Problemstellungen ab. Zudem nährt die politische und religiöse Radikalisierung gerade auch in diesen Brandherden den sich ebenfalls globalisierenden Terrorismus. Globaler Umweltwandel und von ihm bewirkte weitere Ressourcenverknappung bzw. Planungsunsicherheit wirken auf alle dargestellten Problemfacetten rückverstärkend.

4.2. Die Komplexitätsfalle

Im Angesicht der globalen Probleme und des globalen Umweltwandels mühen sich inter- und supranationale Institutionen im Zwiespalt der Notwendigkeit globaler *Governance* und den besitzstandswahrenden Tendenzen der Nationalstaaten. Identifizierte miteinander verwobene Probleme werden allerdings oftmals sektoral analysiert und mehr oder weniger getrennt politisch bearbeitet; dies gilt bspw. für 1992 in Rio de Janeiro begründeten UN-Umweltkonventionen für biologische Vielfalt (CBD), Klimawandel und Desertifikation (anstelle einer umfassenden Umweltkonvention); allein die CBD behandelt allerdings derartig viele Facetten der Erhaltung biologischer Vielfalt, dass dies wiederum nur im Rahmen von separaten Arbeitsgruppen und Protokollen gelingt. Allenthalben gilt eine Komplexitätsüberforderung. Es gelingt nicht mehr, alle simultan wirkenden und interagierenden Prozesse gleichzeitig zu denken sowie sie politisch und operativ angemessen zu verknüpfen. Längst sind nicht nur „Normalbürger" von der Informationsexplosion überwältigt worden. Folge ist nicht nur ein quantitativer Mangel an Wissen. So dürfte für weite Teile der Bevölkerung trotz vielfältiger, auch allgemein verständlicher Schriften[31] weiterhin eine *system illiteracy* gelten: Kenntnis über emergente Systemrisiken und die Mechanismen nichtlinearen Wandels wie Aufschaukeln oder Rückkopplungen gehört nicht zum grundlegenden Bildungskanon.

Auch Entscheidungsträger können die Komplexität der Situation nicht (mehr) erfassen; jenseits der Komplexität überfordert die schiere Informations- und Wissensabundanz die kognitiven und intellektuellen Kapazitäten auch der am besten ausgebildeten Individuen. Buchstäblich schrumpfen die auch nur theoretisch erwerbbaren Anteile des relevanten Weltwissens von Minute zu Minute. Während eine Zeit lang Informationsspeichermedien wie v.a. Bücher die Lücke zwischen individuell-

---

30 *Holtz,* Entwicklungspolitisches Glossar (2009).
31 *Vester,* Die Kunst vernetzt zu denken (2001); *Meadows, / Meadows / Zahn,* Die Grenzen des Wachstums (1972); *Meadows / Meadows / Randers,* Die neuen Grenzen des Wachstums (1992); *Dies.,* Grenzen des Wachstums (2006).

persönlicher Erfahrung und dem Fortschritt der kulturellen Evolution halbwegs zu schließen vermochten, klafft die Schere zwischen Informationserwerb und Informationsproduktion nunmehr unüberbrückbar auseinander. Es handelt sich geradezu um ein tragisches Paradoxon: Bei gleichzeitiger Gewährleistung eines historisch einmaligen Zugangs zum Weltwissen, wie er bislang noch nicht einmal den Bildungseliten der informationell am „weitesten entwickelten" Staaten offenstand, führt die Informationsexplosion zur zwangsläufig explodierenden Ignoranz der menschlichen Individuen.

4.3. Die Naturentfremdungsfalle

Nachdem sich das menschliche Gehirn und dessen Kapazität im Rahmen biologischer Evolution seit dem Pleistozän und der Entstehung des afrikanischen Primaten Mensch kaum mehr geändert haben dürfte, hat sich der zivilisierte Mensch durch die Ausbildung von komplexen sozialen Systemen immer höherer Ordnungen mit immer komplexeren und atopischeren emergenten Systemwirkungen und -risiken in eine Welt katapultiert, die er als Individuum nicht mehr verstehen kann. Hinzu kommt in der sich urbanisierenden Welt der Prozess der Naturentfremdung – es wird nicht nur kein ausreichendes Verständnis und Wissen über die Funktionsweise der Natur erworben, sondern gleichzeitig erfolgt auch eine rasante Entfremdung von der Natur und der Möglichkeit zumindest intuitiven Respekt vor Naturgesetzen und -prozessen zu entwickeln. Paradoxerweise sind es mehrheitlich urbane Wähler und Entscheidungsträger, welche Wasser aus der Leitung, Lebensmittel aus dem Supermarkt und ein angenehmes Klima „aus der Klimaanlage" beziehen sowie einen Paradigmenwechsel einleiten müssten, der die Erhaltung der grundlegenden und nachhaltigen Funktionalität des globalen Ökosystems über die kurzfristigen Vorteile einer Wachstumsgeneration stellt.

4.4. Die Wissensfalle

Erste Ansätze neuartigen und effizienteren Wissensmanagement, z.B. mithilfe des Internets, sind die Antwort auf die skizzierte Herausforderung. Gleichzeitig aber stellt das Gros der reduktionistisch geschulten Wissenschaftler immer detailliertere Fragen und gräbt sich immer tiefer in disziplinäre Tiefen, wobei interdisziplinäres oder gar transdisziplinäres Arbeiten und Denken immer unmöglicher wird. Zum Problem der „Babelisierung"[32] der Disziplinen tritt ein weiteres Phänomen: Paradoxer- und verstörenderweise wächst das Nichtwissen inzwischen schneller als das Wissen. Bisher ist nicht ausreichend in das allgemeine Bewusstsein vorgedrungen, wie sehr der rasche und an Fahrt aufnehmende globale Wandel bedeutet, dass sich die Zukunft beschleunigt und immer stärker anschickt, in unserer Gegenwart rele-

---

32 „Ce processus de babélisation ne peut pas continuer sans mettre en danger notre propre existence, car il signifie qu'un décideur devient, malgré lui, de plus en plus incompétent." *Nicolescu,* La transdiscplinarité (1996).

vant zu werden. Schlimmer noch, durch die Zahl der „Stellschrauben", an der die globalen Umweltwandel auslösende Menschheit dreht und durch die Beschleunigung der Veränderung des Anthroposystems mit seinen Teilsystemen multipliziert sich die Zahl möglicher Zukünfte, von denen wir dank wissenschaftlicher Erkenntnis uns auch immer besser vorstellen können, wie sie sich darstellen könnten. Zusehends müssen also auf der Grundlage von Hypothesen, Projektionen, Szenarien, Simulationen und Annahmen Entscheidungen über gegenwärtige Weichenstellungen getroffen werden; niemals zuvor in der Geschichte der Menschheit hatte die Zukunft eine solch überragende Bedeutung für die Gegenwart.[33] Nie konnten die Menschen theoretisch denkbaren Apokalypsen so informiert ins Auge schauen. Allerdings bedeutet diese Situation eine unerhörte Herausforderung für die tendenziell moderne evidenzbasierte, reduktionistische (Natur-)Wissenschaft, welche mit größerer Vorliebe beschreibt, was *ist* oder (noch besser:) was *war*, statt prinzipiell unauflösbares Nichtwissen in Form von Unschärfe und Unbestimmtheit hinzunehmen – bzw. gar mit ihm zu arbeiten.

Die Mehrung des evidenzbasierten Wissens hatte traditionell immer auch einen Wert im Sinne der besseren Befähigung der Gesellschaft, Probleme zu lösen. Derzeitig beobachtet man allerdings gerade in Bezug auf die globalen Umweltprobleme einen Hang zu simplizistischen Lösungen als Gegenreaktion auf die Komplexitätsüberforderung.

5. Nachhaltigkeit im Wandel: die Notwendigkeit eines systemischen *Global change management*

5.1. Das Prinzip der Nachhaltigkeit auf systemischer Grundlage

Nachhaltigkeit wurde in seiner früheren Geschichte in anthropozentrischer Weise in Bezug auf eine langfristige und nicht enden sollende Befriedigung von mehr oder weniger materiellen Bedürfnissen definiert, wie sie sich aus der Nutzung von Ökosystemprodukten und -dienstleistungen ergibt.[34] Die Langfristigkeit wurde durch die Betonung der Bedürfnisse auch von zukünftigen Generationen unterstrichen.[35] Das Prinzip der Nachhaltigkeit wurde hernach zusehends auch auf soziale oder institutionelle Systeme übertragen (ökonomische, finanzielle, soziale, institutionelle Nachhaltigkeit) und bedeutete jeweils, dass die jeweiligen Systeme langfristig funktionierten und ihre Funktionen erfüllten. Dabei erfolgte allerdings zunächst keine systemische Betrachtung der Nachhaltigkeit; schon gar nicht in einer Weise, dass die Zusammenhänge und hierarchisch gegebenen Abhängigkeiten von verschiedenen Systemen – wie etwa Ökosystemen, Wirtschaftssystemen oder sozialen Systemen – konzeptionell durchdrungen wurden. Vielmehr werden in vielen „klassischen" Mo-

---

33 *Willke*, Dystopia (2002).
34 *von Carlowitz*, Sylvicultura oeconomica (1713).
35 Brundtland-Report: *World Commission on Environment and Development*, Our common future (1987).

dellen verschiedene konkurrierende bzw. miteinander zu vereinbarende Aspekte der Nachhaltigkeit definiert, die wahlweise als die drei Säulen der Nachhaltigkeit[36] oder die drei Ecken eines Dreiecks dargestellt werden, welche ein Spannungsfeld zwischen ökologischen, ökonomischen und sozialen Ansprüchen charakterisieren sollen und in dem allenfalls ausgleichende Kompromisslösungen erzielt werden können. Eine entsprechende Darstellung wird allerdings weder der tatsächlichen systemischen Komplexität noch den hierarchischen Interdependenzen gerecht und führt in der Anwendung oftmals zu falschen Schlussfolgerungen. Moderne holarchische und systemische Betrachtungsweisen des Natur-Gesellschaftskontinuums bieten eine weitaus angemessenere Grundlage für die Diskussion der Nachhaltigkeitsfrage.[37]

Ein System funktioniert dann nachhaltig, wenn es seine wesentlich durch die strukturelle und funktionelle Komplexität definierte Identität einschließlich typischer emergenter Eigenschaften nicht abrupt verändert bzw. durch entsprechende Veränderungen kollabiert. Wie schon dargestellt können Systeme dieser Welt einen bestimmten Zustand allenfalls für eine beschränkte Zeit einnehmen, nämlich bis sich durch Entropiezunahme das thermodynamische Equilibrium einstellt, wenn nicht – wie im Falle von sogenannten offenen lebenden Systemen – Energie zur Herstellung von Ordnung aufgewendet wird. Tatsächlich gibt es wohl keine Systeme, die de facto einen Status quo erhalten, da endogene und exogene Wandelprozesse fortwirken. Nachhaltigkeit schließt also bezüglich der typischen Systemlebensdauer relativ langsam vonstattengehende Veränderungen von Struktur, Energie- oder Materieumsatz des Systems explizit mit ein. Abrupte Veränderungen allerdings bedingen in der Regel eine Systemkrise, im schlimmsten Fall den Kollaps und die Auflösung des Systems. Nachhaltige Entwicklung der menschlichen Gesellschaft bedeutet in dieser anthropozentrischen Lesart beispielsweise die Erhaltung oder gar Vermehrung von als wertvoll empfundenen emergenten Eigenschaften eines Systems, ohne dass es dabei zu signifikanten Einbußen der strukturellen und funktionellen Komplexität kommt.

Die Bewahrung der Nachhaltigkeit eines Gesamtsystems bedeutet nicht automatisch, dass alle Teilsysteme fortexistieren. Im Falle eines menschlichen Organismus kann dieser als System für viele Jahrzehnte nachhaltig existieren, in denen er aber unvermeidbare Veränderungen erfährt (z.B. Alterung); auch soziale Systeme wie etwa familiäre Versorgungs- und Geborgenheitsgemeinschaften können nachhaltig existieren, obwohl nicht nur die Mitglieder altern und sich auch persönlich z.B. durch Interaktion mit anderen Systemen verändern, sondern auch neue Systemelemente (in Form von Kindern) hinzukommen können oder einzelne (z.B. durch Tod) ausscheiden.

---

36 *Deutscher Bundestag*, Abschlussbericht der Enquete-Kommission (1998).
37 *Kay,* Framing the situation, in: Waltner-Toews; *Kay / Boyle,* Self-Organizing, Holarchic, Open Systems (SOHOs), in: Waltner-Toews.

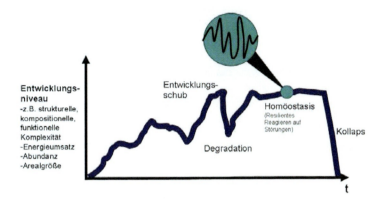

Abb.1: Typische Phasen der Existenz eines Systems. Die Phasen müssen nicht notwendigerweise immer und in der dargestellten Reihenfolge vorkommen. Vor allem die Phase der von Selbstregulation gekennzeichneten Homöostasis kann als Phase der „nachhaltigen Entwicklung" begriffen werden. Es kann im Laufe der Evolution eines Systems auch zu mehreren „nachhaltigen Entwicklungsphasen" auf unterschiedlichen Entwicklungsniveaus kommen.

Nachhaltigkeit ergibt sich also in der Regel als emergente Eigenschaft von Systemen und bezeichnet oft auch ein mehr oder weniger großes Verharrungsvermögen, welches sich meist aus dem Zusammenwirken von Systemkomponenten ergibt und als Homöostasis beschreibbar ist (vgl. Abb. 1). Nachhaltige Systeme zeichnen sich entsprechend u.a. durch eine bestimmte Resilienz aus, welche bedeutet, dass nach Störungen und temporären Zustandsveränderungen, der Ausgangszustand wieder eingenommen werden kann, bzw. dass die nacheinander eingenommenen Zustände um einen Mittelwert pendeln oder dass zumindest langfristig keine signifikante Degradation des Systems erfolgt. Dies gilt – wie aus der Ökologie gut bekannt – für viele Populationen von Tieren und Pflanzen, die in mehr oder weniger komplexe Interaktionsnetze aus Konsumenten und Produzenten eingebunden sind. Homöostasis gibt es aber genauso in unserem Sonnensystem, in dem sich die gegenseitig mit Kräften beeinflussenden Planeten in ihren Umlaufbahnen halten, oder auch in unserem globalen Ökosystem, wo sich z.B. im Rahmen des Wechselspiels von Kontinenten, Ozeanen, Vegetation und Atmosphäre für gewissen Perioden eine bestimmte mittlere globale Temperatur einstellt.[38]

Mit Ausnahme des todes- und zukunftsbewussten und damit managementfähigen Menschen und seiner sozialen Systeme betreiben lebende Systeme zwar aktiv die

---

38 *Lenton*, Gaia and natural selection (1998).

Erhaltung von Zuständen, ohne dies aber teleologisch anzustreben. Wie schon verdeutlicht sind wohl alle Systeme endlich, und Nachhaltigkeit kann sich nur temporär einstellen. Tatsächlich sprechen die Erkenntnisse zur Lebensdauer von bislang auf der Erde vorkommenden biologischen Arten für eine gegenüber der „Erdfunktionszeit" enorm geringere Zeitspanne. Paläontologen kennen Lebensformen, welche während einiger hundert Millionen Jahren nur wenig ihre Gestalt verändert haben; die allermeisten Arten sind/wurden aber maximal einige Millionen Jahre alt. Viele der langlebigen Arten mussten dabei durchaus mit bedeutendem Wandel der Umweltbedingungen zurechtkommen; sie mussten sich also an andere Zustände von Systemen anpassen, von denen sie abhingen, bzw. sie mussten sich daran anpassen, ab bestimmten Zeitpunkten gar mit anderen Systemen zu interagieren als zuvor.

Eine Zustandsveränderung, in der Regel einhergehend mit einem Wandel von Informations-, Energie- und/oder Materieumsatz sowie struktureller und funktioneller Vielfalt und Komplexität, bedeutet nicht notwendigerweise das Ende eines Systems. Allerdings können dramatische Zustandsveränderungen, v.a. im Falle der Degradation, also dem Verlust u.a. von Funktionalität und Komplexität, einen derartigen Wandel der Identität bedeuten, dass von einem anderen System gesprochen werden muss. Nach dem Zusammenbruch des Mayareiches oder des Römischen Reiches überlebten zwar jeweils viele Teilsysteme, also v.a. individuelle Mayas und Römer bzw. Familien und Dorfgemeinschaften mit ihrer kulturellen Identität, einschließlich ihrer technologischen Kenntnisse und ihrer Sprache, doch sie bildeten neue, weniger komplexe Gesellschaften oder gingen in anderen übergeordneten Systemen auf. Nach der Vernichtung der Wälder z.B. in bestimmten Mittelmeerregionen oder innerandinen Trockentälern führten nachfolgende Degradationsprozesse wie Bodenerosion dazu, dass aus Waldökosystemen Nichtwaldsysteme wurden, in denen der Wald auch nicht innerhalb von einigen Baumgenerationszeiten nachwachsen kann. Die Degradation des Waldsystems zum offenen Gebüschsystem bedeutet also, dass das Ökosystem einen anderen Zustand eingenommen hat, der sich dann u.a. auch dadurch kennzeichnet, dass etliche ökologische Prozesse nicht mehr ablaufen (die ggf. vom Menschen als Ökosystemdienstleistungen genutzt werden). Werden in einem Waldökosystem nur die Strukturbildner, also die Bäume beeinträchtigt – und dabei kann es sich um vergleichsweise wenige Arten handeln – wird dies u.a. in Folge von mikro-klimatischen Veränderungen zum Verschwinden von waldbewohnenden Pflanzen- und Tierarten führen. Ein System – etwa eine biologische Population – kann durchaus, für sich gesehen, nachhaltig funktionieren, ist aber auf Gedeih und Verderb davon abhängig, dass das System höherer Ordnung, in dem es als ein Teil eingebettet ist, ebenfalls nachhaltig funktioniert. Systeme können als Mitgliedselemente Teil von mehreren, je nach Komplexität sogar ggf. von sehr zahlreichen Systemen höherer Ordnung gleichzeitig sein.

Bezüglich der Mitgliedschaft in Systemen höherer Ordnung lassen sich zwei Typen unterscheiden. Zum einen gibt es eine verbindliche, sozusagen „unkündbare" Mitgliedschaft. Es handelt sich dabei v.a. um die „natürlichen" hierarchisch gegliederten Systeme: z.B. kann eine Körperzelle eines Menschen, die in einem Organverband eine bestimmte Funktion ausübt, wie etwa eine Leberzelle, nicht aus dem systemischen Verband innerhalb des Organs und des Organismus ausscheiden, ohne ihre Lebensfähigkeit einzubüßen. Ebenso gehört ein bestimmtes Tier wie etwa ein Rothirsch verbindlich zum System seiner Art bzw. der entsprechenden Gesamtpopulation aller Rothirsche. Er kann nicht seine Art wechseln, um als reproduktiv befähigtes Mitglied in das System der Elchpopulation zu wechseln, da Fortpflanzungsbarrieren dafür sorgen, dass genetische Information in der Regel nicht über Artgrenzen hinweg ausgetauscht werden kann. Genauso ist es Organismen bislang praktisch unmöglich, unter Aufrechterhaltung lebensfähiger Populationen das globale Ökosystem zu verlassen. Theoretisch wäre der Wechsel auf einen bewohnbaren Planeten denkbar, der alle Ressourcen- bzw. Habitatansprüche befriedigt. Solange ein solcher Systemwechsel aber aufgrund energetischer und anderer physikalischer Beschränkungen (z.B. Entfernungen, Reisegeschwindigkeit, Energieaufwand, Lebensdauer) nicht machbar erscheint, muss die Mitgliedschaft im übergeordneten Erdökosystem als verbindlich angesehen werden. Es ist nun selbstverständlich, dass die Nachhaltigkeit eines Teilsystems direkt von der Nachhaltigkeit eines übergeordneten verbindlichen Systems abhängt.

Teil der Komplexitätsüberforderung des Menschen ist die Tatsache, dass die Zahl der Mitgliedschaften (von Individuen und Gesellschaften) in nicht-verbindlichen, optionalen Systemen höherer Ordnung stark zunimmt. V.a. informations- und mobilitätstechnologisch sind wir befähigt, in immer mehr sozialen Systemen als aktives Mitglied mitzuwirken. Dadurch erfolgt aber auch eine große Ablenkung unserer Aufmerksamkeit und der persönlichen Ressourcenallokation, und es wächst die Gefahr, dass irgendwann nicht mehr klar ist, welche Mitgliedschaften – v.a. im Sinne der Nachhaltigkeit – wahrhaftig relevant sind. Angesichts zunehmender Freiheit im globalisierten und durch enormen Einsatz fossiler Energie betriebenen sozialen Systems der zivilisierten Gesellschaft, erscheinen letztlich alle Mitgliedschaften in Systemen höherer Ordnung weitgehend optional. Mitgliedschaften in Parteien, Vereinen, Freundeskreisen, ja sogar Familien lassen sich jederzeit kündigen. Gefällt das Wetter besser auf den Kanarischen Inseln als in Deutschland, lebt man eben dort. Schmeckt einem die heimische Küche nicht, wird man eben Teil des Nahrungsnetzes asiatischer Ökosysteme. Eher gilt allerdings (für Bürger industrialisierter Staaten), dass der geographische Ursprung von Nahrungsbestandteilen im Rahmen der Aktivitäten der komplexen Lebensmittelwirtschaft und des globalisierten Handels nur noch unter größerem Aufwand nachzuvollziehen ist. Und gewisse standardisierte Speisen und Produkte können in Nairobi und Buenos Aires ebenso in vollklimatisierten Räumen verzehrt bzw. erworben werden wie in New York oder Madrid. Dabei entsteht bei den betroffenen „globalisierten" Meinungsmachern und Entscheidungsträgern die Illusion, die Abhängigkeit von funktionierenden Ökosystemen sei nicht mehr gegeben, und alle Nachhaltigkeit sei eine Frage funktionierender Wirtschafts- und Handelssysteme.

In Verbindung mit der fortschreitenden Urbanisierung (inzwischen leben >50% der Menschen in Städten) und dem fehlenden Kontakt zu (mehr oder weniger wilder) Natur ist die Atopisierung des Ressourcenbezugs und die scheinbar unbegrenzte Freiheit der Wahl von Systemmitgliedschaften in industrialisierten Gesellschaften ein zentrales Problem des nicht nachhaltigen Verhaltens. Das Wissen bzw. das wahrhaftige Erfahren der Abhängigkeit von der Nachhaltigkeit des globalen Erdökosystems bzw. von Teilökosystemen wie Wäldern, Ozeanen und den Agrarökosystemen gehen verloren. Die Entfremdung von der Natur, wie sie im Rahmen der

Entwicklung der urbanisierten, industrialisierten und globalisierten Gesellschaft zustande kommt, wird zudem durch einen früh entstandenen Natur-Kultur-Antagonismus weiter zementiert und potenziert. Die konzeptionelle Entkopplung des Anthroposystems von den Ökosystemen erfolgte in mehreren Stufen: Am Anfang steht die Notwendigkeit der Verteidigung der Kulturökosysteme gegen die Verwilderung (Landwirtschaft), dann wächst der Glaube an die Steuerbarkeit und Beherrschbarkeit der natürlichen Systeme und schließlich erfolgt die scheinbare Befreiung von der Natur und ihren Gesetzen. Der entsprechende kulturelle Prozess wurde bekanntlich mit erheblicher ideologischer und religiöser Unterstützung betrieben – zunächst in Europa v.a. ab dem Mittelalter, wo ein gegen Sukzession anfälliges Offenlandbewirtschaftungssystem in den Wald hineingetrieben wurde, den es also zu zähmen und zu besiegen galt.

5.2. Nachhaltigkeit in Zeiten des globalen Wandels

Dem Menschen ist also Erstaunliches gelungen. Dank der hohen Komplexität seiner sozialen Systeme, die kritische Masse seiner großen Population und eines bedeutenden Energieumsatzes hat der lokalisierte afrikanische Primat die Dimensionen seiner ökologischen Nische erweitert und erreicht, dass sich emergente Wirkungen des entstandenen Anthroposystems nicht nur auf andere Teilsysteme des globalen Ökosystems entfalten, sondern dass das globale System insgesamt beginnt, bedeutende Veränderungen zu erfahren, welche den Wechsel in einen neuen Systemzustand bedeuten könnten (z.B. Einstellung einer neuen mittleren Erdtemperatur).

Was bedeutet Nachhaltigkeit unter diesen Vorzeichen des bereits eingeleiteten globalen Umweltwandels? Jedenfalls wohl nicht mehr eine „Brundtlandsche" Erhaltung gleichartiger Entwicklungschancen für nachfolgende Generationen. Vielmehr geht es inzwischen vorrangig um die Vermeidung dramatischer und abrupter globaler Wandelprozesse des Anthroposystems, welche direkt oder indirekt durch den anthropogenen Wandel des globalen Ökosystems ausgelöst bzw. befördert werden. Es erscheint allerdings unverständlich, wie auf dieser „heißen, flachen und überfüllten" Erde[39] die Vision der nachholenden Entwicklung als Patentrezept zur Befreiung aus der Armutsfalle und zur Erreichung von „Wohlstand für alle" überhaupt noch angestrebt werden kann.[40] Das bescheidene und zugleich ernüchternde Ziel muss inzwischen wohl eher sein, nachfolgenden Generationen eine Welt zu hinterlassen, in der sich die Chancen für Wohlergehen, Sicherheit und Bedürfnisbefriedigung der Individuen nicht dramatisch schlechter darstellen als heute – bzw. in der die denkbare Apokalypse des Kollapses der globalisierten Zivilisation nicht stattfindet.

Bis vor einiger Zeit konnte Nachhaltigkeit der menschlichen Gesellschaft(en) noch weitgehend durch lokale und regionale Aktion erreicht werden. Nunmehr ist angesichts globalisierter Wirkungen des Anthroposystems die kritische Schwelle überschritten, dass Nachhaltigkeit ohne einen bewussten und kompetenten Umgang

---

39 *Friedman,* Hot, Flat, and Crowded (2008).
40 *Collier,* The bottom billion (2007); *Sachs,* Common wealth (2008).

mit dem globalen (Umwelt-)Wandel nicht mehr erreichbar ist. Dieses Problem gilt selbst für sehr lokale Systeme, deren langfristige Nachhaltigkeit also inzwischen von einem erfolgreichen Management des vom Menschen ungeplant ausgelösten globalen Wandels, einem *Global change management*, abhängt. Der beliebte Nachhaltigkeits-Slogan „Global denken, lokal handeln" gilt so nicht mehr. Um erfolgreich zu sein, muss global und lokal sowohl gedacht als auch gehandelt werden. Eine „Global- bzw. Weltpolitik"[41] bzw. „Weltumweltpolitik"[42] ist unverzichtbar. Die größere Komplexität des Anthroposystems, also die große Vielfalt von Interaktionen zwischen seinen Teilsystemen, bedeutet auch eine vergrößerte Vulnerabilität; lokale Systeme sind deshalb zusehends von Problemen betroffen, die in gänzlich anderen Erdgegenden verursacht werden. Auch wenn es trivial klingt: Die Komplexität der Situation und der globalen Wandelprozesse erlaubt keine „easy ways to save the Earth (…) and in under a minute".[43]

Global change management meint vor allem auch, dass man globalen Wandel nicht mehr einfach passieren lässt. Selbst in traditionell konservativen Bereichen wie dem Naturschutz kann es angesichts des entfachten globalen Wandels nicht mehr darum gehen, zu bewahren, was (noch) ist, sondern Wandel (zum hoffentlich Besseren bzw. weniger Schädlichen) bewusst und gestalterisch zu begleiten oder einzuleiten.[44] *Global change management* bedeutet vor dem Hintergrund des Verständnisses des evolutionär-systemisch sich entwickelnden Schicksals des Lebens und der Menschheit und im Angesicht der immer besser vorstellbaren Apokalypsen, den Versuch, ein historisch einmaliges und für Individuen nicht mehr zu bewältigendes Ausmaß an Wissen und Nichtwissen in Umsteuern zu transformieren. Die Transdisziplin *Global change management* steht für ein Veränderungsmanagement auf allen hierarchischen Ebenen sozialer Systeme, welches deren Anpassung an die unvermeidbaren globalen Wandelprozesse und ihre Folgewirkungen betreibt, ohne deshalb die zum Abwenden gefährlichen Wandels vorrangige Minderung und Entschleunigung dieser Prozesse zu vernachlässigen.

Global change management bedeutet konzeptionelle und operative Veränderungen auf allen Ebenen unserer komplexen sozialen Systeme. Die Grundsätze des bisher nur in der Betriebswirtschaft gut bekannten *Change management*[45] können bei der konkreten Konzeption von Strategien genauso ein guter Ausgangspunkt sein wie die Lehren der Management-Kybernetik.[46]

Entsprechend den vorangegangenen Überlegungen müssen grundlegende Prinzipien eines effektiven *Global change management* sein:

1. eine systemische bzw. systemistische Sicht der Welt und der Nachhaltigkeit, in der sich biologische und kulturelle Evolution ziellos aber dennoch in gewissem

---

41 *Holtz*, Entwicklungspolitisches Glossar (2009).
42 *Simonis*, Weltumweltpolitik, in: Woyke.
43 *Friedman*, Hot, Flat, and Crowded (2008).
44 *Ibisch / Jennings / Kreft*, Biodiversity needs the help of global change managers, not museum-keepers (2005).
45 *Doppler / Lauterburg*, Change-Management (2002).
46 *Malik*, Strategie des Managements komplexer Systeme (2008).

Maße gerichtet als emergente Eigenschaft ergibt (Schaffung von Ordnung unter Aufwendung von Energie, Vergrößerung der Abundanz, Diversität und Dichte von Systemen, Zusammentreten zu Systemen höherer Ordnung, Komplexifizierung, [Globalisierung] ...) – und damit die Einsicht, dass den sich globalisierenden Herausforderungen u.a. mit Dekomplexifizierung und Entglobalisierung zu begegnen ist, wobei gleichzeitig der Eintritt in das Zeitalter der globalisierten Umweltprobleme bedeutet, dass rein lokales Handeln ungenügend ist (Notwendigkeit des simultanen Denkens und Handelns auf allen räumlichen Ebenen),
2. die Anerkennung der Gültigkeit der Naturgesetze für das gesamte Erdsystem einschließlich des untergeordneten bzw. abhängigen Anthroposystems und seiner verschachtelten und interagierenden Teilsysteme[47] – und damit die Einsicht, dass weder unbegrenztes Wachstum noch eine Entkopplung von Mensch und Natur möglich sind (Ökosystemansatz),[48]
3. die sachliche Beschäftigung mit den derzeitig denkbaren Szenarien einer Apokalypse im Sinne eines systemisch herbeigeführten Kollapses der modernen globalisierten Zivilisation, dessen Gefahr von vielen analytisch-reduktionistisch geschulten Entscheidungsträgern systematisch unterschätzt wird,
4. die Notwendigkeit des kompetenten, post-normalen[49] und transdisziplinärem Umgangs mit sich rasch vermehrendem Wissen und Nichtwissen,[50] wobei letzteres durch die steigende Komplexität der involvierten Systeme und die fortschreitende Vermehrung der Zahl möglicher Zukünfte (im Sinne von Systemzuständen) fortwährend an Gewicht gewinnt, während die Informationsexplosion und -komplexifizierung zusehends eine Falle für Management und Entscheidungsfindung darstellt – und damit die Einsicht, dass dem Vorsorgeprinzip und der Proaktion ebenso eine enorme Bedeutung zukommen wie einer transdisziplinären und metasystemischen Herangehensweise (anstelle einer disziplinär-sektoralen und objekt-systemischen),[51]
5. der Respekt vor der *Change management*-Herausforderung als psychologisch-kulturellen Kraftakt, da *Homo sapiens* biologisch-evolutiv nicht wirklich auf die nunmehr eingetretenen globalen Probleme vorbereitet ist (kein in der afrikanischen Savanne evolviertes „Gespür" für Nachhaltigkeit und die Endlichkeit von Ressourcen und Ausfluchträumen; große Anpassungsfähigkeit an bzw. beschränkte Wahrnehmung von sich wandelnden Umweltbedingungen – *shifting baselines*).[52]

---

47 „The basis for any natural law describing the evolution of social systems must be the physical laws governing open systems, i.e., systems embedded in their environment with which they exchange matter and energy." *Prigogine / Allen / Herman,* Log term trends and the evolution of comlexity, in: Laszlo / Biermann (Hrsg.).
48 *Waltner-Toews et al.,* The ecosystem approach (2008).
49 *Ravetz,* Usable knowledge, usable ignorance: incomplete science with policy implications, in: Clark / Munn; *Funtowicz / Ravetz,* Post-normal science, in: Cleveland (Hrsg.).
50 *Vitek / Jackson,* The virtues of ignorance (2008).
51 *Malik,* Strategie des Managements komplexer Systeme (2008).
52 *Welzer,* Klimakriege (2008).

Das Ziel des *Global change management* ist nicht die Rettung der Welt. Diese wird (zumindest noch eine Weile) fortexistieren – wie wohl auch die Spezies *Homo sapiens*. Es geht um die Verhinderung der kurzfristigen Apokalypse für die menschliche Zivilisation. Die Idee, dass die Menschheit als Gemeinschaftswesen rechtzeitig eine ausreichende holarchische Intelligenz erreicht, um unter Anwendung von demokratischen Regeln das komplexe Anthroposystem und darüber hinaus auch Teile des Erdsystems im Sinne der Nachhaltigkeit umzusteuern, ist ein großartige Utopie, für die es zu kämpfen gilt.

Danksagung

Der Autor dankt vielen Freunden und Kollegen für anregende und fruchtbare Diskussionen im Rahmen der Entwicklung und Ausgestaltung des Studiengangs *Global Change Management* an der Fachhochschule Eberswalde. Zu nennen sind u.a. Christoph Nowicki, Gerold Kier, Stefan Kreft, Jörg-Andreas Krüger, Manfred Stock und Martin Welp. Eva Rönspieß unterstützte die technische Fertigstellung des Manuskripts. Besonderer Dank gilt Hartmut Ihne für die Momente gemeinsamen Nachdenkens sowie die Einladung, an dem vorliegenden Werk mitzuwirken. Als ehemaliger Student und Mitarbeiter der Universität Bonn danke ich meinem Lehrer Wilhelm Barthlott, der mich auch auf Uwe Holtz aufmerksam machte. Dessen wissenschaftliche Arbeit beeindruckte in Verbindung mit seinem gesellschaftspolitischen Engagement auch Angehörige der Mathematisch-Naturwissenschaftlichen Fakultät. So beflügelte Uwe Holtz auf indirekte Weise auch meine Beschäftigung mit entwicklungspolitischen Themen.

Dawning of a new global order – An essay on global transformations from an European perspective

Dirk Messner

All ages come to an end. The Ice Age was succeeded by the Bronze Age, the Renaissance was followed by the Reformation, great powers have succeeded one another, Rome, Great Britain, the US.[1] Nothing's here to stay. With the present financial crisis, another age is drawing to a close – but not, as many globalization critics may think with glee, the age of globalization. What we now see going down is an international order in which the Western societies were the center and the measure of all things (the G7 is a reflection of this eroding constellation of power), the age of industrialization (based as it was on the delusion of an infinite supply of natural resources and infinite capacities of the atmosphere, the oceans and the global forests to absorb greenhouse gas emissions and other collateral wastes of our consumption patterns), and the illusion that the nation-state could, despite accelerating globalization, somehow just muddle on as it has in the course of the past 200 years. The concern now is to create a truly viable, sustainable globalization that accepts the global challenges of the 21st century.

The present global financial debacle is opening up a window of opportunity to place these central challenges involved in building the world order of the 21st century squarely at the top of the agendas of world politics and of the global economy instead of merely talking on and on about them, as they have been talked about at the conferences of the World Economic Forum, the World Social Summit of NGOs, or the German Bundestag's Commission of Inquiry on "Globalization of the World Economy" (1998-2002)[2] – in order then to return to business as usual in the "real world" of politics and economics.

What we need is a change of perspective. We need to adapt our institutions, policies, and business strategies to the new realities of a globalized world, that we have been discussing for more than a decade without drawing the necessary political and economic conclusions. As Albert Einstein once noted succinctly, "We can't solve problems by using the same kind of thinking we used when we created them." There are four key lessons that we can learn from the financial crisis. They are not, per se, revolutionary, but the point that needs to be made is that they have until now not served as the basis of the strategic decisions made in business and politics. They are likely to be shared by many national and global decision-makers, indeed it is not seldom that we have heard these very same decision-makers utter them, though rarely in their main statements, more often over a second beer, among friends and col-

---

1 *Senge et al.,* The necessary revolution (2008), p. 7.
2 *Enquete Kommission des Deutschen Bundestages "Globalisierung der Weltwirtschaft"*, Globalisierung der Weltwirtschaft (2003).

leagues or in inofficial speeches ... without political or economic impacts. The reason is simple: if these lessons were taken seriously, they would contribute in key ways to setting the stage for a far reaching global transformation, that were, up to the present crisis, decried as unrealistic, naïve, and politically unrealizable. The key elements of this global transformation are:

- inventing an embedded global market economy, realizing that the utopia of a self-regulated market has failed as much as the utopia of socialism did only 20 years ago;
- organizing a peaceful global power transition, accepting that the Western hegemony is coming to an end;
- investing seriously in worldwide poverty reduction and strategies to avoid accelerated processes of social polarization, understanding that a global lack of social and human capital is the main driver of international instability, mistrust and violence;
- building a low carbon and resource efficient global economy to avoid dangerous changes in the Earth system, accepting that there is no polite way to say that the globally dominating business model, based on blind growth, fossil fuels and short-term investment returns is simply destroying the world.

In other words, the financial crisis is opening up a window of opportunity to bring about changes that would have no prospects of success in "normal times".

Four lessons from the global economic crisis on the road to sustainable globalization

The first lesson to be learned from the financial crisis is that the "Milton Friedman mode" has come to an end, the notion that the principles of self-interest and the market are sufficient to organize national economies and the world economy, indeed even societies and the emerging world society. In November 2008, in *Wirtschaftswoche* and the *Financial Times*, US economist Jagdish Bhagwati pointed out that the collapse of the dream of absolute self-regulation has set free, in the global financial markets, a huge potential for destructive creativity – reversing the Schumpeterian idea of the "creative destruction" caused by technological innovation. The "Milton Friedman mode" is closely linked with the TINA concept propagated since the Reagan-Thatcher era: "There Is No Alternative" to the unleashed market economy. The concern now is to embed the global economy in a new institutional framework – a Bretton Woods II – and all of a sudden the iron TINA makes place for a supple AUN: "Alternatives Urgently Needed". Institutional innovations are what is called for. The first international conference on reorganization the world's financial markets was held in November 2008 in Washington. The countries attending included not only the G7/8 but also important emerging countries like China, India, Brazil, South Africa, and Saudi Arabia. The Washington conference will be followed by a series of high level meetings in 2009. What a new dynamic! Just some months ago no one would have thought possible a debate of this kind on the future of the world economic order. What is at stake now is nothing less than a sustainable regulatory course for the global economy, one that does justice to the diversity of market economies around the globe, now that the Wall Street model has, in the course of only some weeks at the end of 2008, self-destructed before our very eyes. It will be more than interesting to observe in 2009 what new ideas Europe, China, India, Brazil, South Africa and not at least the new US-administration have in mind for the debate on our common global future.

The second lesson implies a need to take leave of the idea that "globalization is Westernization".[3] China is already what the US has always claimed to be, an indispensable actor of world politics and the world economy: The world's third-largest economy, China now holds the world biggest currency reserves, amounting to US$ 1.8 trillion, and is developing a high level of innovative dynamism.[4] If India continues on the economic success path it embarked on a number of years ago, the two Asian giants will, in the coming two decades, profoundly alter the structures of the global economy. What we are witnessing is a set of tectonic power shifts. The winners of globalization are Asian. In addition, countries like Brazil, South Africa, and some Arab countries are on the rise.[5] The G7/8 as the all-powerful governance center of the world economy is a thing of the past. The first discernible feature of the new multipolar order is a latent leadership crisis. The Obama-administration will have to start out by cleaning up the collateral damage of the financial crisis and the impacts of the lost of US-soft power during the Bush administration, Europe is the most interesting laboratorium for regional cooperation and integration, but still lacks the global clout, the OECD world as a whole is going to have to learn to the accept "yesterday's have-nots" as genuine partners, and while China is powerful, it has yet to find a new global role for itself for the 21st century. Power is in the midst of a process of global redistribution, and the emerging new regulatory pattern for the global economy is not yet discernible. All of the parties involved will have to show a good measure of sensibility, to build new trust, and in the wake of the Wall Street disaster listening to and learning from one another is more important than ever. John Mearsheimer, a US-political scientist and policy advisor, recently caused somewhat of a furor when he published a text entitled "The rise of China will not be peaceful", arguing that a conflict between the US and China is unavoidable.[6] This statement is obviously exaggerated, even dangerous, because it could result in a self-fulfilling prophecy. But many other authors argue that the rise of new global powers and the decline of old super powers have always been critical, often conflictive moments in history.[7] It is absolutely clear, that there is no automatism towards a peaceful power transition. Political initiatives are needed to manage the ongoing global power shift. Against this background the conferences on the future of the financial markets offer an opportunity to create global commonalities and responsibilities and to reduce

---

3   *Kupchan,* The end of the West (2002).
4   *Kaplinsky / Messner,* Introduction (2008).
5   *Khanna,* The second world (2008).
6   *Mearsheimer,* China's unpeaceful rise (2006).
7   *Kennedy,* The rise and the fall of big powers (1989); *Kupchan et al.,* Power in transition (2001); *Gu / Humphrey / Messner,* Global Governance and developing countries (2008).

conflict potential. At the same time, the debate on the world economic order is ushering in a transition from the age of the classic nation-state, with the declarations of independence and claims to national sovereignty that have gone hand in hand with it, to a globalized 21st century. The new body of rules governing the world economy must be based on something like a "charter of global interdependencies." Global governance is on its way to becoming a key concept of international politics. Old and new powers need to learn that there is no viable way back to classical power politics and hegemonic concepts of global leadership – the 19th and 20th century thinking of global politics is coming to an end.

The third lesson we need to learn is that an ever more closely networked world economy is simply not compatible with a situation in which two billion people are forced to live on less than two dollars a day and social polarization in and between societies continues to accelerate. That is a dead-end road. And this is not only a normative or humanitarian statement. From a sustainable globalization perspective, the main message is: There will be no way to put an end to state failure, violence, international terrorism unless "globalization with a human face" becomes a lived reality. This simple truth must not be allowed to be drowned out by the clamor of the global financial crisis and the gloom of the coming recession. In the future we are going to have to get our priorities right. The fact that US$ 3 trillion have been mobilized for the war in Iraq, that only Europe at the end of 2008, in a mere week's time, has spanned a two-trillion-euro safety net for it's banking system, while months and years are frittered away in negotiations with the developing countries on a support fund to finance the adaptation of vulnerable countries to climate change – and this in an age in which one third of mankind is forced to live on what, for Western people, amounts to a half pack of cigarettes – this cannot be the final point of the process of human civilization. Now that the illusion is over that financial capital can be multiplied infinitely, and with returns of over 25%, the time has come to invest in the social capital of world society. And "peanuts" will not suffice to build a stable, secure, and legitimate new world order.

What can developing countries expect in coming months and years, as a result of the global financial crisis and the emerging global recession?[8] We know what global economic turbulences will mean for poor countries, because we have been here before. Beginning thirty years ago, the oil price shock of the late 1970s, combined with successive debt crises, pushed many developing countries, especially in Africa, into balance of payments and fiscal problems which left them running for help to the IMF and the World Bank. The long period of so-called 'structural adjustment' followed. Slowly, and often controversially, macro-economic balances were re-established. But in the meantime, growth was often negative, investment collapsed, poverty rocketed and malnutrition spread like a disease. It is not for nothing that the 1980s are known as the lost decade of African and Latin American development. By its close, Africa had fallen even further behind the rest of the world.

The impacts of the recent crisis are already on the way in the developing world. Their exports will fall, in both price and volume – affecting also service exports like

---

8   *Maxwell / Messner*, A new global order (2008).

tourism. Remittances will shrink. Foreign Direct Investment is likely to fall. Aid is very unlikely to rise as promised. Another lost decade is on the cards. In a globally interconnected world, that is not only bad news for the poor, but also for the international system as a whole.

The fourth lesson is that unmitigated climate change threatens to radically alter the Earth system. The climate crisis is in essence an energy, food, and security crisis, one that will pose far greater challenges for our industrial growth capitalism than the deep recent crisis of the financial system. Never before in the history of modern mankind have global temperatures risen so rapidly as they are set to do in the present century if climate policy fails to achieve results. Climate change could trigger tipping points in the Earth system:[9] The Amazon rainforest could fall victim to desiccation, the monsoon systems in Asia could collapse, 40% of the world species could vanish. Drought, water scarcity, extreme weather events, rises in sea levels could overstrain the adaptive capacities of many societies in the second half of the century. These climate impacts will be exacerbated by a number of other scarcity problems, leading the implicit assumption on which the age of industrialism was based – infinite availability of natural resources – ad absurdum: peak oil, peak soil, peak water. All this we know from the reports issued in 2007 by the UN Development Programme and the Intergovernmental Panel on Climate Change (IPCC). In a report published in 2008, the German Advisory Council on Global Change underlines that climate change constitutes an international security risk.[10] The UK-economist Nicolas Stern, who sees climate change as the greatest market failure in the history of mankind, has calculated the immense costs of climate change.[11] They would far exceed the costs caused by the present financial crisis, to say nothing of the fact that the effects of climate change would be irreversible – for example, beginning at a certain point, it will prove impossible to stop the melting of the polar icecaps, and the impacts will haunt us for thousands of years to come. Mankind seems to be doing its level best to ruin the Earth system as a whole. Virtually no one disagrees with this statement – not in Berlin, not in London, Beijing, New Delhi, or in Washington, not even in the headquarters of most business corporations.

The process of global change needed to meet this challenge facing mankind is huge in scope, and the pressure to act is growing by the day. A global climate regime must be in place by the end of 2009. In order to avoid dangerous climate change, from 2015 on, global emissions must start to decline throughout the world. By 2050 the OECD countries must reduce their greenhouse gas emissions by 80%. China will have to contribute by gradually reducing its per capita emissions, even though several hundred million people in China continue to live close to or below the poverty line. And the bad news is that the world is still far away from being on track! On the contrary, global warming is even accelerating: greenhouse gas emissions are growing much faster in the current decade than during the 1980/90s, the carbon intensity of the global economy is increasing and the efficiency of CO_2 sinks

---

9   *Lenton et al.,* Tipping elements in the Earth's climate system (2008).
10 *Wissenschaftlicher Beirat der Bundesregierung Globale Umweltveränderungen,* Climate change as a security risk (2008).
11 *Stern,* The Economics of Climate Change (2006).

on land and oceans in absorbing anthropogenic emissions is declining. "All of these changes characterize a carbon cycle that is generating stronger-than-expected and sooner-than-expected climate forcing."[12] Avoiding dangerous global warming is a task of huge dimensions. And even though this is all common sense, we still have to look far and wide for actors prepared to embark on courses even close to adequate to the dimensions of the challenge. What we see at work here is a repression easily as virulent as what we saw in the years in which the present financial crisis was brewing. People, political systems, and business enterprises seem to find it troublesome to think ahead, or indeed to act on the basis of a long-term perspective. However, what is at stake is perfectly clear: transition from the fossil to the non-fossil world economy – a truly millennial task in the wake of 200 years of natural-resource-driven growth. The necessity of building a world energy system based very largely on renewable resources will prove to be one of the major challenges of the decades to come. That this "third industrial revolution," of which John Schellnhuber of the Potsdam Institute for Climate Impact Research has been speaking for years, is likely to come about on the basis of corporate pledges and self-regulation of the market – that is something that today not even an Alan Greenspan would assert.

Taking these four lessons together, we see clearly that we are faced with a radical, far reaching global transformation. Problems that have been discussed, and just as quickly repressed, for some two decades now may in this way be brought into clearer focus. The question that needs to be answered is what direction efforts to set the stage for this transformation will take – above and beyond the need to stabilize and reorganized the world's financial markets.

Some steps into the right direction

Five steps mark the path to a reshaping of the global order. And I see a special role for Europe – as the largest trading partner of the developing countries, the largest provider of development aid, the key protagonist on climate change, and a region with dense cultural and political networks across all developing regions. As the global development agenda moves rapidly from a national preoccupation to one which requires cross-country collaboration, Europe might be well-placed to bring together its economic, political and also military assets.

First, successful management of the current economic global crisis requires a clear-sighted focus on the welfare of the poorest. In the 1980s, UNICEF in particular pioneered the idea of 'adjustment with a human face'. Thirty years later, we need to focus on the safety nets, welfare programmes, long-term investment in health and education, and employment prospects of the poorest. UK Prime Minister Gordon Brown has recognised this in the UK. The EU should now play a far more visible role in the multilateral development agencies, and it should take the lead by presenting in 2009 a development policy action plan designed to respond to the impacts of the financial crisis in the developing world. For an immediate crisis response it is

---

12 *Canadell et al.*, Contributions to accelerating atmospheric CO_2 growth from economic activity, carbon intensity, and efficiency of natural sinks (2007).

important that multi- and bilateral donors provide quick-disbursing funds and play a countercyclical role by providing credit in areas from which private banks have retreated. Globally, we need to 'manage recession with a human face'.[13]

In practice this means a double guarantee: to individuals that their welfare will be protected by means of social security programmes, and to countries, that help will be provided with the costs of social protection, so that budget deficits and inflation do not spiral out of control. The World Food Programme (WFP) plays a vital role to stabilize social safety nets. Therefore the WFP should be fully funded on a long-term rather than on ad hoc basis. The world showed that it could mobilise on these fronts to tackle the 2008 crisis of rising food prices. It must do so again to tackle next years crisis of failing livelihoods. It follows that aid flows must be not just sustained but increased. Rich countries made ambitious promises at the Gleneagles Summit of the G8 in 2005, and have repeated them many times since, most recently at the EU Council in June 2008, the Hokkaido G8 in July and the Doha Financing for Development Conference in November 2008. But actual delivery is currently 30% below the target for 2010!

Meanwhile, the talk is of cutting aid, not increasing it. Italy, for example, has proposed cuts of up to 56% in its latest budget. The UK so far is holding firm, and Germany is working hard towards its target. Quite right. It would be a bad start for the project of building "a social market economy on a global scale" of which German Chancellor Merkel has spoken if the bailout of the global banking system were to entail budget cuts affecting the poorest 20% of mankind. Those intent on preventing the emergence of further anti-Western resentments should have no trouble understanding the logic of aid.

Beyond this kind of "managing recession with a human face – programme" global development cooperation should focus soon on a key long term issue: investments in agriculture needs to be increased in many developing countries. At the global horizon the problem of competing land use and soil scarcity is emerging, food security might be at stake: the world population increases to around nine billion in 2050, global food production must be raised by 50% during the next two – three decades, bioenergy will gain importance and land-intensive food consumption patterns become ever more widespread – not at least as a result of dynamic economic development in Asia. Against this background, global land-use management will become a key future task if land-related conflicts are to be avoided.[14] The European Union should place this challenge on the global development agenda.

Second, the search for a new globalization must not become the march to anti-globalization. Markets have stumbled, not failed. They need to be managed not mauled. For a generation, trade has grown at twice the rate of economies overall, and this has contributed to poverty reduction on a scale not seen since the Industrial Revolution. But at the same time income inequality has risen too fast and has sometimes reduced the size of benefits to the poor, so better and more progressive tax regimes are needed around the world. Investment in better regulation and better na-

13 *Maxwell / Messner*, A new global order (2009).
14 *Wissenschaftlicher Beirat der Bundesregierung Globale Umweltveränderungen,* Zukunftsfähige Bioenergie und nachhaltige Landnutzung (2008).

tional and global public goods are also needed to reverse recession, and create the possibility of further, shared growth.

Trade liberalization would be of value, but we are realistic about the scope for a successful Doha Development deal, at least in 2009. As others have observed, however, there may be other routes to trade facilitation, not least investment in infrastructure in the poorest countries, to reduce costs. In Uganda, for example, according to Tony Blair's Africa Commission, poor roads are equivalent to an 80% tariff on textile exports.

Regarding the global financial sector a new global institutional framework is needed. It must be based on the ideas of transparency, reliable risk management, long term thinking and investment instead of high risk and short-term speculation, and control mechanisms to cope with the complexity of financial products and processes. Beyond this highly relevant global governance issues public development institutions, particularly from current account surplus countries with excess savings (Germany, but also Japan and China) should increase their capital and co-finance emergency-lending to stabilize safety nets and long-term investments in developing countries. OECD countries should understand that, given the interdependencies between global markets, increases in investments in emerging markets and developing countries are as beneficial to themselves as the envisaged domestic fiscal stimuli on which they are currently concentrated. After recycling global surpluses for the consumption in the US and instead of buying toxic assets, there should be a process of long term investments in clean energy and sustainable agriculture in developing countries with large investment gaps and therefore high returns.[15]

Third, the climate summit set for Copenhagen in late 2009 must not end in failure. The looming recession has led some in the business community and some governments to question the EU's climate targets. Instead, Europe must retain its pioneering role in climate policy, with concrete proposals for what Achim Steiner at the UN Environment Programme has called a Green New Deal.[16] The forces in support of the status quo are considerable. But everyone knows that we have to rebuild our economies anyway. Our short-term oriented financial sectors collapsed and maintaining our fossil-based growth models would result in dangerous climate change within the next generation. Long-term, strategic thinking and decision making are required. That's why the financial crisis is a chance to define now future oriented incentive structures and rules towards a global low carbon economy. We need to fight the impacts of the financial crisis, the recession and climate change simultaneously with significant low carbon investments, innovation initiatives, and eco-efficiency oriented business models. Most of the anti-crisis investment programmes of European governments, formulated at the end of 2008, are disappointing against this background, because they do not link the considerable public investments and growth policies with a clear and long-term perspective to build bridges into a non-fossil era.

A key priority must be the creation of an international carbon market: carbon taxes, a cap-and-trade system, a renewable energy mandate – or some combination of

15   *Wolff*, The Financial Crisis and Developing Countries (2008).
16   *United Nations Environment Programme,* A Global Green New Deal (2009).

all of these. Unambiguous commitments, like those proposed in the UK's new Climate Change Bill, would create the incentives for transformative behavior by businesses and for "green innovators" across the globe. Given that the new US administration is thinking exactly into this direction, a future oriented carbon market could emerge as an interesting arena for a renewed transatlantic partnership and for a global alliance to avoid dangerous climate change.

Large scale public and private investments in renewable energy need to be part of the New Deal. The German Advisory Council on Global Change (WBGU) has proposed setting up an internationally visible "European-Chinese-Indian Research Institute for Efficient Energy Systems" dedicated to jointly training the engineers needed to get on with the task of building a non-fossil global energy system.[17] A climate and energy flagship project of this kind with the two central new powers of the 21st century, open for other actors to join, would serve to underline that the next wave of innovation in the world economy must be based on low-carbon technologies. At the same time, and mindful of the need for a global balance of interests, rich countries should launch an initiative designed to provide significant contributions to reducing the energy poverty presently affecting 2.3 billion people throughout the world.[18]

As another cornerstone of a low carbon transformation strategy the EU should also launch a significant programme designed to develop climate-compatible cities. Over 50% of mankind lives in cities, and the figure is rising. Cities are responsible for 75% of global energy consumption and 80% of energy-related greenhouse gas emissions. By 2020 it would be important for 200 European cities to be able to demonstrate how greenhouse gases can be effectively reduced by 80% by the year 2050. An initiative of this kind would be a major generator of jobs and green innovation. There are already some models. In the south of Shanghai, an ecocity called Dongtan is being built for a population of 80,000; in Abu Dhabi (United Arab Emirates) the renowned British architect Norman Foster plans to build a sustainable city. Until now, nothing comparable exists in Europe or the US.

Let's think positive for a moment. We might see an interesting domino effect during 2009/2010. Imagine the EU moving into the low-carbon direction, improving its future oriented competitive advantages. And imagine the new US-President Obama, translating into political and economic practice what his climate policy advisors has been telling him and the US-audience during the election campaign in 2008, again and again: fighting climate change via innovation is like investing into the next green Silicon Valley. If this dynamic would accelerate we would obviously see a shift of economic strategies towards a low carbon economy in Beijing too. This story is about leadership, vision, and realism – accepting simply the limits of the Earth system.

Fourth, the need for global collective action is an inescapable conclusion of recent events. Efforts towards effective global governance initiatives and processes should be pushed forward. Coordinated action has been essential to prevent financial contagion. As even the former President Bush and Alan Greenspan have recognized, new

---

17 www.wgbu.de
18 *Wissenschaftlicher Beirat der Bundesregierung Globale Umweltveränderungen,* Zukunftsfähige Bioenergie und nachhaltige Landnutzung (2008), p. 305.

initiatives will be needed to buttress the security of financial markets, with new regulatory regimes.

It is important to make sure that developing countries are fully engaged in these discussions. Resentment was already evident about who is or who is not on the invitation list for Washington in November 2008. It cannot be right for all except the richest members of the world community to be presented with a done deal imposed without consent. At the same time, and as the President of the World Bank, Robert Zoellick, has recently observed, there is no time to argue the fine points of who might or might not have a Security Council seat or membership of the G-20. A flexible, network solution is needed, open and participatory, but focused on decision-making. A middle way is needed between the closed shop of the UN Security Council and what has come to look like the talking shop of the WTO.

The EU may have models to offer: the model of Qualified Majority. Voting reflects many painful compromises in EU Councils, but does offer a way of taking different interests into account.[19] Could this be applied in ECOSOC, or even in the General Assembly? Alternatively, is it time to revisit the idea of an Economic Security Council, taking into account the enormous challenges that global poverty, resource scarcity and climate change imply? Could the EU ask people like Kofi Annan, Wangari Maathai, Klaus Töpfer and Rajendra Pachauri to formulate the three or four most pressing institutional reforms of the United Nations, based on all the existing reports on more effective and legitimate multilateral governance, and could Europe mobilize the political power to make real progress in this field? Now, as many decision-makers understand that global problems need global solutions and effective global organizations. And beyond intergovernmental multilateralism it seems obvious, that flexible global governance networks might prove quite effective. If Europe looks around for partners in the climate arena, the new US-President might be an ally (hopefully), it would make sense to try to make NEPAD a strong climate partner, but there are other important actors with significant power resources too: the World Business Council for Sustainable Development, the C-40 Cities, a group of the world's largest cities to tackle climate change, the multitude of "climate and development oriented NGOs" in Europe and worldwide, the World Economic Forum's Global Agenda Councils, with several hundred opinion leaders, or management gurus like Peter Senge[20] and Thomas Friedman[21]. Global Governance is not only about states. Flexible global governance networks could create political momentum.

Fifth, we need to recognize that all these reform initiatives are not at all purely technocratic. Mental maps have to change. The narrow shareholder concept as a role model for the global economy and the power politics idea as a blueprint to organize global politics should be substituted by a set of ideas, compatible with the challenges of the 21st century:

---

19 *Maxwell / Messner*, A new global order (2008).
20 *Senge et al.*, The necessary revolution (2008).
21 *Friedman*, Hot, Flat and Crowded (2008).

- investing in the regeneration of social and natural capital as the foundations of all real wealth,
- accelerating social innovations, adaptation, and learning by nurturing cultural diversity,
- increasing economic efficiency by revolutionizing resource and energy efficiency,
- balancing interests and competition of and between states, economies and individual actors with global governance initiatives characterized by norms like fairness, cooperation, mutual trust and recognition – not in a naïve sense, but understanding that global interdependencies require a new level of international cooperation,
- recognizing that, as the Indian cultural historian Homi Bhabha said, dialogue on an equal footing in a globally interconnected world is possible only if we succeed in comprehending our own national and regional interests and identities as radically incomplete,
- learning that climate change places as on a much large stage in time, because human activities are threatening the Earth's system longer-term climate process itself.

My suggestion is that Europe should move forward this outlined global development agenda. Europe's unity, built over the past generation, sprang from the pain of two wars. We face new sources of pain and enormous new global challenges during the coming years. 2009 is an important year for Europe, with elections to the European Parliament in June and a new Commission taking office in November. The survival or otherwise of the Lisbon Treaty will also be decided. Everyone knows that European partnership is difficult, often even stressful. But the "Building Europe-Strategy" of the last two decades, aimed at integrating the former socialist economies of Eastern Europe into the European Union is no longer enough. Europe needs to define rapidly its role as a responsible global actor. Globalization is at a crossroad – Europe needs to act, not alone, acting with others. Delivering Bretton Woods II – and contributing to build a sustainable globalization.

Das Hohelied von Good Governance in der entwicklungspolitischen Bewährungsprobe

Franz Nuscheler

Der mit dieser Festschrift geehrte Uwe Holtz betonte wiederholt mit der ihm eigenen Emphase, dass Good Governance sowohl als Voraussetzung als auch als eigenständiges Ziel von Entwicklung zu gelten habe. Er konnte sich dabei auf zahlreiche Erklärungen der Vereinten Nationen, der OECD und EU, des BMZ sowie der Weltbank berufen. Der folgende Abschnitt soll zunächst rekonstruieren, wie das Konzept von Good Governance vom Kontrastprogramm zu *Bad Governance* zum allseits akzeptierten entwicklungspolitischen Credo avancierte. Uwe Holtz leitete aus seinem Prinzipienkatalog das folgende neunte Millennium-Entwicklungsziel (MDG) ab und stellte der Forderung des von Jeffrey Sachs propagierten Millennium-Projekts, die Afrika-Hilfe zu verdoppeln, die Bedingung voran:

„Diktaturen überwinden und Demokratien stärken. Bis 2015 die Zahl der undemokratischen und menschenrechtsverletzenden Regime halbieren."[1]

Es zeichnet sich aber bereits ab, dass bis 2015 weder die acht schon proklamierten MDGs erreicht werden noch das von Uwe Holtz eingeforderte neunte Ziel eine Realisierungschance erhält. Die Weltwirtschaftskrise verschlechterte die Erfolgschancen zusätzlich und könnte den vom New Yorker *Freedom House* befürchteten „*retreat of democracy"* beschleunigen. Das Plädoyer von Uwe Holtz bleibt dennoch gebieterisch.

I. Entwicklungsgeschichte eines entwicklungspolitischen Credos

Das zum universellen Leitbild von Entwicklung fördernder Staatlichkeit avancierte Konzept von Good Governance hat eine längere Vorgeschichte, die auf negative Erfahrungen mit *Bad Governance* im subsaharischen Afrika zurückgeführt werden kann. Die Erfindung von Good Governance war eine Reaktion auf das dort besonders ausgeprägte Markt- und Staatsversagen.

Es war die Weltbank, die nach ihrer langjährigen Befangenheit in der Orthodoxie der neoklassischen Wirtschaftstheorie Erkenntnisse der Institutionenökonomik aufgriff, sich zu deren Credo „*Policy matters"* durchrang und den Governance-Begriff in die entwicklungspolitische Diskussion einführte. Sie profilierte sich wieder ein-

---

1 *Holtz*, Die Zahl undemokratischer Länder halbieren!, in: Nuscheler, S. 132 ff.

mal als *agenda setting agency* für die gesamte Gebergemeinschaft.[2] Sie war die Geburtshelferin des von den Sozial- und Verwaltungswissenschaften weiter elaborieten Governance-Paradigmas und leistete einen wesentlichen Beitrag, dass Governance in der normativen Erweiterung zu Good Governance in der welt- und entwicklungspolitischen Umbruchphase nach dem Ende des Kalten Krieges zu einem zentralen entwicklungspolitischen Reformkonzept avancierte.[3]

Als Geburtsurkunde von Good Governance gilt die von der Weltbank im weltpolitischen Wendejahr 1989 veröffentlichte Studie *„Sub-Sahara Africa. From Crisis to Sustainable Growth"*, die auch dafür sorgte, dass das subsaharische Afrika in den regionalen Mittelpunkt der Krisendiagnose rückte. Allerdings wird häufig übersehen, dass diese Geburtsurkunde das normative Prädikat *„good"* nicht ohne Grund nur beiläufig im Vorwort des Präsidenten erwähnte. Der Bonner Völkerrechtler Rudolf Dolzer entdeckte dagegen in dem 1992 veröffentlichten Grundsatzpapier zu *„Governance and Development"* die „Wiege des neuen Denkens in den Bahnen der Good Governance".[4] Aber auch jetzt sorgte das im Statut der Weltbank (*Articles of Agreement*) verankerte „Politikverbot" dafür, dass sie die politische Dimension von Good Governance, die mit Demokratie und Menschenrechten zu tun hat, weiterhin dem Primat ökonomischer und administrativer Effizienzgesichtspunkte nach- und unterordnete.[5]

I.1. Die afrikanische „Crisis of Governance"

Die Weltbank lastete in ihrer Diagnose der afrikanischen Misere Fehlentwicklungen, die Afrika im internationalen Vergleich zurückwarfen, aber auch das Scheitern vieler ihrer eigenen kostenintensiven Großprojekte, vor allem einer *„crisis of governance"* bzw. einer *„poor governance"* an. Sie erschwerte damit nicht nur den afrikanischen Regierungen den schon notorischen Versuch, die Ursachen der Misere den Hypotheken des Kolonialismus und „neokolonialen" weltwirtschaftlichen Benachteiligungen anzulasten, sondern entlastete auch sich und die westliche Gebergemeinschaft vom Vorwurf, für die Misere mitverantwortlich zu sein. Die Weltbank betonte die folgenden Erscheinungsweisen von *Bad Governance*:

- ein unzuverlässiges Rechtssystem, das sowohl Individuen als auch in- und ausländischen Unternehmen keine Rechts- und Investitionssicherheit gewährte;
- ein schwaches öffentliches Management, das die Umsetzung von Entwicklungsstrategien und die zielgerichtete Verwendung externer Subsidien erschwerte;
- die ungenügende Bindung des Regierungs- und Verwaltungshandelns an Gesetze und die nur selten durch gewählte Parlamente und unabhängige Gerichte erzwungene Verantwortlichkeit der Regierenden für ihr Tun oder Lassen;

---

2 *Fuster*, Die „Good Governance" Diskussion der Jahre 1989 bis 1994 (1998).
3 *König et al.*, Governance als entwicklungs- und transformationspolitisches Konzept (2002).
4 *Dolzer / Herdegen / Vogel (Hrsg.)*, Good Governance (2007), S. 18.
5 *Theobald*, Governance in der Perzeption der Weltbank, in: König, S. 78.

- die mangelnde Transparenz bei der Verwaltung und Verwendung öffentlicher Mittel und externer Subsidien, die in Einzelfällen bis zu zwei Drittel der öffentlichen Investitionen finanzierten;
- das Rentendenken (*Rent Seeking*) von Eliten und vor allem die aller Orten wie ein Krebsgeschwür wuchernde und lähmende Korruption. Hier wird der Einfluss der Neuen Institutionenökonomik auf das ordnungspolitische Denken der Weltbank besonders deutlich, weil *Rent Seeking* und Korruption die Leistungsfähigkeit öffentlicher Institutionen schwächen.

Die Weltbank versteckte sich zwar weiterhin hinter ihrem Statut, das sie zur politischen Neutralität verpflichtet, aber ihre aus dem Syndrom von *Bad Governance* abgeleiteten Reformforderungen umrissen doch den normativen Kernbestand von Good Governance, der auch in den Indikatoren ihres *Governance Matters Index* auftaucht. *Governance Matters* und *Policy Matters*: Dies sind Schlüsselbegriffe des Neuen Institutionalismus, dem ihr langjähriger Chefökonom und späterer Nobelpreisträger Joseph Stiglitz zum Durchbruch gegen die hartgesottenen Monetaristen aus der „Chicago-Schule" von Milton Friedman verhalf.

Der *Governance Matters Index* bewertet die folgenden Tugenden der politisch-administrativen Systeme:

- den Aufbau von Rechtsstaatlichkeit (*rule of law*), dem die Weltbank – dann wieder und ausführlich begründet im *Weltentwicklungsbericht 1997* – höchstes Gewicht einräumt, weil für sie – ganz im Einklang mit der Institutionenökonomik – die Rechtssicherheit für Investoren und gesicherte Eigentumsrechte für die wirtschaftliche Entwicklung eine vorrangige Bedeutung haben;
- den Aufbau von funktionierenden Verwaltungsstrukturen zum verbesserten Management des öffentlichen Sektors;
- die Transparenz des Regierungs- und Verwaltungshandelns, besonders bei der Verwendung von eigenen und externen Finanzressourcen, die auch eine unabhängige Rechnungsprüfung erfordern;
- die Verantwortlichkeit („*accountability*") der Regierenden gegenüber den Regierten und ihren gewählten Repräsentanten;
- die Bekämpfung der Korruption als besonders schwergewichtiges Systemelement von *Bad Governance*, dem der Weltbank-Präsident James D. Wolfensohn später eine besondere Prominenz verlieh, so dass die Korruptionsbekämpfung neben und zusammen mit der *rule of law* zur Metapher für Good Governance wurde;
- die Respektierung der grundlegenden und im Völkerrecht verankerten politischen und sozialen Menschenrechte.

Diese Verknüpfung von Good Governance mit menschenrechtlichen Postulaten und die mögliche Konditionierung von Krediten beschäftigten häufig die Rechtsabteilung der Weltbank. Es ist fast amüsant, ihre argumentativen Verrenkungen zu verfolgen. Der interne Konflikt spitzte sich bei der Frage zu, ob die Weltbank Forderungen nach demokratischen Reformen erheben darf oder Good Governance auf Verbesserungen des ökonomischen und finanziellen Managements beschränken soll.[6]

Es ist jedoch höchst widersprüchlich, die Verantwortlichkeit der Regierenden, *rule of law* und die Respektierung der Menschenrechte zu fordern, ohne die politische Systemfrage zu stellen. Das Statut diente der Führungsetage der Weltbank auch als Ausrede, Good Governance mit politischen Normen aufzufüllen und sich auf ideologische Konflikte mit politischen Regimen einzulassen, in denen ein autokratischer „starker Staat" für Wirtschaftswachstum und politische Stabilität sorgte. Das *„East Asian Miracle"* belegte ein gutes Public Management, aber nur eine begrenzte Rechtsstaatlichkeit und noch weniger Demokratie.

Der Widerspruch wird noch offensichtlicher, wenn man die von der Weltbank verfolgte makro-ökonomische Strukturanpassungspolitik ideologiekritisch analysiert. Die mit Sanktionsandrohungen munitionierten Forderungen nach marktwirtschaftlichen Strukturreformen, nach der Deregulierung des Wirtschaftslebens und Privatisierung von Unternehmen waren höchst politisch und griffen tief in das politische Innenleben von politischen Regimen ein. Die Aussage, dass die Weltbank mit der Aufdeckung der *„crisis of governance"* politischer geworden sei,[7] suggeriert, dass sie jemals unpolitisch gewesen sei.

I.2. Die normative Profilierung von Good Governance

Es bedurfte auch noch einiger qualitativer Nachbesserungen, damit ein „neues Leitbild der Staatlichkeit" entstehen konnte, das aufbaut auf „funktionsfähigen staatlichen Institutionen, auf dem Respekt vor den Menschenrechten, auf der Betonung der Rechtsstaatlichkeit, auf wirtschaftlicher Vernunft in der Politik und auf der Notwendigkeit der Partizipation aller Schichten und des sozialen Ausgleichs und des Friedens".[8] Die Weltbank errichtete allenfalls den Rohbau dieses neuen Leitbildes. Die Innenausstattung lieferten andere internationale Organisationen nach.

Eine programmatische Vorreiterrolle spielte dabei der DAC (das *Development Assistance Committee* der OECD), in dem sich die wichtigsten bilateralen Geberländer zusammenschlossen und zumindest eine Koordination ihrer entwicklungspolitischen Aktivitäten versuchten. Dieser DAC verabschiedete Ende 1993 die *„Orientations on Participatory Development and Good Governance"*. Diese Orientierungen griffen zunächst auf die bereits von der Weltbank definierten Kernelemente zurück: also auf *rule of law*, verbessertes *Public Sector Management* und Korruptionskontrolle. Diesen Kernelementen fügte der DAC vier hochpolitische Forderungen hinzu:

- partizipative Entwicklung,
- Respektierung der Menschenrechte,
- Demokratisierung,
- Verringerung übermäßiger Militärausgaben.

---

6 *Theobald*, Governance in der Perzeption der Weltbank, in: König, S. 61 ff.
7 *Adam*, Die Entstehung des Governance-Konzepts bei Weltbank und UN (2000).
8 *Dolzer / Herdegen / Vogel (Hrsg.)*, Good Governance (2007), S. 13.

Die nationalen Entwicklungsbehörden rückten dieses vom DAC mit politischen Zielsetzungen angereicherte Leitbild von Good Governance in den Mittelpunkt ihrer Programmatik. Das BMZ goss die Vorgaben des DAC in einen nur wenig veränderten Prinzipienkatalog, der bis heute in allen amtlichen Erklärungen zu finden ist. Diese sogenannten „*Spranger-Duftmarken*" änderten ihren Namen, aber nicht ihren Inhalt. Damals war Uwe Holtz Vorsitzender des Ausschusses für wirtschaftliche Zusammenarbeit und Entwicklung (AwZ) und als solcher in den entwicklungspolitischen Entscheidungsprozess eingebunden.

Zur Jahrhundertwende bekräftigten mehrere internationale Vereinbarungen die Bedeutung von Good Governance für die gesamtgesellschaftliche und nachhaltige Entwicklung. Unter ihnen gewann die vor großer Besetzung aus allen Weltregionen im Jahr 2000 in New York unterzeichnete *Millennium-Erklärung* eine besondere Bedeutung. Ihr Kapitel über „*Menschenrechte, Demokratie und Good Governance*" betonte die zentrale Bedeutung dieser Werte auch für die Verwirklichung der MDGs. Der damalige UN-Generalsekretär Kofi Annan räumte in seinem programmatischen Bericht zum Millennium + 5-Gipfel (2005) unter dem Titel „*In Larger Freedom*" einer stabilen Demokratie einen ebenso hohen Stellenwert wie der Friedenssicherung ein. Diese Gewichtung ist bemerkenswert, weil die Friedenssicherung die von der UN-Charta definierte Hauptaufgabe der Vereinten Nationen bildet.

Noch einmal bekräftigte das Abschlussdokument der von den Vereinten Nationen im Jahr 2002 im mexikanischen Monterrey veranstalteten zweiten Weltkonferenz zur Entwicklungsfinanzierung (*Financing for Development*), was inzwischen schon viele Konferenzbeschlüsse und Festreden gewichtiger Repräsentanten der Staatengemeinschaft bekundeten. „*Good Governance ist entscheidend für nachhaltige Entwicklung.*" Aber die Wiederholung solcher Aussagen hatte inzwischen eher einen kontraproduktiven Effekt, weil sie auch Autokraten und Kleptokraten unterschreiben konnten, ohne befürchten zu müssen, zur Rechenschaft gezogen zu werden. Dieser Widerspruch zwischen wohlfeiler Rhetorik und dem praktischen Handeln trug nicht unerheblich zur Legitimationskrise der Entwicklungspolitik bei.

I.3. Gemeinsamkeiten und Unterschiede im Good Governance-Diskurs

Zusammenfassend kann man beim Begriff Good Governance die folgenden unterschiedlichen Akzentsetzungen erkennen:

- Die Weltbank betont die Managementqualitäten der Regierungen, mit knappen ökonomischen, ökologischen und sozialen Ressourcen effizient und transparent umzugehen.
- Für UNDP sind die folgenden politischen Qualitäten für Good Governance entscheidend: die Rechenschaftspflicht der Regierungen gegenüber den Regierten („*accountability*"), freie Wahlen, *Empowerment*, Dezentralisierung der Verwaltungsstrukturen sowie die Transparenz bei der Verwendung öffentlicher Mittel.

- Die EU stellte rechtsstaatliche und demokratische Strukturen, den Schutz der Menschenrechte und den Kampf gegen die Korruption in den Vordergrund.[9] Diese Schwerpunkte, die schon im Cotonou-Vertragswerk kodifiziert worden waren, unterstrich die EU-Kommission noch einmal in ihrer 2003 veröffentlichten Mitteilung zu *Governance and Development* und im 2005 verabschiedeten *Europäischen Konsens* über die Prinzipien der Entwicklungspolitik.

Allen Konzepten gemeinsam sind die Prinzipien Verantwortlichkeit, Transparenz und Partizipation. Besonders beredt konnte der ehemalige UN-Generalsekretär Kofi Annan über die Bedingung von Good Governance für Entwicklung reden und schreiben. Er schrieb bzw. ließ in einem Beitrag für den *African Governance Report* von 2005 unter dem Titel *„Striving for Good Governance in Africa"* das Folgende schreiben:

> „Gute Regierungsführung und nachhaltige Entwicklung lassen sich nicht trennen. Das ist die Lehre aus all unseren Bemühungen und Erfahrungen von Afrika über Asien und Lateinamerika. Ohne gute Regierungsführung – ohne Rechtsstaatlichkeit, verlässliches Regierungshandeln, legitimierte Machtausübung und bürgernahe Regelsetzung – werden uns alle Gelder und alle Wohltätigkeit dieser Welt nicht auf den Weg zum Wohlstand bringen."

Das ist die gehaltvollste Übersetzung von Good Governance, zumal aus der Feder des ehemaligen höchsten Repräsentanten der Staatengemeinschaft. Ebenso wichtig war, dass er aus Afrika (Ghana) stammte und deshalb von afrikanischen Regenten nicht so leicht beschuldigt werden konnte, die Rolle eines Büttels des Westens zu spielen. Nicht minder glaubwürdig hatte der ehemalige tansanische Präsident Julius Nyerere die Korruptionspraktiken vieler seiner Amtskollegen angeklagt und in dem nach ihm benannten und von der *Stiftung Entwicklung und Frieden* (SEF) veröffentlichten Bericht der Süd-Kommission von 1990 betont, dass eine verantwortliche Regierungsführung die Voraussetzung für Entwicklung bilde und ein unbedingtes Muss von Demokratie darstelle.[10] Es gibt heute nur wenige afrikanische Führungsfiguren vom Format eines Julius Nyerere, Nelson Mandela oder Kofi Annan.

II. Das entwicklungspolitische Ceterum Censeo von Uwe Holtz

Der mit dieser Festschrift geehrte Laureat übte scharfe Kritik, dass zwar die *Millennium-Erklärung* den Zielen von Demokratie und Good Governance einen unverzichtbaren Stellenwert als institutionelle Voraussetzungen von Entwicklung einräumte, aber ihre Verdichtung und Verkürzung in den acht MDGs auf demokratiepolitische Forderungen verzichtete – wohl auf Druck der Staatenmehrheit in den Vereinten Nationen, die aus dem Good Governance-Postulat ableitbare politische Konditionalitäten befürchtete, wie sie der mit heftigen Kontroversen ausgehandelte Cotonou-

---

9 *Conzelmann*, Auf der Suche nach einem Phänomen (2003).
10 *Stiftung Entwicklung und Frieden*, Die Herausforderung des Südens (1990).

Vertrag zwischen der EU und den AKP-Staaten nicht ausschloss.

Uwe Holtz setzte diesem politisch gewollten blinden Flecken in den acht MDGs sein Credo entgegen:

> „Demokratie, Menschenrechte und Good Governance sind für die Realisierung der MDGs von großer Bedeutung."[11]

Um diesem Credo Nachdruck zu verleihen, plädierte er für eine Ergänzung des MDG-Katalogs mit dem eingangs bereits zitierten neunten Gebot: *„Diktaturen überwinden und Demokratie stärken."* Er erweiterte die zentrale Zielvorgabe der MDGs, bis 2015 die Quote der extrem Armen mit einem Pro-Kopf-Einkommen von unter 1 US-Dollar pro Tag zu halbieren, mit der politischen Zielvorgabe, bis 2015 die Zahl der undemokratisch und Menschenrechte verletzenden Regime zu halbieren. Einmal abgesehen von der Unwahrscheinlichkeit, dass sich die Staatenmehrheit in UN-Gremien auf diese Forderung einlassen wird, stehen diesem Plädoyer nicht nur solche diplomatischen Widerstände und Auswirkungen der aktuellen Weltwirtschaftskrise, sondern auch entwicklungsstrategische Prioritätenverschiebungen angesichts der wachsenden Zahl von kollabierenden Staatsgebilden entgegen.

Die Erfahrung lehrt auch: Sicherheitspolitische Interessen bewegen die Gebergemeinschaft mehr als die ordnungspolitischen Zielsetzungen von Good Governance, zumal im weltweiten „Krieg gegen den Terror", der die Menschenrechte auf dem Altar von Sicherheitsinteressen opferte und die Kooperation mit Diktaturen rechtfertigte.

II.1. *Afrikanische Schwüre und Rückfälle in Bad Governance*

Es ist bemerkenswert, dass auch die afrikanischen Adressaten der *Bad Governance*-Schelte in das Hohelied auf Good Governance einstimmten. Die im Juli 2003 in Maputo veranstaltete Versammlung der Afrikanischen Union erklärte in einer konsensualen Resolution, dass sie *„die Bedeutung und Rolle von Demokratie und Good Governance für die ökonomische und soziale Entwicklung"* unterstreiche. Der Verdacht drängt sich auf, dass sich mancher afrikanische Autokrat durch die Unterschrift unter solche Resolutionen einen politischen Ablass und außerdem das Wohlwollen externer Geldgeber zu besorgen oder zu erhalten versuchte. Mancher Kleptokrat unter den 39 Signaturstaaten unterschrieb auch die Einsicht, *„dass die Korruption die Verantwortlichkeit und Transparenz in der öffentlichen Verwaltung genauso unterminiert wie die sozio-ökonomische Entwicklung auf dem Kontinent".*

Dass die UN-Konvention zur Korruptionsbekämpfung (UNCAC) Ende 2006 in Kraft treten konnte, war möglich geworden, weil sie auch von 20 afrikanischen Staaten ratifiziert worden war. Solche Ratifikationen bewirken jedoch wenig, wenn sie nicht gleichzeitig wirksame Überwachungs- und Implementationsmechanismen beschließen. Das Bekenntnis von Maputo hielt die afrikanischen AKP-Staaten auch

---

11   *Holtz,* Die Zahl undemokratischer Länder halbieren!, in: Nuscheler, S. 125.

nicht davon ab, die Verhandlungen über das Cotonou-Abkommen mit der EU beinahe scheitern zu lassen, weil sie den folgenden Passus in Art. 9 Abs. 3 und die aus ihm ableitbaren Sanktionen bei Zuwiderhandeln nicht akzeptieren wollten:

> „In einem politischen und institutionellen Umfeld, in dem die Menschenrechte, die demokratischen Grundsätze und das Rechtsstaatlichkeitsprinzip geachtet werden, ist verantwortungsvolle Staatsführung (d.h. Good Governance) die transparente und verantwortungsbewusste Verwaltung der menschlichen, natürlichen, wirtschaftlichen und finanziellen Ressourcen und ihr Einsatz für eine ausgewogene und nachhaltige Entwicklung. Sie beinhaltet klare Verfahren der Beschlussfassung für die Behörden, transparente und verantwortungsvolle Institutionen, den Vorrang des Gesetztes bei der Verwaltung und Verteilung der Ressourcen und Qualifizierung zur Ausarbeitung und Durchführung von Maßnahmen insbesondere zur Verhinderung und Bekämpfung der Korruption."

Dieser Vertragspassus enthielt gewissermaßen das völkerrechtliche Einmaleins von Good Governance. Aber auch solche Vertragswerke konnten Rückfälle in *Bad Governance* nicht verhindern. Dies gelang auch nicht dem von NEPAD (*Neue Partnerschaft für Afrikas Entwicklung*) eingerichteten *African Peer Review Mechanism* (APRM), der durch gegenseitige Beobachtung und Evaluierung das verantwortliche Regierungshandeln und gute Wirtschafts- und Finanzpolitik fördern sollte. Der Ansatz des APRM ist wichtig und innovativ, weil er – durchaus vergleichbar mit Begutachtungsverfahren innerhalb der EU – auch bei Zeugnissen für Good Governance auf *Ownership* (d.h. Selbstverantwortung) setzt.

Der Tatbestand, dass sich fast die Hälfte der Staaten der innerafrikanischen Überprüfung nicht stellte, lässt darauf schließen, dass sie ihre Good Governance-Leistungsbilanz selbst nicht gut einschätzen. Dann allerdings können auch Verpflichtungen in völkerrechtlichen Verträgen oder konsensuale Resolutionen der *African Union* wenig bewirken. Hier hat die Rhetorik eine Exkulpationsfunktion. Auch notorische Kleptokraten stimmen auf internationalen Konferenzen in die Kritik an der Korruption ein – und deponieren anschließend ihre geraubten Reichtümer auf Schweizer Nummernkonten. Der Umgang der afrikanischen Präsidenten mit dem Despoten Robert Mugabe illustriert, welchen geringen Wert die wohlfeilen Bekenntnisse zu Good Governance im politischen Geschäft haben.

Im Frühsommer 2008 startete das Hamburger GIGA (*German Institute of Global and Area Studies*) ein neues Forschungsprojekt, das mit dem herausfordernden Titel *„Good Governance allein reicht nicht"* überschrieben wurde. Die Afrika-Forscher des GIGA stellten auch fest, dass „autoritäre Regime in Afrika wieder an Boden gewinnen".[12] Zwar hat sich nach den Messkriterien des New Yorker *Freedom House* seit Mitte der 1980er Jahre die Zahl der „unfreien" autoritären Regime in Gestalt von Militär- und Einparteiregimen von 31 auf 14 mehr als halbiert und ist die Zahl der „freien" Demokratien unter internationalem Druck und einer wacheren und besser organisierten Zivilgesellschaft von zwei auf elf angewachsen, aber gleichzeitig vermehrte sich die Zahl von sogenannten „hybriden Regimen" mit stark autokratischen Systemelementen, selbst wenn sie mehr oder weniger freie Wahlen veranstal-

---

12 *Erdmann / von Soest*, Diktatur in Afrika (2008), S. 1.

ten, von 13 auf 23. Das *Freedom House* klassifiziert sie sehr grob als „teilweise frei", weil bei ihm die Veranstaltung von Wahlen und die Tolerierung von Oppositionsparteien im quantifizierenden Messverfahren einen hohen Stellenwert besitzen.

Im Status-Index des *Bertelsmann Transformation Index* (BTI), der Fortschritte oder Rückschritte auf dem Weg zur marktwirtschaftlich organisierten Demokratie mit einem ausdifferenzierten Indikatorenkatalog zu erfassen versucht, gibt es einige wenige Vorzeigeländer, aber weit mehr afrikanische Länder im Schlussdrittel des internationalen Ländervergleichs. Der Index weist zwar 76 Länder als „Demokratien", aber noch 52 Länder als „Autokratien" aus, wobei die Grenzen zwischen diesen beiden Regimetypen nur mittels statistischer Mittelwerte gezogen werden.

Die Afrika-Forscher des GIGA gingen zwar optimistisch davon aus, dass vermehrten Rückfällen in den Autoritarismus gestärkte Zivilgesellschaften und der Erfolg einzelner Demokratien entgegenwirken könnten, aber dieser begrenzte Optimismus beruhte auf Beobachtungen, die vor dem Einbruch der Weltwirtschaftskrise gemacht wurde, deren Auswirkungen sich erst allmählich abzeichnen.

II.2. Die durch die Weltwirtschaftskrise verschärfte Krise des MDG-Projekts mit politischen Auswirkungen

Das Plädoyer von Uwe Holtz für ein neuntes Gebot im MDG-Zielkatalog erhält angesichts der empirisch hinreichend belegten Tatsache, dass acht von zehn Afrikanerinnen und Afrikanern unter *Bad Governance* zu leiden haben, d.h. unter schlechter Regierungsführung, Korruption, Misswirtschaft und mehr oder weniger schweren Verletzungen der politischen und sozialen Menschenrechte, natürlich eine große moralische Überzeugungskraft. Aber seine politische Zielvorgabe wird noch schwerer verwirklicht werden können als die sozialen Zielvorgaben der acht MDGs.

Dieses entwicklungspolitische Großprojekt der Staatengemeinschaft war nach Erkenntnissen internationaler Organisationen schon vor dem Einbruch der Weltwirtschaftskrise in die Krise geraten[13] und wird nun seine Ziele noch weniger erreichen können. Die Chance der Stabilisierung von Demokratien hängt auch von ihrer Fähigkeit ab, die elementaren Überlebensprobleme der Bevölkerungsmehrheiten zu meistern.

Viele Entwicklungsländer haben unter einer negativen Kumulation von sinkenden Deviseneinerlösen im Gefolge dramatisch gesunkener Rohstoffpreise, die nur teilweise durch längerfristige Warentermingeschäfte abgefedert werden, verringerten Geldtransfers (*Remittances*) ihrer Arbeitsmigrantinnen und -migranten, stagnierenden ODA-Leistungen, stark reduzierten bis völlig ausbleibenden Privatinvestitionen und Bankkrediten sowie wachsenden Schuldenbergen zu leiden. Die Weltwirtschaftskrise wirft besonders die ärmsten Länder beim Versuch zurück, die MDGs zu erreichen, weil ihnen auch das von Dambisa Moyo angeratene Rezept, sich auf dem Kapitalmarkt Geld zu besorgen,[14] verwehrt bleibt.

Die Weltwirtschaftskrise hat aber nicht nur diese ökonomischen und sozialen Kri-

---

13 *Martens / Debiel*, Das MDG-Projekt in der Krise (2008).
14 *Moyo*, Dead Aid (2009).

seneffekte, sondern auch tiefgreifende politische Folgen, die das von Uwe Holtz postulierte neunte MDG gefährden. Die Weltbank warnt seit März 2009 wiederholt und mit einer dramatisierenden Wortwahl vor überforderten Regierungen, kollabierenden Staatswesen und drohenden Unruhen. Paul Collier, der auf Afrika spezialisierte Oxford-Ökonom und Autor des entwicklungspolitischen Bestsellers „*Die unterste Milliarde*", sieht in einer „Krise der Gesinnung" sogar die nachhaltigste Auswirkung der Krisenerscheinungen des globalen Kapitalismus auf die weltpolitische Peripherie:

> „Es steht nun zu befürchten, dass die korrupten Führungseliten (...) die derzeitige Wirtschaftskrise zum Anlass nehmen werden, Hände reibend das alte System der Vetternwirtschaft und Korruption wieder einzuführen."[15]

Es ist zu befürchten, dass sich Afrika nicht so schnell von der Wirtschaftskrise erholen kann und damit auch der Demokratisierungsprozess ein Krisenopfer werden könnte. Der wachsende Einfluss von China erhöhte außerdem die Attraktivität autokratischer Herrschaftsformen und planwirtschaftlicher Rettungsversuche. In der Tat: *„Good Governance allein reicht nicht."* Good Governance mag eine Voraussetzung für Entwicklung sein, aber ohne Entwicklung sinken ihre Realisierungschancen.

III. Abschied von Good Governance in den fragilen Staaten

Etwa die Hälfte der internationalen Afrika-Hilfe ging in Staaten, in denen Kriege und Zerfallserscheinungen der öffentlichen Ordnung die Effekte vieler Projekte wieder zunichte machten. Eine wirksame Entwicklungszusammenarbeit wird in rund zwei Dutzend Staaten, in denen staatliche Institutionen paralysiert oder sogar zusammengebrochen sind, erheblich erschwert oder sogar blockiert. Gleichzeitig sind diese virtuellen Staatsgebilde eine besondere Herausforderung für das Millennium-Projekt, weil in ihnen nach einer Analyse der britischen Entwicklungsbehörde das Pro-Kopf-Einkommen nur knapp die Hälfte im Vergleich zu anderen armen Ländern erreicht, die Kindersterblichkeit doppelt und die Müttersterblichkeit dreimal so hoch und ein Drittel der Bevölkerung unterernährt ist.[16]

Die westliche Gebergemeinschaft ging seit Beginn der 1990er Jahre davon aus, dass Good Governance eine notwendige Voraussetzung für wirtschaftliche und soziale Entwicklung sei. Deshalb wurden *„good performers"* bei der Mittelvergabe bevorzugt und die fragilen Staaten mit schwachen Verwaltungs- und Rechtsstrukturen zu „vergessenen Staaten".[17] Das von der Bush-Administration gestartete Programm des *„Millennium Challenge Account"* (MCC) leistete nur noch Hilfe an Länder, die drei Minimalstandards erfüllten: Herrschaft des Rechts, Marktorientierung und Engagement für das Bildungs- und Gesundheitswesen. Hier fand ein vom US-

---

15 Frankfurter Rundschau vom 14.10.2008.
16 *Department for International Development,* Why We Need to Work More Effectively in Fragile States (2005).
17 *Levin / Dollar,* The Forgotten States (2005).

State Department gesteuerter Wandel von der Bedarfs- zur Anreizorientierung statt.

Mit dem Start des Millennium-Projekts realisierte aber auch die Weltbank, dass sie die von ihr sogenannten *„Low Income Countries Under Stress"* (LICUS) nicht länger sich selbst überlassen kann, obwohl sie in ihnen weiterhin Voraussetzungen für eine wirksame Zusammenarbeit vermisste. Die Terroranschläge vom 9. September 2001 veränderten dann schlagartig das Verhalten gegenüber diesen LICUS, weil sie in Verdacht gerieten, Brutstätten des internationalen Terrorismus zu sein. Es flossen wieder erhebliche Mittel. Dies war auch möglich, weil nun nicht mehr Good Governance zur Bedingung gemacht wurde, sondern die Wiederherstellung oder Stabilisierung von Staatlichkeit, also *„state building"*, zum entwicklungspolitischen Ziel erklärt wurde. Hier bekam auch die früher von NGOs heftig gescholtene Rüstungshilfe eine neue Rechtfertigung, weil Sicherheitskräfte zur Sicherung oder Wiederherstellung des staatlichen Gewaltmonopols Waffen und andere Geräte brauchen.

Unter der Herausforderung erodierender oder gar kollabierender Staatlichkeit wurde notgedrungen und schleichend Abschied vom Good Governance-Paradigma genommen.[18] Dies war auch der strategische Denkansatz von Francis Fukuyama, der nach dem Ende des Kalten Krieges schon das „Ende der Geschichte" gekommen sah. Für ihn waren nun der Aufbau und die Stärkung öffentlicher Institutionen strategisch wichtiger als die Fokussierung auf Dienstleistungen oder den Ausbau der materiellen Infrastruktur.[19]

Das Problem der strukturellen Stabilisierung fragiler Staatsgebilde, denen es fast an allen Qualitäten moderner Staatlichkeit mangelt, kann exemplarisch am Fall von Afghanistan aufgezeigt werden. Hier gelingt es auch einer multinationalen Eingreiftruppe mit einem hohen Einsatz von zivil-militärischen Operationen allenfalls ansatzweise, Provinzen zu befrieden und den Einfluss regionaler Kriegsfürsten (*warlords*) einzudämmen. Hier geht es noch lange nicht um Good Governance oder *„Nation building"*, sondern um die Befriedung und das Zusammenhalten von ethnisch versäulten Teilherrschaften unter dem sehr brüchigen Dach eines Zentralstaates. Das von den Modernisierungstheorien vererbte und an einer „Weltkultur der Nationalstaaten" orientierte Konzept des *Nation building* setzt die Existenz oder den Aufbau einer funktionierenden Staatlichkeit voraus, ohne die Good Governance keinen tragfähigen institutionellen Unterbau hat.[20]

Allerdings verlangt das mittel- und langfristige Ziel einer strukturellen Stabilisierung fragiler Staatswesen mehr als die Wiederherstellung des staatlichen Gewaltmonopols, nach einer Zieldefinition des DAC die *„sich gegenseitig verstärkenden Ziele des sozialen Friedens, der Achtung der Rechtsstaatlichkeit und der Menschenrechte sowie soziale und ökonomische Entwicklung, welche durch dynamische und repräsentative politische Institutionen unterstützt werden, die wiederum fähig sind, den Wandel zu managen und Konflikte ohne Gewalt zu lösen"*[21] – also doch Schritte zu Good Governance.

---

18   *Debiel / Lambach / Reinhardt*, „Stay Engaged" statt „Let Them Fail" (2007).
19   *Fukuyama*, Staaten bauen (2006).
20   *Hippler (Hrsg.)*, Nation-Building (2003).
21   *Development Assistance Committee*, Development Co-operation Reviews European Community (1998).

Inzwischen gibt es notgedrungen viele Bemühungen, auch das praktisch-operative Problem zu lösen, wie die Entwicklungszusammenarbeit unter den Bedingungen fragiler Staatlichkeit gestaltet werden sollte. Die britische Entwicklungsbehörde DIFD legte einen Operationsplan[22] vor und die Schweizer Direktion für Entwicklung und Zusammenarbeit (DEZA) veröffentlichte ein Handbuch zum *„Konfliktsensitiven Programm-Management"* (KSPM). Das BMZ erarbeitete mit dem Konzept *„Entwicklungsorientierte Transformation bei fragiler Staatlichkeit und schlechter Regierungsführung"* Eckpunkte für den Umgang mit fragilen Staaten.[23] Die GTZ legte Ende 2008, unterstützt mit wissenschaftlicher Expertise aus dem Duisburger INEF, die Studie *„Staatsentwicklung im Kontext fragiler Staatlichkeit und schlechter Regierungsführung"* vor, die Lernerfahrungen aus der deutschen Entwicklungszusammenarbeit zu ziehen und für sie zu entwickeln versuchte. Denn dies ist gewiss: Good Governance predigen ist nicht genug! Die fragilen Staaten sich selbst überlassen, verbietet nicht nur die sicherheitspolitische Vernunft, sondern auch das humanitäre Gebot der Nothilfe. Also: *„Stay Engaged"* statt *„Let Them Fail"*.[24]

Angesichts der Verwerfungen in fragilen Staaten müssen entwicklungspolitische Therapieversuche der folgenden Sequenz folgen: Wiederherstellung und Stabilisierung der Staatlichkeit – rechtsstaatliche Bändigung des staatlichen Gewaltmonopols – Demokratisierung. Denn dies lehrt die Erfahrung: Ohne Sicherheit und inneren Frieden in einem einigermaßen stabilen Staatswesen kann es keine Entwicklung geben und ist es sehr schwierig, funktionierende Verwaltungs- und Rechtsstrukturen aufzubauen. Auch deshalb integrierte das BMZ in seine „Zusammenarbeit im Bereich Good Governance" mit sehr guten Gründen auch Bemühungen um die Friedenssicherung.[25]

IV. Konsens und Dissens im Good Governance-Diskurs

Die Vermehrung von fragilen oder kollabierenden Staatsgebilden nach der Verkündung und fast universellen Akkreditierung der Good Governance-Prinzipien verstärkten Zweifel an der Erfolgsgeschichte, die Konferenzbeschlüsse suggerierten. Nur vereinzelt gab es auch Kritik am Good Governance-Konzept, die sich vor allem auf ihren Geburtshelfer Weltbank konzentrierte. Es gehört in der kritischen *development community* schon zum Ritual, die Bretton Woods-Institutionen als Instrumente westlicher Hegemonialpolitik anzuklagen. Dann war auch der Verdacht nicht weit entfernt, dass die Good Governance-Rezeptur nur einen neuen Versuch darstelle, die alten modernisierungstheoretischen Rezepte unter einem neuen Firmenzeichen weltweit zu verbreiten und den Rest der Welt doch wieder nach eigenem Vor-

---

22 *Department for International Development,* Why We Need to Work More Effectively in Fragile States (2005).
23 *Bundesministerium für wirtschaftliche Zusammenarbeit und Entwicklung (Hrsg.),* Transforming Fragile States (2007).
24 *Debiel / Lambach / Reinhardt,* „Stay Engaged" statt „Let Them Fail" (2007).
25 *Bundesministerium für wirtschaftliche Zusammenarbeit und Entwicklung,* Partner für ein starkes Afrika.

bild gestalten zu wollen. Aber es war gar nicht so leicht, mit Demokratie und Menschenrechten auch Good Governance prinzipiell in Frage zu stellen, weil sie erstrebenswerte und allseits akzeptierte Ziele darstellen.

Die Attac-Aktivistin Susan George stellte schon zu Beginn der Good Governance-Debatte die rhetorische Frage, wie eine so mächtige Institution wie die Weltbank, die mit ihrer Massenproduktion von Berichten die entwicklungspolitische Agenda dominiert, sich plötzlich für die Demokratisierung einsetzt. Sie gab die folgende Antwort, in der tiefes Misstrauen gegenüber den hintergründigen Absichten zum Ausdruck kommt, die Susan George und andere Kritiker der Weltbank auch dem Good Governance-Konzept unterstellten:

> „Governance ist das passende Mittel, um den nächsten Fehlschlag der Weltbank und ihrer ‚Entwicklung' zu rechtfertigen. Gerade weil Fehlschläge so gut wie sicher sind, braucht man sehr gute Entschuldigungen, und die Behauptung, die Staaten der Dritten Welt hätten sich nicht an die demokratischen Tugenden gehalten, ist eine sehr gute Entschuldigung (...). Ein im Kern so politischer Gesellschaftsbereich erscheint jetzt als völlig unpolitisch, eher technisch-administrativ, und wird auf diese Weise der Einmischung der Weltbank geöffnet."[26]

Man mag diese Kritik als notorisches Nörgeln einer Aktivistin von Attac abtun, zu dessen bevorzugten Feindbildern immer die Bretton Woods-Institutionen zählten. Aber so ganz grundlos sind die verschwörungstheoretisch anmutenden Spekulationen über die Hintergründe und Zielsetzungen der Weltbank-Strategien nicht. Es ist auch richtig, dass die Weltbank schon viel Unheil angerichtet hat. Dieses Zugeständnis an die Nachdenklichkeit bedeutet jedoch kein Abrücken von der Überzeugung, dass Good Governance ein aus Erfahrungen lernendes und für eine erfolgreiche Entwicklungspolitik richtungweisendes Konzept ist.

Man hätte erwarten können, dass sich auch die Kritik aus dem Süden gegen die von Susan George begründete Rechtfertigung von Einmischungen in die inneren Verhältnisse richtet. Sie richtete sich aber erstens mehr gegen die einseitige Verortung der Entwicklungskrise in einer hausgemachten „crisis of governance", zweitens gegen die Ausblendung der weltwirtschaftlichen Restriktionen, drittens gegen die aus Good Governance und dem Cotonou-Abkommen ableitbaren Konditionalitäten und Sanktionsandrohungen.

Die Konditionalitäten, welche die Bretton Woods-Institutionen im Rahmen ihrer Strukturanpassungspolitik mit großer Härte durchgesetzt hatten, stießen inzwischen nicht nur auf selbstbewusster gewordene Partner, sondern konfligierten auch mit dem Recht auf *Ownership*, das die Weltbank selbst mit der Maxime umschrieb, dass die Partnerländer vom Beifahrersitz auf den Fahrersitz umsteigen sollten. Die von der OECD initiierte Paris-Deklaration zur Wirksamkeit der Entwicklungszusammenarbeit von 2005 gestand diesen ausdrücklich dieses Recht zu. Sie waren auch immer weniger gewillt, wie zu Zeiten der großen Verschuldungskrisen Diktate aus Washington hinzunehmen. Zwar stieß die von Samuel P. Huntington nach dem Ende

---

26 *George,* Die Weltbank und ihr Konzept von good governance, in: Hippler, S. 208.

des Ost-West-Konflikts prognostizierte „dritte Welle der Demokratisierung"[27] an verschiedenen Orten auf Klippen, aber der Nachweis von Vergleichsindices, dass demokratisch regierte Länder auch wirtschaftlich erfolgreich waren, erzeugte mehr Lerneffekte als Sanktionsandrohungen oder die Aussicht auf einen Good Goverannce-Bonus.

Es ist bemerkenswert, dass ein ägyptischer Rechtsprofessor, der auf einer Konferenz der Konrad-Adenauer-Stiftung *„Good Governance aus der Perspektive der Empfängerländer"* darstellen sollte, vor allem das Fehlen supranationaler Mechanismen zur Umsetzung der im Dezember 2006 in Kraft getretenen UN-Konvention gegen Korruption (UNCAC) oder der von der Afrikanischen Union in Maputo verabschiedeten Resolution gegen die Korruption beklagte.[28] Die schärfsten afrikanischen Kritiker an der westlichen Entwicklungspolitik, wie der kenianische Ökonom James Shikwati[29], der ugandische Journalist Andrew Mwenda[30] oder der neue Star der Kritik an *„Dead Aid"*, Dambisa Moyo[31] aus Zambia, lasteten der „Fehlentwicklungshilfe" vor allem an, die Korruption von Kleptokratien gefüttert zu haben und weiterhin die demokratische Verantwortlichkeit der Regierenden zu untergraben. Im Übrigen sollte nicht übersehen werden, dass die Praxis der Entwicklungszusammenarbeit, die Geldflüsse mit Bürokratien aushandelt und nicht der Haushaltskontrolle von Parlamenten unterwirft, geradezu Gift für die Parlamentarisierung politischer Systeme bildet.[32] Hier war der Parlamentarier Uwe Holtz gefordert.

Auch im Süden standen nicht so sehr die Prinzipien von Good Governance, die Susan George mit polemischer Häme überzog, zur Debatte, sondern aus ihnen ableitbare Sanktionen. Vielmehr nutzten Oppositionsparteien und zivilgesellschaftliche Organisationen seine Kernkriterien der Transparenz des Regierungs- und Verwaltungshandelns und der Verantwortlichkeit der Regierenden in Medien- und Wahlkampagnen. Dabei erhielten sie vom Netzwerk internationaler Stiftungen und NGOs finanzielle und technische Unterstützung. Die digitale Vernetzung der Welt und die Einbindung der Medien in transnationale Kommunikationsstrukturen beförderten Demokratisierungsprozesse.

Das normative Leitbild von Good Governance lieferte dabei einen Referenzrahmen, nicht mehr, aber auch nicht weniger. Es war also nicht nur ein neues Rechtfertigungsmuster für ordnungspolitische Interventionen, wie es in den 1980er und frühen 1990er Jahren der von den Bretton Woods-Institutionen mit aller Macht durchgesetzte *Washington Consensus* war, sondern Good Governance war auch ein Konzept, an dem sich interne Demokratiebewegungen orientierten. Diese Wechselwirkung zwischen externer Einflussnahme und internen Reformbewegungen übersah Susan George in ihrer obsessiven Kritik an den Absichten und Machenschaften der Weltbank und westlichen Gebergemeinschaft.

---

27 *Huntington,* The Third Wave of Democratization in the Late Twentieth Century (1991).
28 *El-Kosheri,* Good Governance aus der Perspektive der Empfängerländer, in: Dolzer / Herdegen, / Vogel (Hrsg.).
29 *Shikwati,* „Fehlentwicklungshilfe" (2006).
30 *Mwenda,* Foreign Aid and the Weakening of Democratic Accountability in Uganda (2006).
31 *Moyo,* Dead Aid (2009).
32 *Nuscheler,* Parlamente im subsaharischen Afrika (2007).

V. Fazit: Good Governance ist kein Passepartout für eine heile Welt

In der Zwischenzeit mischte sich in das Credo zu den Glaubenssätzen von Good Governance immer häufiger der Verdacht ein, dass der Begriff eine *„Catch-All-Phrase"* bilde, unter der sich jeder etwas anderes und möglichst viel Gutes vorstellen könne. Auch auf den von der GTZ veranstalteten *Eschborner Fachtagen 2004* wurde dieser Verdacht artikuliert. Die Inflationierung des Begriffs suggerierte auch die Annahme, dass Good Governance einen Passepartout für eine bessere Welt liefern könne. Diese Annahme ignoriert jedoch sehr unterschiedliche sozioökonomische Problemlagen, soziokulturelle Verschiedenheiten und damit unterschiedliche Bedingungen des Regierens.

Das normative Leitbild von Good Governance konstruierte ein als universalisierbar gedachtes und gewünschtes „neues Leitbild der Staatlichkeit", das aufbaut „auf funktionsfähigen staatlichen Institutionen, auf dem Respekt vor den Menschenrechten, auf der Betonung der Rechtsstaatlichkeit, auf wirtschaftlicher Vernunft in der Politik und auf der Notwendigkeit der Partizipation aller Schichten und des sozialen Ausgleichs und Friedens." Aber Rudolf Dolzer, der hier viele Wunsch- und Forderungskataloge internationaler Organisationen und nationaler Entwicklungsbehörden zusammenfasste, warnte zugleich vor einem schablonenhaften Gebrauch des Konzepts: „Der Oktroi von Methoden nach Art von Blaupausen vom Reißbrett, die in jedes Land importiert werden sollten, verspricht danach keinen Erfolg."[33]

Das BMZ konstruierte in seinen *Materialien 161*, die für Afrika die Zusammenarbeit im Bereich Good Governance konzipierten, eine solche Blaupause vom Reißbrett. Die Selbstkritik von Christian Ruck, des Entwicklungspolitischen Sprechers der CDU/CSU-Bundestagsfraktion, erwies sich trotz der Versuche, auch die wissenschaftliche Expertise für entwicklungspolitische Handlungsstrategien gegenüber *bad performers* zu nutzen, als zutreffend, dass „uns bisher eine schlüssige Strategie zur friedlichen Transformation von schlechter Regierungsführung zu guter Regierungsführung"[34] noch fehle.

Wenn dem so ist – und dass es so ist, wird durch beobachtbare Rückfälle in *Bad Governance* und durch die Auswirkungen der Weltwirtschaftskrise verstärkt –, dann wächst die Skepsis, dass Good Governance nach dem demokratietheoretischen Verständnis von Uwe Holtz tatsächlich und schon bis 2015 zu einem universellen Leitbild von Staatlichkeit und Entwicklung werden kann.

Dieser Beitrag teilt zwar das ordnungspolitische Credo, dass Good Governance sowohl aus funktionalen Gründen, die dem Governance-Denken der Weltbank zugrunde liegen, als auch aus normativen Gründen, die in Demokratie, Rechtsstaatlichkeit, Partizipation und Wahrung der Menschenrechte zivilisatorische Errungenschaften und Ziele erkennen, ein erstrebenswertes Leitbild darstellt; aber er teilt auch die Skepsis, dass die Entwicklungspolitik von außen etwas bewirken kann, was nicht von internen Reformbewegungen angestoßen und erkämpft wird.

---

33 *Dolzer / Herdegen / Vogel (Hrsg.),* Good Governance (2007), S. 13.
34 *Ruck,* Governance aus Sicht der Entwicklungspolitik, in: Dolzer / Herdegen / Vogel (Hrsg.), S. 50.

Der Versuch, Demokratie zu exportieren und anderen Gesellschaften zu implantieren, erwies sich in aller Regel als erfolgloses Unternehmen. Hoffnung begründet allenfalls das Erstarken zivilgesellschaftlicher Demokratiebewegungen, die Autokratien unter Legitimationsdruck setzen können. Sie zu stärken ist deshalb wichtiger, als für korrupte Eliten unter dem Vorwand, die Armut zu bekämpfen, das Füllhorn auszuschütten. Hier besteht wiederum Übereinstimmung mit Uwe Holtz.

Ownership und die Verpflichtung zur Rechenschaft: Zwei Seiten einer Medaille

Jürgen Wilhelm

In der Entwicklungspolitik gibt es diesen Streit seit vielen Jahren: die Vertreter, insbesondere die jeweils in der Opposition befindlichen Parlamentarier, wollen aus der nationalen Sicht des Steuerzahlers möglichst detaillierte Kontrolle sämtlicher Finanzströme, die – zumeist –Regierungsvertreter der Entwicklungsländer plädieren für Eigenverantwortung, das Recht auf selbstbestimmte Entwicklung un dementsprechende „Ownership".

Allgemeiner lässt sich sagen: Bedingungen zu stellen schränkt ein. Einschränken lässt sich niemand gerne. Dennoch sind Bedingungen in der Entwicklungszusammenarbeit notwendig. Werden Zahlungen geleistet, müssen Geber erfahren dürfen, was mit den Geldern passiert. In der Entwicklungszusammenarbeit verpflichtet Eigentümerschaft zur Rechenschaft gegenüber den Geldgebern.

Das angebliche Spannungsverhältnis zwischen der Ownership, also der Eigentümerschaft der Partnerländer für ihre Entwicklungsprozesse, und den Erwartungen der Industrieländer und der multilateralen Geberinstitutionen führt gegenwärtig zu einem Unbehagen der Geber über die eigene Rolle. Dabei besteht die Gefahr, dass die Verbindlichkeit der Prinzipien der Paris-Erklärung, in der diese Eigenverantwortlichkeit von den Entwicklungsländern erstritten wurde, geschwächt oder gar in Frage gestellt wird.

Diese Entwicklung erstaunt, denn insbesondere konservative Vertreter innerhalb des entwicklungspolitischen Diskurses plädieren in Bezug auf den Kontinent Afrika seit langem für eine höhere Eigenverantwortlichkeit der Partnerländer, ja im Einzelfall versteigen sie sich sogar zu der These, dass dieser Kontinent sich ohne oder nur mit sehr wenig Unterstützung aus den Industrieländern weit besser entwickeln würde als dies bislang geschah.

Die dänische Entwicklungsministerin Ulla Tørnæs hat nach einer zwei Jahre nach der Paris-Erklärung stattfindenden Folgekonferenz erklärt, erzwungener Wandel in Entwicklungsländern bringe wenig und erzwungene Veränderungen würden auch auf der Ebene des Individuums kaum wirken.[1] Als erzwungenen Wandel sieht sie dabei Veränderungen, die durch die Formulierung von Bedingungen durch die Geber erfolgen. Aber was ist die Alternative? Was ist der richtige Weg? Sollten keine Bedingungen mehr formuliert werden? Soll Ownership so weit gehen, dass mit der Zusage finanzieller Mittel keine oder nur sehr vage Bedingungen geknüpft werden, um Ownership nicht zu gefährden?

Es stellt sich grundsätzlich die Frage, ob die Formulierung von Bedingungen

---

1 *Tørnæs,* Sehr komplexe Landschaft (2007), S. 21.

gleichsam „erzwungene" Veränderungen bedeuten. In der Konsequenz hieße das tatsächlich, dass Forderung nach Rechenschaft mit Ownership unvereinbar wäre. Dabei sind Ownership und Rechenschaft im Grunde zwei Aspekte desselben Prinzips. Nicht umsonst wurden sie bei der Verabschiedung der Paris-Erklärung von 2005 zur Steigerung der Wirksamkeit der Entwicklungszusammenarbeit beide als fundamentale Prinzipien der Entwicklungszusammenarbeit genannt. Ownership wird zwar immer wieder als das wichtigste der fünf Grundprinzipien genannt, das mithin über den vier weiteren Prinzipien Alignment, Harmonisierung, Wirkungsorientierung und gegenseitige Rechenschaftspflicht stehe.[2] Das kann aber nicht bedeuten, Ownership auf Kosten der anderen Prinzipien durchzusetzen. Nur die Summe der fünf Prinzipien gibt der Paris-Erklärung eine Allgemeingültigkeit, die für die weltweite Entwicklungszusammenarbeit notwendig ist. Ownership muss daher mit gegenseitiger Rechenschaft vereinbar sein.

Ownership ist ein im deutschen Sprachgebrauch strittiger Begriff. Zunächst als „Eigenverantwortung" übersetzt traf er nicht den Kern der Idee. Daher wird Ownership im Bereich der Entwicklungszusammenarbeit heute weitgehend als Anglizismus benutzt. Eine treffendere Übersetzung fand Uwe Holtz mit dem Begriff „Eigentümerschaft".[3] Er begründet die Übersetzung damit, dass mit Ownership nicht nur die Verantwortung der Partner im Entwicklungsland für die Vorhaben der Entwicklungszusammenarbeit gestärkt werden solle, sondern dass ihnen auch die Vorhaben „gehören" sollten. Denn Eigentümerschaft bedeute auch Verfügungsgewalt. Dass Eigentum der Vorhaben und Prozesse, die einen selbst betreffen, die Identifikation fördert ist unzweifelhaft.

Holtz schließt zwar ein Spannungsverhältnis zwischen Ownership und gegenseitiger Rechenschaft grundsätzlich nicht aus. Aber er sagt auch: „Wer für die Überwindung des krassen Nord-Süd-Gefälles und großer Einkommensgräben in den Entwicklungsländern selbst sowie für Armutsbeseitigungsstrategien eintritt, kann schlecht für die Beibehaltung traditioneller entwicklungs-, demokratie- und menschenrechtsfeindlicher Kulturen plädieren."[4] Dass die Geber in der Entwicklungszusammenarbeit Bedingungen stellen, hält er daher für selbstverständlich.

Aus welchen Gründen werden die Bedingungen und das dazugehörige Instrument der Rechenschaft in der Folge der Paris-Erklärung immer wieder in Frage gestellt? Mit der in der Entwicklungszusammenarbeit verbreiteten Lust am Widerspruch allein ist dies jedenfalls nicht zu erklären.

Konditionalitäten im Kreuzfeuer

Über die Rolle von Bedingungen, im Bereich der Entwicklungszusammenarbeit häufig Konditionalitäten genannt, gab und gibt es intensive Auseinandersetzungen. Hin-

2 *Six*, Was bedeutet Wirksamkeit von Entwicklung? (2008), S. 9.
3 *Holtz*, Die Millennium-Entwicklungsziele – eine defekte Vision, in: Mayer / Kronenberg, S. 503.
4 *Holtz*, Die Rolle der Entwicklungspolitik im interkulturellen Dialog, in: Ihne / Wilhelm, S. 363.

tergrund sind die Erfahrungen mit den nicht immer wünschenswerten Ergebnissen relativ strengen wirtschaftspolitischen Konditionalitäten der Weltbank und des IWF in der Vergangenheit.[5] Grundsätzlich wird die Verknüpfung der Gewährung von Hilfe an Bedingungen kritisiert, dass jede Bedingung den Handlungsspielraum der Empfängerregierung beschränke. Die Geber werden dabei häufig pauschal verdächtigt, Bedingungen zu stellen, die vor allem mit ihren eigenen Interessen in Einklang stehen. Seitdem Ownership auch von den Gebern explizit gefordert wird, achten die Kritiker noch genauer darauf, ob eigene Interessen hinter Konditionalitäten stehen könnten, die durch die ökonomischen Eigeninteressen der Industrieländer wesentlich bestimmt oder doch beeinflusst sind.

Andererseits wird wiederum kritisiert, dass das Pochen auf Rechenschaft, also auf Nachprüfbarkeit, die Identifikation der Träger von Entwicklung mit den Entwicklungsprozessen aufs Spiel setzt und damit die Nachhaltigkeit der Zusammenarbeit gefährdet.[6] Die Kritik an der mit der Rechenschaft verbundenen Formulierung von Bedingungen ist deshalb bemerkenswert, da sich die Entwicklungspolitik weltweit – aber auch im Besonderen in Deutschland – lange Jahre den Vorwurf gefallen lassen musste, sie sei eine Politik der Gießkanne. Willkür mehr als nachprüfbare Strategien hätten hinter der Verteilung von Geldern, Projekten und Personal auf die Problemregionen der Welt gestanden.[7] Dass die moderne Entwicklungspolitik mit ihren Verfahren der Rechenschaft und Wirkungsorientierung im Verdacht steht die Nachhaltigkeit der Entwicklungsprozesse zu gefährden, wirkt nun geradezu paradox.

Mit der Ablehnung zu strenger Konditionalitäten einerseits und der Kritik an zu laschen Rechenschaftspflichten andererseits werden Spannungsfelder aufgebaut, die sich bei näherer Betrachtung und einem konstruktiv politisch-pragmatischen Handlungsgestus lösen lassen sollten. Unumstritten ist, dass global politische und soziale Gerechtigkeit Transferleistungen erfordern, in welcher Form auch immer. Als nationales Prinzip ist es vollständig akzeptiert, dass der Staat durch Umverteilung fehlerhafte Allokationswirkungen des Marktes korrigiert. Im Grundgesetz der Bundesrepublik Deutschland ist das Sozialstaatsprinzip mit der Formulierung „Eigentum verpflichtet" berücksichtigt worden. Nationale und wegen der aus vielfachen Gründen besonderen Sensibilität internationaler Transferleistungen erfordern stets Rechenschaft und damit die Vorgabe von Bewilligungskriterien beziehungsweise Vertragskonstellationen, die eine Überprüfbarkeit durch beide Vertragspartner zulassen.

Ein Grund für die Zurückhaltung der heutigen Entscheidungsträger der Geberländer, unmissverständlich Bedingungen für die Vergabe von Budgethilfen zu formulieren, liegt in der historischen Belastung von Konditionalitäten im Bereich der internationalen Zusammenarbeit. In den 1980er Jahren stand gerade die von Internationalem Währungsfonds und Weltbank betriebene Politik der ökonomischen Konditionalität zur Erzwingung von Marktliberalisierung im Kreuzfeuer entwicklungspolitischer Kritiker. Der IWF geriere sich wie ein „internationaler Finanzpolizist",

---

5   *Koeberle*, Conditionality: Under What Conditions?, in: Koeberle /Silarszky, S. 57 ff.
6   *Mills / Darin-Ericson,* Identifikation mit Armutsbekämpfungsstrategien: Das Ownership-Problem, in: Social Watch Report Deutschland.
7   *Holtz*, Abschied von der Gießkanne (2006).

schrieb z.B. Franz Nuscheler.[8]

Zwar stand schon damals außer Frage, dass Entwicklungs-„hilfe" ohne entsprechende ökonomische Konditionalitäten finanziell zerrüttete Staatswirtschaften lediglich künstlich am Leben erhalten würde. Dennoch ist auch im Rückblick zu bezweifeln, ob die Auflage von Konditionalitäten der Weltbank und des IWF tatsächlich die gewünschten ökonomischen Konsequenzen hatten und die betroffenen Länder tatsächlich stabilisiert haben.[9] Auch weil über Jahre hinweg maßgebliche Institutionen und Staaten entwicklungspolitische Konditionalitäten mit Macht- und Interessenspolitik verknüpft haben, wirkt das Unbehagen gegenüber der Formulierung von Konditionalitäten bis heute nach. Die Legitimität von ökonomischen Konditionalitäten wird daher immer wieder bezweifelt: „Haben nicht auch kleine, arme und verschuldete Staaten ein Recht auf Ownership und auf einen eigenständigen Entwicklungsweg, den die Strukturanpassungspolitik aber blockierte?"[10]

Viele ökonomische und auch politische Konditionalitäten der Vergangenheit sind nur erklärlich vor dem Hintergrund des Kalten Krieges. Die Befürchtungen, die hinter jedem Zugeständnis an Eigentümerschaft standen, waren auf die Instrumentalisierung durch den politischen Gegner jenseits des eisernen Vorhangs gerichtet. Daher standen hinter jeder internationalen Vereinbarung und hinter jeder Zusammenarbeit immer auch geopolitische und strategische Überlegungen. Margret Thatcher und Ronald Reagan hatten in den 1980er Jahren den Neoliberalismus zum ökonomischen Primat der Politik erhoben. Gleichzeitig führte die zumindest faktische Hegemonie der westlichen Mächte zu einem Machtanspruch, dem alle Instrumente der Politik unterworfen werden sollten. Die Folge war eine auf kurzfristige Eigennützigkeit angelegte Außenpolitik auf allen Ebenen. Dem Diktat der Wirtschaftspolitik, fußend auf den marktradikalen Theorien Milton Friedmans, hatten auch außen- und vor allem entwicklungspolitische Entscheidungen zu folgen. In der Konsequenz wurden in einigen Ländern sogar die mühsam erkämpfte Regierungsform der Demokratie oder Demokratisierungsprozesse Opfer radikaler marktwirtschaftlicher Beeinflussungen und entsprechend liberaler Reformen ohne soziale Absicherung für die große Mehrheit der Bevölkerung.

So wurden Mitte der siebziger Jahre in einigen Ländern Südamerikas Diktatoren und Militärdiktaturen bei der Umsetzung der neoliberalen Rezepte gefördert. Dabei wurde in Kauf genommen – und teilweise begrüßt –, dass man sich bei der Entwicklung dieser Länder nicht auf ein demokratisches Fundament stützte.

Die Wirkungen dieser Politik eines „Liberalismus vor Demokratisierung" waren für die „westliche Welt", insbesondere für das Ansehen der Supermacht USA, verheerend. Die Annahme, ein Staatswesen könne unter diktatorischen Bedingungen eine freie Marktwirtschaft durchsetzen und erst in einem zweiten Schritt eine vorsichtige kontrollierte Demokratisierung zulassen, erwies sich als eklatante Fehleinschätzung. Die beabsichtigten Wohlstandssteigerungen (trickle-down-Effekt) blieben unter undemokratischen Bedingungen aus oder erreichten nicht die breite Masse, sondern beschränkten sich häufig auf eine Kleptokratie einiger weniger, die Zu-

---

8 *Nuscheler*, Entwicklungspolitik (2004), S. 447.
9 *Nunnenkamp*, IWF und Weltbank: Trotz aller Mängel weiterhin gebraucht (2002), S. 16 ff.
10 *Nuscheler*, Entwicklungspolitik (2004), S. 447.

gang zum zumeist korrupten System erlangten.

Die sozialen Probleme der ungenügenden Distributionsfunktion eines undemokratischen Liberalismus wurden immer schärfer. Im Zuge von Landflucht, Privatisierung von öffentlichen Einrichtungen und völlig unzureichenden Sozialversicherungssystemen entstand in vielen Ländern eine Massenarmut von enormem Ausmaß, die zwar für eine gewisse Zeit ökonomisches Wachstum generierte, soziale Gerechtigkeit aber selten förderte und zumeist nur in Ansätzen zuließ.

Einige Länder mit hohem wirtschaftlichem Potenzial haben sich von dieser einseitigen Bevorzugung eines ideologisch gesponserten Wirtschaftskonzepts bis heute nicht erholt. Selbst halbwegs demokratisch verfasste Staaten wurden durch den Internationalen Währungsfonds mit Liberalisierungsauflagen zu Maßnahmen gezwungen, deren Wirkungen und Wechselwirkungen nicht hinreichend geprüft wurden und die einer nachhaltigen Entwicklung häufig sogar diametral entgegenstanden. Das bekannteste Beispiel hierfür bildet die breite und zeitgleiche Förderung von Monokulturen in vielen Entwicklungsländern, die den Weltmarktpreis des „cashcrop" nach nur wenigen Jahren absinken und häufig rasch danach dauerhaft zusammenbrechen ließ, so dass den auf diese Deviseneinnahmen vertrauenden Volkswirtschaften wesentliche Einnahmen verloren gingen, mit den entsprechenden negativen Folgen für die ökonomische und vor allem soziale Entwicklung des Landes. Die Unzufriedenheit der Bevölkerung brach sich Bahn und gefährdete in vielen Ländern die mühsam errungenen Fortschritte auf dem Weg in eine Demokratie.

Dies führte und führt immer dazu, dass sich Entwicklungspolitik weniger um die konstruktive ökonomische Entwicklung eines Landes kümmern kann, sondern als „internationale Sozialpolitik" lediglich versucht, die Partnerregierung bei der Schließung von Haushaltslücken zu unterstützen. Die achtziger Jahre gelten mithin als „verlorene Dekade" der Entwicklungszusammenarbeit.

Auch organisatorisch war die Entwicklungszusammenarbeit selten an den unmittelbaren Bedürfnissen der Empfängerländer ausgerichtet. Die britische Regierung betrieb beispielsweise noch Anfang der 1990er Jahre Entwicklungszusammenarbeit teilweise administrativ wie ein Relikt ihrer jahrzehntelangen Kolonialverwaltungen. Dass die Overseas Development Division nur eine Unterabteilung des Foreign Office war, erklärte die damalige Regierung ganz unverblümt mit dem Ziel, die außenpolitischen Interessen Großbritanniens in der Overseas Aid stärker zu berücksichtigen.[11] Konditionalität als Selbstzweck.

In der Struktur der deutschen Entwicklungszusammenarbeit hatte der Kalte Krieg ebenfalls seine Spuren hinterlassen. Als das BMZ gegründet wurde, behielt sich das Auswärtige Amt vor, die politischen Rahmenbedingungen zu bestimmen, erklärtermaßen, um die Entwicklungshilfe als Instrument zur Durchsetzung des staatlichen Alleinvertretungsanspruchs der Bundesrepublik gegenüber der DDR zu nutzen. Wie Uwe Holtz in seinem historischen Abriss „Abschied von der Gießkanne" dargestellt, war die Entwicklungspolitik der Bundesrepublik noch bis 1973 an die politische Konditionalität der Hallstein-Doktrin gekoppelt.[12]

---

11 *Nuscheler*, Die Entwicklungspolitik der Regierung Thatcher. Wie konservativ ist die Overseas Aid-Politik der britischen Konservativen? (1986), S. 33.
12 *Holtz*, Abschied von der Gießkanne (2006), S. 32.

Da die deutsche Entwicklungspolitik in den 1980er Jahren ebenso unter dem Einfluss der neoliberalen Wende in den westlichen Industrienationen stand, galt auch hier der freie Markt als primärer Entwicklungsmotor. Trotz immer wieder erklärter Orientierung an den Bedürfnissen der Partnerländer der deutschen Entwicklungszusammenarbeit, wurde die Entwicklungshilfe eher als diplomatisches Hilfsinstrument für die Interessenspolitik der Bundesrepublik eingesetzt. In der Konsequenz war die Einbindung der Partnerregierungen keine Priorität des politischen Handelns, auch wenn es seitens des Bundesministeriums für wirtschaftliche Zusammenarbeit (BMZ) immer wieder Bestrebungen in diese Richtung gab.

Auch versuchte das BMZ sich von den drei mächtigeren Schwestern, dem Auswärtigen Amt sowie Finanz- und Wirtschaftsministerium stärker zu emanzipieren. Doch erst nach dem Fall der Mauer war eine teilweise Lösung aus der Umklammerung des Interessenzwangs möglich. Und diese schlug sich umgehend in besonders plakativer Weise darin nieder, dass das BMZ (erst jetzt) den Zusatz „und Entwicklung" bekam, womit eine deutliche Aufwertung des entwicklungspolitischen Selbstverständnisses des Ministeriums, und dies nicht lediglich verbal, erreicht wurde.

Menschenrechte als Konditionalität

Man sollte daher annehmen, dass 20 Jahre nach dem Fall der Mauer die Formulierung von Bedingungen bei der Finanziellen Zusammenarbeit kein Problem mehr darstellt. Doch die auch heute noch formulierte Kritik deutet auf ein tiefer liegendes Problem hin. Es drängt sich der Verdacht auf, dass auf Grundlage falsch verstandener Toleranz einer Bedingungslosigkeit das Wort geredet wird, die weder den Bedürfnissen der Bürger in vielen Ländern, noch der Substanz des eigentlichen Ziels aller Entwicklungszusammenarbeit gerecht wird. Auch in anderen gesellschaftlichen Bereichen wird in Deutschland gegenwärtig Toleranz häufig mit Beliebigkeit verwechselt.

Toleranz kommt vom lateinischen Verb „tolerare" und bedeutet „ertragen", „durchstehen", „aushalten" oder „erdulden", aber auch „zulassen". Toleranz bedeutet deshalb gerade nicht Beliebigkeit. Toleranz ist per definitionem ein Verhalten gegenüber für einen selbst nicht akzeptierbaren Umstand, bei dem man auch die Wahlmöglichkeit hat, sich anders zu verhalten. „Toleranz (…) bezeichnet allgemein das Dulden oder Respektieren von Überzeugungen, Handlungen oder Praktiken, die einerseits als falsch und normabweichend angesehen werden, andererseits aber nicht vollkommen abgelehnt und nicht eingeschränkt werden."[13]

Im Umkehrschluss kann ein Mensch nur dann etwas tolerieren, wenn er sich über seine eigenen Werte und Normen bewusst ist. Wer unsicher über seine eigene politische, ökonomische oder soziale Position ist, kann keine Position der Toleranz gegenüber seinem gegenüber beziehen; er wird sich allzu leicht in einer Position der Beliebigkeit verlieren. In der Entwicklungszusammenarbeit haben die Geberländer trotz erheblicher Fortschritte, etwa durch die besser koordinierte EU, nicht immer

---

13 *Forst,* Toleranz, in: Sandkühler, S. 1627-1632.

eine deutliche oder gar einmütige Position. Große Fortschritte allerdings kann man an der Entwicklung des Umgangs mit den Menschenrechten in den vergangenen Jahren erkennen.

Vereinbarungen wie die Abschlusserklärung der Weltmenschenrechtskonferenz von 1993, in der sich die fast vollzählig versammelten 171 Staaten einmütig zu ihren menschenrechtlichen Verpflichtungen bekannten, bilden einen historisch vorher nie dagewesenen Konsens. Erstmals wurde verbindlich von 171 Staaten beschlossen, dass Menschenrechte universell sind und für alle Menschen gelten. Das UNO-Hochkommissariat für Menschenrechte wurde ins Leben gerufen, und es wurden Mechanismen zur konkreten Umsetzung der Menschenrechte in den einzelnen Staaten beschlossen.

Zwar gab es Kritik von asiatischen und muslimischen Staaten, dass Menschenrechte dem christlich-jüdischen Kulturkreis entstammten und dass die allgemeine Erklärung von Menschenrechten nur von einer Minderheit der Staaten geschaffen wurde, da die Mehrzahl der Staaten damals noch Kolonien waren. Aber der politische Druck, der sich nicht zuletzt durch die Medien weltweit entfaltete, führte dazu, dass sämtliche Staaten die Abschlusserklärung unterschrieben und damit ausdrücklich die UN-Dokumente bestätigten.

Es gibt also einen Grundkonsens darüber, dass es ein universelles Recht auf Leben gibt, ein universelles Verbot von Folter und Sklaverei, ein universelles Recht auf Freizügigkeit, ein universelles Recht auf ein faires Gerichtsverfahren. Uwe Holtz schrieb dazu, es sei angesichts der inzwischen bestehenden weltweit anerkannten Bekenntnisse und Verpflichtungen zu Demokratie, Menschenrechten und gutem Regierungs- und Verwaltungshandeln „geradezu absurd", wenn in diesem Zusammenhang von Neo-Kolonialismus gesprochen werden würde. Denn Menschenrechte sind im Prinzip der Kern des modernen entwicklungspolitischen Handelns. Denn, so formuliert es Siegmar Schmidt, die „Verwirklichung der diversen sozialen, politischen und kulturellen Menschenrechte [macht] den Kern von Entwicklung" aus.[14]

Davon ist die Realität in vielen Regionen der Welt trotz aller Erklärungen weit entfernt. Und auch für die (auch nach dem Zusammenbruch der Sowjetunion und ihrer Vasallenstaaten in Osteuropa immer noch so genannten) westlichen Gesellschaften ist die Durchsetzung der Menschenrechte immer wieder von Neuem eine Herausforderung. Die umfassende Kodifizierung war nur ein erster, wenn auch entscheidender Schritt zu ihrer Verwirklichung. Aber auch in Europa und den USA gab und gibt es immer wieder revisionistische Tendenzen. Das von den USA unterhaltene Gefangenenlager Guantánamo ist ein Beispiel für derartige Rückschläge.

Diese Glaubwürdigkeitslücke, die keinesfalls nur in den USA zu suchen ist, mag der Grund sein, weshalb man sich in der Diskussion oft Romantisierungen der vorgeblich „kleinen", gemeint ist abhängigen, Länder hingibt, die angeblich durch die rücksichtslose Politik der mächtigen, also ökonomisch bestimmenden, Länder unterdrückt würden. Dahinter stehen bei einigen offenbar immer noch die eigentlich längst überwunden geglaubten Vorstellungen vom besseren Leben in der „Dritten Welt", die auch heute noch, vierzig Jahre nach den studentenbewegten Jahren um 1968,

---

14 *Schmidt*, Menschenrechte und Demokratie, in: Ihne / Wilhelm, S. 102.

weit verbreitet zu sein scheinen.

Anders lässt es sich nicht erklären, dass zum Beispiel die wegen ihrer gesellschaftlichen Verdienste im Übrigen hoch geschätzte Alice Schwarzer noch 2008 in einem Artikel über das undemokratische Burma und die dort brutal herrschende Militärdiktatur die Weigerung der Regierung, ausländische humanitäre Hilfe anzunehmen, verteidigte. Während die Militärmachthaber in dem kleinen und wirtschaftsschwachen Land Bekundungen anderer Meinungen brutal unterdrückte, schrieb Alice Schwarzer, sie habe während ihrer Jahrzehnte langen, innigen Freundschaft zu dem Land nie Hunger oder wirkliches Elend gesehen, „wenn auch Armut und einen ganz anderen Lebensstandard, als wir es gewöhnt seien". Not und bettelnde Kinder seien ein Produkt der westlichen Einflussnahme.[15] Sie habe nicht einmal Angst oder Einschüchterung gespürt. Alice Schwarzer erklärt in diesem Zusammenhang, dass einst ehrenwerte Begriffe wie „Menschenrecht" oder „Demokratie" leider längst ihre Unschuld verloren hätten. Konkret die USA und den CIA beschuldigend, empörte sie sich, dass im Namen von Menschenrechten angebliche Retter immer öfter nichts anderes als Interventions- und Interessenpolitik betreiben würden.

Ein Relativismus an dieser Stelle wirkt zynisch und spielt einzig und allein den jeglicher demokratischer Legitimität entbehrenden Militärmachthabern Burmas in die Hände. „Die Überlegung (...), universelle Menschenrechte, Demokratie und eine freiheitliche Verfassung zur relativieren, weil jegliche Unterstützung „des Westens" die Gefahr einer hegemonialen Bevormundung mit sich bringe, kann nur für diejenigen zulässig sein, die aus der Geschichte nichts gelernt haben."[16] Das zeigen schon Beispiele wie Ruanda und Darfur. Die allgemeinen Menschenrechte müssen ohne wenn und aber die Grundlage für Be- oder Verurteilungen des politischen Handelns von Regierungen sein, wenngleich nicht zu verkennen ist, dass im politischen Handeln immer wieder Relativierungen und Rücksichtnahmen auf wirtschaftliche Eigeninteressen ein wesentliche Rolle spielen, wie man am Beispiel Deutschlands in seiner Beziehung zum Iran sehen kann. Das Gegenteil darf aber nicht eine von Sozialromantik geprägte Antiimperialismusfront vom europäischen Chaiselongue aus sein.

Im Gegensatz zu der dortigen Diktatur ist der Prozess der Aufarbeitung und Korrektur des Verhaltens der Vereinigten Staaten in ihrem Krieg gegen den Terrorismus durch den neu gewählten Präsidenten ein Beispiel für politische Veränderungen, die in einer offenen Gesellschaft möglich sind. Dass sich richtige und falsche Politiken in offenen Prozessen als solche herausstellen, ist einer der Grundpfeiler der demokratischen Verfasstheit der modernen Staaten. Die offene Gesellschaft zeichnet sich gerade dadurch aus, dass sie die Möglichkeit hat, ihre Regierung gewaltfrei abzuwählen und in einem jedermann zugänglichen Diskurs dafür gewaltfrei einzutreten.

Universalismus versus Kulturrelativismus

Die Idee, dass die Menschenrechte ein unverrückbarer Ankerpunkt des staatlichen Handelns sind, geht auf Immanuel Kant zurück. Sein Universalismusgedanke setzt

---

15 *Schwarzer,* Warum Burma echte Freunde braucht (2008).
16 *Wilhelm,* Im Schildkrötengang. Ethik und Notwendigkeit der Nothilfe.

als Prämisse, dass alle Menschen gleich geboren sind und jedes Individuum aufgrund seiner menschlichen Natur mit unveräußerlichen Rechten ausgestattet ist. Der Begriff der Würde des Menschen, die laut Kant ebenso wie sein vernunftgemäßes und ethisches Handeln nicht verhandelbar sind, bildet das Fundament sowohl des bundesdeutschen Grundgesetzes als auch der internationalen Menschenrechtserklärungen.

Damit stellt sich der Universalismus explizit gegen den Kulturrelativismus, der jeder Kultur ein eigenes Recht zugesteht und insbesondere auch die Menschenrechte lediglich als Ausdruck spezifischer kultureller, historischer und sozialer Umstände begreift. Mit dem Kant'schen Universalismusgedanken lässt sich zwar vereinbaren, dass es unterschiedliche Vorstellungen von gesellschaftlichem Fortschritt, nicht aber von universellen, das heißt nicht entziehbaren Menschenrechten gibt. Das von einzelnen, zumeist autokratisch verfassten Staaten in Anspruch genommene „Recht auf den eigenen Weg" muss dort enden, wo die Menschenrechte unter die Räder geraten. Denn das hieße auch, die Tatsache zu billigen, dass in anderen Kulturen Gewalt, Unterdrückung und undemokratisches Verhalten vom Staat und seinen Organen als legitimes Problemlösungsmittel angewendet werden. Es gehört zum Common Sense aller Demokratien, sich auf diese Diskussionsebene nicht einzulassen.

Der so verstandene Universalismus findet sich auch in dem Selbstverständnis der deutschen Entwicklungspolitik wieder. Der Deutsche Entwicklungsdienst (DED) hat sich beispielsweise einem Leitbild verschrieben, in dem steht, dass er die „Verwirklichung demokratischer Prinzipien durch Stärkung der Zivilgesellschaft und Unterstützung dezentraler Strukturen in Entwicklungsländern" unterstützt. Das bedeutet im Umkehrschluss, dass der DED gegen antidemokratische und zentralistische Strukturen und Kräfte arbeitet. In seinem Leitbild steht auch, dass der DED für eine selbstbestimmte, nachhaltige Entwicklung eintritt. Unausgesprochen kann diese „Selbstbestimmung" aber nur gelten, wenn die oben beschriebenen Prinzipien beachtet werden. Das bedeutet im Umkehrschluss wiederum, dass der DED sich gegen Kräfte stellt, die keine Selbstbestimmung einzelner Bürger wünscht, sondern sie als unterdrückendes Element ihrer eigenen staatlichen oder quasistaatlichen (etwa durch Warlords) Willkür verstehen. Die Konsequenz eines solchen Selbstverständnisses liegt aber lediglich in einer gewaltfreien Reaktion gegenüber dem potenziellen Partner, was in der Praxis zumeist die Beendigung oder das Einfrieren von Zusammenarbeit bedeutet.

Dabei ist klar, dass man den Einfluss von kulturellen und insbesondere auch von religiösen Faktoren auf die Entwicklung nicht unterschätzt bzw. offensiv berücksichtigt. Kulturelle und religiöse Aspekte als Einflussfaktoren müssen daher von der Entwicklungszusammenarbeit in besonderem Maße berücksichtigt werden. Dabei können die Entwicklungsziele selbst nicht aufgegeben werden, denn das gesellschaftspolitische Selbstverständnis der Entwicklungszusammenarbeit, als Universalismus im Kant'schen Sinne, ist nicht verhandelbar.

Gegenwärtig zeichnet sich eine Renaissance der Berücksichtigung dieser oft als „weiche" Faktoren abqualifizierten Einflüsse ab. So wurde die besondere Rolle, die Religionen in der Entwicklungszusammenarbeit spielen, unter der Annahme global fortschreitender Säkularisierung lange Zeit marginalisiert. Hartmut Ihne meint hierzu, dass Religionen prinzipiell ein konfligierendes Potenzial innewohne und deshalb gerade die extrareligiösen Konflikte, also die Konflikte zwischen Religionen und den Wissenschaften oder der säkularen Gesellschaft, unter den gegenwärtigen Bedingungen der Globalisierung und globalen Kommunikation eine neue Qualität gewönnen,[17] wobei klar ist, dass Religionen stets ambivalent wirken können, also a priori weder positiv noch negativ im Rahmen wirtschaftlicher, politischer und sozialer Entwicklung definiert werden können.[18] Die mit der Umsetzung der Entwicklungspolitik befassten Institutionen erkennen die Notwendigkeit der Analyse kultureller und religiöser Gefahren und auch Chancen für eine Entwicklungszusammenarbeit, wie die vor kurzem vorgelegte Studie Kultur und Entwicklungszusammenarbeit im Auftrag des Deutschen Entwicklungsdienstes und des Instituts für Auslandsbeziehungen zeigt.[19]

Bei der Durchsetzung von Menschenrechtsstandards wird die Formulierung von Bedingungen für die Entwicklungszusammenarbeit selten in Zweifel gezogen. Unterschieden wird jedoch zwischen negativer und positiver Konditionalität.[20] Im Falle von positiver Konditionalität, also der Steigerung von Leistungen der Geber bei erkennbaren Fortschritten, sehen Kritiker eine aktive Steuerung der Geber und damit eine Gefährdung der Ownership. Die negative Konditionalität, also die Voraussetzung bestimmter Grundbedingungen vor der Gewährung von Hilfe, muss hingegen außer Frage stehen. Denn sie bildet das Mittel, Menschenrechtsverstöße zu sanktionieren.

Kompetenzen für die Rechenschaft entwickeln

Dass die Entwicklungspolitik nicht beliebig verfahren kann, sondern Bedingungen formulieren und Konditionalitäten setzen muss, um ihre Ziele zu erreichen, ist also eine Grundvoraussetzung für eine erfolgreiche internationale Zusammenarbeit, die sich den obigen Prinzipien verschrieben hat. Ein Problem bei der Anwendung von Konditionalitäten bleibt die Informationsbeschaffung. So bereitet es der Gebergemeinschaft häufig Schwierigkeiten, einzuschätzen, wie denn tatsächlich die Lage in einem Land ist und ob und wie die Finanzielle und Technische Zusammenarbeit ihre Ziele erreichen könnten.

Umso wichtiger ist hier die herausragende Rolle der gegenseitigen Verpflichtung zur Rechenschaft. Grundsätzlich ist Rechenschaft ein unabdingbares Instrument des Informationsaustausches, wenn Transferleistungen in jedweder Form fließen. Denn fiskalische Transfers und die damit verknüpften Sanktionsmöglichkeiten bei ungewünschter Verwendung der Gelder oder auch nur bei ungenügender Rechenschaft lassen sich damit auf einer gemeinsamen Grundlage bewerten. Aber auch für den

---

17 *Ihne*, Religion, Rationalität und Entwicklungsethik, in: Wilhelm / Ihne, S. 157.
18 *Wilhelm*, Die Ambivalenz religiöser Einflüsse auf friedlichen Wandel und globale Entwicklung, in: Wilhelm / Ihne.
19 *Gad*, Kultur und Entwicklung. Eine Übersichtsstudie zu Schnittfeldern deutscher Akteure der Auswärtigen Kultur- und Bildungspolitik und der Entwicklungszusammenarbeit (2008).
20 Zu positiver und negativer Konditionalität vgl. *Schmidt*, Menschenrechte und Demokratie, in: Ihne / Wilhelm, S. 105.

Empfänger bildet ein Rechenschaftswesen eine hervorragende Grundlage, die eigenen Planungen zu überprüfen. Gewiss ist dadurch der Anspruch an das Rechenschaftswesen hoch, denn es muss sowohl als Entscheidungsgrundlage dienen als auch eine reale und verlässliche Abbildung der Mittelverwendung sein.

Genau hier setzt eine zweite Kritik an der Rechenschaftslegung an. Selbst Ländern mit vergleichsweise guter Regierungsführung fehle oft die administrative Fähigkeit zur Rechenschaft und damit gäbe es auch keine Kompetenz, die Führung zu übernehmen.[21] Dass die Rechenschaft darunter leiden könnte, dass sie nicht den von den Gebern gestellten Ansprüche genügt, kann aber nicht bedeuten, dass man größere Rücksicht walten lässt und somit den eigentlichen Zweck der Rechenschaft unterläuft. Hier ist der Einsatz von „capacity-building"-Maßnahmen gefragt, denn mit dem Argument der mangelnden Kapazität ließe sich das ganzer System aushebeln.

In der Entwicklung von Kompetenzen hat die deutsche Entwicklungszusammenarbeit in der Praxis langjährige Erfahrungen. Auch wenn Capacity Development heute oft als modern dargestellt wird, handelt es sich um eine bewährte Methode der Entwicklungszusammenarbeit, die beispielsweise der DED seit bereits über 45 Jahren mit hohem Erfolg, insbesondere auf der lokalen und regionalen Ebene, einsetzt.

Wenn in Ländern die administrativen Fähigkeiten zur Umsetzung von Rechenschaftslegung und Ownership fehlten, ist die Unterstützung durch einen Berater ein probates Mittel, um auf Augenhöhe mit dem Partner gemeinsam an die Situation vor Ort angepasste Strategien zu erarbeiten. Das garantiert einerseits, dass die Partner weiterhin vollständige Eigner ihrer eigenen Entwicklungsprozesse sind; andererseits fließen die Fachkompetenzen der Berater direkt in die Erarbeitung von Verfahren, Strukturen und zum Umgang mit den Mitteln ein, ohne dem Verdacht zu unterliegen, in politische Prozesse einzugreifen. Bei der Umsetzung der Budgethilfe kann die klassische Personalentsendung außerdem zur Stärkung demokratischer Prozesse beitragen.

Die Ownership der Partnerländer im Rahmen der Budgetfinanzierung kann darüber hinaus durch die Förderung der Zivilgesellschaft unterstützt werden. Der DED hat beispielsweise in Kamerun in den vergangenen Jahren ein Netzwerk zivilgesellschaftlicher Organisationen beraten, das in einem Pilotprojekt zur Beobachtung und Analyse der Staatsausgaben ein „Budget Tracking" durchgeführt hat. Konkret untersuchten die Partner des DED, inwiefern die für den Bildungssektor vorgesehenen Mittel des Staatshaushaltes tatsächlich in den Provinzen des Landes ankamen und wie gut die Qualität der Umsetzung der Maßnahmen war. Eine Fachkraft begleitete und beriet das Netzwerk organisatorisch und inhaltlich. Der DED beteiligte sich außerdem an der Finanzierung des Projektes und ermöglichte die Publikation der Analyse des Staatsbudgets.

Die von dem Netzwerk initiierte öffentliche Diskussion zeigte Wirkung. Eine Nachuntersuchung im Jahr 2007 stellte fest, dass sich inzwischen die Haushaltstransparenz und die Umsetzung der Projekte im Bildungssektor verbessert haben. Ein produktiver, vom Partner anerkannter Prozess ist in Gang gekommen und es bestehen gute Voraussetzungen dafür, dass es ein sich selbst tragender Prozess wird: sowohl

---

21 *Tørnæs*, Sehr komplexe Landschaft (2007), S. 21.

auf der Seite der Regierung als Eigner des Budgets als auch auf der Seite der Zivilgesellschaft, die den Dialog zwischen der Bevölkerung und der Regierung fördert, eine wichtige Voraussetzung für den Demokratisierungsprozess. Die Arbeit des DED stärkt hierdurch sowohl die Rechenschaftslegung als auch die Ownership und trägt so auf beiden Seiten zur Vertrauensbildung und einer höheren Akzeptanz der Budgethilfe bei.

„Budgethilfe bedeutet doch nicht, dass man einfach Geld in einen Haushalt pumpt", erklärt die Bundesministerin für Wirtschaftliche Zusammenarbeit und Entwicklung, Heidemarie Wieczorek-Zeul. „Moderne Budgethilfe bedeutet, dass es einen Dialog mit Ländern mit verantwortlicher Regierungsführung über deren gesamten Haushalt gibt, über ihre Schwerpunkte und ihre Armutsstrategie, und dass man gemeinsame Ziele erarbeitet, die auch überprüft werden. Und wenn Zusagen nicht eingelöst sind, muss Geld zurückgezahlt werden."[22]

Oder, wie Uwe Holtz treffend sagt: „Immer wieder müssen sich die so genannten „Geber" fragen: Was wollen die Entwicklungsländer und die Menschen selbst? Was wollen und können wir dabei fördern?"[23] Beide Fragen gehören zusammen und können für eine erfolgreiche Entwicklungspolitik nur gemeinsam beantwortet werden: Sie sind zwei Seiten derselben Medaille.

---

22 *Wiezcorek-Zeul,* Damit schadet Europa sich selbst (2009).
23 *Holtz,* Abschied von der Gießkanne (2006), S. 36.

Weltentwicklungspolitik – Aufgabe kompetenter und demokratisch legitimierter Globaler Staatlichkeit

Christoph Zöpel

Dieser Beitrag beruht auf meiner Buchveröffentlichung „Politik mit 9 Milliarden Menschen in Einer Weltgesellschaft", Berlin 2008 (vorwärts buch Verlag). Uwe Holtz hat sie in der Süddeutschen Zeitung vom 26.01.2009 rezensiert. Seine wohlwollend kritischen Anmerkungen wie auch vielfältige andere Anregungen haben zur Weiterentwicklung meiner Analysen und Überlegungen beigetragen. Einiges davon hat in diesem Aufsatz seinen schriftlichen Niederschlag gefunden. Der Beitrag diente auch als Grundlage meiner Vorlesung „Weltentwicklungspolitik. Die Utopie der Einen Welt" am 28.05.09 im Rahmen der von Uwe Holtz im Sommersemester 2009 angebotenen Vorlesungsreihe „Aktuelle Probleme der Entwicklungspolitik". Die anschließende Diskussion mit Uwe Holtz schlägt sich in einigen ergänzenden Sätzen zu den Möglichkeiten eines Weltparlaments nieder.

1. Entwicklungspolitik

„Die klassische Entwicklungspolitik, die Entwicklungspolitik im engeren Sinne, meint die vor allem von Industrieländern auf der Ebene politischer Handlungen zugunsten der Entwicklungsländer betriebene öffentliche Entwicklungshilfe (…)." So definiert Uwe Holtz in seinem Entwicklungspolitischen Glossar.[1] In Klammern fügt er hinzu: „Bisweilen wird unter Entwicklungspolitik allerdings auch die auf Entwicklung zielende Politik eines Entwicklungslandes verstanden, was aber missverständlich ist." Holtz fährt fort: „Unter der Entwicklungspolitik im weiteren Sinne versteht man alle von Industrieländern ins Werk gesetzten politischen Handlungen, die Auswirkungen auf die Entwicklungsländer haben (…)." Diese Definition entspricht dem gängigen wissenschaftlichen und politischen Verständnis von Entwicklungspolitik, das zu vermitteln Aufgabe eines Glossars ist. Für weiterführende wissenschaftliche und politische Überlegungen können aber Fragen zu dieser Definition sinnvoll sein.

a) Die *erste* Frage betrifft das Verständnis von *Entwicklungspolitik* in den *„Industrieländern"* selbst. Der Begriff hat im deutschen Sprachgebrauch – wie auch in anderen europäischen Sprachen – durchaus unterschiedliche Bedeutungen. Entwicklung als politische Aufgabe kann sich auf das Territorium Deutschlands – oder eines anderen europäischen Staates – beziehen, bzw. auf die Entwicklung eines Landes

---

1 *Holtz,* Entwicklungspolitisches Glossar (2009), S. 47.

der Bundesrepublik Deutschland, auch auf Regionen oder Städte. Landesentwicklungspolitik, Regionalentwicklungspolitik oder Stadtentwicklungspolitik sind gängige Begriffe. In diesem Verständnis plant und gestaltet ein Politisches System, institutionell formuliert ein Staat, oder ein integrierter Teil des Politischen Systems, in Deutschland ein Land, die Entwicklung auf seinem Territorium, oder wieder institutionell formuliert, auf seinem Staatsgebiet. Diese territorialstaatliche Entwicklungspolitik ist aus der Raumordnungspolitik entstanden, wie sie in Deutschland und in seinen Ländern gesetzlich normiert ist. §1 des Raumordnungsgesetzes lautet: „Der Gesamtraum der Bundesrepublik Deutschland und seine Teilräume sind durch zusammenfassende, überörtliche und fachübergreifende Raumordnungspläne, durch raumordnerische Zusammenarbeit (…) zu *entwickeln*, zu ordnen und zu sichern." Als „Grundsätze der Raumordnung" werden in § 2 „ausgeglichene soziale, infrastrukturelle, wirtschaftliche, ökologische und kulturelle Verhältnisse" normiert, wobei die „ nachhaltige Daseinsvorsorge zu sichern, nachhaltiges Wirtschaftswachstum und Innovation (…) zu unterstützen, *Entwicklungs*potenziale (…) zu sichern und Ressourcen nachhaltig zu schützen" sind.[2] Diese Grundsätze haben ihren Bezug zur räumlichen Ordnung, sind aber darüber hinaus offenkundig allgemeine Ziele gesellschaftlicher Entwicklungspolitik.

Eine entsprechende Entwicklungspolitik ist seit 1999 auch für die Europäische Union unter dem Titel „Auf dem Wege zu einer räumlich ausgewogenen und nachhaltigen *Entwicklung* der EU" durch den Informellen Rat der für die Raumordnung zuständigen Ministerinnen und Minister beschlossen.[3] Dieses Europäische Raumordnungskonzept (EUREK) spricht von „Entwicklungsfaktoren", „Entwicklungsvorhaben", „Entwicklungstendenzen". Von großer Relevanz für die Entwicklung „transnationaler Räume" sind zwei Aussagen, nämlich: „Das charakteristische Merkmal des Territoriums der Europäischen Union ist seine auf engem Raum konzentrierte Vielfalt" und „Die EU weist (…) gravierend Ungleichgewichte auf, die die Verwirklichung (…) einer regional ausgewogenen und nachhaltigen Raumentwicklung erschweren". *Kulturelle Vielfalt* und *sozial-ökonomische Disparitäten* sind ein Begriffspaar, zum Verständnis der gesellschaftlichen Entwicklung und deren politischer Gestaltung in großen Räumen, in denen es geographisch und noch mehr historisch bedingt vielfältige Unterschiede der Lebensbedingungen seiner Bewohner geben muss.

Ist die EU noch ein Politisches System mit staatlichen Eigenschaften und Kompetenzen, so gilt das für den Europarat als Assoziation von Staaten nicht. Aber auch der Europarat hat seit 2000 „Leitlinien für eine nachhaltige räumliche Entwicklung auf dem europäischen Kontinent", beschlossen von der Europäischen Raumord-

---

2   *Deutscher Bundestag,* Gesetzentwurf der Bundesregierung „Entwurf eines Gesetzes zur Neufassung des Raumordnungsgesetzes und zur Änderung anderer Vorschriften(GeROG)" (2008); *Ders.,* Beschlussempfehlung und Bericht des Ausschusses für Verkehr, Bau und Stadtentwicklung zu dem Gesetzentwurf der Bundesregierung „Entwurf eines Gesetzes zur Neufassung des Raumordnungsgesetzes und zur Änderung anderer Vorschriften(GeROG)" (2008).
3   *Deutscher Bundestag,* Europäisches Raumordnungskonzept(EUREK) (1999).

nungsministerkonferenz (CEMAT).[4] Diese Leitlinien beziehen sich räumlich über das Territorium der EU hinaus auch auf Russland und die Türkei, und damit auf etwa ein Viertel der Landmasse der Erde. Auch die Leitlinien betonen die kulturelle Vielfalt und haben die soziale Kohäsion in Europa zum Ziel. Gleich zu Beginn verweisen sie auf die „territoriale Dimension von Menscherechten und Demokratie".

In den Raumentwicklungskonzepten bereits der Staaten, mehr aber noch der europäischen Regionalinstitutionen sind Entwicklungsprinzipien und Entwicklungsperspektiven formuliert, die sich auf die globale Entwicklung übertragen lassen. Das spricht dafür über die Definition von Entwicklungspolitik bei Uwe Holtz hinauszugehen. „Entwicklungspolitik der Industrieländer zugunsten der Entwicklungsländer" und „die auf Entwicklung zielende Politik eines Entwicklungslandes" sollten als Beiträge zu einer integrierbaren *Weltentwicklungspolitik* verstanden werden.

b) Entwicklungspolitik im engeren Sinne wird durch den Gegensatz zwischen „Industrieländern" und *„Entwicklungsländern"* konstituiert. Dieser gängige Gegensatz drängt die *zweite* Frage nach den Interdependenzen zwischen Industrie- und Entwicklungsländern etwas in den Hintergrund, wiewohl es dazu vielfältige wissenschaftliche Untersuchungen gibt, die divergente Abhängigkeitsverhältnisse aufzeigen. In der allgemeinen entwicklungspolitischen Debatte, auch in Deutschland, werden Interdependenzen durchaus gesehen, exemplarisch im Zusammenhang von Entwicklungshilfe und Exportförderung. Dieser Zusammenhang stellt allerdings die verbreitete politische wie wissenschaftliche Prämisse von *territorial begrenzter Staatlichkeit* und der *Raumgebundenheit von Gesellschaften* nicht in Frage. Auf dem Territorium des völkerrechtlich anerkannten Staates Deutschlands – oder auf dem eines seiner 16 Länder – gibt es dabei durchaus *regionale* Entwicklungsunterschiede. Sie werden durch Fördermaßnahmen *regionaler Strukturpolitik*, also „Entwicklungspolitik", auszugleichen gesucht. Im Allgemeinen soll diese Regionalförderung die gesamtstaatliche Wirtschaftsentwicklung stärken, also bessere gesellschaftliche Verhältnisse in Deutschland insgesamt bewirken.

In jüngeren entwicklungspolitischen Diskursen wird von *Globaler Strukturpolitik* gesprochen, exemplarisch Heidemarie Wieczorek-Zeul in ihrem Beitrag „Aufgaben und Ziele Globaler Strukturpolitik im 21. Jahrhundert" im Jahrbuch Dritte Welt 2000.[5] Dieser Ansatz verweist auf regionale Entwicklungsunterschiede in globaler Dimension, territorial formuliert auf der Erde als ganzer, mit interdependenten Auswirkungen auf viele oder letztlich alle Staaten; die entsprechende Regionalförderung für schlechter entwickelte Länder bzw. Staaten soll auch die weltwirtschaftlichen Entwicklung stärken, was es nahe legt, von besseren weltgesellschaftlichen Verhältnissen zu sprechen.

Globale Strukturpolitik und vorausgehend global relevante Entwicklungsdisparitäten – wie andere globale Probleme – relativieren politische Grenzen. Territorial begrenzte Staatlichkeit und Raumgebundenheit von Gesellschaften lassen sich in

---

4   *Europäische Raumordnungsministerkonferenz (CEMAT)*, Leitlinien für eine nachhaltige räumliche Entwicklung auf dem europäischen Kontinent (2000).
5   *Wieczorek-Zeul*, Aufgaben und Ziele Globaler Strukturpolitik im 21. Jahrhundert, in: Betz / Brüne (Hrsg.).

Frage stellen. Damit kann Entwicklungspolitik auf den Raum der gesamten Erde bezogen werden, sie ist dann *„Weltentwicklungspolitik"* zu Nutzen der *Weltgesellschaft*.

Im Folgenden sollen: (2) theoretische Voraussetzungen von *Weltgesellschaft* und deren Bedeutung für globale Entwicklung gezeigt, (3) Perspektiven von *Weltentwicklungspolitik* formuliert, (4) die Möglichkeiten kompetenter und demokratisch legitimierter *Globaler Staatlichkeit* gesucht werden. Dabei wird sich herausstellen, dass Weltentwicklungspolitik nicht praktisch werden kann ohne ein *funktionsfähiges Politisches System auf globaler Ebene*. Was von einem solchen System schon vorhanden ist und was noch institutionalisiert werden muss, ist Gegenstand der weiteren Überlegungen. Sie sind die Aufgabe von Wissenschaft im weltgesellschaftlichen Kontext. Der frühe Theoretiker der Weltgesellschaft, Niklas Luhmann (1971), hat diese auch dadurch erklärt, dass gesellschaftliche Subsysteme, voran die Wissenschaft, sich funktional ausdifferenziert und dabei die politischen Grenzen zwischen Staaten überschritten haben. Dieses Faktum ist kaum zu bestreiten. Wissenschaft, gerade auch Entwicklungstheorie, ist weltweit vernetzt. Gegen funktionsfähige globalpolitische Institutionen gibt es den politischen Widerstand der souveränen Staaten, vor allem der besonders mächtigen. Wissenschaft, die der Wahrheit und humanitären Werten verpflichtet ist, hat die Aufgabe, diesen Widerstand zu analysieren und praktische Auswege zu zeigen.

Uwe Holtz war und ist der Institutionalisierung eines demokratischen politischen Systems auf globaler Ebene politisch-praktisch und wissenschaftlich verbunden. Als Mitglied des Deutschen Bundestags war er engagiert in der Interparlamentarischen Union, präsumtive Vorläuferin eines Weltparlaments; in seiner Lehrtätigkeit an der Universität Bonn hat er dieses Engagement wissenschaftlich fundiert, so in seinem Hauptseminar im Sommersemester 2001 „Auf dem Weg zu einem Weltparlament? EU, Europarat und IPU".

Entwicklungspolitik als integrierte Weltentwicklungspolitik zu verstehen kann theoretische oder gar nur semantische Übung bleiben; nur ohne solche „Übungen" ist praktischer Fortschritt bei der Überwindung der Ungleichheit zwischen Menschen verschiedener Länder und auch innerhalb von Staaten schwer erreichbar. Dieser Überzeugung folgt das hier skizzierte Konzept von *Weltentwicklungspolitik, das vom politischen System der Weltgesellschaft konzipiert und umgesetzt wird.*

2. Weltgesellschaft

Die diskursive Erwähnung *der* oder *Einer* Weltgesellschaft – *eine* Weltgesellschaft kann es so wenig geben wie zwei – führt zu einer Vielfalt ablehnender, kritischer, skeptischer oder ironischer Reaktionen, sie wird als utopisch bezeichnet. Zugegeben, die Weltgesellschaft ist letztendlich auch nicht als empirisch offenkundig beweisbar, allerdings auch nicht die „deutsche Gesellschaft", oder die These, es gäbe in Deutschland „Parallelgesellschaften". Deutsche Gesellschaft, französische Gesellschaft, britische Gesellschaft – oder besser englische und schottische Gesellschaft? – sind gängiger Sprachgebrauch, von der luxemburgischen Gesellschaft wird schon seltener gesprochen.

Die Analyse von Gesellschaften hat drei Voraussetzungen: a) eine *theoretisch-definitorische Verständigung*, b) eine *historische Einordnung* und c) die *Reflexion der politisch-praktischen Bedeutung* von beidem.

a) Niklas Luhmanns einfache Definition im „Lexikon zur Soziologie" lautet: „Gesellschaft ist das jeweils umfassendste System menschlichen Zusammenlebens."[6] Diese Definition kennt im Unterschied zu vielen anderen keine räumliche Eingrenzung von Gesellschaft, wie sie durchaus exemplarisch Reinhold Hillmann im „Soziologie-Lexikon" definiert, für den Gesellschaft „die umfassende Ganzheit eines dauerhaft geordneten Zusammenlebens von Menschen innerhalb eines bestimmten *räumlichen Bereichs*"[7] ist. Der Raumbezug von Gesellschaft erfordert ihre Abgrenzung von anderen Gesellschaften. Diese Abgrenzung zwischen Gesellschaften entspricht den Grenzen zwischen Staaten, die sich als Politische Systeme, als Staaten von Gesellschaften konstituieren – gerade auch, um diese Grenzen zu schützen, gegen militärische Gefährdungen wie bürokratisch gegen unerwünschte Zuwanderung. Als Unterscheidungsmerkmal zwischen Gesellschaften wird in besonderem Maße die Kultur angesehen. Kultur dient so der gesellschaftlichen Integration, vor allem Gemeinsamkeiten der Sprache und der Religion. Diese Identitäten aber grenzen andere aus, sind Ursache von Konflikten bis hin zu Bürgerkriegen innerhalb multikultureller, also multisprachlicher oder multireligiöser, Territorien. Historisch konstruiert wurden zusätzlich ethnische Gemeinsamkeiten bzw. Unterschiede, die sich im dominanten Konstrukt der nationalen Identität staatspolitisch verfestigen konnten. All diese kulturellen Identitätsmerkmale treffen auf größere Staaten nicht zu, vor allem nicht außerhalb Europas, oder sie haben zu faktisch nicht handlungsfähigen kleinen Staaten geführt. In Europa ist nach den Weltkriegen *kulturelle Integration* durch *soziale Integration* ersetzt worden, der Staat garantiert seinen Bürgern soziale Sicherheit. Das erlaubt es, *Staatlichkeit* von kulturellen Unterscheidungsmerkmalen unabhängig zu machen.

b) Luhmanns Definition führt schnell zu der Feststellung, dass alle Menschen der Welt irgendwie kommunikativ verbunden sind und damit die Weltgesellschaft bilden. Diese Realität ist für Luhmann geschichtlich entstanden, vor allem durch informationstechnologische Innovationen, die globale Kommunikation zwischen beliebigen Teilnehmern in Echtzeit erlauben. Diesem historischen Faktum, das seit Ende des Ost-West-Konflikts immer wirksamer wurde, lassen sich zwei weitere hinzufügen, die die Weltgesellschaft haben entstehen lassen: die Fähigkeit der Menschheit zur Selbstvernichtung seit Hiroshima und der kontinuierliche Anstieg der Weltbevölkerung von 500 Millionen zur Zeit der Entdeckung Amerikas, 6700 Millionen in 2009 und über 9000 Millionen in 2050.
Theoretisch-definitorische Verständigung und historische Einordnung lassen sich zu globalgeschichtlichen Entwicklungstendenzen verdichten, die den Weg in die Weltgesellschaft prägen:

---

6 *Luhmann*, Gesellschaft, in: Fuchs et al. (Hrsg.).
7 *Hillmann*, Gesellschaft, in: Reinhold (Hrsg.), S. 215.

- die Globalisierung der Raumgebundenheit,
- die Individualisierung und gleichzeitig die Universalisierung kultureller Identität,
- die Ablösung kultureller Integration durch soziale Integration, immer mehr auf der Grundlage von Bildung,
- die Emanzipation von der territorial gebundenen politischen und bürgerlichen Gesellschaft zur globalen Gesellschaft,
- der sektorale Wandel von der Agrar- über die Industrie- zur Wissensgesellschaft.

Perspektivisch verweisen diese Tendenzen auf:

- das Ende des Territorialstaats,
- das Ende der Universalisierung der westlichen Kultur,
- das Ende ausgrenzender machtpolitischer Integrationsmechanismen,
- das Ende der nationalbürgerlichen Gesellschaft,
- das Ende der Industriegesellschaft.

c) Über die Stringenz ihrer sozialtheoretischen Begründung hinaus ist es bedeutsam, ob das Faktum der Weltgesellschaft politisch-praktische Relevanz hat, auch für die globale Entwicklung. Niklas Luhmann hat dieser politischen Fragestellung mit seinen theoretischen Analysen geradezu im Wege gestanden. Sehr prinzipiell hat er nur Territorialgesellschaften die Fähigkeit zur Herausbildung Politischer Systeme zugesprochen, das aber in der Weltgesellschaft für unmöglich erachtet. Stattdessen sah er gesellschaftliche Problemlösungsfähigkeiten im weltweit vernetzten Wissenschaftssystem – Wegbereitung für Global Governance-Konzepte, die die Legitimationsfrage ausblenden.

In der globalen Wirklichkeit sind die Einsichten über diese Skepsis hinausgegangen. Die Tatsache der globalen Interdependenzen werden wissenschaftlich und politisch immer breiter akzeptiert und auch die Wirkungen globaler Umweltgefahren auf die Erde und damit alle Staaten gleichzeitig. Die abnehmende Handlungsfähigkeit kleinerer Staaten ist offenkundig, die mächtigen haben eher Probleme mit der Einsicht in ihre faktisch begrenzte Souveränität. Aus der Wirklichkeit bevölkerungsreicher Gesellschaften und der in ihnen institutionalisierten großen Staaten lassen sich aber zwei Fakten lernen, die auf die Weltgesellschaft übertragbar sind. Es gibt dort *Vielfalt* wie *Disparitäten* und ihre Politischen Systeme sind dezentralisiert – gerade auch um der Vielfalt gerecht zu werden. Zentrale, regionale und lokale Ebene strukturieren diese Politischen Systeme, jedenfalls wenn sie demokratisch verfasst sind; Indien, die USA und Brasilien sind die „großen" Beispiele. Auf jeder dieser Ebenen werden Interessen artikuliert und vertreten, aber dabei gegenseitig akzeptiert. In Fragen der Internationalen Politik gilt das „nationale Interesse". Dieses Interesse ist zu einer ideologisierten Denk- und Handlungsfigur in Theorie und Praxis der Außenpolitik entwickelt worden, auch angehende deutsche Diplomaten lernen, „deutsche Interessen" zu vertreten. Während die Akzeptanz der Interessenvielfalt in dezentralisierten Staaten diese eher stabilisiert, trägt auf der globalen Ebene die Vertretung der „Nationalen Interessen" zur Destabilisierung bei, weil es kein übergeordnetes weltgesellschaftliches Interesse gibt, das ihnen gegenüber vertreten wird. Die politisch-praktische Relevanz der Perzeption von Weltgesellschaft liegt darin, globale oder auch Menschheitsinteressen zu artikulieren. Diese Artikulation drängt dann zu einem Poltischen System auf globaler Ebene, das sie vertritt. Bei einer solchen Artikulation von globalen Interessen kann oder sollte sich mancher Sprachgebrauch ändern. Entwicklung wird global, die Unterscheidung von *„unterentwickelten" Entwicklungsländern* und *„entwickelten" Industrieländern* wird obsolet, es gibt „besser" und „schlechter" entwickelte Teile der Erde, sie können als Regionen oder Länder bezeichnet werden, sie können Politische Systeme unterschiedlicher völkerrechtlicher Qualität haben. In allen diesen Räumen aber geht Entwicklung weiter, ihre politischen Systeme gestalten Entwicklungspolitik, der Ausgleich der global relevanten Unterschiede aber wird zu globaler Entwicklung, für die Weltentwicklungspolitik zuständig ist. Damit verbunden verschwindet auch die Trennung von „Industrieländern" und „Entwicklungsländern", die wirtschaftshistorisch ein Anachronismus ist. In den besser entwickelten Staaten geht der Beitrag des industriellen Sektors zum Sozialprodukt kontinuierlich zurück, er beträgt bereits weniger als ein Drittel. Tertiärer und Quartärer Sektor, Dienstleistungen und Wissen, haben die Bedeutung des zweiten Sektors schwinden lassen, die Begriffe der Entwicklungstheorie sollten dem Rechnung tragen.

3. Von der territorialen Raumordnung zur Weltentwicklungspolitik

Man mag die Konzipierung von Weltentwicklungspolitik von der Grundlage der europäischen, ja deutschen Raumentwicklungspolitik aus, für provinziell halten. Aber dort wo die Theorie der Raumordnung ihre Grundlagen generalisierte, formulierte sie durchaus globale Zusammenhänge. So schreibt Gerd Turowski im Handwörterbuch der Raumordnung „dass letztendlich jede menschliche Tätigkeit mit Ansprüchen an den Lebensraum verbunden ist. Die in Art und Ausmaß unterschiedlichen Raumansprüche, die sich ergänzen, sich überlagern und miteinander in Konkurrenz treten können, haben in der Regel eine Nutzung und damit auch eine Belastung der natürlichen Lebensgrundlagen zur Folge. Dies gilt in erster Linie für den Boden in seiner räumlichen Dimension und als Geofaktor im *ökologischen Gesamtsystem.*"[8] Mit dem Verweis auf das ökologische Gesamtsystem spricht Turowski globale ökologische Notwendigkeiten und damit globale Zusammenhänge an. Gerade globale ökologische Risiken haben territoriale Raumbegrenzungen immer fragwürdiger gemacht, vor allem seit den 1980er Jahren die Klimaveränderungen. Sind diese noch unbeabsichtigte Folgen menschlichen Handelns, so haben die gewollt unregulierten und uneingegrenzten globalen Finanzmärkte Wirkungen gezeigt, die auf weltwirtschaftlich immanentem Handeln beruhen. Die globale Finanzkrise beeinträchtigt die Entwicklung in fast allen Territorialstaaten der Welt, eigenverantwortet in den USA, auch in China, unverschuldet in Afrika wie in anderen von den „Industrieländern" geförderten „Entwicklungsländern".

---

8   *Turowski*, Raumplanung/Gesamtplanung (2005), S. 894.

Raumentwicklungspolitik auf dem Territorium der Erde trägt zur Entwicklung der Welt im Interesse aller Menschen bei. *Universales Leitbild von Weltentwicklungspolitik* sind die Menschenrechte der Menschen, die bis 2050 leben. Dem entspricht als oberstes Ziel „Gutes Leben" für alle Menschen, ein universal brauchbarer Begriff, die UNDP benutzt ihn. In zeitlicher, also in der Entwicklungsdimension bedeutet er „Besseres Leben".

Diese Zielorientierung von Entwicklungspolitik gilt in allen Staaten und Regionen der Welt, unbeschadet manchmal unterschiedlicher Begriffe, aber Wachstumspolitik in Nordamerika, Europa oder auch China und Entwicklungspolitik in und für Afrika meinen dasselbe, nämlich „Besseres Leben", das – und hier besteht seit Rio 1992 globaler Konsens – nachhaltig sein soll.

Den universalgeschichtlichen Entwicklungen, die zum grenzenlosen Raum der Erde und zur Weltgesellschaft führen, könnten Handlungsschwerpunkte der Weltentwicklungspolitik entsprechen.

- Die Globalisierung der Raumgebundenheit führt zu *Welt-Raumentwicklungspolitik*.
- Die Individualisierung und gleichzeitig die Universalisierung kultureller Identität führen zu einer globalen *Politik der informationellen Selbstbestimmung*.
- Die Ablösung kultureller Integration durch soziale Integration, und das immer mehr auf der Grundlage von Bildung, führt zu *Weltsozialpolitik* und *Weltbildungspolitik*.
- Die Entwicklung von der Agrar- über die Industrie- zur Wissensgesellschaft führt zu einer integrierten *Weltforschungs-, -rohstoff und -energiepolitik*.

Integrierte Weltentwicklungspolitik bedarf dabei eines *Weltfinanzausgleichs*, der über die zwischenstaatliche Entwicklungsfinanzierung hinausgeht.

3.1. Welt-Raumentwicklungspolitik in der Perspektive bis 2050

a) Der erste Schritt zu einer Welt-Raumentwicklungspolitik sind *Leitbilder*. Das universale Leitbild von Weltentwicklungspolitik, die Menschenrechte der Menschen, die bis 2050 leben, verknüpft Normen mit Faktizität, indem es das *Gute Leben von neun Milliarden Menschen* zur unabänderlichen Grundlage globaler Raumentwicklung macht. Zu diesem universalen Leitbild gehören dann sechs konkretisierende Leitbilder, vier davon global menschenbezogen:

- eine wünschenswerte hohe Lebenserwartung, die 80 Jahre erreichen kann,
- eine Geburtenrate von zwei Kindern pro Frau bei selbstverantworteter reproduktiver Gesundheit,
- ausreichende Ernährung für neun Milliarden Menschen,
- ausreichend Wasser für neun Milliarden Menschen,

und zwei bezogen auf die globale Raumnutzung:

- die zunehmende Urbanisierung,
- der Schutz ökologisch notwendiger Räume.

b) Aus diesen Leitbildern können *Grundsätze* für eine nachhaltige globale räumliche Entwicklung abgeleitet werden. Zehn dieser Grundsätze seien hier vorgeschlagen:

1. Förderung des territorialen Zusammenhaltes durch ausgewogenere sozioökonomische Entwicklung der Weltregionen und Regionen und eine Verbesserung ihrer Wettbewerbsfähigkeit;
2. Nutzung von Entwicklungsimpulsen, die von städtischen Funktionen und einer besseren Stadt-Land-Partnerschaft ausgehen;
3. Schaffung ausgewogenerer Erreichbarkeitsbedingungen;
4. Entwicklung des Zugangs zu Information und Wissen;
5. Verringerung von Umweltschäden;
6. Verbesserung und Schutz natürlicher Ressourcen und des Naturerbes;
7. Aufwertung des kulturellen Erbes als Entwicklungsfaktor;
8. Entwicklung von Energieressourcen und Gewährleistung der Sicherheit;
9. Förderung eines qualitativen und nachhaltigen Tourismus;
10. Verringerung der Auswirkungen von Naturkatastrophen.

Diese Grundsätze sind selbstverständlich in verschiedenen Raumtypen jeweils adäquat und problemgerecht umzusetzen. Global könnten zwölf Raumtypen unterschieden werden: Kulturlandschaften, Städtische Gebiete, Ländliche Räume, Gebirgsregionen, Küstenzonen und Inseln, Flussniederungen und Auen, Konversionsgebiete, Grenzregionen, Regenwaldgebiete, Wüsten, Polare Regionen, Meere.

c) Territorialstaatliche Raumentwicklung weist zentralörtliche Entwicklungsschwerpunkte und Entwicklungsachsen aus. Dem entsprechen *Globalkorridore* für *Globale Netze* und *Globale Netzknoten*. Der Lebensraum der Weltgesellschaft wird durch globale Korridore erschlossen, in denen die Netze weltgesellschaftlicher Kommunikation und Mobilität verlaufen können. Diese Korridore verbinden damit auch Teilräume. Weltweite Korridore der Kommunikation und des Verkehrs sind: Fernstraßen, Schienen, Luftverkehrswege, Wasserstraßen auf See und im Binnenland, Pipelines – vor allem für Erdöl und Erdgas – Meereskabel, Satellitenkanäle. Die globalpolitische Bedeutung einiger dieser Netze ist offenkundig, das gilt vor allem für den Transport von Erdgas und Erdöl. Wenn zumindest in der Wissenschaft raumplanerische Konzepte für die Gaspipelines aus Russland, Zentralasien und Nordafrika nach West- und Mitteleuropa erarbeitet wären, könnte das politische Konflikte entschärfen.

Netze haben und benötigen Knoten. Das sind für die Netzbänder, die durch die globalen Korridore verlaufen: Bahnhöfe, Flughäfen, Häfen, Einspeisungs- und Entnahmestationen, Sender. Diese Knoten lassen sich zunächst bedarfsgerecht, aber funktional getrennt, räumlich über die Welt verteilen. Gebündelt können sie die Metropolenentwicklung von Städten oder Agglomerationen mit Global-City-Funktionen bestimmen, vor allem mit Gateway-Funktion und Kommunikationskoordinierungs-Funktion.

d) Globale Raumentwicklung muss auch nachhaltig sein. In der sozialen, ökologischen und ökonomischen Dimension wie in der kulturellen lassen sich Nachhaltigkeitsausgleichsräume suchen und beschreiben.

- In *sozialer* Dimension wären nach Räumen zusuchen, die dünn besiedelt sind und ökologisch wie topographisch Zuwanderung erlauben.
- In *ökologischer* Dimension gibt es bereits Gebiete, die als Weltnaturerbe oder Biosphärenreservate nach UNESCO-Konventionen festgelegt sind. Die überragende Herausforderung hierbei ist der Schutz des tropischen Regenwalds. Er wird großräumig nur zu erreichen sein, wenn er mit Ausgleichszahlungen für die dort lebenden Menschen verbunden ist.
- Die *wirtschaftliche* Dimension betrifft die besonders geeigneten Anbaugebiete für Agrarprodukte und die Lagerstätten von Rohstoffen.
- Die *kulturelle* Dimension der Nachhaltigkeit hat Bezug zu den fast 900 Weltkulturerbestätten.

3.2. Globale Politik der informationellen Selbstbestimmung

Schließt Welt-Raumentwicklungspolitik an die geographischen und topographischen Strukturen der Erde an, die dauerhaft Entwicklungen vorbestimmen und beeinflussen, und die durch die Jahrtausende auch die Abgrenzung zwischen Territorialgesellschaften begünstigt haben, trägt Globale Politik der informationellen Selbstbestimmung den jüngsten technologiegeschichtlichen Veränderungen Rechnung, die weltweite Kommunikation ermöglichen und so die Weltgesellschaft haben entstehen lassen. Das UN-System und die Staaten der G8 haben dazu unter sozialökonomischen und unter menschenrechtlichen Gesichtspunkten, so dem universalen Leitbild von Entwicklungspolitik entsprechend, Konzepte verabschiedet. Als normative Grundlage hat der ECOSOC-Ministerrat im Jahr 2000 beschlossen, dass alle Menschen die Vorteile der Informations- und Kommunikationstechnologien nutzen können sollen. Die entsprechenden sozialökonomischen Konzepte sind in den Dokumenten des G8-Gipfels von Okinawa 2000, der *Charta von Okinawa über die globale Informationsgesellschaft*, und des Weltinformationsgipfels in Genf 2003 – *Geneva Declaration of Principles und Geneva Plan of Action* sowie in Tunis 2005 – *Tunis Commitment und Tunis Agenda for the Information Society* – festgehalten. Globale Politik der informationellen Selbstbestimmung sollte Maßnahmen zur Ausbildung in der Anwendung von Informationstechnologien, Ausstattung mit Computern und Software für Einkommensschwächere, Ausbau der Internet-Infrastruktur und Zugangsmöglichkeit allerorts in gleicher Qualität und technische Normierung der Zugangsmöglichkeiten enthalten. Ohne eine verbindliche Finanzierung bleiben diese Prinzipien jedoch bloße Absichten. Grundlagen der Finanzierungsmöglichkeiten legt der Bericht der *Task Force on Financial Mechanisms for ICT for Development* dar. Der *Global Digital Solidarity Fund* etwa könnte dazu einen Beitrag leisten.

3.3. Weltsozialpolitik und Weltbildungspolitik

Voraussetzung für die regionale, übernationale Staatlichkeit Europas ist der Übergang von kulturell-nationaler, kulturell-ethnischer oder kulturell-religiöser Integration der europäischen Gesellschaften zu ihrer sozialen Integration. Diese Integration erfordert Sozialpolitik, die jedem Einwohner soziale Sicherheit gewährleistet. In EU-Dimension wird soziale Integration durch *soziale Kohäsionspolitik* befördert. Nur unter dieser Voraussetzung kann die kulturelle Vielfalt Europas gelebt werden, weil sozioökonomische Disparitäten abgebaut werden. Diese Erfahrung muss in die globale Dimension erweitert werden, als *Weltsozialpolitik* oder auch als *globale Soziale Kohäsion*. Die Millennium Development Goals haben sie zum Ziel. Armutsbekämpfung ist dabei die Grundlage.

In Europa basiert soziale Integration auf der Möglichkeit formeller, sozialversicherter Arbeit. Diese Möglichkeit ist wesentlich von zureichender Bildung abhängig. Das gilt mehr und mehr auch für schlechter entwickelte Staaten. Für sie besteht die Notwendigkeit, informelle Arbeit in formelle zu überführen.

Grundlagen von *Weltbildungspolitik* hat 2000 das *Weltbildungsforum von Dakar* wie folgt formuliert:

1. Frühkindliche Betreuung und Bildung in jeder Hinsicht auszubauen und zu verbessern, insbesondere für Kinder, die am stärksten gefährdet und benachteiligt sind.
2. Sicherzustellen, dass bis 2015 alle Kinder, vor allem Mädchen, Kinder in schwierigen Situationen sowie ethnischer Minderheiten Zugang erhalten zu unentgeltlichem Primarschulunterricht von guter Qualität und diesen bis zu seinem Abschluss absolvieren können.
3. Die Bildungsbedürfnisse aller jungen und erwachsenen Menschen zu erfüllen, indem ein gerechter Zugang zu erforderlichen Basisqualifikationen und Grundfertigkeiten sichergestellt wird.
4. Die Alphabetisierungsrate von Erwachsenen, insbesondere von Frauen, bis 2015 um 50 Prozent zu erhöhen und allen Erwachsenen einen gerechten Zugang zu Grundbildung und lebenslangem Lernen zu sichern.
5. Die Ungleichheiten zwischen Jungen und Mädchen im Primär- und Sekundarschulbereich bis 2005 zu beseitigen und eine Gleichstellung in diesem Bereich bis 2015 zu erreichen, wobei besonderes Augenmerk darauf gelegt werden soll, dass Mädchen einen gleichberechtigten und unbeschränkten Zugang zu einer qualitativ guten Grundbildung mit den gleichen Erfolgsaussichten wie Jungen erhalten.
6. Die Qualität von Bildung in allen ihren Aspekten zu steigern, um für alle bestmögliche, anerkannte und messbare Lernergebnisse zu erzielen, vor allem im Hinblick auf Lesen, Schreiben, Rechnen und wichtige Basisqualifikationen.

3.4. Integrierte Weltforschungs-, -rohstoff und -energiepolitik

Ein wesentlicher Grund für Konflikte und Kriege ist die Nachfrage nach Rohstoffen und fossilen Energieträgern. Sozialökonomische Disparitäten resultieren immer mehr auf unterschiedlichen Fähigkeiten zu Forschung und Entwicklung. Die Weltgesellschaft ist als Weltinformationsgesellschaft entstanden und muss sich zur Weltwissensgesellschaft weiterentwickeln, dabei Rohstoffe global effektiv und nachhaltig verwenden. Dazu bedarf es einer Bündelung von Forschung auf der globalen Ebene, die globale Vernetzung des Wissenschaftssystems hat dazu bereits strukturelle Voraussetzungen geschaffen. Für Forschungsbündelung gibt es ein historisches Vorbild: die Forschungsstrategien der großen Mächte des 20. Jahrhunderts. Technikgeschichte bezeichnet die Weltkriege des 20. Jahrhunderts auch als Kriege der Ingenieure. Dabei ließen sich zivile und militärische Interessen und Forschungsambitionen nur schwer unterscheiden. Mit der Rüstungsforschung entstand seit dem Ersten Weltkrieg vor allem in den USA der militärisch-industrielle Komplex, die Kooperation zwischen Staat, Militär, Industrie und Wissenschaft. Im Zweiten Weltkrieg wurden daraus gigantischen Institutionen zur Rüstungsforschung. Sie sind Musterbeispiele von Big Science, von anwendungsorientierten Großforschungsprojekten, bei denen Geld keine Rolle spielte. Die gewaltigen Forschungs- und Entwicklungsanstrengungen der USA im Zweiten Weltkrieg legten den Grundstein für ihre Überlegenheit auf vielen Gebieten der Naturwissenschaft und Technik in den Jahrzehnten danach. Schließlich entstand das Manhattan-Projekt – tragischer, aber für die Weltgesellschaft mitkonstitutiver Weise, mit dem Ziel der Konstruktion einer Atombombe.

Das Manhattan-Projekt wird als Paradigma für zielführende staatliche Förderung der *Überführung von Grundlagenwissen* in militärtechnische Anwendungen verstanden. Diesem Paradigma sollte die Forschungspolitik der Weltgesellschaft folgen – alternativloser Weise in friedliche, Menschheit und Erde bewahrende Anwendungen. Dazu ist die Kooperation zwischen UN, Energie- und Rohstoffkomplex, Wirtschaft und Wissenschaft erforderlich, und Geld sollte dabei keine Rolle spielen. Es ist eine weltmoralische Herausforderung für die Menschheit, zu ihrer Bewahrung Vergleichbares zu leisten wie zu ihrer potenziellen Zerstörung. Was in der Rüstungsforschung erreicht wurde, kann auch bei der Rohstoffforschung zu gewinnen sein, vom Wasser über Nahrung, Energie bis hin zu mineralischen Rohstoffen. Eine neue Kategorie von Dual Use ist vorstellbar, Nutzen für die Rohstoffeffizienz und für jegliche humane Zwecke.

Diese Forschung verbindet sich mit globalen Verteilungsherausforderungen. Etwas schematisch lassen sich die Weltregionen in Technologie besitzende und Rohstoff besitzende einteilen, wobei es zunehmend Überschneidungen gibt. Von einem kleinen Teil der Welt, in dem 15 Prozent ihrer Bevölkerung leben, gehen noch fast alle technologischen Neuerungen aus. Ein weiterer Teil, der vielleicht die Hälfte der Weltbevölkerung umfasst, ist in der Lage, diese Technologien in Produktion und Konsumtion umzusetzen. Der verbleibende Teil, d. h. ungefähr ein Drittel der Bevölkerung, ist von neueren Technologien abgekoppelt – ohne wesentliche eigene Innovationen und ohne bedeutendere importierte Adaptionen. Zwar gab es in der Menschheitsgeschichte immer erhebliche technologische Unterschiede, aber sie wirken sich doch anders aus in einer wirtschaftlich zunehmend integrierten, technologisch aber segmentierten Welt. Die technologische Kluft hat sich durch die Entwicklung neuer Schlüsseltechnologien erheblich vergrößert, und sie wird weiter wachsen angesichts entstehender künftiger Schlüsseltechnologien wie der Nanotechnologie und der Gentechnik, wenn es keinen *globalen Forschungsausgleich* gibt.

In Verantwortung der UNESCO sollte ein *langfristiges Weltforschungsprogramm* erarbeitet werden, das *fachliche* und *weltregionale* Schwerpunkte setzt:

a) *Fachlich* sollte die nachhaltigkeitsorientierte Rohstoffforschung im Zentrum stehen; sie wäre in Zusammenarbeit mit dem Weltwasserforum, der IEA, anderen UN-Organisationen und einem *Global Resources, Water and Energy Compact* zu organisieren. Dieser sollte auch private Drittmittel einwerben können. Weitere Schwerpunkte könnten die *Forschung zu globalen öffentlichen Gütern*, die *Konfliktforschung* und die *Erforschung von Multikulturalität* sein.

b) Die *weltregionale* Dimension hat zwei Ansätze:

- Standorte der UNESCO-eigenen Forschung; dabei sind sachliche Kriterien entscheidend – Regenwaldforschung sollte in der Nähe von Regenwald stattfinden;
- Standortförderung in Staaten und Weltregionen mit vergleichsweise geringen Forschungskapazitäten, vor allem in Afrika und südamerikanischen Regionen.

3.5. Weltfinanzausgleich

Weltentwicklungspolitik benötigt fiskalische Ressourcen, um die globalpolitischen Aufgaben erfüllen zu können. In einem dezentralisierten Politischen System, einem Mehr-Ebenen-System, ist dazu grundsätzlich Finanzausgleich erforderlich. Verbunden mit der Souveränität der Territorialstaaten werden fiskalische Mittel bisher ganz überwiegend auf dieser Ebene erhoben. Mitteltransfer auf die *weltregionale Ebene* und die *globale Ebene* ist entsprechend abhängig von Entscheidungen der staatlichen Ebene.

In der EU gibt es inzwischen Eigenmittel auf dieser weltregionalen Ebene, es findet hier zwischenstaatlicher und damit innerweltregionaler Finanzausgleich statt, in China und Indien sind die Einnahmen des Staates gleichzeitig Einnahmen von Weltregionen und es bestehen innerstaatliche Ausgleichsmechanismen, die zugleich innerweltregionale sind. Auf globaler Ebene gibt es Eigenmittel bislang nur in Form privater Zuwendungen an die UN. Weltfinanzausgleich in Perspektive auf 2050 erfordert den Aufbau eines fiskalischen Systems, in dem:

- auf allen drei Ebenen eigene Einnahmen erhoben werden können,
- Finanzausgleich von der unteren auf die mittlere und obere Ebene erfolgt,
- Finanzausgleich zwischen besser und schlechter entwickelten Staaten und Weltregionen stattfindet.

Auf dieser Grundlage lässt sich ein Weltfinanzrahmen aufstellen, der transparent sein und von den Staaten, Weltregionen und einer parlamentarischen Versammlung der UN kontrolliert werden könnte. Seine Transparenz erlaubt die Kontrolle durch die globale Öffentlichkeit und die globale Zivilgesellschaft. Dieser Weltfinanzrahmen sollte auf den bereits existierenden Transferzahlungen aufbauen, so etwa auf den Beiträgen an das UN-System mit etwa 11 Mrd. US-Dollar, und den bereits bestehenden privaten Zuwendungen. Des Weiteren sind mögliche Eigenmittel auf der Grundlage von globalen Steuern erhebbar und auszubauen. Die größte Ressource aber sind die Militärbudgets der NATO-Staaten. Sie betragen entsprechend der Daten aus „The Military Balance 2009" des International Institutes for Strategic Studies allein für die USA 553 Mrd. US-$, das sind 43,2% der gesamten Miltärausgaben der Welt in Höhe von 1280 Mrd. US-$. Die nächsten Staaten folgen mit großem Abstand; Großbritannien 63 Mrd., Frankreich mit 61 Mrd., China mit 46 Mrd., Deutschland mit 42 Mrd., Japan mit 41 Mrd., Italien mit 38 Mrd., Saudi Arabien mit 35 Mrd. Russland mit 32 Mrd., Indien mit 27 Mrd. US-$.[9]

4. Kompetente und demokratisch legitimierte Globale Staatlichkeit

Wie die Entwicklungspolitik in Territorialstaaten erfordert auch Weltentwicklungspolitik normative Grundlagen und handlungsfähige Staatlichkeit. Sie müssen den zwischenstaatlichen *Ausgleich natürlicher, technologischer und finanzieller Ressourcen*, global wirksame Umweltregime wie die Regulierung privater Finanzierungen und Investitionen betreffen. Zu diesen für die globale Entwicklung erforderlichen Normen und Institutionalisierungen gibt es Resolutionen und Überlegungen im UN-System.

4.1. Das Recht auf Entwicklung zwischen Menschenrechten und Staatenrechten

Universales Leitbild der Weltentwicklungspolitik sollten die Menschenrechte der Menschen, die bis 2050 leben, sein. Die *Erklärung über das Recht auf Entwicklung* der UN-Generalversammlung vom 4. Dezember 1986 hat dieses entwicklungspolitische Leitbild normativ konkretisiert.[10] Artikel 1 der Erklärung definiert:

> „(1) Das Recht auf Entwicklung ist ein unveräußerliches Menschenrecht, kraft dessen alle Menschen und Völker Anspruch darauf haben, an einer wirtschaftlichen, sozialen, kulturellen und politischen Entwicklung, in der alle Menschenrechte und Grundfreiheiten voll verwirklicht werden können, teilzuhaben, dazu beizutragen und daraus Nutzen zu ziehen."

> „(2) Das Menschenrecht auf Entwicklung bedingt auch die volle Verwirklichung des Rechts der Völker auf Selbstbestimmung, wozu vorbehaltlich der entsprechenden Bestimmungen der

---

9 *International Institutes for Strategic Studies,* The Military Balance 2009 (2009).
10 Texte: *Tomuschat (Hrsg.),* Menschenrechte (2002).

beiden Internationalen Menschenrechtspakte auch die Ausübung ihres unveräußerlichen Rechts auf uneingeschränkte Souveränität über alle ihre natürlichen Reichtümer und Ressourcen gehört."

Artikel 2 formuliert dann die auf das Recht des Einzelnen bezogene Bedeutung:

„(1) Der Mensch ist zentrales Subjekt der Entwicklung und sollte aktiver Träger und Nutznießer des Rechts auf Entwicklung sein."

„(2) Alle Menschen tragen einzeln und gemeinschaftlich Verantwortung für die Entwicklung, wobei die Notwendigkeit der uneingeschränkten Achtung ihrer Menschenrechte und Grundfreiheiten sowie ihre Pflichten gegenüber der Gemeinschaft zu berücksichtigen sind."

Artikel 2 zeigt die weltgesellschaftlich-menschenrechtliche Perspektive auf, während sich aus Artikel 1 (2) und dann explizit aus Artikel 3 ergibt, dass „die Staaten (…) die Hauptverantwortung für die Schaffung nationaler und *internationaler Bedingungen*, die der Verwirklichung des Rechts auf Entwicklung förderlich sind", tragen. Im Gegenüber von Artikel 2 und Artikel 3 wird die *Grundspannung zwischen Menschenrechten und Staatenrechten* deutlich, die es erschwert aus internationaler Entwicklungszusammenarbeit global integrierte Weltentwicklungspolitik werden zu lassen.

Die *„internationalen Bedingungen"* haben sich seit 1986 weiter zu *weltgesellschaftlichen* entwickelt, und die globale Bedeutung „der natürlichen Reichtümer und Ressourcen" ist erheblich gestiegen. 1993 bekannte sich die *Weltkonferenz über Menschenrechte* in Wien „zum Recht auf Entwicklung, wie es in der Erklärung über das Recht auf Entwicklung verankert wurde". Weitere Formulierungen zeigen ein fortgeschrittenes Bewusstsein dafür, dass die Entwicklung aller Staaten interdependent ist: „Wie in der Erklärung über das Recht auf Entwicklung festgestellt wird, ist der wesentliche Träger der Entwicklung die menschliche Person. Wenngleich die Entwicklung die Durchsetzung aller Menschenrechte erleichtert, ist es nicht zulässig, sich auf Entwicklungsrückstände zu berufen, um die Einschränkung international anerkannter Menschenrechte zu rechtfertigen. Die Staaten sollen bei der Sicherung der Entwicklung und bei der Entfernung von Entwicklungshemmnissen miteinander zusammenarbeiten. Die internationale Gemeinschaft soll eine wirksame internationale Kooperation zur Verwirklichung des Rechts auf Entwicklung und zur Beseitigung von Entwicklungshemmnissen fördern. Ein dauerhafter Fortschritt zur Durchsetzung des Rechts auf Entwicklung erfordert zweckmäßige entwicklungspolitische Konzepte auf nationaler Ebene sowie faire Wirtschaftsbeziehungen und ein günstiges wirtschaftliches Umfeld auf internationaler Ebene." Damit ist die Mehr-Ebenen-Dimension von Entwicklungspolitik thematisiert.

Das Recht auf Entwicklung wird bislang noch als „weiches" Recht verstanden, zwar allgemein akzeptiert, aber nicht normativ bindend. Allerdings basiert es weitgehend auf dem völkerrechtlich bindenden *Internationalen Pakt über wirtschaftliche, soziale und kulturelle Rechte*, der seit 1976 in Kraft ist. Der Pakt normiert, dass „jeder seine wirtschaftlichen, sozialen und kulturellen Rechte genießen kann". Das schließt gemäß Artikel 11 „das Recht auf einen angemessenen Lebensstandart" ein. Im UN-System begannen dann seit 1996 Bemühungen, das Recht auf Entwicklung weiter zu konkretisieren und „härter" zu machen. Inzwischen wird allerseits anerkannt, dass die nationale und die internationale Ebene einander ergänzen und nicht ausschließen, wenn es um Rahmenbedingungen und Umsetzung des Rechts auf Entwicklung geht. Der Mensch steht definitiv im Mittelpunkt des Rechts auf Entwicklung, und daraus ergeben sich Pflichten, die nationale Grenzen überschreiten. Aber weiter gilt, dass nur wenn ein Staat nicht in der Lage ist, das Recht auf Entwicklung für seine Bürger zu erfüllen, oder wenn das internationale Umfeld dem entgegensteht, die internationale Gemeinschaft aufgefordert werden kann zu handeln.[11]

In der Perspektive der nächsten 15 Jahre sind die *Millennium Development Goals* die prioritäre Konkretisierung des Rechts auf Entwicklung. Zwar sind sie kaum mit institutionellen Verbesserungen auf der globalen Ebene verbunden, aber sie stellen – wie schon die Agenda 2000 zu nachhaltiger Entwicklung – eine weltgesellschaftlich integrierende Kommunikationsleistung des UN-Systems dar.

4.2. Menschenrechte als Grundlage der Weltordnung

Institutionelle Schritte in Richtung globaler Staatlichkeit aber bleiben notwendig. Das gilt besonders für die globalen Finanzmärkte. Seit der 2008 global virulenten Finanzkrise sind auch die besser entwickelten Staaten von der diesbezüglichen Ineffizienz des UN-Systems und der G7-Staaten betroffen. Auch ihre Entwicklung ist beeinträchtigt. Zumindest die *Weltwirtschaftpolitik* bedarf politischer Regulierung und auch weltweit koordinierter Steuerung. Das globale Wirtschaftswachstum bedarf politischer Förderung, von *Weltwachstumspolitik* ist es nur ein semantischer Schritt zu *Weltentwicklungspolitik*. Diese globale politische Problematik schlägt sich zunächst in der Suche nach einer „neuen" Weltordnung nieder. Für deren Notwendigkeit werden unterschiedliche Gründe diskutiert:

- Da sind *Machtverschiebungen*, wie das Ende der unipolaren Stellung der USA, das Ende der G7-Dominanz, das Aufkommen neuer Mächte voran der BRIC-Staaten, die Uneinigkeit des Westens bzw. der NATO.
- Da sind *institutionelle Defizite*, wie das Ende des Nationalstaats, scheiternde Staatlichkeit, unzulängliche multilaterale Institutionen.
- Da sind *menschenrechtliche Ungleichheiten*, sowohl bei den politischen wie den sozialen Freiheitsrechten, so wie sie Präsident Roosevelt 1941 formuliert hat.
- Da sind *globale Probleme*, die alle Menschen betreffen.

---

11 *Kirchmeier*, The Right to Development (2006).

4.2.1. Machtverschiebungen

Machtverschiebungen entsprechen dem historischen Prozess, in dem sich die „Ordnung der Welt" entwickelt. Orientierungsbezug ist immer noch die im Westfälischen Friede 1648 vereinbarte Souveränität territorialstaatlicher Mächte, die miteinander Krieg führen durften oder sich um Gleichgewicht bemühten. Diese Westfälische Ordnung ging mit den Weltkriegen zu Ende. Es folgte die Bipolarität von USA und Sowjetunion, nach deren Implosion wird von Unipolarität gesprochen, mit den USA als einziger Weltmacht. *Mächten* stehen *Ohnmächte* gegenüber, die territorialstaatliche Weltordnung zeigt die Ungleichheit der Staaten – entgegen der staatenrechtlichen Gleichheitsfiktion der UN-Charta – und damit auch ungleiche Partizipationsrechte ihrer Bürger.

Was macht Staaten zu Mächten, die USA zur einzigen Weltmacht, die BRIC-Staaten – Brasilien, Russland, Indien und China – zu aufstrebenden Mächten, Deutschland, Großbritannien, Frankreich, Italien, Japan und Kanada zu G7-Mitgliedern? Entscheidende Machtfaktoren sind: *Einwohnerzahl*, *Wirtschaftkraft*, *Militärische Stärke* und *Territoriale Größe*, Faktoren, die einander bedingen. „Weltunordnung", also Machtkonflikte, entstehen durch Disproportionalitäten zwischen ihnen.

Menschrechtlich geboten wäre die Priorität der Einwohnerzahl. Die zehn einwohnerstärksten Staaten sind – mit riesigem Vorsprung die BRIC-Staaten – China mit 1.330 Mio. und Indien 1.140 Mio. Einwohnern, auf Rang 3 die unipolare Macht USA mit 310 Mio. Einwohnern, weiter die BRIC-Staaten Brasilien mit 190 Mio. und Russland mit 140 Mio. Einwohnern, der G7-Staat Japan mit 130 Mio. Einwohnern sowie – nicht G7, nicht BRIC – Indonesien mit 230 Mio., Pakistan mit 170 Mio., Bangladesch mit 150 Mio. und Nigeria mit 140 Mio. Einwohnern. In diesen zehn Staaten leben knapp zwei Drittel der Weltbevölkerung, das weitere gute Drittel lebt in 182 kleineren Staaten. Die zehn einwohnerstärksten Staaten sind relativ stabil, die Instabilität Pakistans hat mit der Intervention der Sowjetunion und USA im Nachbarstaat Afghanistan zu tun.

Wirtschaftskraft und *militärische Stärke* begründen eine zur Einwohnerzahl disproportionale Hierarchie zwischen den Staaten, sie geben kleineren mehr Macht, primär den europäischen, aber auch Außenseitern auf militärischem Gebiet. Die USA haben mit einem BSP von 12,5 Bio. US-$ die höchste Wirtschaftkraft gefolgt von G7 Japan mit 4,6 Bio., G7 Deutschland mit 2,8 Bio., BRIC China mit 2,3 Bio., G7 Großbritannien und G7 Frankreich mit jeweils 2,2 Bio., G7 Italien mit 1,8 Bio., G7 Kanada mit 1,1 Bio., BRIC Indien mit 0,9 Bio., sowie BRIC Brasilien, BRIC/G8 Russland, Südkorea und Mexiko, alle mit ca. 0,8 Bio. US-$. Das Ranking ändert sich, wenn die Kaufkraft berücksichtigt wird. Dann lautet es nach den USA: China 8,8. Bio., Japan 4,0 Bio., Indien 3,8 Bio. und Deutschland 2,4 Bio. US-$.

Grundlage für Einwohnerzahl und Wirtschaftkraft kann ein *großes Territorium* sein, immer ist es Grundlage von Rohstoffreichtum. Das mit Abstand größte von 17 Mio. km^2 hat Russland, die USA, China und Brasilien besitzen über 7,5 Mio. km^2, ebenso Kanada und Australien, zusammen bilden sie die großen sechs „Territorialstaaten", Indien folgt mit nur 3,3 Mio. km^2. Die EU der 27 Mitgliedsstaaten umfasst 4,2 Mio. km^2.

Die überlegene Wirtschaftskraft der USA sowie die hohe Einwohnerzahl Chinas setzen beide in *Militärische Stärke* um. Entsprechend der Daten aus „The Military Balance 2009" haben die USA das höchste Militärbudget – das wurde im Zusammenhang eines Weltfinanzausgleichs schon dargestellt. China hat mit 2,2 Mio. die meisten Soldaten, es folgen die USA mit 1,54 Mio., Indien 1,28 Mio., Nordkorea mit 1,11 Mio., Russland mit 1,03 Mio., Südkorea mit 687.000, Pakistan mit 617.000, Irak mit 577.000, Iran mit 523.000 und die Türkei mit 510.000 Soldaten. Atommächte sind die USA, Russland, China, Großbritannien, Frankreich, Indien, Pakistan, Nordkorea und Israel.

Der Blick auf die militärischen Kapazitäten zeigt, dass kleinere Staaten zwar nicht beim Budget, aber bei der Zahl der Soldaten wie bei atomaren Fähigkeiten disproportional Gefahrenpotenzial aufbauen können. Die militärischen Kapazitäten der Staaten lassen sich für Allianzen zusammenfassen. Die NATO hat dann ein Militärbudget von 863 Mrd. US-$, das sind 67% des globalen Budgets. Der „Westen", die Allianz zwischen Nordamerika und Europa, definiert sich gern durch seine Werte, seine Stärke ist aber militärisch begründet. Hier liegt ein Grund für das Misstrauen der anderen, unabhängig davon, ob der Westen seine Werte, also die universalen Menschenrechte, für die Bürger anderer Staaten tatsächlich umfassend gelten lässt. Allerdings sind Menschen eine Machtressource, wenn sie zu Soldaten werden; hier stehen den 4,05 Mio. NATO-Soldaten 16 Mio. der anderen gegenüber; militärische Asymmetrie hat eine quantitative Grundlage.

4.2.2. Institutionelle Defizite

Die Defizite der Weltordnung werden als Probleme von Staatlichkeit bzw. Governance diskutiert. Sie reichen von Failing States bis zu unzulänglichen globalen Institutionen. In Europa wird die abnehmende Handlungsfähigkeit des Nationalstaats gesehen, die transnationale Governance-Strukturen erfordert. Diese Sicht gilt von Europa aus, bedingt durch die beschränkte Größe seiner Staaten. Die USA, China und Indien verstehen sich als durchaus handlungsfähige Nationalstaaten. Mit der EU ist eine transnationale Ebene entstanden, die nationale Handlungsfähigkeit ergänzt, Mehr-Ebenen-Staatlichkeit ist so konstituiert. Bei ihrer Einwohnerzahl von 500 Mio. und ihrem Territorium von 4,2 Mio. km^2 hat die EU globale Handlungsfähigkeit erreicht. Fehlende Handlungsfähigkeit trifft mehr noch als auf die europäischen auf die kleinen Staaten anderer Weltregionen zu. Ihre innere wie äußere Souveränität ist eingeschränkt, sie können Beute ihrer korrupten Eliten, Spielball der großen Mächte oder Ausgang von Stabilitätsgefahren sein. Die UN sind bisher nicht fähig, diese Handlungsdefizite unzulänglicher Staatlichkeit ihrer Mitglieder zu beseitigen oder zu kompensieren. Sie sind finanziell unzulänglich ausgestattet und die fünf Mächte, die Ständige Mitglieder im Sicherheitsrat sind, instrumentalisieren sie.

4.2.3. Demokratische Legitimierung transnationaler Governance-Strukturen

Global Governance-Konzepte haben das Problem ihrer Legitimierung. Die EU hat sie gelöst. Alle Mitgliedsstaaten wirken repräsentativ legitimiert mit, für das EU-Parlament dürfen alle Bürger wählen. Damit hat die Mehr-Ebenen-Staatlichkeit der „Europäischen Ordnung" das Problem der menschenrechtlichen Ungleichheit bei der politischen Partizipation gelöst – im Gegensatz zur Weltordnung.

Die „Machtindikatoren" erklären global die Verhältnisse zwischen den Staaten, sie rechtfertigen aber die bestehende Weltordnung nicht. Ihre Rechtfertigung muss in menschenrechtlichen Normen gefunden werden – der UN Charta, der Allgemeinen Erklärung der Menschenrechte und im völkerrechtlich verbindlichen Internationalen Pakt über bürgerliche und politische Rechte. Die schon aufgezeigte Grundspannung zwischen gleichen Rechten der Staaten und gleichen Rechten der Menschen in diesen völkerrechtlichen Verträgen ist allerdings nur fiktiv. Primär haben die Bürger größerer Staaten repräsentativ geringere Partizipationsmöglichkeiten. Sekundär wird die fiktive Gleichheit der Staaten im UN-Sicherheitsrat und in den Bretton Woods Institutionen beiseitegeschoben, so dass die Mehrheit der Staaten mindere Rechte und ihre Bürger damit keine Partizipationsmöglichkeiten haben.

Die globale Finanzkrise 2008/9 hat mit den G20 über die G7/8 hinaus zur institutionalisierten Mitwirkung weiterer Staaten an globaler Wirtschaftpolitik geführt, mehr Bürger haben so repräsentative Partizipationsmöglichkeiten. Haben die G7 die Reichen privilegiert, so führt aber die G20 zum Ausschluss der Armen. Deren Staaten fordern zu Recht Mitwirkung. Das drängt zu einer Weltordnung der Mehr-Ebenen-Staatlichkeit, mit regionalen Akteuren, deren Einwohnerzahl ausgewogen ist. China und Indien sind dabei der Maßstab. Zu suchen wäre nach vier weiteren Regionen mit etwa 1 Mrd. Einwohnern. Dieses Erfordernis erfüllen Amerika mit 950 Mio. Einwohner, institutionalisiert mit der Organisation Amerikanischer Staaten, Afrika mit 950 Mio. Einwohner, institutionalisiert in der Afrikanischen Union, die EU und die GUS gemeinsam mit 750 Mio. Einwohnern, ASEAN und SAARC (ohne Indien) gemeinsam mit etwa 1.500 Mio. Einwohnern. Nicht integriert blieben die westasiatischen Staaten.

Ein historischen und gegenwärtigen Bedingungen näher kommendes Modell – das aber im Vergleich mit Indien und China kleinere Regionen bildet – wären neun Regionen, Nordamerika, 550 Mio. Einwohner, institutionalisiert in der NAFTA und DR-CAFTA, Südamerika, 350 Mio. Einwohner, institutionalisiert in der SAU, die EU, die GUS, die Arabische Liga, Afrika südlich der Sahara, SAARC ohne Indien, ASEAN.

Noch anschlussfähiger an die tradierten machtstaatlichen Kategorien ist ein System, das die zehn einwohnerstärksten Staaten mit zusammen 60% der Weltbevölkerung aufnimmt und das verbleibende gute Drittel regional integriert. Für regionale Integration steht die EU, ihrem Beispiel könnten – bei vielen Integrations- und Abgrenzungsschwierigkeiten untereinander und zu den zehn großen – die kleineren Staaten Südamerikas, Subsahara-Afrika, die Arabische Liga, ASEAN und eine bis zwei weitere asiatische Regionen folgen. Auf dieser Grundlage kann der UN-Sicherheitsrat reformiert werden, der dann ständig zehn Staaten und Vertreter von sechs Regionen als Mitglieder hätte, alle Bürger der Welt hätten repräsentativ Partizipationsmöglichkeiten.

Ein solches globales Politisches System würde Artikel 28 der Allgemeinen Erklärung der Menschenrechte näher kommen. Er lautet: „Jeder hat den Anspruch auf eine soziale und *internationale Ordnung*, in der die in dieser Erklärung verkündeten Rechte und Freiheiten voll verwirklicht werden können". Zu diesen „Rechten und Freiheiten" gehören die des Artikels 21 in Verbindung mit dem Diskriminierungsgebots in Artikel 2: „Jeder hat das Recht, an der Gestaltung der öffentlichen Angelegenheiten seines Landes unmittelbar oder durch frei gewählte Vertreter mitzuwirken." Und das gilt „ungeachtet der politischen, rechtlichen oder internationalen Stellung (…) des Landes, dem eine Person angehört." Die ungleiche Repräsentation der Bürger unterschiedlicher Staaten in den globalen Institutionen verstößt zumindest gegen den Geist dieser Menschenrechte. Umso mehr die öffentlichen Angelegenheiten der Länder globale Angelegenheiten werden, desto mehr gilt das, und umso mehr ist eine internationale, also globale Ordnung erforderlich, die dem Geist der Artikel 28, 21 und 2 entspricht.

Ausgewogen gleiche Repräsentation der Bürger aller Staaten in den Entscheidungsgremien der UN und der Internationalen Finanzinstitutionen ist ein erster Schritt, das globale Politische System demokratisch und damit auch global handlungsfähiger zu machen. Es basiert auf föderaler Gewaltenteilung, allerdings bereits mit der Orientierung auf geringe Unterschiede in der Einwohnerzahl der Mitglieder dieser „Globalen Föderation".

Allerdings wäre auch die Übertragung der Montesquieuschen Gewaltenteilung auf die globale Ebene durchaus geboten. Es fehlt vor allem eine parlamentarische Legitimierung und Kontrolle sowohl der Organisationen des UN-Systems, einschließlich der Internationalen Finanzinstitutionen, wie des UN-Sicherheitsrates. Diese Legitimierung und Kontrolle sind durchaus möglich, am geeignetsten durch Weiterentwicklung der Interparlamentarischen Union. Was das politische wie auch das wissenschaftliche Urteil dazu in Europa und Nordamerika schreckt, ist das Zahlenverhältnis in einer „Globalen Parlamentarischen Versammlung", wenn sie tatsächlich repräsentativ ist: bei 670 Parlamentariern, 0,0001% der Weltbevölkerung, hätten China 130, Indien 110, die EU 50 und die USA 30 Mitglieder. Realistischer Weise wird allerdings für eine lange Periode der Ausbildung dieser Parlamentarischen Versammlung ein Verzicht auf einwohner-proportionale Repräsentanz zweckförderlich sein. Dieses Vorgehen gilt für die Zusammensetzung der Interparlamentarischen Union, es gilt auch für das Europäische Parlament, in dem Luxemburg und Malta gegenüber Deutschland, Frankreich und Großbritannien deutlich überrepräsentiert sind. Diese Begünstigung kleiner Staaten sollte aber durch die Förderung regionaler Zusammenschlüsse auch der parlamentarischen Repräsentanz ergänzt werden. Dauergarantien für kleine Staaten würden deren eingeschränkte Funktionsfähigkeit verlängern.

Bleiben die Aufgaben der Parlamentarischen Versammlung zu beschreiben. Die zunächst wichtigste wäre die institutionalisiert Kontrolle der Globalen Exekutive. Zwar gelingt globalem zivilgesellschaftlichem Engagement und freien Medien Kontrolle der Politik des UN-Systems in manchen Bereichen, aber die Auskunftserteilung lässt sich – wie auf staatlicher Ebene – nur mit parlamentarischen Rechten verbindlich durchsetzen. Solche parlamentarischen Rechte auf der globalen Ebene hätten vielleicht Fehlentwicklungen bei den Internationalen Finanzinstitutionen eher aufdecken und manche Aspekte der Finanzkrise 2008/9 so eindämmen können.

4.2.4. Globale Entwicklungsprobleme

Ein demokratisches Politisches System auf globaler Ebene könnte Probleme, die alle Menschen betreffen, besser lösen, auch durch Weltentwicklungspolitik. Das Recht auf Entwicklung ist bedroht durch Ressourcenmangel bzw. ungerechte Ressourcenverteilung, unregulierte Finanzmärkte und Klimaveränderungen. Soziale Ungleichheit in globaler Dimension betrifft selbstredend alle Menschen, nur in bis zu gegensätzlicher Weise. Das Sozialprodukt pro Kopf beträgt in den USA 42.000 US-$, in China 1.800, in Indien und den meisten Staaten Afrikas weniger als 1.000 US-$. Ökologische Gefährdung in globaler Dimension betrifft selbstredend alle Menschen, nur wird sie in ungleichem Maße verursacht. Der jährliche CO_2 Ausstoß in den USA beträgt 21 Tonnen pro Kopf, in China 4, in Subsahara-Afrika haben zwei Drittel der Menschen keinen Zugang zu elektrischer Energie. Universale Menschenrechte erfordern es, wirtschaftliche Leistung und ökologische Gefährdung den einzelnen Menschen zuzurechnen und nicht Staaten, unabhängig von ihrer Einwohnerzahl.

Eine legitimierte und nachhaltige Weltordnung kann eine global regulierte Wirtschaft, globale Sozialstaatlichkeit und globale Umweltstaatlichkeit hervorbringen. Dazu bedarf es neuer Institutionen bei repräsentativer Partizipation aller Bürger. Ein zweiter UN-Sicherheitsrat wäre sinnvoll, er hätte die Aufgabe, globale sozioökonomische Regeln zu beschließen, auch solche zur globalen Verteilung von Ressourcen, zum globalen Finanzausgleich und zur globalen Entwicklungspolitik. Zur administrativen Umsetzung wären die Stärkung von UNDP und UNIDO sinnvoll; UNIDO könnte den Schwerpunkt seiner Beratungstätigkeit auf die Rohstoffveredlung in den schlechter entwickelten Förderstaaten legen.

Schluss: Die intellektuell-moralische Funktion von Wissenschaft

Das demokratisch legitimierte und kompetente globale Politische System gibt es noch nicht, aber die Wissenschaft kann bereits etwas für Konzepte von Weltentwicklungspolitik tun. Das entspräche der intellektuell-moralischen Funktion von Wissenschaft. Ihrer wahrheitssuchenden Aufgabe steht sie nicht im Wege. Die entsprechende Forschung kann sich theoretisch und empirisch vollziehen. Beides ist wissenschaftlich anschlussfähig. Die theoretische Forschung kann an die Governance-Diskussionen anschließen und sie handlungs- und demokratieorientiert ergänzen.

Die empirische Forschung findet eine Fülle von Daten, die nur mit geänderter Fragestellung aufbereitet werden müssen. Diese Daten kommen aus Institutionen des bestehenden Politischen Systems der globalen Ebene, wie der OECD[12], des UNDP, des IMF, der World Bank. Nicht Mangel an Daten, sondern Unbeweglichkeit des Bewusstseins ist ein Hemmnis für theoretische Erklärungen, die politische Praxis verändern könnten.

---

12 *Organisation for Economic Cooperation and Development,* Development Aid at a Glance (2008); *Dies.,* Development Co-operation Report 2009 (2009).

Nachhaltigkeit und Ressourcen

Die Dritte Welt in der fossilen Ressourcenfalle – Ressourcenabhängigkeit trotz Ressourcenreichtum

Hermann Scheer

Die Städte der Dritten Welt orientierten sich in der nachkolonialen Ära wie selbstverständlich am Vorbild der industriegesellschaftlichen Entwicklung und damit an deren energieintensivem Wachstumsmodell. Dadurch wurden und werden sie unvermittelt und ohne Zeit zur Anpassung einer Wachstumsflut ausgesetzt. Ein beispielloser Zuzug überschwemmt die Städte der Dritten Welt und überfordert in kürzester Zeit ihre Infrastruktur. Die Städte werden mit schnell hochgezogenen und rasch verkommenden Betonbauten „erschlossen", mit wuchernden Straßen- und Kabelnetzen versehen; Siedlungsringe und schwärende Elendsviertel breiten sich um die Stadtzentren aus, die permanent unter einer Smogwolke liegen. Städte wie Mexiko City, São Paulo, Lima, Kairo, Neu-Delhi, Bombay, Djakarta, Istanbul oder Karachi, die die Zehn-Millionen-Einwohnergrenze längst überschritten haben, belegen eklatant die Aussichtslosigkeit des fossilen Zivilisationsmodells.

Die Megastädte der Industriegesellschaften haben die Grenze ihres Wachstums mehrheitlich erreicht; ihre Bevölkerungszahlen insgesamt stagnieren, und in den ländlichen Räumen lebt durch die Marginalisierung des landwirtschaftlichen Sektors bereits nur noch ein geringer Teil der Bevölkerung. Die Megastädte der Dritten Welt dagegen sind mit einer kaum enden wollenden Zuwanderung konfrontiert, der sie hilflos gegenüberstehen. In den Ländern der Dritten Welt lebt der überwiegende Teil der Bevölkerung immer noch in ländlichen Räumen: über 70% in China, und ebenso in Indien, im übrigen Asien und im subsaharischen Afrika. Damit stehen noch riesige Menschenmassen vor ohnehin schon hoffnungslos überlasteten Städten. „Least Development Countries" heißt dieser „Entwicklungsstand" unter Dritte-Welt-Experten. Dieser Sprachgebrauch verrät, dass ein Land als besonders niedrig entwickelt gilt, wenn der Anteil der ländlichen Bevölkerung besonders hoch ist – wie in Burundi, Ruanda, Burkina Faso, Uganda, Malawi, Äthiopien, Niger, Eritrea, Tansania oder Kenia – oder in den asiatischen Ländern Nepal, Bangladesch, Kambodscha und Laos mit jeweils über 80 oder gar 90 Prozent. Die Botschaft „Nichts wie weg" steckt unausgesprochen in dieser Kategorisierung – als wäre die Vorhölle der Großstadtslums eine höhere Entwicklungsstufe.

Die Landflucht hat ihre wesentlichen Gründe in einer verfehlten oder völlig vernachlässigten Entwicklung der Landwirtschaft:

- Die „Modernisierung" der landwirtschaftlichen Erzeugung hat – wie schon beschrieben – dem Kleinbauerntum seine Existenzgrundlage genommen.
- Die ländliche Bevölkerung kann sich die für die wirtschaftliche und kulturelle Entwicklung notwendigen kommerziellen Energiequellen entweder gar nicht

leisten oder sie sind ihr technisch gar nicht zugänglich, weil die Regierungen den Schwerpunkt der Energieversorgung einseitig auf die Städte legten.

Diese strukturellen Ursachen der Landflucht bzw. des katastrophalen Wachstums der Städte machen die Tragweite der energetischen Sackgasse für die gesamte Entwicklung der Dritten Welt sichtbar. Am härtesten trifft es Afrika, den ärmsten Kontinent, der – wie Axelle Kabou in ihrer „Streitschrift gegen Eliten und weiße Helfer" schreibt – „gleichzeitig unterentwickelt und unteranalysiert" ist. Aus dieser Sackgasse gibt es nur einen einzigen Weg: die Nutzung erneuerbarer Energien, so dass in den ländlichen Räumen Strom und Treibstoff für landwirtschaftliches, handwerkliches und kleinindustrielles wirtschaftliches Wachstum verfügbar sind.

Es ist ein intellektuelles Armutszeugnis, wenn diese fundamentale Energiekrise in wissenschaftliche Betrachtungen über die Ursachen von Unterentwicklung und Gewaltexplosionen überhaupt nicht einbezogen wird. Ein Beispiel dieser Problemausblendung ist die Veröffentlichung der Stiftung Wissenschaft und Politik, des offiziellen außenpolitischen Beratungsinstituts der deutschen Regierung, zur Frage der Verhinderung und Lösung gewaltsamer Konflikte in Afrika: kein Wort zur Energiekrise, die unmittelbar zu Lebensraumkonflikten führt.

Noch Ende der 1950er Jahre hatte der Amerikaner Walt Rostow fünf wirtschaftliche Wachstumsstadien beschrieben, die in immer gleicher Weise aufeinander folgen: Sie führen von der traditionellen Gesellschaft zu ersten industriellen Aktivitäten; von da zu einem breit angelegten industriellen Schub, zu dessen Transformation in marktwirtschaftliche Strukturen und schließlich zu wirtschaftlichem Wohlstand in Stadtzivilisationen. Dass den meisten Ländern der Dritten Welt das Entwicklungsmodell der industriellen Revolution einfach übergestülpt wurde, ist inzwischen vielfach in all seinen kulturellen und sozialen Folgen beschrieben worden. Auch die Versuche eines Entwicklungsländersozialismus, der an die lokalen Kulturtraditionen anknüpfen sollte, schlugen fehl. Denn auch sie fanden auf die wirtschaftlichen Basiserfordernisse der Entwicklungsländer keine adäquate Antwort: Ihnen fehlte das Konzept, das anstelle einer stagnierenden Subsistenzwirtschaft in ländlichen Räumen eine dauerhafte wirtschaftliche Entwicklung ermöglicht hätte. Sie folgten ebenfalls dem Industrialisierungsmuster, nur eben mit planwirtschaftlichen Methoden, und kollektivierten die kleinbäuerlichen landwirtschaftlichen Strukturen. Oder sie versuchten diese Strukturen zu erhalten, allerdings ohne die dafür entscheidende Voraussetzung sicherstellen zu können: die technische und wirtschaftliche Verfügbarkeit von Energie für den Betrieb von Motoren, landwirtschaftlichen Geräten, Produktionsmaschinen. So wurden die kleinbäuerlichen und handwerklichen Strukturen – im Verhältnis zu großindustriellen Strukturen – immer unproduktiver und immer mehr an den Rand der Gesellschaft gedrängt.

Die Alternative dazu wäre gewesen – und ist es mehr denn je –, autonom arbeitende dezentrale Energiesysteme einzuführen. Die technischen Möglichkeiten dafür sind seit langem vorhanden, wie die Technikgeschichte solarer Energiesysteme zeigt – von Kleinwasserkraftwerken bis zu kleinen Windstromanlagen, von Biogasanlagen bis zu Motoren auf der Basis von Holzvergasung. Doch nur in wenigen Ländern wurden sie zumindest partiell eingeführt. Eine Ausnahme blieben etwa die vielen Millionen Biogasanlagen, die chinesische Kleinbauern selbst aufbauen konnten.

Doch auch diese beschränkten sich darauf, den Koch- und Wärmebedarf zu decken, ohne darüber hinaus Strom oder Treibstoffe für Motoren bereitzustellen, mit denen arbeitserleichternde Geräte betrieben werden könnten. Auch in den Entwicklungsländern waren eben die Strategien der Energiebereitstellung für Strom und Treibstoff auf jene zentralen Angebotsstrukturen ausgerichtet, die als fortschrittlich und vorbildlich galten. „Moderne" zentrale Energiesysteme entkoppelten aber die wirtschaftliche Entwicklung von ihrer sozialen und kulturellen Basis. 97% der Stromerzeugungskapazitäten von Tansania stehen z.B. allein den Städten zur Verfügung, auf die sich der Ausbau der Verteilernetze beschränkte – und aus wirtschaftlichen Gründen auch beschränken muss, solange die Elektrifizierung über zentrale Kraftwerke im Vordergrund steht. In Lesotho werden 93% des Stroms durch Großwasserkraftwerke produziert und privilegieren damit strukturfremde wirtschaftliche und soziale Trends; nur 7% kommen aus strukturgemäßeren Kleinwasserkraftwerken.

Die Weltbank (und in ihrem Gefolge andere Entwicklungsbanken und die jeweiligen nationalen Entwicklungsstrategien) hat diese energetische Fehlschaltung über Jahrzehnte hinweg gezielt betrieben, in enger Anlehnung an die Interessen der Industrieländer und der fossilen Ressourcenkonzerne. In kritischen Analysen der Politik der Weltbank ist dies anhand vieler Beispiele dokumentiert. Von den 292 Mio. Dollar, mit denen die Weltbank zwischen 1952 und 1963 Projekte in Brasilien gefördert hatte, wurden 264 Mio. allein für die Elektrifizierung durch Großkraftwerke verwendet. Ein Großteil der Entwicklungskredite zielte und zielt wie eh und je auf den Energiebedarf der Rohstoffkonzerne, um den Bedarf der Industrieländer an Rohstoffen aus der Dritten Welt sichern zu können. Viele Großwasserkraftwerke wurden nur gebaut, um billigen Strom für die Bergwerksaktivitäten und die minennahe Metallaufbereitung bereitzustellen – oft mit fatalen Folgen für die Umwelt. Etwa die Hälfte der weltweiten Aluminiumproduzenten bezieht ihre Energie aus solchen Kraftwerken. Gezielt wurde die Abhängigkeit der Entwicklungsländer von den Erdölmultis gefördert – etwa bei Kreditentscheidungen für Straßen statt für Eisenbahnlinien, oder sogar indem Entwicklungsländern Kredite für ihre eigene Ölförderung bzw. den Aufbau von Raffinerien verweigert wurden, weil solche eigenen Kapazitäten den Marktinteressen der westlichen Ölkonzerne entgegenstanden. Ebenfalls unter deren massiver Einflussnahme finanzierte die Weltbank andererseits Düngemittelfabriken: stolze 58% aller Kredite im Jahr 1979 wurden dafür vergeben. Statt des Kleinbauerntums wurde mit Priorität das „commercial farming" gefördert, also der Einsatz landwirtschaftlicher Großgeräte und Pestizide auf Erdölbasis. Begründet wurde dies stets mit niedrigeren Investitionskosten im Verhältnis zu den jeweiligen Energie-, Rohstoff- und Nahrungsmittelerträgen – wobei die Weltbank-Verantwortlichen die eigentlich zentrale Fragestellung schlicht ignorierten: nämlich ob dies für die volkswirtschaftliche Bilanz der Dritte-Welt-Länder und für ihre soziostrukturelle Entwicklung förderlich sei oder im Gegenteil kontraproduktiv.

Dass diese Weltbank-Politik nicht auf die 1950er, 60er und 70er Jahre beschränkt blieb, in denen die Industrialisierungskonzepte des Nordens dem Süden aufgedrängt wurden, zeigen aktuellere Analysen. So haben 1997 amerikanische und europäische Nichtregierungsorganisationen in einer Gemeinschaftsstudie ermittelt, dass die Weltbank seit der Verabschiedung der Weltklima-Konvention im Jahr 1992 mehr Projekte zur Finanzierung von fossilen Energieanlagen unterstützt hat, die zu einer

Steigerung statt zur Reduzierung klimazerstörender Emissionen führen. Mittlerweile sind Kreditprogramme für erneuerbare Energien angelaufen. Aber immer noch fördert die Weltbank mit vielfach höheren Summen Investitionen in neue Erdöl- und Erdgasfelder, den Kohlebergbau und fossile Kraftwerke. Sie fördert darüber hinaus ausländische Beteiligungen und Übernahmen von Energieunternehmen in der Dritten Welt – und damit den Konzentrationsprozess in der globalen Energiekette. 90% der Projekte gehen an Energiekonzerne der sieben großen Industrienationen. Nur fünf Prozent des Energiebudgets gehen in die ländlichen Räume der Entwicklungsländer, und nur drei Prozent fließen in Projekte erneuerbarer Energien.

Zwar deckt die Weltbank mit ihren Krediten nur drei Prozent des globalen Finanzbedarfs für Energieinvestitionen, aber sie beeinflusst in hohem Maße die Kreditstrategien anderer Banken. Dies alles geschieht, geradezu schizophren, im diametralen Gegensatz zu hausinternen Analysen: Auch Weltbank-Experten haben längst festgestellt, dass die Energiebereitstellung durch erneuerbare Energien für die Mehrheit der Menschen in den ländlichen Räumen der Entwicklungsländer ein zwingendes Erfordernis ist. Und auch dies steht in Weltbank-Studien: Erneuerbare Energien seien nicht allein aufgrund ihrer Umweltfreundlichkeit dringlich zu fördern, sondern sie seien für die ländlichen Strukturen auch die ökonomisch schlüssigste Option, weil sie von einer infrastrukturellen Vernetzung und einem zentralen Versorgungssystem unabhängig sind. Es gibt durchaus eindrucksvolle Beispiele für die Elektrifizierung mit dezentralen und netzunabhängigen Anlagen zur Nutzung erneuerbarer Energien – etwa die „Solar Home Systems" mit Photovoltaik, wie sie in ländlichen Gebieten der Dritten Welt inzwischen zunehmend eingeführt werden. Aber von einer den Notwendigkeiten und Möglichkeiten auch nur annähernd entsprechenden Realisierung kann keine Rede sein. Diese würde einen vollständigen Strategiewechsel in der Entwicklungspolitik der Industrieländer voraussetzen. Ein Umdenken hin zu erneuerbaren Energien verhindern bis heute die maßgeblichen Entscheidungsträger, die eingebettet sind in das Interessengeflecht der fossilen Ressourcenwirtschaft, einschließlich der Regierungen der Dritte-Welt-Länder selbst. Viele obstruieren diese Entwicklung mit hartnäckiger Selbstverständlichkeit. Von der globalen Energiekette sind sie auch ideologisch so sehr gefesselt, dass sie an die naheliegendste Möglichkeit zu allerletzt denken.

Das vielleicht deutlichste Beispiel dafür ist das Projekt einer Hochspannungsleitung nebst angeschlossenen Großkraftwerken im südlichen Afrika, die von der SADC (Southern African Development Community) geplant ist. Angola, Botswana, Lesotho, Malawi, Mosambik, Namibia, Swasiland, Tansania, Sambia und Simbabwe haben in diesem Zusammenschluss 1996 ein gemeinsames Energieprotokoll verabschiedet. Geplant ist ein Stromnetz vom Äquator bis zum Kap – die längste Stromleitung des Erdballs. Es soll gespeist werden mit Strom aus großen, zum Teil noch zu errichtenden Staudamm-Kraftwerken, aus Kohle- und Atomkraftwerken der Südafrikanischen Union und einigen Gaskraftwerken. Dieser „Power Pool" unter faktischer Federführung des südafrikanischen Stromgiganten Eskom, ist aber tatsächlich ein Monstrum organisierter zivilisatorischer Fehlentwicklung und Kulturzerstörung. Aus Kostengründen ist es unmöglich, den über die Hochspannungsleitungen transportierten Strom in die Dörfer zu lenken, wo drei Viertel der Gesamtbevölkerung des Subkontinents leben. Daraus ergibt sich die glasklare Konsequenz, dass die

Hochspannungsleitung die Wirtschaftsaktivitäten magnetartig anziehen und entlang der Stromlinie konzentrieren wird. Diese Leitung provoziert also Landflucht. Dabei lassen die aus den ländlichen Räumen Abwandernden die Alten in den Dörfern zurück, die Familienstrukturen werden zerrissen. Und in ihrer neuen Heimat in den Wellblechunterkünften der Slums blühen Prostitution, Verwahrlosung und Gewalt. Der jähe Sprung von ländlichen Dorfstrukturen in ein zentralisiertes Energiesystem wird damit für die meisten zum Sturz ins Bodenlose. Das Konzept wirtschaftlicher „Modernität", die Menschen zu den fossilen Energiesystemen zu holen, statt die Energiesysteme dort bereitzustellen, wo sie leben und mit der Natur arbeiten könnten, erweist sich einmal mehr als verhängnisvolle Fehlentwicklung.

Die Länder des Südens haben den größten Reichtum an Ressourcen – sowohl an fossilen wie an solaren bzw. biologischen Rohstoffen. Dennoch stecken sie in der Falle des globalisierten fossilen Ressourcenzentralismus, weil sie auf Gedeih und Verderb von dessen Ketten abhängig gemacht werden bzw. sich selbst gemacht haben. Am deutlichsten zeigt sich dies an der wachsenden Geldmenge, die die Volkswirtschaften der Dritten Welt im Verhältnis zu den Exporteinnahmen für den Import von fossiler Energie ausgeben müssen.

Das Bild wäre noch deutlicher, stünden in den jüngeren Weltentwicklungsberichten auch die Angaben für die Jahre nach 1985. Alles spricht dafür, dass der Energieimport auch seitdem immer größere Anteile der Gesamteinnahmen aus Exportaktivitäten frisst. Ursache dafür ist vor allem der wachsende Treibstoffbedarf für die rapide zunehmende Motorisierung und den Flugverkehr durch den Tourismus. Dabei ist in der Statistik nicht einmal die Höhe jenes Anteils der Exporteinnahmen enthalten, der zusätzlich für den Import von Kraftfahrzeugen und Kraftwerken zur Umwandlung der importierten Energie ausgegeben werden muss. Ebenso wenig sind die Geldmengen ausgewiesen, die für den Import von Düngemitteln aufgebracht werden.

Der Energieeinsatz steht am Beginn jeder Wertschöpfungskette. Wird er immer teurer, so ergibt sich daraus die dramatische Erkenntnis: Die Entwicklungsländer haben schlicht keine wirtschaftlichen Entwicklungsmöglichkeiten, solange sie von Primärenergieeinfuhren abhängig sind. Die Energieeinfuhren fressen die wirtschaftlichen Erträge, die aus dem Energieeinsatz erwachsen sollen, oft von vornherein auf. Wahrscheinlich hat angesichts der seit den 1960er Jahren rapide steigenden Kurve mittlerweile die Mehrzahl der Dritte-Welt-Länder einen Energieimportanteil, der über 50% der Exporteinnahmen liegt, und bei manchen nähert sich die Kurve schon den 100% oder geht gar darüber hinaus.

Die Aussichtslosigkeit der auf fossiler Energie basierenden wirtschaftlichen Entwicklung vor allem für die Dritte Welt wird noch evidenter, wenn man in die Analyse mit einbezieht, in welchen Sektoren diese Energie vorwiegend eingesetzt wird. Offenbar wegen des mangelhaften Problembewusstseins unter Wirtschaftswissenschaftlern liegen zu dieser Thematik gar keine statistischen Angaben vor (bzw. waren von mir trotz langer Recherche nicht auffindbar). Ein erheblicher Teil der Energieimporte wird innerhalb der Rohstoffförderländer in den Minen für das Schmelzen und den Transport mineralischer Rohstoffe eingesetzt. Bei einigen der Rohstoffförderländer macht der Export dieser Rohstoffe weit über 50% aller Exportaktivitäten, bei manchen sogar mehr als 90% aus (Neukaledonien, Sambia, Namibia, Guinea,

Togo, Zaire, Marokko). Es wäre interessant auszurechnen, wie viele der Deviseneinnahmen aus dem Export dieser Rohstoffe allein für den Import des Energiebedarfs für die Rohstoffförderung und -lieferung ausgegeben werden müssen. Dies macht den volkswirtschaftlichen Wert dieser Rohstoffe für die Exportländer wahrscheinlich noch zweifelhafter, als er ohnehin schon ist – abgesehen von den falschen politisch-ökonomischen Weichenstellungen in Richtung auf ein zentralisiertes Energiesystem.

Es sind weit überwiegend die Beschäftigten im Rohstoffsektor und vor allem korrupte Regierungen und Staatsbeamte, die von der Rohstoffwirtschaft profitieren – neben den transnationalen Rohstoffkonzernen. Und noch wahrscheinlicher ist, dass die umfassende Bilanzierung der fossilen Energiesysteme einschließlich der importierten Kraftwerke und Kraftfahrzeuge unter dem Strich einen Negativsaldo für die Volkswirtschaften der meisten Länder in der Dritten Welt ergibt. Vor dem Hintergrund der sich zuspitzenden globalen Energiekrise und der erwartbaren Preissteigerungen laufen diese Gefahr, von der fossilen Energiekette stranguliert zu werden.

Doch was sind die Antworten? Sie können nur im unverzüglichen Wechsel zu heimischen erneuerbaren Energien liegen, allem voran beginnend in den ländlichen Räumen. Darin liegt die Möglichkeit zur Deviseneinsparung für die „Dritte Welt" und damit zur Steigerung tatsächlicher eigener Wertschöpfung. Im ländlichen Raum ist es die einzige Chance, die Landflucht in die Slums aufzuhalten. Und es ist die Chance, statt bloßer Rohstofflieferant zu erpressten Niedrigpreisen zu sein, die Rohstoffverarbeitung selbst in die Hand zu nehmen. Nur erneuerbare Energien ermöglichen eine lokale bzw. regionale Energieversorgung – in deren Mittelpunkt immer mehr die multifunktional nutzbare Stromversorgung rückt. Und nur dadurch ist eine schnell organisierbare Energieversorgung realisierbar, weil dann auf den kostspieligen und nur langwierig zu erstellenden Bau von Überlandleitungen verzichtet werden kann.

Ohne Bildung geht es nicht! Kritische Anmerkungen zur deutschen Nachhaltigkeitsdebatte

Bernd Schleich

1. Einleitung[1]

„Wir brauchen eine Entwicklungspolitik für den ganzen Planeten. Das heißt: Die Industrieländer – auch Deutschland – müssen sich fragen, was sich bei Ihnen ändern muss, um der Welt eine globale Zukunft zu sichern."[2]

Ein wichtiger Satz in der Berliner Rede 2009 des Bundespräsidenten Horst Köhler. Eine Rede übrigens, die fälschlicherweise von den Medien durchgängig als Rede zur gegenwärtigen Finanz- und Wirtschaftskrise rezipiert wurde. Es war eine Nachhaltigkeitsrede. Es war ein Bekenntnis zu einem Verständnis von Nachhaltigkeit, das über die verbreitete Übersetzung von „Nachhaltigkeit" in „Dauerhaftigkeit" hinausgeht. Nachhaltigkeit im Sinne von „Zukunftsfähigkeit" heißt, die Fehlentwicklungen in den Industrie wie Entwicklungsländern in ihren Dimensionen von ökologischer Überlastung, ökonomischer Irrationalität und sozialer Ungerechtigkeit zu buchstabieren, um eine Antwort auf die von Köhler gestellte Frage geben zu können: Was muss sich bei uns ändern, damit die Welt eine globale Zukunft haben kann?

Vieles hat sich seit der UN Konferenz über Umwelt und Entwicklung 1992 in Rio de Janeiro getan in Deutschland und der Welt. Die deutsche Nachhaltigkeitsdebatte hat sich in das Zentrum des politischen Diskurses vorgearbeitet. So viele Lippenbekenntnisse und Ablenkungsmanöver dabei sein mögen: Nachhaltigkeit im Sinne von Zukunftsfähigkeit ist die Zielorientierung gesellschaftlicher Entwicklung geworden, sei es auf der Ebene des Leitbildes der Bundesregierung, in einzelnen Politikfeldern – von der Landwirtschaftspolitik bis zur Forschungs- und Technologiepolitik – oder bei einer großen und weiter wachsenden Anzahl von Unternehmen. Die Menschen wollen nachhaltig konsumieren, sie suchen nach Möglichkeiten eines nachhaltigen Tourismus, sie orientieren sich an internationalen Zertifizierungen, die den Ausschluss von Kinderarbeit garantieren oder – bei Kauf ihrer Gartenmöbel – eine Herkunft aus einer ökologisch ausgerichteten und überwachten Holzwirtschaft sicher stellen.

Der Aufsatz geht von der Hypothese aus, dass die Geschichte der Nachhaltigkeit – insbesondere in Deutschland – eine Erfolgsgeschichte ist. Kaum ein politisches Gestaltungskonzept hat es annähernd so erfolgreich wie das Nachhaltigkeitskonzept verstanden, ein derart breites gesellschaftliches Bündnis hinter sich zu organisieren,

---

1   Der Text entstand mit Unterstützung von Katharina Dreuw und Jana Fleschenberg.
2   *Köhler*, Berliner Rede 2009 (2009), S. 2.

das die unterschiedlichsten politischen Lager umfasst. Ich will an Hand einer kritischen Analyse aktueller Beiträge zur deutschen Nachhaltigkeitsstrategie zeigen, wie einerseits erfreuliche Fortschritte insbesondere im Bereich Bildung für nachhaltige Entwicklung zu verzeichnen sind, andererseits die allgemeine Nachhaltigkeitsdebatte in die Gefahr gerät, die Schlüsselrolle, die der Bildung im Rahmen einer erfolgreichen Nachhaltigkeitsstrategie zukommt, aus dem Blick zu verlieren.[3]

Nachhaltigkeit ist nicht lediglich eine neu aufgelegte globale Modernisierungsstrategie, wie wir sie aus den Anfängen der Entwicklungspolitik seit den 1960er Jahren des vergangenen Jahrhunderts kennen. Nachhaltigkeit ist ein umfassendes und tiefgreifendes Erneuerungs- und Fortschrittsmodell für Industrie-, Schwellen- und Entwicklungsländer gleichermaßen. Und gerade weil die Nachhaltigkeitsstrategie mehr ist als technische Innovation, mehr als Umwelt- und Naturschutz oder Wirtschaftsreform, weil sie einen tiefgreifenden Bewusstseinswandel im Verhältnis von individuellem Verhalten und globaler Entwicklung voraussetzt, gerade deswegen baut eine erfolgreiche Nachhaltigkeitsstrategie in erster Linie auf Bildung und Erziehung auf.[4]

Nachhaltigkeit ist das globale Bildungsprogramm des 21. Jahrhunderts.

2. Die internationale Diskussion über Bildung für nachhaltige Entwicklung – Vom Bericht der Brundtland Kommission zur UN-Dekade

Bildung für nachhaltige Entwicklung ist ein Konzept, das weltweit aufgegriffen und in Schulentwicklungspläne und Curricula verankert wird. Zahlreiche internationale Beschlüsse belegen die Selbstverpflichtung vieler Staaten, eine Bildung für nachhaltige Entwicklung in geeigneter Weise in ihr bildungspolitisches Leitbild aufzunehmen.

In Europa wird Bildung für nachhaltige Entwicklung weitgehend mit Bewusstseinsbildung für die Begrenztheit der ökologischen Tragfähigkeit unseres Planeten, mit globaler Gerechtigkeit und damit mit der Schaffung eines zukunftsorientierten Wertesystems in Verbindung gebracht. In globaler Perspektive weitet sich der

---

3 Betrachtet werden in diesem Zusammenhang folgende Veröffentlichungen:
   - *Bundesministerium für wirtschaftliche Zusammenarbeit und Entwicklung / Ständige Konferenz der Kultusminister der Länder,* Orientierungsrahmen für den Lernbereich Globale Entwicklung im Rahmen einer Bildung für nachhaltige Entwicklung (2007);
   - *Bund für Umwelt und Naturschutz Deutschland / Brot für die Welt / Evangelischer Entwicklungsdienst,* Zukunftsfähiges Deutschland in einer globalisierten Welt – Ein Anstoß zur gesellschaftlichen Debatte (2008);
   - *Bundesregierung,* Fortschrittsbericht 2008 zur nationalen Nachhaltigkeitsstrategie (2009);
   - *Rat für Nachhaltige Entwicklung,* Jahrestagung 2008.
4 Dem folgenden Artikel liegt demzufolge ein Bildungsverständnis zugrunde, das Bildung nicht auf eine rein schulische und formelle Wissensvermittlung reduziert. Bildung ist hier vielmehr Chiffre für individuelle Wahrnehmungs-, Einstellungs- und damit letztendlich Verhaltensänderung und setzt einen lebensbegleitenden Reflektions- und Lernprozess voraus.

Blickwinkel: Bildung für nachhaltige Entwicklung steht hier auch für den Kampf gegen Analphabetismus, die Vermittlung von grundlegendem Wissen über gesundheitliche Fragen oder dem allgemeinen Zugang zu Bildung für Frauen.[5]

Das Thema nachhaltige Entwicklung erlangte mit der Veröffentlichung des Brundtland Berichts von 1987 weltweit an Aufmerksamkeit. Der Bericht wurde von der UN Kommission Umwelt und Entwicklung veröffentlicht. Das von der Kommission vorgestellte Konzept einer nachhaltigen Entwicklung bildete zum ersten Mal die Grundlage einer integrativen globalen Politikstrategie. So wurden herkömmlich als getrennt betrachtete Problembereiche wie Umweltverschmutzung in Industrie- und Entwicklungsländern, globale Aufrüstung, Schuldenkrise, Bevölkerungsentwicklung und Desertifikation in einem Wirkungsgeflecht gesehen, das durch einzelne, unabhängige Maßnahmen nicht würde gelöst werden können.[6] Damit war der Weg frei auch das Thema Bildung als einen zentralen Aspekt der nachhaltigen Entwicklung anzusehen.[7] Auf der „World Conference on Education for All (WCEFA)", die 1990 in Jomtien (Thailand) stattfand, wurden in Ergänzung des Brundtland Berichts weitere wichtige Grundlagen eines neuen Bildungsbegriffes festgeschrieben. So wurde ein Zugang zur Bildung für jeden Menschen gefordert und ein konzertiertes Vorgehen gegen den Analphabetismus vereinbart.[8]

Auf der Umweltkonferenz 1992 in Rio de Janeiro unterzeichneten rund 180 Staaten die Agenda 21.[9] In Kapitel 36 der Agenda 21 wurde die „Neuausrichtung der Bildung auf eine nachhaltige Entwicklung" gefordert. Als Ziele wurde unter anderen festgehalten, dass die Empfehlung über Bildung für alle von der WCEFA-Konferenz zwei Jahre zuvor aufgenommen werden sollte. Ein Umwelt- und Entwicklungsbewusstsein zum frühestmöglichen Zeitpunkt und in allen gesellschaftlichen Bereichen sollte gefördert werden und der Zugang zu umwelt- und entwicklungsorientierter Bildung, in Verbindung mit der sozialen Erziehung aller Bevölkerungsgruppen vom Primärschul- bis zum Erwachsenenalter sollte ermöglicht werden.[10] Mit der Agenda 21 wurde zum ersten Mal die offizielle Verbindung zwischen zwei Anforderungen der internationalen Politik festgehalten. Es handelte sich um „die Verbindung von ökologischen Notwendigkeiten und entwicklungspolitischen Einsichten."[11] Durch die Agenda 21 wurde Bildung für nachhaltige Entwicklung als ein Teil der globalen Entwicklungsstrategie fest in den UN-Richtlinien verankert.

Anfang der 1990er Jahre begann somit ein Paradigmenwechsel von entwicklungspolitischer Bildung hin zu einem integrierten Ansatz des Globalen Lernens

---

5 http://www.umweltbildung.at/cgi-bin/cms/af.pl?contentid=10026.
6 http://www.nachhaltigkeit.info/artikel/geschichte_10/Der_Weg_von_Stockholm_nach_Rio_4 7/brundtland_report_1987_728.htm.
7 *United Nations*, Resolutions adopted by the General Assembly. Report of the World Commission on Environment and Development.
8 *United Nations Educational, Scientific and Cultural Organization (Hrsg.)*, World Declaration on Education for All and Framework for Action to Meet Basic Learning Needs Adopted by the World Conference on Education for All (WCEFA).
9 http://www.un.org/esa/sustdev/documents/agenda21/index.htm.
10 Die deutsche Fassung, abrufbar unter: http://www.agrar.de/agenda/agd21k36.htm.
11 *de Haan*, Bildung für nachhaltige Entwicklung (2006), S. 4.

(vgl. auch Kap. 3).[12] Im Anschluss an die Konferenz von Rio wurde die „Commission on Sustainable Development"[13] gegründet, deren zentrale Aufgabe es ist, die Ergebnisse der Konferenz zu überwachen und zu koordinieren. Die Agenda 21 richtet ihre Handlungsvorschläge aber nicht nur an die globale, sondern auch an die nationale und lokale Ebene.[14] Die Agenda 21 versteht sich als „Ausdruck eines globalen Konsens und einer politischen Verpflichtung auf höchster Ebene zur Zusammenarbeit im Bereich von Entwicklung und Umwelt."[15] Das Nachhaltigkeitskonzept als Gestaltungsaufgabe für die Zukunft verlangt eine Vernetzung und interdisziplinäre Zusammenarbeit, nicht nur von Wissenschaft und Politik. Darüber hinaus sollen auch neue Formen der Kooperation und Partizipation entwickelt und erprobt werden. Wesentliche Bedeutung wird hier der Zivilgesellschaft zugemessen. Die Berücksichtigung globaler Auswirkungen lokaler Entscheidungen, sowie globale Zusammenarbeit und Solidarität waren weitere grundlegende Forderungen. Zwar sind für die Umsetzung in erster Linie die nationalen Regierungen und internationalen Organisationen und Einrichtungen verantwortlich; zur Mitarbeit sind aber auch Kommunen und Nichtregierungsorganisationen, die Wirtschaft und ihre Verbände weltweit aufgefordert.[16]

Im Anschluss an die Konferenz von Rio fanden weitere Konferenzen und Kongresse statt, um die Umsetzung der Agenda 21 voranzutreiben:

Auf dem „World Congress for Education and Communication on Environment and Development (ECO-ED)" in Toronto/Kanada wurde besondere Aufmerksamkeit darauf verwendet, die ökonomische Dimension der ökologischen und sozialen Entwicklung zu betonen. Hier sollten Bildungsstrategien erarbeitet werden, die eine effiziente Nutzung des natürlichen und sozialen Kapitals für zukünftiges Wirtschaftswachstum unterstützen sollten.[17] In erster Linie war die Diskussion dabei auf die Situation in den Entwicklungsländern bezogen.

1994 startete die UNESCO das Projekt „Educating for a Sustainable Future", das den Arbeitsschwerpunkt auf die Bildung für nachhaltige Entwicklung legte. Mit diesem Projekt sollte beispielhaft gezeigt werden, wie nachhaltige Entwicklung durch Bildung befördert werden kann. Im Vordergrund des Projektes standen Interdisziplinarität, Zusammenarbeit und Innovation. Mit dem Projekt sollte die Bedeutung von Werten und Ethik durch Bildung auf den unterschiedlichsten Ebenen vermittelt werden, um Verhaltensänderungen zu beeinflussen und so eine nachhaltige Zukunft zu gestalten.[18] Unterstützt wurde das Projekt durch die Deklaration über „Verantwortung der heutigen Generationen gegenüber den zukünftigen Generationen" von

---

12 Zur Geschichte der entwicklungspolitischen Bildung vgl. *Scheunpflug / Seitz,* Die Geschichte der entwicklungspolitischen Bildung (1995).
13 http://www.un.org/esa/dsd/csd/csd_csd12.shtml.
14 *Forum,* Zeitschrift der unesco-projektschulen, S. 5.
15 *Agenda 21,* Präambel.
16 *Forum,* Zeitschrift der unesco-projektschulen, S. 5.
17 http://portal.unesco.org/education/en/ev.php-URL_ID=37611&URL_DO=DO_TOPIC&URL_SECTION=201.html.
18 http://www.umweltbildung.at/cgi-bin/cms/af.pl?contentid=1262.

1997.[19]

Im selben Jahr fand auch die „International Conference on Environment and Society: Education and Public Awareness for Sustainability" statt. In Griechenland/Thessaloniki diskutierten Expertinnen und Experten aus mehr als 80 Ländern die Fortschritte bei der Umsetzung des Kapitels 36 der Agenda 21. Bildung wurde nun vor allem als Möglichkeit betrachtet, zum einen Veränderungen im Verhalten und in den Lebensstilen der Bevölkerung herbeizuführen, zum anderen individuelle Fähigkeiten zu entwickeln und dadurch die Gesellschaften für nachhaltige Entwicklung zu sensibilisieren. Auch die notwendige enge Verzahnung von Ausbildung, Verwaltung, Wirtschaft und Technologie wurde hervorgehoben. Die Deklaration von Thessaloniki betonte den ethisch-moralischen Aspekt der Bildungsfrage und forderte den Respekt vor traditionellem Wissen und kultureller Diversität.[20]

Ein Jahr später musste die UN Kommission für nachhaltige Entwicklung bei ihrer jährlichen Evaluation des Agenda 21 Prozesses allerdings feststellen, dass bei deren Umsetzung nur bescheidene Fortschritte erzielt wurden.[21]

Bildung, so die allgemeine Erkenntnis, müsste zur Grundlage von nachhaltiger Entwicklung gemacht werden und nicht nur ein Teil von ihr sein. Auf dem „World Education Forum" 2000 in Dakar wurde festgeschrieben, dass der Bildungszugang für alle Menschen bis 2015 ermöglicht werden sollte. Auch im zweiten Millennium Development Goal wurde die universelle Grundausbildung für alle gefordert.[22] Der Fortschritt der Konferenz in Dakar war der internationale Konsens darüber, dass Bildung die eigentliche Grundlage einer nachhaltigen Entwicklung sei.[23]

Auf dem Weltgipfel für nachhaltige Entwicklung in Johannesburg 2002 sollte, zehn Jahre nach Rio, Bilanz gezogen werden und die nächsten Handlungsschritte beschlossen werden. In seinem Bericht über die „Umsetzung der Agenda 21", stellte Kofi Annan fest: „Der Fortschritt in Richtung auf die Ziele von Rio war langsamer als vorhergesehen. In einigen Bereichen sind die Bedingungen schlechter geworden."[24] Auf dem „World Summit on Sustainable Development" fand das Konzept der Bildung für nachhaltige Entwicklung als ein Hauptinstrument für Veränderungen in der Gesellschaft neue Fürsprecher. Das Konzept der nachhaltigen Entwicklung sollte in alle Ebenen des Bildungssystems integriert werden und so sicherstellen, dass alle Menschen ein Bewusstsein und die Handlungsbereitschaft für eine

---

19 http://portal.unesco.org/en/cv.php-URL_ID=13178&URL_DO=DO_PRINTPAGE&URL_SECTION=201.html.
20 http://portal.unesco.org/en/ev.php-URL_ID=13178&URL_DO=DO_PRINTPAGE&URL_SECTION=201.html.
21 *Commission on Sustainable Development*, Main and emerging issues. Report of the Secretary-General Sixth session (1998), S. 2; *Commission on Sustainable Development*, Capacity-building, education and public awareness, science and transfer of environmentally sound technology (1998), S. 3.
22 http://www.un.org/millenniumgoals/education.shtml. Die MDGs umfassen die in 2000 von 189 Staaten unter dem Dach der Vereinten Nationen vereinbarten acht Entwicklungsziele, die bis 2015 erreicht werden sollen.
23 Dakar Framework for Action:
   http://www.unesco.org/education/efa/ed_for_all/dakfram_eng.shtml.
24 Zeitschrift Forum der unesco-projektschulen, S. 4.

dauerhaft sozial gerechte, ökologisch verträgliche und wirtschaftlich leistungsfähige Entwicklung ihrer Kommunen entwickeln. In Johannesburg wurde die Forderung nach einer UN-Bildungsdekade für nachhaltige Entwicklung laut. Noch im selben Jahr wurde auf der UN-Generalversammlung die „UN Decade of Education for Sustainable Development" beschlossen, die von 2005-2014 durchgeführt werden sollte. Die Vorbereitung wurde der UNESCO übertragen und auf europäischer Ebene durch die „Strategy for education for sustainable development" der UNECE (United Nations Economic Commission for Europe) konkretisiert.

2005 schließlich wurde die „UN Dekade der Erziehung (Bildung) für nachhaltige Entwicklung" von der UN Generalversammlung beschlossen und am 1. März desselben Jahres von Kofi Annan eröffnet. Die Federführung der Organisation bei der Schaffung von Rahmenbedingungen und für die Durchführung von Bildungsaktionen liegt bis 2014 bei der UNESCO. Auf internationaler Ebene steht seitdem die UN-Bildungsdekade im Mittelpunkt der Diskussion. Die einzelnen Regierungen sind aufgerufen, entsprechend ihren Bedürfnissen und Möglichkeiten Aktionsprogramme zu entwickeln und umzusetzen.

Analog zur Entwicklung der Debatte um Bildung und nachhaltige Entwicklung auf internationaler Ebene, vollzog sich auch ein Perspektivwechsel und Paradigmenwechsel in den pädagogischen Ansätzen in Deutschland.

3. Die nationale Diskussion über Bildung für nachhaltige Entwicklung – Von der Umweltbildung zum Globalen Lernen[25]

Die deutsche Debatte ist gekennzeichnet dadurch, dass sich parallel zur Ausweitung des Umweltgedankens auf eine umfassendere Nachhaltigkeitsperspektive in Übereinstimmung mit der internationalen Diskussion auch die Ansprüche und Inhalte der bildungspolitischen Vermittlung dieser Ideen in Deutschland veränderten. Dieser Prozess kann grob in drei Schritte eingeteilt werden:

a) Umweltbildung und parallel dazu die entwicklungspolitische Bildung
b) Bildung für nachhaltige Entwicklung
c) Globales Lernen

3.1. Umwelt- und entwicklungspolitische Bildung

Die 1970er Jahre waren prägend für die Entstehung der Umweltbildung, die sich aus einem wachsenden Bewusstsein für den Umweltschutz und die erstarkende Um-

---

25 *Schleich*, Zukunftssicherung durch Bildung? (2007).

weltbewegung, ausgelöst durch zunehmende Umweltskandale, speiste.[26] Parallel dazu entwickelte sich ein entwicklungspolitisch geprägter Bildungsstrang, der Fragen globaler Gerechtigkeit und der Nord-Süd-Beziehungen thematisierte. Beide Bildungs- und Handlungsfelder definierten sich über die Vermittlung von Bedrohungsszenarien. Diese Bedrohungsszenarien bezogen sich einerseits auf die Übernutzung und damit Ausbeutung natürlicher Ressourcen, andererseits auf die Ausbeutung der „Ressource Mensch" in den ärmeren Ländern des Südens. Als verantwortliche Akteure wurden in der Regel die Industrienationen identifiziert. Ziel der Umweltbildung war es daher, über die Vermittlung von Wissen über die Bedrohungsszenarien individuelle Verhaltensänderungen anzustreben, die auf die Erhaltung und Wiederherstellung einer intakten Umwelt meist im Gegensatz zum ressourcenverzehrenden ökonomischen Wachstum abzielten. Infolgedessen stieg zwar das Umweltbewusstsein vieler Schülerinnen und Schüler, dies blieb aber weitgehend folgenlos für das eigene Handeln. Als ursächlich gewertet werden einerseits die fehlenden Antworten auf den Umgang mit Komplexität, sowohl durch die Lehrenden als auch durch die Lernenden, sowie andererseits die Vermittlung des Wertes Natur als eigenständiges Gut sowie unterschiedlicher Wertorientierungen und normativer Konzepte innerhalb des Zieles Umweltschutz. Rost fasst dies wie folgt zusammen: „In der Umwelterziehung wurde der Umgang mit polyvalenten Entscheidungssituationen sträflich vernachlässigt."[27] Das Aufeinanderprallen von Komplexität und heterogenen Wertvorstellungen resultierte demnach in einer Desorientierung bzw. in einem Wertekonflikt, bspw. zwischen ökonomischen und ökologischen Zielen, der Entscheidungen und damit Handeln erschwerte bzw. verhinderte.

3.2. Bildung für nachhaltige Entwicklung

Im Laufe der 1990er Jahre und gefördert durch den Agenda 21 Prozess haben die Bildungsinhalte der Umweltbildung sowie der entwicklungspolitischen Bildung nicht nur eine kontinuierliche Ausweitung, sondern seit Ende der 1990er Jahre auch eine Integration und Neuausrichtung erfahren. Dies basierte auf der Einsicht, dass nachhaltige Entwicklung „aus drei zentralen Perspektiven zu betrachten [ist]: einer sozialen, einer ökologischen und einer ökonomischen Perspektive. (...) Die Berücksichtigung dieser Perspektiven und ihre gegenseitige Abstimmung erfordern einen umfassenden Lernprozess. (…) Mit den traditionellen Mitteln der Umweltbildung und der entwicklungspolitischen Bildung allein erscheint dieses Ziel nicht erreichbar. Gleichwohl liefern beide Bildungsfelder inhaltliche Grundlagen und methodische Zugänge für die Bildung für eine nachhaltige Entwicklung (im folgenden

---

26 *Bundesministerium für Bildung und Forschung*, Bericht der Bundesregierung zur Bildung für eine nachhaltige Entwicklung (2002); *de Haan*, Bildung für nachhaltige Entwicklung (2006), S. 4; *Rost*, Umweltbildung (2002), S. 2; *Scheunpflug*, Die globale Perspektive einer Bildung für nachhaltige Entwicklung, in: Overwien, S. 315-327; *Unbehauen / Hackspacher*, Von der Umweltbildung zu einer Bildung für nachhaltige Entwicklung (BNE) (2008), S. 95.
27 *Rost*, Umweltbildung (2002), S. 4.

BNE)."[28] Die Integration von Umwelt- und entwicklungspolitischer Bildung sollte die Berücksichtigung von und das Verständnis für die Interdependenzen und Zielkonflikte zwischen den drei Dimensionen nachhaltiger Entwicklung verstärken. Ziel ist es, Entwicklungs- und Innovationsszenarien zu entwickeln, die – in Abgrenzung zu den Bedrohungsszenarien der 1990er Jahre – eine Integration des ökonomischen Wachstums mit dem Schutz der Umwelt und den sozialen Anforderungen ermöglichen[29] und hierfür nicht nur bestehende Lebens- und Konsumstile kritisieren, sondern innovative Formen der Bedürfnisbefriedigung unter Berücksichtigung inter- und intragenerationeller Gerechtigkeitsfragen herauszuarbeiten. BNE ist damit nicht nur ein werteorientiertes Konzept, indem es über den Begriff nachhaltige Entwicklung eine Verhaltensweise propagiert, die Verteilungsgerechtigkeit in der Gegenwart sowie zwischen jetzigen und zukünftigen Generationen als Imperativ setzt. BNE greift damit den Grundgedanken der Agenda 21 auf, die Innovationsprozesse fördert, die mit Blick auf die Interdependenzen und Spannungen zwischen sozialer, ökonomischer und ökologischer Dimension, eine gerechte nachhaltige Entwicklung auf globaler Ebene ermöglichen.

Zwei Ansätze stehen für die BNE im Fokus:[30]

- Zum einen der inhaltliche Ansatz durch die Integration von BNE in die Curriculum-Entwicklung der verschiedenen Schultypen und
- zum anderen ein methodisch-pädagogischer Ansatz, der darauf abzielt, Inhalte nicht nur in innovativer, interdisziplinärer und partizipativer Form zu vermitteln, sondern auch die Gestaltungskompetenzen der Schülerinnen und Schüler zu stärken, um – in Überwindung der Defizite der Umweltbildung – eben diese nachhaltigen Innovationsszenarien verstehen und „darauf basierende Entscheidungen treffen, verstehen und individuell, gemeinschaftlich und politisch umsetzen zu können."[31] Gestaltungskompetenz, als von de Haan in die Debatte eingeführte Schlüsselkategorie des BNE-Prozesses, „bezeichnet das Vermögen, die Zukunft von Sozietäten, in denen man lebt, in aktiver Teilhabe im Sinne nachhaltiger Entwicklung modifizieren und modellieren zu können."[32] Und „ist

---

28 *Bund-Länder-Kommission für Bildungsplanung und Forschungsförderung,* Bildung für eine nachhaltige Entwicklung ("21") (2005), S. 6; *Bundesministerium für Bildung und Forschung,* Bericht der Bundesregierung zur Bildung für eine nachhaltige Entwicklung (2002), S. 4.
29 *Bundesministerium für Bildung und Forschung,* Bericht der Bundesregierung zur Bildung für eine nachhaltige Entwicklung (2002), S. 14; *de Haan,* Bildung für nachhaltige Entwicklung – ein neues Lern- und Handlungsfeld (2006), S. 5; *Rost,* Umweltbildung (2002), S. 5.
30 *Bund-Länder-Kommission für Bildungsplanung und Forschungsförderung,* Bildung für eine nachhaltige Entwicklung ("21") (2005), S. 7.
31 *de Haan,* Bildung für nachhaltige Entwicklung – ein neues Lern- und Handlungsfeld (2006), S. 5; *Bundesministerium für Bildung und Forschung,* Bericht der Bundesregierung zur Bildung für eine nachhaltige Entwicklung (2002), S. 14.
32 *de Haan,* Bildung für eine nachhaltige Entwicklung als Voraussetzung für gesellschaftlichen Wandel, in: de Blasi / Goebel / Hösle, S. 199-204; *Bundesministerium für Bildung und Forschung,* Bericht der Bundesregierung zur Bildung für eine nachhaltige Entwicklung (2002), S. 15; *Rost,* Umweltbildung (2002), S. 6 zum Verständnis des Begriffs ‚Gestaltungskompetenz'.

damit die Kompetenz zum Modellieren von Zukunft in einem doppelten Sinn (...): auf der einen Seite verstanden als Fähigkeit des Selbstentwurfs und der Selbsttätigkeit im Kontext einer Gesellschaft (...) auf der anderen Seite verstanden als Fähigkeit, in Gemeinschaften partizipativ die Nachumwelt gestalten und an allgemeinen gesellschaftlichen Entscheidungsprozessen kompetent teilhaben zu können."[33]

Als ein Meilenstein in Deutschland wird der 1998 vorgelegte Orientierungsrahmen „Bildung für eine nachhaltige Entwicklung" der Bund-Länder-Kommission für Bildungsplanung und Forschungsförderung gewertet.[34] Ergebnisse waren die Entwicklung von modularen Schulsets, die Themen nachhaltiger Entwicklung aufgriffen. Mehrere Jahre nach dessen Veröffentlichung wird die Implementierung der BNE in die Schulcurricula der Länder und die Förderung durch Programme von Bund und Ländern insgesamt positiv bewertet.[35] Jedoch verweisen Wissenschaftler auch auf Defizite und noch ungelöste Herausforderungen, wie die mangelnde Verankerung in Bildungsbereichen außerhalb der Sekundarstufe. Außerdem wird einerseits die weitere Integration von Bildungsthemen über die Umwelt- und entwicklungspolitische Bildung hinaus (bspw. Demokratiepädagogik) als ungelöste Herausforderung hervorgehoben, andererseits aber die mangelnde inhaltliche Abgrenzung und damit Überfrachtung des Lernfeldes BNE kritisiert, indem „alles, was einer Entwicklung im positiven Sinne entgegensteht oder für die Zukunft als sinnvoll erscheint, unter der BNE subsumiert"[36] wird. Vorschläge zur Behebung dieses letztgenannten Defizits zielen auf eine stärker an den nationalen Bedürfnissen und Rahmenbedingungen ausgerichtete Definition von BNE ab.

3.3. Globales Lernen

In diesem Sinne hat das Konzept der BNE in Deutschland inzwischen eine bedeutende und nahezu wegweisende Weiterentwicklung und Ausdifferenzierung in Form des „Orientierungsrahmens für den Lernbereich Globale Entwicklung" als Resultat eines gemeinsamen Projektes von Kultusministerkonferenz und Bundesministeriums für wirtschaftliche Zusammenarbeit und Entwicklung (BMZ) erfahren, welches bewusst an den Konzepten der entwicklungspolitischen Bildung der 1990er Jahr ank-

---

33 de *Haan,* Bildung für eine nachhaltige Entwicklung als Voraussetzung für gesellschaftlichen Wandel, in: de Blasi / Goebel / Hösle, S. 201.
34 *Bund-Länder-Kommission für Bildungsplanung und Forschungsförderung,* Bildung für eine nachhaltige Entwicklung (1998).
35 *Bund-Länder-Kommission für Bildungsplanung und Forschungsförderung,* Bildung für eine nachhaltige Entwicklung ("21") (2005), S. 13 ff.; *Bundesministerium für Bildung und Forschung,* Bericht der Bundesregierung zur Bildung für eine nachhaltige Entwicklung (2002), S. 54 ff.; de *Haan,* Bildung für nachhaltige Entwicklung als Handlungsfeld (2007), S. 4.
36 de *Haan,* Bildung für nachhaltige Entwicklung – ein neues Lern- und Handlungsfeld (2006), S. 6-8.

nüpft[37] und diese in den Kontext der BNE integriert.

Gegenstand des Lernbereiches sind die Definition von zu erwerbenden Kompetenzen, die hierfür erforderlichen Themen und Inhalte sowie Leistungsanforderungen mit dem Ziel „Schülerinnen und Schülern eine zukunftsoffene Orientierung in der zunehmende globalisierten Welt [zu] ermöglichen, die sie im Rahmen lebenslangen Lernens weiter ausbauen können."[38] Der Lernbereich baut dabei auf einem integrativen Modell der vier Entwicklungsdimensionen Gesellschaft, Wirtschaft, Politik und Umwelt auf,[39] die die Ziele nachhaltiger Entwicklung (soziale Gerechtigkeit, wirtschaftliche Leistungsfähigkeit, gute Regierungsführung und ökologische Nachhaltigkeit) widerspiegeln. Im Fokus steht damit die Vermittlung von drei Kompetenzbereichen Erkennen, Bewerten und Handeln, die „insgesamt als übergreifende (transversale) Kompetenzen erforderlich [sind], nicht nur auf dem Arbeitsmarkt, sondern auch im privaten und politischen Leben."[40] Dabei wendet sich der Orientierungsrahmen bewusst auch an Zielgruppen außerhalb der Sekundarstufen und bietet Anknüpfungspunkte für die Vermittlung in der Grundschule wie in der beruflichen Bildung.[41]

Eine wichtige Einsicht des Orientierungsrahmens ist die Forderung nach einem Prozess des lebenslangen Lernens, der notwendig ist, um alle Bürgerinnen und Bürger dauerhaft an der gesellschaftlichen Weiterentwicklung hin zu einer nachhaltigen Entwicklung zu beteiligen.[42] Daher kann der Orientierungsrahmen selbst nur einen Einstieg in diesen Prozess lebenslangen Lernens bieten, aber immerhin, er schafft die Plattform dafür.

Mit dem Vorlegen des Orientierungsrahmens hat sich Deutschland einen Spitzenplatz in der Staatengemeinschaft erarbeitet in deren Bemühung, den unumkehrbaren Prozess einer nachhaltigen Entwicklung auf eine solide Grundlage zu stellen. Den Beteiligten an der Entwicklung des Themenfeldes Bildung für nachhaltige Entwicklung der letzten 20 Jahre ist bewusst, dass es ohne eine tief in der Bevölkerung verankerte Einsicht in die Notwendigkeit von Veränderungen im privaten, gesellschaftlichen und zwischenstaatlichen Bereich nicht zu einer erfolgreichen Gestaltung des Nachhaltigkeitsprojektes kommen kann. Diesen Prozess „von unten" aufzubauen, zu entwickeln und letztendlich zu einem gesellschaftlichen Konsensprozess zu machen, kann nur mit Hilfe von Bildung und Erziehung gelingen.

---

37 *Bundesministerium für wirtschaftliche Zusammenarbeit und Entwicklung / Ständige Konferenz der Kultusminister der Länder*, Orientierungsrahmen für den Lernbereich Globale Entwicklung im Rahmen einer Bildung für nachhaltige Entwicklung (2007), S. 15.
38 Ebd., S. 69.
39 *Bundesministerium für wirtschaftliche Zusammenarbeit und Entwicklung / Ständige Konferenz der Kultusminister der Länder*, Orientierungsrahmen für den Lernbereich Globale Entwicklung im Rahmen einer Bildung für nachhaltige Entwicklung (2007), S. 18 und 35; *Engelhard*, Einführung in den Orientierungsrahmen für den Lernbereich Globale Entwicklung, in: Ders., S. 20 ff.
40 *Bundesministerium für wirtschaftliche Zusammenarbeit und Entwicklung / Ständige Konferenz der Kultusminister der Länder*, Orientierungsrahmen für den Lernbereich Globale Entwicklung im Rahmen einer Bildung für nachhaltige Entwicklung (2007), S. 71 und S. 76 ff.
41 Ebd., S. 18.
42 *Müller,* Der Mensch im Mittelpunkt (2000), S. 11.

So breit der Konsens diesbezüglich in der bildungspolitischen „Community" sein mag, so sehr mangelt es jedoch andererseits in der deutschen Nachhaltigkeitsdebatte an der Einsicht, das Bildungsthema nicht aus dem Blick zu verlieren, wie im Folgenden an einigen Beispielen gezeigt werden soll.

4. Die aktuelle Nachhaltigkeitsdebatte in Deutschland – Von der Gefahr, das Bildungsthema aus dem Blick zu verlieren

4.1. Der Fortschrittsbericht 2008 der Bundesregierung zur Nachhaltigkeitsstrategie

Im Oktober 2008 legte die Bundesregierung den zweiten Fortschrittsbericht zur nationalen Nachhaltigkeitsstrategie unter dem Titel „Für ein nachhaltiges Deutschland" vor.[43]

Umfassend, von den aktuellen Herausforderungen, dem Stand der Nachhaltigkeit in Deutschland – gemessen an Indikatoren und Zielen – und der Zielerreichung in den wichtigsten Politikfeldern, berichtet die Bundesregierung der Öffentlichkeit über Fortschritte und Herausforderungen auf dem Weg zu einem nachhaltigen Deutschland. „Die Themenbandbreite dieses Berichts erstreckt sich vom Schutz des Klimas über den Umgang mit begrenzten Rohstoffen und die Sicherung der Welternährung bis hin zu den sozialen Chancen des demografischen Wandels"[44], so die Kanzlerin in ihrem Vorwort zum Bericht. In einem öffentlichen Diskurs wurde der Berichtsentwurf der Öffentlichkeit im Mai zur Kommentierung, für Anregungen und Ergänzungen vorgelegt, nachdem bereits im November 2007 ein Konsultationspapier mit der Bitte um Stellungnahme veröffentlicht wurde. Ein vorbildlicher Prozess an Partizipation, ohne Zweifel. Auch ist nachvollziehbar, dass unter dem Eindruck der öffentlichen Diskussion und des zunehmenden, auch internationalen Konsenses über die prioritären Themen der Nachhaltigkeitspolitik, die Themen Klima und Energie sowie Rohstoffwirtschaft, demografischer Wandel und Welternährung in den Mittelpunkt des Berichts gestellt wurden.

Umso kritischer muss aber eine Bewertung des Fortschrittsberichts ausfallen, wenn man sich anschaut, wie Bildung im engeren Sinne und auch erweitert um den Bereich Forschung und Technologie abgehandelt wird. Gerade einmal auf zwei Seiten[45] geht der mehr als 200 Seiten umfassende Bericht auf das Thema Bildung ein und dies auch noch konsequent am Nachhaltigkeitsthema vorbei. Wie bei der folgenden Kritik an der Behandlung des Bildungsthemas im Rahmen der Jahrestagung des Rats für nachhaltige Entwicklung (Kap. 4.2) muss festgestellt werden, dass der Bericht die wenigen Aussagen zur allgemeinen und beruflichen Bildung *nicht* in ihrer Nachhaltigkeitsdimension erfasst. Dass Kindern unter sechs Jahren mehr Bildungschancen eingeräumt werden müssen, jeder Bildungsweg zu einem Abschluss

---

43 *Bundesregierung,* Fortschrittsbericht 2008 zur nationalen Nachhaltigkeitsstrategie (2008).
44 Ebd., S. 9.
45 Ebd., S. 169-171.

führen muss, die Ausbildungschancen förderungsbedürftiger junger Menschen verbessert werden müssen, Aufstieg durch Bildung gewährleistet sein muss, der Übergang von der Schule in die Hochschule erleichtert werden muss, Technik und Naturwissenschaft mehr Aufmerksamkeit gewidmet werden muss, die Bildungschancen für Frauen verbessert werden müssen, die Weiterbildung und die empirische Bildungserfassung ausgebaut werden müssen,[46] ist bildungspolitisch weitestgehend unstrittig.

Aber welchen Bezug haben diese Themen zur Nachhaltigkeit? Dass sie ein großes Nachhaltigkeitspotenzial haben, soll nicht in Zweifel gestellt werden. Aber es ist festzuhalten, dass der Bericht an *keiner Stelle auf ihre Bezüge zu ihrem Nachhaltigkeitspotenzial eingeht*, sondern suggeriert, dass sie per se Nachhaltigkeitsthemen seien. Immerhin verweist der Bericht auf die zentrale Bedeutung von Bildung: „Gleichzeitig spielt Bildung bei der gesamtgesellschaftlichen Umsetzung des Leitbildes der Nachhaltigkeit eine entscheidende Rolle (...) Ziel einer Bildung für nachhaltige Entwicklung muss es sein, jeden Einzelnen das Wissen, die Kompetenzen und die Werte zu vermitteln, die für die Gestaltung einer menschenwürdigen Zukunft erforderlich sind [sic!]"[47]

Unverständlich bleibt, dass in diesem Bericht die Fortschritte und Erfolge der bildungspolitischen Diskussion und Politikgestaltung für eine nachhaltige Entwicklung unerwähnt bleiben. Denn wie in Kap. 3.3 beschrieben, legte die Kultusministerkonferenz (KMK) im Juni 2007 zusammen mit dem Bundesministerium für wirtschaftliche Zusammenarbeit und Entwicklung den „Orientierungsrahmen für den Lernbereich Globale Entwicklung im Rahmen einer Bildung für nachhaltige Entwicklung"[48] vor. Und auch der „Bericht der Bundesregierung zur Bildung für eine nachhaltige Entwicklung", in seiner letzten Fassung von 2005,[49] bleibt hier unverständlicherweise unberücksichtigt. Mit Spannung ist der Folgebericht „Bildung für eine nachhaltige Entwicklung" zu erwarten, der für den Spätherbst 2009 angekündigt ist und hoffentlich die Debatte über die Notwendigkeit und Konkretisierung von Bildung für eine nachhaltige Entwicklung weiter beflügeln wird.

4.2. Die Jahrestagung 2008 des Rates für nachhaltige Entwicklung

Im November 2008 führte der von der Bundesregierung berufene „Rat für nachhaltige Entwicklung" seine 8. Jahrestagung in Berlin durch. Der Rat für nachhaltige Entwicklung ist das zentrale Beratungsgremium der Bundesregierung für die kritische Begleitung und Weiterentwicklung der nationalen Nachhaltigkeitsstrategie. 13

---

46 So die Überschriften der Unterkapitel im Kapitel D 7 „Allgemeine und Berufliche Bildung". *Bundesregierung,* Fortschrittsbericht 2008 zur nationalen Nachhaltigkeitsstrategie (2008).
47 Ebd., S. 169.
48 *Bundesministerium für wirtschaftliche Zusammenarbeit und Entwicklung / Ständige Konferenz der Kultusminister der Länder,* Orientierungsrahmen für den Lernbereich Globale Entwicklung im Rahmen einer Bildung für nachhaltige Entwicklung (2007).
49 *Bundesregierung,* Unterrichtung durch die Bundesregierung. Bericht der Bundesregierung zur Bildung für eine nachhaltige Entwicklung für den Zeitraum 2002 bis 2005 (2005).

Personen des öffentlichen Lebens unter der Leitung des ehemaligen Bundesministers für Forschung und Technologie, Dr. Volker Hauff, gehören dem Rat an. Unter dem Tagungstitel „Zukunft verantworten" widmete sich ein Forum der Tagung dem Bildungsthema. Schon der Titel des Forums: „Aufstieg durch Bildung. Chancen und Hemmnisse" legte den Verdacht nahe, dass sich dieses Forum mit bildungspolitisch unbestritten wichtigen Fragen beschäftigen würde, die Nachhaltigkeitsdimension der Themenstellung aber unsichtbar blieb. Das Forum war in der Tat ein gutes Beispiel dafür, wie sehr die Nachhaltigkeitsdebatte doch nach wie vor in Gefahr ist, in einer Beliebigkeitsdebatte zu enden, wenn nicht ständig der „Streit über den richtigen Weg"[50] als unvermeidlich anerkannt und geführt wird – wie der Vorsitzende des Rates auf dessen Homepage fordert. Nachhaltigkeit ist kein leicht zu vermittelndes Konzept. Unter Nachhaltigkeit kann aber auch nicht alles subsumiert werden, was politisch aktuell oder lediglich auf Dauerhaftigkeit angelegt ist.

Das Forum war in diesem Sinne ein schlechtes Beispiel dafür, wie der unvermeidlich zu führende Streit über den richtigen Weg zu Nachhaltigkeit geführt werden sollte, denn genau dieser Streit wurde hier nicht geführt. Gleichzeitig war die Veranstaltung aber typisch für die latente Verdrängung des Bildungsthemas aus der deutschen Nachhaltigkeitsdebatte. „Aufstieg durch Bildung" ist kein Nachhaltigkeitsthema an sich. Es hätte aber zu einem Nachhaltigkeitsthema gestaltet werden können, wenn nicht nur die Dimension des „Aufstiegs für alle" behandelt worden wäre, sondern die Nachhaltigkeitsdimension, die dem Thema Bildungsgerechtigkeit innewohnt, thematisiert worden wäre.

Wir hatten bis in die 1970er Jahre in Deutschland eine Situation, dass es nach einem erfolgreichen Volks- oder Hauptschulabschluss eine faktische Ausbildungsplatzgarantie im dualen System gab. Überbetriebliche oder schulische Auffangsysteme neben dem dualen System, wie wir sie heute kennen, waren kaum vorhanden. Waren wir deshalb in den siebziger Jahren auf einem Nachhaltigkeitspfad? Sicher nicht, denn unser Entwicklungsmodell war konsequent auf einem Wachstumspfad, der alle Fehlentwicklungen aufwies, die seit dem Erscheinen des Berichts des Club of Rome über „Die Grenzen des Wachstums" (1972), den Bericht der Brundtland Kommission (1987) und die Verabschiedung der Rio-Erklärung und der Agenda 21 (1992) als nicht zukunftsfähig gelten. Vielmehr gilt, dass wir auf dem Weg zu einer nachhaltigen Gesellschaft nicht allein deshalb weiter wären, wenn es gelingen sollte, die heute festgestellten Mängel in unserem Bildungssystem zu beseitigen.[51] Bildungsgerechtigkeit, die Aufhebung sozialer Benachteiligungen im Bildungssystem, die Schaffung von mehr Durchlässigkeit und Aufstiegsmöglichkeiten für alle usw., all dies sind notwendige Voraussetzungen jedoch keine hinreichenden Bedingungen für nachhaltige Entwicklung.

Die Nachhaltigkeitsdimension muss konstitutiver Bestandteil aller großen gesellschaftlichen Reformdebatten werden, damit diese dann auch zu Nachhaltigkeitsergebnissen führen und nicht lediglich zu Reparaturen innerhalb des „falschen Systems".

In der gegenwärtig hitzig geführten Diskussion über die Ursachen der Finanzkrise

---

50 http://www.nachhaltigkeitsrat.de/der-rat/mitglieder-des-rates/dr-volker-hauff/.
51 *Draheim et al.*, Bildung macht reich (2009).

wird immer wieder auch das ethisch-moralische Wertesystem von Bankern (zumeist jungen, übrigens) hinterfragt, die unverantwortlich (gewissenlos, gierig, etc.) mit dem Vermögen Anderer umgehen, das ihnen treuhänderisch überantwortet wurde. Die Antwort auf eine solchermaßen abstrakt gestellte Frage muss notwendigerweise in ihrem idealistischen Kokon gefangen bleiben und wird lediglich zu individualisierbaren Rückschlüssen in Bezug auf das Fehlverhalten Einzelner führen, wenn man diese Verhaltensweisen nicht auf ihre gesellschaftlichen Ursachen hin untersucht. Man käme dem Kern der Fehlentwicklung näher, wenn die Lehrpläne für eine bankbetriebswirtschaftliche Ausbildung an unseren Universitäten und besonders den Business Schools betrachtet würden. Ich bin sicher, dass man sehr schnell zu der verallgemeinerbaren Erkenntnis käme, dass den zukünftigen Bankern kaum etwas über:

- ihre besondere Verantwortung als treuhänderische Vermögensverwalter,
- ihre besondere Verantwortung als zukünftige Führungskräfte, die maßgeblich gesellschaftliche Entwicklungen beeinflussen können,
- ihre Rolle und Verantwortung als Weichensteller für oder gegen eine nachhaltige und zukunftsfähige Entwicklung unserer Gesellschaft

vermittelt wird.

Die Herausforderung liegt darin, das Bildungsthema als Nachhaltigkeitsthema am jeweils konkreten Beispiel zu entfalten und daran zu zeigen, dass Bildung eine zentrale und alle Bereiche durchdringende Bedeutung in der Nachhaltigkeitsdebatte hat.[52]

Zu raten wäre dem Rat für nachhaltige Entwicklung, dass er darauf bedacht sein sollte, dass Bildungsthema insgesamt stärker in die Nachhaltigkeitsdiskussion in Deutschland hineinzuholen.

Zurzeit steht jedoch in der Bildungsfrage die Nachhaltigkeitsampel weiterhin auf rot![53]

4.3. Die neue Studie des Wuppertal Instituts „Zukunftsfähiges Deutschland"

12 Jahre nach Erscheinen der Studie „Zukunftsfähiges Deutschland – ein Beitrag zu einer global nachhaltigen Entwicklung"[54], herausgegeben von der katholischen Ent-

---

52 Ein sehr gelungenes Beispiel für ein solches Vorgehen zeigt das Mitglied des Rates für Nachhaltige Entwicklung, Frau Dr. Angelika Zahrnt. *Zahrnt*, Bildung als Schrittmacher für nachhaltige Entwicklung (2004); *Dies.*, Nachhaltigkeit: Kein semantischer Goldstaub, sondern eine Modernisierungsstrategie – auch für die berufliche Bildung (2004).
53 In Anlehnung an den Ampelbericht des Rates für nachhaltige Entwicklung: *Rat für Nachhaltige Entwicklung*, Welche Ampeln stehen auf Rot? (2008).
54 *Bund für Umwelt und Naturschutz Deutschland / Brot für die Welt / Evangelischer Entwicklungsdienst (Hrsg.)*, Zukunftsfähiges Deutschland in einer globalisierten Welt (2008).

wicklungsorganisation MISEREOR und dem BUND, sind diesmal BUND und die evangelische Entwicklungsorganisation Brot Für Die Welt Herausgeber – ein ökumenisches Gesamtwerk sozusagen und eine Art negativer Fortschrittsbericht.

Die Studie von 1996 war bahnbrechend, indem sie mit dem Konzept des Umweltraums die Gerechtigkeitsfrage in die Nachhaltigkeitsdebatte radikaler als zuvor einführte, dem demokratischen Anspruch aller Menschen auf die gleichen Nutzungsrechte an den globalen Umweltgütern. Damit war ein Maßstab gesetzt, an dem sich spätere Studien und Forderungen zu orientieren hatten und der besonders den Industrieländern Sorgen bereitete: bedeutete dieses Konzept doch nichts weniger, als dass eine nachhaltige, nachholende Entwicklung der Länder des Südens nur mit einem Wohlstandsverzicht und einer drastischen Einschränkung des Nordens erreicht werden kann.

Wann immer über Wirkungspotenzial oder Einflussmöglichkeiten von Wissenschaft und Forschung gegrantelt wird: Hier liegt ein eindeutiger Erfolg vor. Auch die Bundesregierung, voran die Bundeskanzlerin, hat sich diesen ethischen Maßstab für die Formulierung der eigenen Politikkonzepte für Nachhaltigkeit zu Eigen gemacht. Und internationale Organisationen, wie die Weltbank, haben diesen Ansatz ebenfalls übernommen.

Dies ist deswegen als besonderer Fortschritt hervorzuheben, als der Anspruch der Entwicklungsländer auf eine nachholende, nachhaltige Entwicklung zu Lasten einer Fortführung des eingeschlagenen Entwicklungspfades der Industrieländer explizit anerkannt und damit implizit eine Verpflichtung für die Industrieländer ausgesprochen wird, den Entwicklungsländern in einem weit größerem Umfang als bisher auch die finanziellen Mittel zur Verfügung zu stellen und insbesondere die internationalen ökonomischen Regelwerke zu Gunsten der Entwicklungsländer zu reformieren.

Bereits im Vorwort der Herausgeber BUND, Brot für die Welt und EED wird eine erste, kritische Bilanz des Nachhaltigkeitsfortschritts seit 1996 gezogen: „die Wende zu einer Politik der Nachhaltigkeit ist offensichtlich noch nicht gelungen."[55] Ihr Resümee: Die Politik macht nur, was nicht weh tut. Hier ein bisschen CSR, dort ein bisschen bio-faire Produkte reichen nicht aus, um vom Pfad einer nichtzukunftsfähigen Entwicklung auf den Pfad der Nachhaltigkeit zu gelangen.[56]

Klar beschreiben die Herausgeber die Zielsetzung der Studie, der zu analysierenden Themen und aufzuwerfenden Fragen: „Welche Veränderungen sind nötig, damit Deutschland zukunftsfähig wird und seinen Beitrag zur Zukunftsfähigkeit der Welt leisten kann? Welche internationalen und nationalen Regeln und Institutionen sind nötig, welche Veränderungen in Politik, Wirtschaft, Konsum, Produkten und Lebensstilen, in Arbeit und Freizeit, in Technik, im sozialen Zusammenleben sowie in unserer Kultur?"[57]

Ein umfassender, ein holistischer und integrativer Ansatz also, den die Herausgeber vorgeben und der in der Studie auch weitgehend eingelöst wird. Aber es ist

---

55 *Bund für Umwelt und Naturschutz Deutschland / Brot für die Welt / Evangelischer Entwicklungsdienst (Hrsg.)*, Zukunftsfähiges Deutschland in einer globalisierten Welt (2008), S. 16.
56 Ebd., S. 17.
57 Ebd.

schon auffallend, dass bei einer nach Vollständigkeit bemühten Aufzählung der zentralen Felder, die den Weg zu einem nachhaltigen Deutschland beschreiben, die Themen Bildung und Erziehung nicht vorkommen. So ist es dann auch nur logisch und konsequent, dass diese für die deutsche Nachhaltigkeitsdiskussion so wichtige Studie, die sich selbst den Anspruch gestellt hat, einen Anstoß zur gesellschaftlichen Debatte über ein zukunftsfähiges Deutschland zu sein, das Thema Bildung bei über 600 Seiten in gerade einmal 18 ½ Zeilen gewissermaßen „abfrühstückt". Und dies auch noch unter dem falschen thematischen Dach „Arbeit fair teilen. Auf dem Weg zur Tätigkeitsgesellschaft".[58] Erwartet hätte man eine Behandlung des Themas etwa im Themenschwerpunkt „Leitbilder". Aber hier geht es um „Gastrecht für alle" und andere wichtige gesellschaftlichen Herausforderungen.

Bildung und Erziehung trauen die Autoren hingegen offensichtlich keinen relevanten Beitrag zu. Dies ist bei der methodisch-konzeptionellen Anlage der Studie zunächst überraschend. Denn dem wissenschaftlich durchaus kreativen und innovativen Blick auf unsere Gesellschaft, ihrer Betonung auf die Schaffung einer breit angelegten und tief in den Menschen verankerten Nachhaltigkeitskultur hätte man zumindest zugetraut, dass er sich auch mit der Frage beschäftigt hätte, welchen Beitrag nun Bildung und Erziehung bei der Gestaltung eines zukunftsfähigen Landes leisten sollte. Man hätte es erwarten müssen! Bei genauerer Beschäftigung mit der Studie entsteht dann allerdings zunehmend der Eindruck, dass es sich nicht lediglich um ein Versäumnis handelt.

Die These, dass Bildung eine zentrale Rolle und Querschnittsaufgabe im Nachhaltigkeitsprozess hat, geht davon aus, dass Nachhaltigkeit gleichzeitiger und gleichwertiger ökologischer, ökonomischer und sozialer Veränderungen des herrschenden Entwicklungs- und Gesellschaftsmodells bedarf. Und dies sowohl auf nationaler wie globaler Ebene. Die Anerkennung dieses Nachhaltigkeitsdreiecks in der Debatte der letzten beiden Dekaden über alle politischen Lager hinweg war der eigentliche Durchbruch, um von einer begrenzten Umweltschutzdiskussion hin zu einer umfassenden Nachhaltigkeitsdiskussion zu kommen. Erst durch dieses aufgeklärte Nachhaltigkeitsverständnis, die Gerechtigkeitsfrage insbesondere in unserem Verhältnis zu den Entwicklungsländern zu stellen, war es möglich, etwa über die Thematisierung von Corporate Social Responsibility die Wirtschaft über den Tellerrand der Erfüllung von Umweltauflagen oder gar einer aktiven betrieblichen Umweltpolitik mit der Erfüllung ihrer insbesondere auch internationalen sozialen Verantwortung im Gestaltungsprozess der Globalisierung mit einzubinden; war es möglich, die Menschenrechtsthematik, Gendergerechtigkeit, gute und verantwortliche Regierungsführung zu konstitutiven Bestandteilen der Nachhaltigkeitsdebatten und -strategien zu machen. Um es noch einmal zu sagen: immer unter der Voraussetzung, dass *alle* Akteure der drei Nachhaltigkeitsdimensionen ihren Beitrag leisten und innerhalb ihres Sektors daran arbeiten, das Bewusstsein über Nachhaltigkeit zu schaffen und der Bereitschaft, sich an der Gestaltung von Nachhaltigkeit zu beteiligen bzw. daran mitzuwirken.

Aber hier setzt das Wuppertaler Autorenteam einen deutlichen Kontrapunkt: das

---

58 *Bund für Umwelt und Naturschutz Deutschland / Brot für die Welt / Evangelischer Entwicklungsdienst (Hrsg.),* Zukunftsfähiges Deutschland in einer globalisierten Welt (2008), S. 445.

Verständnis eines „Dreieck[s] der Nachhaltigkeit" sei eine „konzeptionelle Nachlässigkeit":[59] „[D]iese Gleichstellung verkennt die Absolutheit sowohl ökologischer Grenzen, als auch der Menschenrechte. Deshalb wird eine Politik der Zukunftsfähigkeit vordringlich die Grenzen der Tragfähigkeit des Ökosystems betrachten *und von dort aus* [eigene Hervorhebung] Leitplanken für Wirtschaft und soziale Sicherheit garantieren. Ein ähnlicher *Unbedingtheitsanspruch* [eigene Hervorhebung] kommt den Menschenrechten zu."[60] Dieses dreidimensionale Bild sei im Übrigen vom Verband der chemischen Industrie [sic!] eingebracht worden.

Mit dieser Position wird eine radikale Kehrtwende in der Nachhaltigkeitsdebatte vollzogen und der „Rio-Konsens" über das Verständnis von Nachhaltigkeit aufgekündigt. Wer die Nachhaltigkeitsdiskussion derart in Frage stellt, muss sich über die Notwendigkeit von Verhaltensveränderungen, Bewusstseinsveränderungen und globalem Lernen keine Gedanken mehr machen. Wer Nachhaltigkeit auf die Dimension eines konsequenten Umwelt- und Ressourcenschutzes mit unbedingter Einhaltung der Menschenrechte reduziert, braucht andere Instrumente und Regelwerke.

In einer faktischen Gleichsetzung von Marktwirtschaft (auch einer „sozialen" oder „sozial-ökologischen") mit dem Modell des marktwirtschaftlichen Neo-Liberalismus wird der Wirtschaft schlechthin die Fähigkeit abgesprochen, „Motor für gesellschaftliche Entwicklung" zu sein. Der Markt „ist blind für die Sache der Ökologie wie auch der Gerechtigkeit. Deshalb ist er im weiten Sinne die Politik, welche dafür die Regel zu setzen hat. Gemeinwohl vor Markt, anders geht es gar nicht."[61]

Gemeinwohl mit Markt steht damit nicht mehr zur Diskussion. Die Marktkräfte in einen gesellschaftlichen Diskurs über Zukunftsfähigkeit einzubinden, sei naiv und zwecklos. Hier wird in erster Linie nach staatlicher Ordnungspolitik gerufen. Die Wirtschaft ist in diesem Verständnis ein zu domestizierender Gegner, kein zu gewinnender Partner.

Bleibt die Forderung nach unbedingter Einhaltung der Menschenrechte. Den Autoren sei zu Gute zu halten, dass sie mit einem sehr weitgefassten, modernen Menschenrechtsansatz arbeiten, der sich aber aus der Studie nur ansatzweise erschließt. Aber auch unter dieser Prämisse bleibt der Eindruck, dass mit einem nahezu theologischen Ansatz „Umwelt und Menschenrechte" in „Natur und Schöpfung" übersetzt oder aus ihnen abgeleitet werden. Dies ist zulässig. Dies ist aber zugleich ein Rückschritt in der Nachhaltigkeitsdebatte.

5. Ausblick

Ohne Bildung geht es nicht! Und eine nachhaltige Entwicklung geht ohne Bildung schon gar nicht. Dabei wird es darauf ankommen, jene Kompetenzen durch Bildung und Erziehung zu vermitteln, die eine nachhaltige Zukunftsgestaltung ermöglichen.

---

59 *Bund für Umwelt und Naturschutz Deutschland / Brot für die Welt / Evangelischer Entwicklungsdienst (Hrsg.)*, Zukunftsfähiges Deutschland in einer globalisierten Welt (2008), S. 26.
60 Ebd.
61 Ebd., S. 27.

Dabei darf nicht a priori die Erwartungshaltung generiert werden (wie es beim Konzept der Gestaltungskompetenzen der BNE mitklingt), dass über Erziehung Menschen zielgerichtet für die Zukunft vorbereitet werden und dass sie alle hierfür notwendigen Fähigkeiten und Kenntnisse von vornherein haben können. Vielmehr geht es im Sinne von *Nachhaltigkeitskompetenzen* darum, Menschen zu befähigen, individuell und autonom mit der Zukunft umzugehen und diese zukunftsfähig gestalten zu können. Denn „[Menschen] müssen fachliche, kommunikative, soziale und persönliche Kompetenzen für den Umgang mit der Komplexität der Weltgesellschaft erwerben, sie müssen lernen, mit Nichtwissen und Fremdheit umzugehen. (...) Welches Wissen in der Zukunft gebraucht und deshalb heute gelernt werden muss, kann nicht mehr bestimmt werden."[62]

Jedoch droht die Bedeutung von Bildung in der deutschen Debatte um Nachhaltigkeit im Mahlstrom zweier gegenläufiger Entwicklungen unterzugehen. Die erste Entwicklung umfasst die kontinuierliche Ausweitung und Aufwertung des konzeptionellen Verständnisses von Nachhaltigkeit in der Bildung. Sowohl international wie national übersetzte sich dies in einer Entwicklung von eindimensionalen zu mehrdimensionalen Konzepten, also von der Umwelt- und entwicklungspolitischen Bildung zur Bildung für nachhaltige Entwicklung, sowie auch in einer Ausweitung des Verständnisses von Bildung. Bildung dient demnach nicht mehr der reinen Wissensvermittlung sondern vor allem auch der Vermittlung von Nachhaltigkeitskompetenzen. Gleichzeitig wandelten sich die damit verbundenen Zukunftsszenarien von Bedrohungs- zu Innovationsszenarien. Im Gegensatz dazu zeigt die vorhergehende Betrachtung eine kontinuierliche Abwertung der Rolle von Bildung in der deutschen Debatte, wenn es um die Erreichung von Nachhaltigkeit geht. Während noch vor zehn Jahren keine Studie zu den globalen Herausforderungen des 21. Jahrhunderts es versäumte, die menschliche Lernfähigkeit als diejenige Ressource zu beschreiben, die geeignet schien, die Welt vor dem Untergang zu bewahren[63], so haben die vorhergehenden Betrachtungen gezeigt, dass wenn das Thema Bildung überhaupt behandelt wird, es meist „fehlbehandelt" wird. Diese Fehlbehandlung umfasste entweder die Gleichsetzung eines „Mehr" an Bildung mit Nachhaltigkeit per se, und damit einhergehend die Beliebigkeit des Nachhaltigkeitsbegriffes (alles trägt irgendwie zu Nachhaltigkeit bei) oder eben auch die grundsätzliche Vernachlässigung des Themas Bildung für nachhaltige Entwicklung.

Hinzu kommt in der Studie über ein „Zukunftsfähiges Deutschland" eine aus meiner Sicht riskante Simplifizierung der Rolle der Wirtschaft: Eine Reduktion auf Freund-Feind-Schemata ist ein Rückfall in Bedrohungsszenarien früherer Dekaden und wenig hilfreich. Und auch die Ordnungspolitik allein kann nicht greifen, um den notwendigen grundlegenden Einstellungs- und Verhaltenswandel herbeizuführen. Sicherlich muss Wirtschaftspolitik in die richtige Bahnen gelenkt werden, Wirtschaftsvertreterinnen und -vertretern aber grundsätzlich den Weitblick für eine nachhaltige Entwicklung abzusprechen, schadet mehr als das es nützt. Vielmehr sollte auch hier Bildung konsequent genutzt werden, um Fehlentwicklungen der letzten Jahre und Dekaden entgegenzuwirken und die – durchaus vorhandenen und

---

62 *Asbrand,* Globales Lernen und das Scheitern der großen Theorie (2002), S. 15.
63 *Seitz,* Bildung in der Weltgesellschaft. (2002), S. 1.

glaubwürdigen – Beiträge der Wirtschaft zu einer nachhaltigen Entwicklung zu stärken: „Denn eines ist klar: Eine nachhaltige Entwicklung wird es nicht geben, wenn wir nur auf den Staat fokussieren. (...) Hier ist ein aktives Handeln von Staat, Wirtschaft und Zivilgesellschaft nötig"[64]

Für uns alle wird es zentral sein, dass wir Innovationsszenarien entwickeln, die eine nachhaltige Entwicklung ermöglichen. Innovation wird hier nicht reduziert auf ein rein technisches Verständnis, sondern ist Teil eines gemeinschaftlichen Prozesses, der den Entwurf eines neuen nachhaltigen Gesellschaftsmodells – inklusive der Wirtschaft – zum Gegenstand hat. Dies setzt voraus, dass Bildung die hierfür notwendigen Kompetenzen vermittelt ganz im Sinne der Bonn Deklaration der jüngsten UNESCO Weltkonferenz für Bildung für nachhaltige Entwicklung: „we need a shared commitment to education that empowers people for change. Such education should be of a quality that provides the values, knowledge, skills and competencies for sustainable living and participation in society."[65]

---

64 *Hauff,* Was ist das Neue an Nachhaltigkeit? (2009), S. 2.
65 *United Nations Educational, Scientific and Cultural Organization,* Bonn Declaration (2009).

Wasser-Ressourcen-Management in Sub-Sahara Afrika – Eine Analyse der Tarif- und Kostenstruktur sowie der Subventionspraxis –

Wiltrud Terlau

Zusammenfassung

Der Artikel beschäftigt sich mit der Analyse des Wassersektors in Sub-Sahara Afrika. Der Schwerpunkt der Arbeit bildet eine länderübergreifende und -vergleichende Analyse der Tarifstruktur, der Subventionspraxis und der Kostendeckungsbeiträge der Wasserversorgungsbetriebe in dieser Region. Die Kosten wie auch die Tarife sind im globalen Vergleich außerordentlich hoch und genügen nur unzureichend ökonomischen und sozialen Leistungsindikatoren. Der afrikanische Kontinent weist einerseits extreme Schwankungen der Wasserverfügbarkeit verbunden mit unzureichenden Wasserspeicher-Kapazitäten, Infrastrukturnetzen und Wasseranschlüssen sowie eine sehr dünne Besiedlungsdichte auf, so dass die durchschnittlichen Kosten der Wasserversorgung sehr hoch sind. Andererseits sind hohe technische und ökonomische Ineffizienzen, einhergehend mit einer nicht zielgenauen Subventionspraxis der Wasserversorgungsbetriebe zu verzeichnen. Zusätzliche Infrastrukturinvestitionen sowie ein effizientes integriertes Wasser-Ressourcen-Management sind notwendig, um hier Abhilfe zu schaffen und eine nachhaltige Wasserversorgung zu gewährleisten.

Fehlende Infrastrukturen stellen bis heute immer noch eines der größten Hindernisse für eine nachhaltige Entwicklung in den Staaten südlich der Sahara dar. Schätzungen gehen davon aus, dass ein verbesserter Zugang und Ausbau von Telekommunikation, Energie, Transport und Wasser, Wachstumsimpulse pro Kopf und Jahr von 2-2,5%-Punkten in den afrikanischen Ländern auslösen könnte.[1] Dem Ausbau der Infrastrukturnetze kommt deshalb bei der Bekämpfung der Armut und der Erreichung der Millenniums-Ziele der *United Nations* (UN) eine besondere Bedeutung zu. Dabei soll u.a. der weltweite Anteil der Menschen ohne *nachhaltigem Zugang zu verbesserten Trinkwasserquellen* bis 2015 im Verhältnis zu 1990 halbiert werden.[2]

Insgesamt leben weltweit rd. 1,5 Mrd. Menschen mit schlechter Wasserversorgung, 23% davon in Sub-Sahara Afrika (SSA). Nach jetzigen Projektionen wird Af-

---

[1] Foster, Overhauling the Engine of Growth: Infrastructure in Africa, Africa Infrastructure Country Diagnostic (AICD) (2009).

[2] Unter verbesserten Trinkwasserquellen versteht das *WHO/UNICEF Joint Monitoring Program* (JMP) öffentliche Wasserpumpen, Bohrlöcher, geschützte Grundwasserbrunnen, geschützte Quellen und Regenwasser-Sammelbehälter sowie private Haushaltsanschlüsse.

rika als einziger Kontinent das Millenniums-Ziel *nicht erreichen*. Größte Probleme sind das hohe Bevölkerungswachstum in den Städten, das sich bis 2015 verdoppeln wird, sowie die starke Unterversorgung ländlicher Regionen (durchschnittliche Trinkwasserzugang rd. 45%, wobei lediglich 20-50% der Einrichtungen in den ländlichen Gebieten (voll) funktionstüchtig sind, im Vergleich zu den Städten mit 83%). Staaten mit höherem Trinkwasserzugang sind Senegal (75%, städtische Versorgung 98%), Burkina Faso (63%), Niger (59%) und mit sehr geringer Wasserversorgung Mauretanien (40%) und Demokratische Republik Kongo (22%). Insgesamt liegen die Staaten Sub-Sahara Afrikas mit rd. 60% deutlich hinter vergleichbaren anderen Regionen der Welt mit rd. 72% Trinkwasserversorgung der Bevölkerung zurück.[3]

Der afrikanische Kontinent weist mehre *Besonderheiten im globalen Vergleich* auf. Er leidet regional, saisonal und zeitlich unter extremen Schwankungen der Wasserverfügbarkeit. Der sich abzeichnende Klimawandel verstärkt diese Effekte. Es fehlen zudem ausreichende Wasserspeicher-Kapazitäten, Infrastrukturnetze sowie Wasseranschlüsse. Im internationalen Vergleich verschlechternd kommt hinzu, dass die afrikanischen städtischen und ländlichen Gebiete im internationalen Vergleich sehr dünn besiedelt sind, so dass die durchschnittlichen Kosten der Wasserversorgung entsprechend hoch sind.[4] Zudem findet ein starker Zuwachs der ländlichstädtischen Migration der afrikanischen Bevölkerung statt, so dass in den Städten die Trinkwasserversorgung prozentual pro Bevölkerung sogar rückläufig ist, so dass verstärkt auf Alternativen mit geringeren Kosten, wie Wasser aus Bohrlöchern, zurückgegriffen werden muss.[5]

Die *Weltbank* schätzt, dass zur Erreichung des Millennium-Ziels die jährlichen *Investitionen* von rd. 15 Mrd. US-$ auf 30 Mrd. US-$ verdoppelt werden müssten, die je nach Wirtschaftskraft der Landes zwischen 10-40% des Bruttoinlandsproduktes ausmachen würden.[6] Aber es reicht nicht aus, zusätzliche Infrastrukturen zu schaffen. Darüber hinaus ist es notwendig, ein *effizientes Wasser-Ressoucen-Management* in Sub-Sahara Afrika aus- und aufzubauen. Dazu müssen auch die afrikanischen Wasserversorgungsbetriebe hinsichtlich ihrer ökonomischen Leistungsfähigkeit analysiert werden. Voraussetzung ist ein *umfangreiches Informationssystem*, das alle notwendigen Daten zur Verfügung stellt. Empirische Basis bildet eine Infrastrukturstudie (*Africa Infrastructure Country Diagnostic*, AICD) für die Bereiche Wasser, Energie, Transport und Telekommunikation, die Ende des Jahres 2009 veröffentlicht werden soll und erstmalig umfassendes Datenmaterial zur Verfügung

---

3   *Yepes / Pierce / Foster,* Making Sense of Sub-Saharan Africa's Infrastructur Endowment (2008).
4   In ländlichen Gebieten leben über 20 Prozent der Bevölkerung mit 15 Personen pro Quadratkilometer. *Foster,* Overhauling the Engine of Growth: Infrastructure in Africa, Africa Infrastructure Country Diagnostic (AICD) (2009).
5   Ebd.
6   In der Sektor-Abgrenzung der Weltbank werden Trinkwasser- und Abwasserversorgung zusammengefasst. Sie unterstützt die Staaten aber nicht nur durch finanzielle Hilfen, sondern auch als eine Art *Think Tank* und Beratungsinstitut mit technischem und wissenschaftlich-analytischem Wissen.

stellt und auswertet.[7] Ein Teilbereich wird die *AICD WSS* (*Water and Sanitation Sector*) *Survey Database* sein, die ländervergleichende Daten für den afrikanischen Wassersektor zur Verfügung stellen soll.[8] Ziel ist es u.a., ein *Bewertungs- und Benchmarkingsystem* zu schaffen, dass die *Tarifstruktur, die Kostendeckungsgrade sowie die Subventionspraxis* der afrikanischen Wasserversorgungsbetriebe mit Hilfe von Leistungsindikatoren bewertet.[9]

Eine *Tarifstruktur* sollte folgenden *Leistungsprinzipien* genügen:

- Kostendeckung – hierbei sollen sowohl die Preise und Kosten für den Wasserverbrauch wie auch für den Wasseranschluss berücksichtigt werden.
- Ökonomische Effizienz – eine effiziente Tarifstruktur, soll die Wasserverschwendung verhindern und die „wahren" Kosten des Wassers berücksichtigen.
- Fairness – die Konsumenten sollten für den gleichen Service die gleichen Gebühren zahlen.
- Bezahlbarkeit/Leistungsfähigkeit – die privaten Haushalte sollten in der Lage sein, für ein substanziell notwendiges Wasservolumen aufkommen zu können. Nach der Abgrenzung der *World Health Organization* (WHO), werden für die *Wasserausgaben als Referenzpunkt 5%* des Familieneinkommens als zumutbar gewertet, um die substanziellen Wasserbedürfnisse zu befriedigen. Der *substanziell notwendige Wasserbedarf* wird international unterschiedlich definiert. Die WHO setzt als substanziell notwendig ein Minimum von 25 Liter pro Tag und Kopf. Die *Water Utility Partnership* setzt für einen *5-Personen Haushalt* substanziell notwendig einen Wert von $4m^3$ und maximal $40m^3$ pro Monat an, d.h. durchschnittlich $10m^3$ pro Monat (entspricht 60 Liter pro Tag und Kopf).

Die Gewährung der *Subventionen* sollte nach folgenden *Prinzipien* erfolgen:

- Notwendigkeit eines substanziellen Bedarfs – die privaten Haushalte sollten keinen unverhältnismäßig hohen Anteil ihres Einkommens für Wasserleistungen ausgeben (WHO: weniger als 5%).

---

7   Die AICD-Studie wird durchgeführt von der Weltbank im Auftrag der *African Union*, der *NEPAD*, des *Regional Economic Comitee*, der *African Development Bank* und wichtiger Infrastruktur-Kreditgeber.
8   Die Daten liegen für lediglich 60% der SSA-Staaten vor, und dann auch nur für den städtischen Bereich und mehr oder wenig vollständig auch nur für die Jahre 2004 und 2005. Insgesamt werden 27 afrikanische Staaten mit insgesamt 52 Wasserbetrieben erfasst. Hierbei handelt es sich entweder um nationale oder um die regional wichtigsten Unternehmen. Die Datenbasis kann jedoch als repräsentativ betrachtet werden, da die Staaten ungefähr 85% des Bruttoinlandsproduktes, der Bevölkerung und der Infrastrukturhilfen nach SSA ausmachen. Sofern neue Finanzierungsmittel zur Verfügung gestellt werden, soll die AICD-Studie ausgeweitet und fortgeführt werden.
9   Die Arbeit entstand im Rahmen eines Forschungssemesters 2007 an der Weltbank in Washington D.C., USA, im Bereich Nachhaltige Entwicklung, Wasser-Ressourcen-Management, Sub-Sahara Afrika.

- Zielgerechtigkeit und Zielgenauigkeit – beispielsweise gilt die Frage zu beantworten, ob die Subventionen letztendlich wirklich den Ärmsten zu Gute kommen.
- Geringe administrative Kosten.
- Vermeidung negativer Anreize – negative Anreize wären beispielsweise Wasserverschwendung, Nutzung „privater" Brunnen statt des öffentlichen Wasserangebots, Entstehung von „copying costs" aufgrund schlechter Servicequalität, wie z.B. Kauf von Speichertanks oder Konstruktion von privaten Bohrlöchern, um dem nur mehrstündigen Wasserangebot pro Tag entgegen zu wirken.

Im Vordergrund der Analyse stehen insbes. die Ziele der Kostendeckung der Betriebe einerseits und des Leistungsvermögens der Bevölkerung andererseits. *Leistungsindikatoren* sind z. B. unterschiedliche Niveaus der Kostendeckungsbeiträge, durchschnittlicher Kostendeckungspreis, durchschnittlicher Wassertarif, Schuldendienstquote, prozentualer Anteil der Arbeitskosten an den Betriebskosten.

Die Kosten des Wasserservice beinhalten einerseits die anfänglichen Infrastruktur und Anschlusskosten (fixe Kosten) und andererseits die Betriebs- und Instandhaltungskosten (variable Kosten). Da in vielen Entwicklungsländern die tatsächlichen Kosten, insbes. die Kapitalkosten nicht verfügbar sind, wird zur Vereinfachung für die Bewertung der *Kostendeckungsbeiträge* der Wassertarife *Referenzwerte* festgelegt: für die variablen Kosten ein Wert von 0,40 US-$/m^3, für eine zusätzliche teilweise Abdeckung der Kapitalkosten einen Referenzwert von 0,8 US-$/m^3, und für die Vollkostendeckung (einschl. Kapitalkosten) ein Schwellenwert von 0,90 US-$/m^3.[10] Die durchschnittlichen *Betriebs- und Instandhaltungskosten in SSA* sind im Vergleich zu anderen Regionen mit 0,6 US-$/m^3 sehr hoch mit der Folge entsprechend höherer Tarife. Werden jedoch die relativ reichen Länder Südafrika, Kap Verde und Namibia außen vorgelassen, reduzieren sich die durchschnittlichen Kosten auf 0,43 US-$/m^3 und sind nahe dem oben erwähnten Referenzwert von 0,4 US-$/m^3.

Die meisten afrikanischen Staaten haben eine zweigeteilte *Wassertarifstruktur*: eine feste *verbrauchsunabhängige Grundgebühr* (z.B. bestimmt durch den Umfang der Rohre, Ort, Anzahl der Räume, technisch bedingten Wasserverlusten, Einnahmeverlusten aufgrund ungenügender Zahlungen oder nicht gemessenen Wasserverbrauchs) sowie eine *verbrauchsabhängige Gebühr*, die entweder einheitlich pro m^3, steigend lineare Tarife oder (fallende/steigende) Blocktarife aufweist. Der verbrauchsabhängige Tarif hat in der Regel die Form eines *steigenden Blocktarifs*, so dass die Einheitspreise in den Blöcken mit geringerem Wasserverbrauch geringer sind als die Preise in den Blöcken mit höherem Verbrauch.[11] Die *Annahme* der meisten Wasserversorgungsbetriebe in SSA hinsichtlich dieser gewählten Tarifstruktur ist, das Haushalte mit geringem Einkommen einen geringeren Wasserkonsum haben, sie somit in den gering bepreisten Wasserblock fallen und der Wasserservice für be-

---

10 *Global Water Intelligence / Foster / Yepes,* Is Cost Recovery a Feasible Objective for Water and Electricity? (2006).
11 Die Anzahl der Blöcke reicht von einem (einheitlichen, verbrauchsabhängigen) Tarif bis zu sieben Blöcken; durchschnittlich sind drei Blöcke in der Wassertarifstruktur zu beobachten.

dürftigen Haushalte *bezahlbar* wird.

In den meisten Entwicklungsländern sind die Tarife des *ersten Blocks* sozial induziert, so dass den ärmsten Haushalten zumindest ein Minimum an verbessertem Wasser zu geringen Preisen zur Verfügung gestellt wird. Der durchschnittliche Preis beträgt in diesem Segment 0,31 US-$/m^3, wobei die meisten Staaten (rd. 45%) südlich der Sahara einen Wert geringer als 0,20 US-$/m^3 aufweisen; Südafrika, Elfenbeinküste und Mosambik stellen Wasser im ersten Block sogar unentgeltlich zur Verfügung; Kap Verde mit 2,70 US-$/m^3 und Windhoek (Namibia) mit 0,80 US-$/m^3. Viele afrikanische Betriebe erreichen selbst im *höchsten Blocktarif*, bei denen erwartet wird, dass sie zumindest die marginalen Kosten des Wasserangebots abdecken, keine Vollkostendeckung. Lediglich ein Drittel der afrikanischen Wassertarife liegen oberhalb von 0,8 US-$ bis 1 US-$/m^3 mit den höchsten Preisen oberhalb von 2 US-$/m^3 in Namibia, Südafrika und Kap Verde. Die *Grundgebühr* liegt zwischen 2-4 US-$/m^3.

Der *durchschnittliche Tarif* in SSA liegt bei einem *durchschnittlichen Wasserbedarf* von 10m^3 bei 0,49 US-$/m^3 und ist damit deutlich höher als in anderen Regionen dieser Welt (Tarif bei einem Wasserverbrauch von 15m^3 in Lateinamerika mit 0,41 US-$/m^3, Osteuropa 0,13 US-$/m^3, Mittlerer Osten 0,37 US-$/m^3, Ost-Asien 0,25 US-$/m^3 und Süd-Asien 0,09 US-$/m^3; im Vergleich dazu die Industriestaaten mit 1,04 US-$/m^3).[12]

Lediglich 37% der Versorgungsbetriebe erzielen mit ihren *Tarifen* bei einem durchschnittlichen Wasserbedarf von *10m^3 einen positiven Deckungsbeitrag* (Deckung der Betriebsausgaben). Außer die Betriebe aus den reichen Ländern, Südafrika, Kap Verde und Namibia, mit über 1 US-$/m^3 erfüllt keiner der SSA-Staaten das Kriterium der *Vollkostendeckung* noch der zumindest teilweise zusätzlichen Abdeckung der Kapitalkosten.

Die Kostendeckungsbeiträge sind je nach zugrunde gelegtem Konsumniveau unterschiedlich. Für den als substanziell angenommenen notwendigen Wasserbedarf von *4m^3* wie auch für den maximalen Wasserkonsum von *40m^3* liegen die Tarife durchschnittlich mit 0,61 US-$ bzw. 0,65 US-$/m^3 (ohne den Ausreißer Kap Verde bei 0,51 bzw. 0,50 US-$/m^3) höher als für den durchschnittlichen Verbrauch von 10m^3, so dass sich die Anzahl der Wasserversorgungsbetriebe, die einen positiven Kostendeckungsbeitrag erreichen auf 56% bzw. 64% erhöht.[13] Somit tragen die Haushalte am unteren und oberen Konsumniveau stärker zur Kostendeckung der Wasserversorgungsbetriebe bei als der durchschnittliche Verbraucher.

In den meisten Ländern erfolgt die Festsetzung der Tarifstruktur unter Einbeziehung expliziter und impliziter *Subventionen*. Jedoch fehlen umfassende Informationen über die Höhe der *expliziten Subventionen* der Wasserversorgungsbetriebe in

---

12 Ein Vergleich über alle Entwicklungsländer und alle Konsumstufen zeigt sogar noch deutlichere Unterschiede. Dann liegt der durchschnittliche Wassertarif für SSA sogar zwischen 0,86 und 6,56 US-$/m3, während er in anderen Entwicklungsregionen bei 0,03-0,6 US-$/m3 liegt. *Foster,* Overhauling the Engine of Growth: Infrastructure in Africa, Africa Infrastructure Country Diagnostic (AICD) (2009).

13 Das Trinkwasser kann in Cape Verde hauptsächlich nur durch Entsalzen zur Verfügung gestellt werden.

Afrika durch den Staat auf zentraler, regionaler und lokaler Ebene oder durch internationale Kreditgeber. Die Höhe und Struktur der *impliziten (Kreuzsubventionen) Subventionen* von einer Gruppe von Konsumenten durch eine andere kann nur durch eine detaillierte Analyse der Tarifstruktur erfolgen. Hier sind Informationen über die Kreuzsubventionierung zwischen privaten, staatlichen und industriellen Haushalten, zwischen Konsumenten öffentlicher Wasserpumpen und Kunden mit eigenem Wasseranschluss, zwischen städtischen und ländlichen Konsumenten sowie zwischen verschiedenen Sektoren einzubeziehen, beispielsweise bieten in Kap Verde, Tschad, Madagaskar und Ruanda jeweils die gleichen Versorgungsbetriebe Wasser und Elektrizität an.

Kreuzsubventionen zwischen Konsumgruppen mit niedrigem und hohem Konsum werden berechnet, indem die Wasserrechnungen (für den 1. Tarifblock eine Art Flatrate für einen festen (minimalen) Wasserverbrauch plus die Summe der darüber hinausgehenden jeweiligen Wasservolumina multipliziert mit dem jeweiligen Wasserpreis pro m^3) den Kosten (durchschnittliche Kosten multipliziert mit dem jeweiligen Wasserverbrauch) für jedes Verbrauchsniveau gegenübergestellt werden. Sind die Wasserrechnungen für niedrigen Konsum geringer als die Kosten und entsprechend für hohen Konsum höher als die Kosten, kann von einer Subventionierung des niedrigen durch den hohen Verbrauch ausgegangen werden. Die Festlegung einer solchen sozialen Tarifstruktur durch die Anbieter, liegt die Annahme zu Grunde, dass Haushalte mit hohem Einkommen einen höheren Wasserverbrauch haben, so dass niedrige Einkommensgruppen von den Kreuzsubventionen profitieren und somit die Subventionierung *zielgerichtet* und *zielgenau* erfolgt.

Die *Bewertung der Tarifstruktur und Subventionspraxis* der Wasserversorgungsbetriebe in Staaten südlich der Sahara anhand der Leistungsprinzipien und -kriterien führt jedoch zu folgender Kritik: Empirische Studien bezweifeln einen signifikanten Zusammenhang zwischen niedrigem Einkommen und niedrigem Verbrauch, so dass die *Ärmsten nur unvollständig von einer (Kreuz)-subventionierung* profitieren.[14] Weiterhin kommen die Subventionen nur den privaten Haushalten zu Gute, die über einen eigenen Wasseranschluss verfügen. *Ausgeschlossen* werden Personen die ihr Wasser beispielsweise aus öffentlichen Wasserpumpen oder von privaten Verkäufern außerhalb der Wasserbetriebe beziehen. Haushalte werden ebenfalls von der Subventionierung ausgeschlossen, wenn sie sich einen Anschluss teilen und somit über das höhere Verbrauchsniveau einen höheren Tarifblock erreichen und mit entsprechend höheren Preisen pro m^3 belegt werden. Oder das Wasservolumen, das der 1. Tarifblock mit einer Flatrate mit niedrigsten Preisen belegt, ist so groß, dass *einerseits kein Anreiz zum sparsamen Umgang* mit der Ressource Wasser entsteht und andererseits nicht nur die ärmsten Haushalte davon profitieren. Auch wird somit geringerer *Verbrauch mit einem effektiv höheren Preis* pro m^3 belastet als der höhere Konsum. D.h. die Leistungsprinzipien der *Ökonomischen Effizienz und der Fairness werden nicht erreicht*. Weiterhin liegt der Konstruktion einer linear steigenden Blockstruktur, die Annahme zugrunde, dass ein *linearer Zusammenhang zwischen Kosten und Angebotsmengen* besteht. Darüber hinaus ist in vielen Ländern die ei-

---

14 *Komives et al.*, Water, Electricity and the Poor (2005); *Wodon et al.*, Water Tariffs, Alternative Service Providers and the Poor (2007).

gentliche Hürde, nicht die regelmäßigen Wasserrechnungen, sondern die *Kosten für den Wasseranschluss*, die für die Haushalte mit geringem Einkommen unverhältnismäßig hoch sind, was beispielsweise durch die schwierige Zugänglichkeit oder die Entfernung des Haushalts verursacht ist.[15]

Insgesamt operieren afrikanische Wasserversorgungsbetriebe mit relativ hohen Tarifen, ohne eine Kostendeckung zu erreichen. Zudem genügt die Tarifstruktur in Verbindung mit den hohen Kosten des Anschlusses nicht den Zielen der Effizienz und Fairness. Das macht das Erreichen des Millennium-Ziels mit zusätzlichen Netzverbindungen für neue Konsumenten und verbessertem Wasserservice umso schwieriger.

Notwendig ist ein *effizienteres Wasser-Ressourcen-Management*. Statt Subventionierung des Wasserverbrauchs könnte eine *direkte Förderung des Wasseranschlusses* eine *Lösung* sein, die bereits in einigen SSA-Ländern praktiziert wird. *Investitions- und Anschlusskosten* könnte vom *Staat* finanziert werden, um somit Anbieter und Verbraucher zu entlasten und ein funktionsfähiges und effizientes Versorgungssystem zu gewährleisten. Zusätzlich könnte ein abgegrenztes eigenes *Tarifsystem für die ärmste Bevölkerung* eingeführt werden, um die Zielgenauigkeit der Subventionen zu erhöhen. Darüber hinaus könnten *öffentliche Wasserpumpen* eine Alternative zum privaten Wasseranschluss sein; der durchschnittliche Tarif der afrikanischen Einrichtungen beträgt hier 0,30 US-$/m^3 und liegt damit unterhalb der Tarife für private Wasseranschlüsse. Jedoch fallen gerade in dichten Vorstadtgebieten die informellen Preise deutlich höher aus. *Verbesserte institutionelle Strukturen innerhalb*, wie beispielsweise effizientere Ausschreibungsverfahren, bessere Planungen von Investitionsprojekten und einer stärkeren mittelfristigen Budgetplanung, sowie *außerhalb der Wasserversorgungsbetriebe*, beispielsweise durch eine stärkere Aufsicht, führen zu einer stärkeren Ausnutzung der vorhandenen Ressourcen. Eine *stärkere Dezentralisierung* der Wasserversorgung bis hin zu privaten Anbietern könnte ebenfalls eine verbesserte Wasserversorgung erzielen. Notwendig ist es auch, die *hohen Ineffizienzen wie bezüglich der Gebühreneinsammlung sowie des technischen Wasserverlustes* zu bekämpfen.[16] Zudem ist ein stärkeres *länderübergreifendes Wasser-Ressourcen-Management* notwendig, da die vielen einzelnen afrikanischen Staaten häufig zu klein sind, um ein kosteneffizientes System aufzubauen. Beispielsweise benötigen die 63 afrikanischen Flussläufe mit mehr als zwei Anrainerstaaten eine effizinte Koordination bezüglich Infrastrukturinvestitionen und Management.

---

15 Die tatsächlichen Anschlusskosten fallen sogar noch höher aus, wenn neben der Anschlussgebühr auch die Kosten für den Rohranschluss zur nächsten Straße (ärmere Bevölkerungsgruppen leben häufig weiter entfernt auf schwer unzugänglichem Gelände), Wiederherstellung der Straße, Kauf der Wasseruhr oder sonstige Kosten hinzu kommen.

16 Wasserbetriebe ziehen durchschnittlich lediglich 70-90% ihrer Gebühren ein und die tatsächlichen Wasserverluste sind zum Teil doppelt so hoch wie bei technisch einwandfreien Infrastrukturen. *Foster*, Overhauling the Engine of Growth: Infrastructure in Africa, Africa Infrastructure Country Diagnostic (AICD) (2009).

Entwicklung, Kommunikation und Wissen

Deutsche Welle-Akademie: Entwicklungspolitische Medienarbeit weltweit

Theo Blank

Status und Destination

Die Deutsche Welle (DW) ist der Auslandsrundfunk Deutschlands. Sie verbreitet ihre vielsprachigen Informationsangebote weltweit: DW-TV auf Deutsch, Englisch, Spanisch und Arabisch, DW-RADIO und DW-WORLD.DE jeweils in 30 Sprachen. Die DW-AKADEMIE (DWA) ist im sechsten Jahr seit ihrer Gründung die zentrale Aus- und Fortbildungseinrichtung der DW.

Das Recht der freien Meinungsäußerung, das Recht auf Informations-, Presse-, Rundfunk- und Filmfreiheit sind für eine freiheitlich demokratische Staatsordnung schlechthin konstituierend. Meinungs- und Medienfreiheit dienen der Verwirklichung der Geistesfreiheit, die seit der Aufklärung zu den Leitideen einer menschenwürdig verfassten Gesellschaft gehört. Das gilt für bestehende und entstehende Demokratien gleichermaßen. Das Entwicklungsprogramm der Vereinten Nationen, die Weltbank und die OECD betonen in erfreulicher Klarheit den Zusammenhang zwischen Meinungs- und Medienfreiheit und der Entwicklung demokratischer staatlicher Strukturen. Etablierung und das Funktionieren freier Meinungssysteme ist für die deutsche Regierung essenzieller Bestandteil ihrer Politik der Entwicklungszusammenarbeit.

Die DW leistet durch Information, Dialog, Kooperation und Fortbildung wichtige Beiträge zur deutschen Medienentwicklungszusammenarbeit (MEZ). DW-RADIO, DW-TV und DW-WORLD.DE stehen mit ihren Programmen für die Werte einer offenen Gesellschaft und einer freiheitlich verfassten Medienlandschaft. Journalistische Unabhängigkeit ist dabei unverzichtbares Element des Selbstverständnisses der DW. Insofern ist die DW eine staatsunabhängige Rundfunkanstalt und kein Instrument deutscher MEZ, thematisiert aber in seinen Programmen sehr wohl deren Ziele.

Die DWA hingegen versteht sich als ein Instrument deutscher MEZ. Ihre Arbeit wird ganz überwiegend vom Bundesministerium für wirtschaftliche Zusammenarbeit und Entwicklung (BMZ) finanziert und damit auch wesentlich inhaltlich bestimmt.

Die Anfänge der Aus- und Fortbildungstätigkeit bei der DW gehen auf das Jahr 1965 zurück. Erste Anstöße kamen aus Afrika, wo von den Kolonialmächten unabhängig gewordene Staaten Unterstützung für ihre staatlichen Radiosender vorzugsweise bei dem Nicht-Kolonialherren Deutschland suchten. Mit globalen und regionalen Veränderungen veränderten sich die Ansätze, die Themen und die Partner der DW im Bereich Aus- und Fortbildung über die Jahrzehnte nicht unerheblich.

Die DWA wurde 2004 aus den bis dato arbeitenden Fortbildungszentren für Hörfunk und Fernsehen und zum Zweck eigener Ausbildungsnotwendigkeiten der DW gegründet. Sie vereint unter ihrem Dach das gesamte externe journalistische und technische Aus- und Fortbildungsangebot der DW und schult den hauseigenen Nachwuchs des Senders. Jährlich durchlaufen zwischen 1.500 und 2.000 Journalisten, Techniker und Manager aus Asien, Afrika, Lateinamerika, Nah-/Mittelost sowie Südosteuropa Kurse der DWA. 80 Prozent der Trainings, Consultings, Coachings und anderer Beratungsmaßnahmen finden im Ausland vor Ort statt, 20 Prozent in der DWA in Bonn und Berlin. Trainer der DWA bereiten seit einigen Jahren darüber hinaus Mitarbeiter von EZ-Organisationen, des DED, des Auswärtigen Amtes, des Bundesministeriums der Verteidigung und anderer öffentlicher Einrichtungen auf die Mediensituation im jeweiligen Entsendungsland vor und schulen dabei nicht zuletzt auch in klassischer Pressearbeit.

Arbeitsschwerpunkte

- Der gewichtigste Arbeitsschwerpunkt der DWA ist das Training von Journalisten in Entwicklungsländern und Transformationsstaaten im Rahmen der MEZ. Hierzu bietet sie praxisorientierte Seminare, Kurse und Beratungsmaßnahmen an. Sie orientiert sich dabei am Bedarf der Partner und vermeidet, ihnen Konzepte von außen ohne Analyse der Situation vor Ort überzustülpen. Zusätzlich zu den Trainings für Hörfunk, TV und Online in Entwicklungsländern und Transformationsstaaten finden solche Aus- und Fortbildungsmaßnahmen gerade auch in Bonn und Berlin statt, nicht zuletzt unter dem Aspekt, auch eine emotionale Bindung an Deutschland zu schaffen.

  Der Ansatz aller Trainingsmaßnahmen ist partizipativ und partnerschaftlich. In vielen Bereichen der Welt müssen Grundlagen des journalistischen Handwerks vermittelt bzw. optimiert werden. Die Kursteilnehmer sollen befähigt werden, die Qualität ihrer Hörfunk- und Fernsehbeiträge zu verbessern. Neben rein handwerklichen Fragen orientieren sich die Lehr- und Lerninhalte natürlich auch immer an inhaltlichen Fragen wie sorgfältiger Recherche, möglichst hoher Objektivität und Neutralität der Berichterstattung und Distanz zum berichteten Geschehen.

- Neben der Vermittlung journalistischen Basiswissens werden in Seminaren der DWA Themen wie „Friedensjournalismus", „Korruption" oder „Globalisierung" und andere nachgefragte Themen behandelt. Bedarfsorientierung ist das entscheidende Kriterium bei der Auswahl aller Fortbildungsangebote.

- Im Management-Training werden Kompetenzen in den Bereichen Sendermarketing, Positionierung, Programming, Strategische Planung und Station Management vermittelt. Das sind Schlüsselkompetenzen vor allem für kleinere, unabhängige Sender, die ihr wirtschaftliches Überleben sichern wollen, aber auch für ehemalige Staatssender, wenn sie sich im deregulierten Umfeld behaupten wollen.

- Das Technik-Training thematisiert Querschnittsfragen in Folge der technischen Veränderungen durch das zunehmende Zusammenwachsen von Internet, Radio, Fernsehen und Printmedien. Der Umgang mit mobiler und lokal angepasster Technik für Kleinsender ist ein weiterer Tätigkeitsschwerpunkt. Geschult wird auch die Einrichtung digitaler Archive als Schnittstelle zwischen Programm und Technik.

- Zunehmend wichtiger werden Beratungsmaßnahmen und Inhouse-Trainings, die über einen mehrjährigen Zyklus entscheidende Bereiche einer fest umrissenen Einheit eines Senders trainieren und beraten und damit gesteigerte Nachhaltigkeit ermöglichen. Ein solches Vorgehen folgt einem integrierten, ganzheitlichen Ansatz, der Training als Teil von Veränderungsprozessen begreift. Training, Coaching und Beratung für unterschiedliche Zielgruppen werden zu Elementen einer Prozessbegleitung im Sinne von Veränderungsmanagement und Organisationsentwicklung. Ein Beispiel für ein solches „Langzeitprojekt" ist der Aufbau des afghanischen Staatssenders RTA. Weil es 2004 weder Räume, noch Technik, noch ein Programm gab, waren nicht nur journalistische, sondern auch organisatorische und handwerkliche Fertigkeiten gefragt, um eine internationale Fernsehnachrichtenredaktion für den Sender aufzubauen. Seit 2006 produziert eine afghanische Redaktion eigenständig die professionellsten internationalen Nachrichten des Landes.

- Mit internen Train-the-Trainer-Kursen bildet die DWA schließlich seit 2005 nicht nur Journalisten, Techniker und IT-Fachleute von DW-RADIO, DW-TV und DW-WORLD.DE zu neuen Trainern aus, sondern stellt damit zugleich nicht zuletzt durch Trainingsevaluierung ihr Bildungs- und Beratungsangebot auf den permanenten Prüfstand, um die Qualität ihres Angebots zu sichern und wenn möglich zu steigern.

- Hiervon profitieren nicht zuletzt auch die Volontäre der DW im Rahmen ihrer Ausbildung. Das vor einigen Jahren zunächst aus Gründen der internen Personalgewinnung eingerichtete Fremdsprachenvolontariat – es wurde zunehmend schwieriger, native speaker in den Sprachen Amharisch, Dari-Paschtu, Hindi oder Urdu für die DW-eigenen Redaktionen zu finden – ist inzwischen zu einer Talentschmiede für junge Journalisten aus Afrika, Asien, Lateinamerika und Nah-/Mittelost geworden.

- Ein postgraduales akademisches Studium wird das Bildungsangebot des DWA in diesem Jahr qualitativ entscheidend erweitern. Der Masterstudiengang „International Media Studies" ist ein international ausgerichteter, viersemestriger Weiterbildungsstudiengang in Vollzeit. Er wird gemeinsam von der Universität Bonn, der Hochschule Bonn-Rhein-Sieg und der DW in Bonn durchgeführt. Der bilinguale Studiengang stellt vor dem Hintergrund der globalen Medienentwicklung mit seiner Verknüpfung von Medien und Entwicklungszusammenarbeit ein einzigartiges Studienangebot dar. Studierende aus aller Welt werden von einer einmaligen Verzahnung von Forschung, Lehre und Praxis profitieren. Im Studiengang werden die Themen Medien und Entwicklung, Journalismus, Kommunikationswissenschaft und Medienwirtschaft zusammengeführt und mit einem hohen Anteil medienpraktischer Arbeiten und Kompetenzen verbunden.

Der Studiengang verfolgt das Ziel, Medienschaffende aus Entwicklungs- und Schwellenländern auf akademischem Niveau auszubilden, damit diese die Medien, auch innerhalb von Demokratisierungsprozessen, als Sprachrohr einer kritischen Öffentlichkeit fördern. Entsprechend dieser Verknüpfung von Medien und Entwicklungszusammenarbeit orientieren sich die Studieninhalte an den Werten von Demokratie, Frieden und Konfliktprävention, Zivilgesellschaft und guter Regierungsführung. Der Studiengang wird an der Hochschule Bonn-Rhein-Sieg akkreditiert. Das Studium in der DW vermittelt Internationalität als tägliche Erfahrung vor Ort.

Entwicklungen und Trends

Die „Marktsituation" für die DWA ist gut. Die Medien-Entwicklungszusammenarbeit hat aktuell einen nicht unerheblichen Stellenwert in der deutschen und europäischen Politik. Für das BMZ ist die DWA inzwischen *die* deutsche „Durchführungsorganisation" für Medienfortbildung. Auch internationale Mittelgeber stellen heute sehr viel häufiger als noch vor einigen Jahren für Medienprojekte der DWA die Ampel auf Grün. Die Politik nicht nur in Deutschland realisiert zunehmend, dass z.B. dem Aufbau lokaler Medien eine wichtige Rolle bei der Stabilisierung und Demokratisierung von Staaten zukommt.

Dieses aktuell günstige Umfeld macht sich die DW bei ihrem Umbau vom klassischen Auslandsrundfunk zu einem international agierenden Medienhaus zunutze. Die Angebote ihrer DWA verstärken und ergänzen den medialen Auftritt der DW in den Zielregionen um die wichtige Komponente praktizierter und erfahrbarer Solidarität mit den Menschen dort.

Die DWA steht in Bezug auf ihre entwicklungspolitische Medienarbeit in einer Mittlerposition: Auf der einen Seite die Geldgeber (BMZ, AA, EU,...), die ihre Mittel zielgerichtet eingesetzt sehen wollen. Auf der anderen Seite die Abnehmer, die sich durch die Zusammenarbeit mit der DWA entwickeln wollen. Die DWA muss diese unterschiedlichen Interessen zusammenführen und dabei gleichzeitig das eigene Profil wahren, wahrlich keine leichte Aufgabe – aber lösbar.

Die Politik fordert zu Recht zunehmend ganzheitliche Ansätze auch und gerade in der Entwicklungszusammenarbeit. Entwicklungspolitische Medienarbeit soll vernetzt stattfinden, weil isolierte Ansätze zu wenig Wirkung zeigen. Länderübergreifende Zusammenarbeit und ein Engagement in Netzwerken werden zukünftig die Basis erfolgreicher Arbeit der DWA sein. Die gewollte Entwicklung von der nationalen Förderung hin zur Projektförderung durch internationale Geber bedingt zwangsläufig komplexere Projektstrukturen.

Ein Beispiel: Die EU versucht mehr und mehr zu einer gemeinsamen Außenpolitik zu finden, und somit auch zu einem aktiveren und potenterem Auftreten als Geber im Bereich MEZ. Verknüpft sind diese Gelder dabei mit aufwendigen Bewerbungs- und Ausschreibungsverfahren und der Bedingung, mit europäischen Partnerorganisationen zusammenzuarbeiten.

Allen externen Mittelgebern gemeinsam sind ein ergebnisorientierter Ansatz und die Forderung nach umfangreicher Evaluierung der Projektarbeit. Noch dynamischer verläuft der Wandel auf der Seite der Abnehmer von Angeboten der DWA weltweit.

Bei den meisten Einsatzländern der DWA handelt es sich um Staaten mit autoritären Systemen oder um sehr schwache oder defekte Demokratien. Dennoch ist auch dort als Trend eine zunehmende Liberalisierung der Medienmärkte zu beobachten, die einhergeht mit wachsender Medienvielfalt und stärkerer Konkurrenz.

Die Dynamik dieses Wandels unterscheidet sich zwischen Regionen und ist selbst innerhalb einzelner Länder heterogen, abhängig von bislang vorhandenen Strukturen und der jeweiligen wirtschaftlichen Entwicklung. Diese asynchronen Veränderungsprozesse stellen hohe Anpassungsforderungen an die DWA, da die Trainings- und Beratungskompetenz sehr viel breiter aufgestellt werden muss. Die Schere zwischen konservativen (bspw. rurales Afrika) und dynamischen Märkten (bspw. urbanes Asien) wird weiter aufgehen. Lösungsansätze werden sich zwangsläufig signifikant zwischen Regionen und Abnehmern unterscheiden müssen; der Erfolg von Projekten wird immer stärker abhängig davon, wie gut die Entwicklung in den Märkten von der DWA verstanden wird.

Die hohe Anzahl potenzieller Einsatzgebiete für die entwicklungspolitische Medienarbeit der DWA erfordert eine Konzentration der Ressourcen. Während vor einigen Jahren noch weit über 100 Länder auf der Partnerliste der DWA standen, hat sich die Anzahl der „festen Kunden" nahezu halbiert. Zunehmend arbeitet die DWA in integrierten Projekt- und Länderkonzepten, die auf mehreren Ebenen in Rundfunkstationen und Mediensystemen Unterstützung anbieten.

Charakteristisch hierfür ist etwa ein mehrjähriges Beratungs- und Trainingsprojekt in der Region Nahmittelost beim Nationalen Rundfunk im Jemen, einem der ärmsten Länder der Welt. Der dortige Partner wird bei seinem umfassenden Digitalisierungsprojekt begleitet.

Ein ähnliches Projekt verfolgt die DWA in Saudi-Arabien. Hier sind die finanziellen und damit technischen Voraussetzungen für ein solches Projekt deutlich entwickelter. Die Nachfragen aus dieser Weltregion können als Beispiel für die gegenseitige Wirkung zwischen Dachmarke DW und Untermarke DWA gewertet werden: In den Vereinigten Arabischen Emiraten zeigt sich ein hoher Beratungsbedarf in den Medien. Die steigende Zahl der Anfragen lassen sich mit der generellen Wertschätzung für deutsche „Produkte" erklären, aber eben auch mit dem verstärkten Engagement der DW insgesamt in dieser Region. Im Krisengebiet Irak ist die DWA trotz vieler Anfragen zurzeit nicht vor Ort präsent, sondern lädt zu Trainings nach Jordanien, Syrien und Deutschland ein.

In Asien sieht sich die DWA in die drei großen Themen der deutschen EZ für die Region eingebettet: Armut, Umweltzerstörung und Demokratisierung. Schwerpunkt sind die Länder der Subregion Südostasien. Hier wiederum konzentriert sich die DWA auf die jungen, teils fragilen Demokratien wie Kambodscha und Indonesien, sowie Länder in Transformation, wie Vietnam und Laos.

Nachhaltige MEZ im besten Sinne wird bei Voice of Vietnam geleistet, die über mehrere Jahre hinweg bei der Digitalisierung ihres Audio-Archivs begleitet wird. Dieses Projekt hat zuletzt im Zusammenhang mit dem Asia-Europe Media Dialogue für großes Interesse gesorgt und wird zunehmend auch von Partnern aus anderen Teilen der Welt nachgefragt.

Unterstützung von Medienfreiheit ist ebenfalls der Grund für Aktivitäten in einigen Staaten Südasiens: Pakistan, Nepal und Bhutan. Nordkorea und Birma sind als Militärdiktaturen Sonderfälle, dort versucht die DWA mit kleinen Maßnahmen Beziehungen aufzubauen und diese in der Hoffnung auf Veränderung der gesellschaftlichen Situation zu halten.

In Lateinamerika konzentriert sich die DWA auf die Schwerpunktländer des BMZ. In Ländern wie El Salvador, Honduras, Nicaragua, Peru, Ecuador und Bolivien stehen der Aufbau von Jugendwellen, cross-mediales Arbeiten sowie Online-Monitoring der Trainingsergebnisse im Fokus.

Im Bereich Osteuropa/Zentralasien konzentriert sich die DWA auf die Nachfolgestaaten der ehemaligen Sowjetunion (Schwerpunkte: Kasachstan, Kirgisistan, Tadschikistan, Usbekistan). In Russland arbeitet die DWA in erster Linie mit unabhängigen Regionalstationen und anderen Medienorganisationen außerhalb des Machtzentrums Moskau zusammen.

Darüber hinaus unterstützen die Medienprojekte der DWA den Demokratisierungsprozess in Georgien, Armenien, Moldawien und in der Ukraine. Journalisten aus Weißrussland werden – da eine Arbeit vor Ort z.Zt. nicht möglich ist – zu Regionalmaßnahmen in Nachbarstaaten und nach Deutschland eingeladen. In Ost- und Südosteuropa ist die DWA in international geförderten Projekten der EU oder der OSZE oder in Selbstzahlerprojekten (Rumänien) engagiert.

In Afghanistan ist die DWA seit 2004 engagiert, zunächst in einem Großprojekt zur Reform von RTA, nach Auslaufen der AA- und EU-Förderung nur noch in Einzeltrainings in Mazar-i-Sharif, sowie mit einer Ausbildungskomponente im Afghanistan-Projekt der DW.

In Afrika fokussiert sich die DWA im Dienste einer Nachhaltigkeit ihres Engagements auf jene Länder, die sich durch „gute Regierungsführung" auszeichnen. Im Vordergrund steht die Förderung regierungsunabhängiger Stationen. Inhaltlich arbeitet die DWA in Afrika verstärkt über die Rolle von Medien in Konfliktsituationen und behandelt prominent Ökologie- und Gesundheitsthemen (HIV-AIDS). Geographische Schwerpunkte sind die Länder der Großen-Seen-Region, Teile der Sadec-Länder (Tansania und Mosambik) sowie in Westafrika die frankophonen Sahelstaaten.

Strategieansätze für die Arbeit der DWA

Für die DWA ist die Erkennbarkeit der DW als Global Media Player mit einem klaren Profil von großer Bedeutung. Was die DW tut oder lässt hat Auswirkung auf die Wahrnehmung der DWA. Gleichzeitig profitiert die Dachmarke DW von den Aktivitäten ihrer Akademie. Die DW hat mit der DWA ein Alleinstellungsmerkmal. Es gibt in Deutschland keine vergleichbare Einrichtung. Dies gilt im Übrigen auch innerhalb der DW, vor allem in Bezug auf die „Zielschärfe" des Angebotes: Die DWA erreicht in ihren Maßnahmen *ausschließlich* Multiplikatoren.

Der internationale Beratungsmarkt expandiert. Für die DWA ergeben sich hieraus gute Chancen. Die DWA ist dabei gut aufgestellt. Wissenstransfer aus Deutschland hat einen hohen Stellenwert, im internationalen Ranking ist z.B. der Innovationsgrad im Bereich Bildung in Deutschland besonders ausgeprägt. Deshalb ist deutsches Know-how auch in der Fortbildung stark nachgefragt und die spezifische Positionierung Deutschlands, der DW und ihrer Akademie bieten einen guten Ausgangspunkt. Unabdingbare Voraussetzung einer sich weiter positiv entwickelnden Arbeit der DWA ist die stetige qualitative Verbesserung ihrer Aktivitäten durch Eigenevaluierung und das anschließende Einbringen der gewonnenen Erkenntnisse in ihre Aus- und Fortbildungsangebote. Die Reputation der DWA ist von der besonderen Qualität ihrer Angebote abhängig. Diese Position in der Dynamik eines internationalen Beratermarktes im Bereich Medienentwicklung und Journalistenausbildung zu wahren und auszubauen, ist eine nicht leichte, herausfordernde Aufgabe. Alle Voraussetzungen, diese Herausforderung zu bestehen, sind, das darf im sechsten Jahr der Arbeit der DWA bilanziert werden, gegeben.

Fazit

- Die DW ist eine unabhängige öffentlich-rechtliche Rundfunkanstalt und deshalb kein Instrument der MEZ. Aus diesem Grund wird es immer ein Balanceakt sein, journalistische Arbeit mit Drittmitteln zu finanzieren und damit auch bestimmte Interessen zu unterstützen. Dennoch können und werden auch zukünftig selbstverständlich Themen der deutschen EZ im Sender platziert werden, ohne die journalistische Unabhängigkeit der DW zu beeinträchtigen.

- Die DW leistet mit ihren Programmen und Aktivitäten einen bedeutenden Beitrag zur deutschen Entwicklungszusammenarbeit. Durch weltweit ausgestrahlte bzw. abrufbare Programme in Hörfunk, Fernsehen und Online in insgesamt 30 Sprachen fördert sie den freien Informationsfluss.

- Die weltweiten Erfahrungen der DW zeigen, dass der Bedarf für Information, journalistischen Wissenstransfer sowie internationale Medienkompetenz in den Partnerländern der EZ sehr hoch ist. Darum hat sie im Jahr 2004 die DWA als zentrale Aus- und Fortbildungseinrichtung gegründet. Die DWA wird ihr Portfolio in diesem Jahr um einen Masterstudiengang „International Media Studies" für junge Journalisten und Medienmanager aus den EZ-Ländern erweitern, um nicht zuletzt eine fundierte Basis auch für eine Verbesserung der dortigen Fortbildungssituation zu legen.

- Trainingskonzepte und Trainingsinhalte der DWA stehen permanent auf dem Prüfstand. Die Potenziale des Internets sollten für die Arbeit der DWA intensiver genutzt werden. Eine nachhaltige Betreuung von Kursteilnehmern durch interaktive Formen von Wissens- und Erfahrungsaustausch ist vonnöten. Eine elektronische Plattform sollte E-Learning mit Nachkontakt und Netzwerken verbinden; eine Kombination von Blog-Einträgen und einem wachsenden Fundus von interaktiv, offen erstellten Wissenselementen bietet sich geradezu an.

- Die DWA ist Partner der deutschen MEZ. Aus der Sicht der DW wäre eine Bündelung und Konzentration aller journalistischen Ausbildungs- und Programmprojekte der MEZ in der DWA bedenkenswert, da der komparative Vorteil der DW-Kompetenz unübersehbar ist. Die DW bietet das Know-how eines hochmodernen Senders und die Regional- und Fachkompetenz von Journalisten aus 60 Nationen. Der Sender ist weltweit vernetzt: mit Rebroadcastern, Partnerstationen und Regionalorganisationen. Das Netzwerk ist über 50 Jahre gewachsen und zählt inzwischen zahlreiche Führungskräfte und Entscheider von internationalen Medien und aus der internationalen Politik zu seinen Mitgliedern. Diese Verbindungen bergen ein immenses Potenzial, das von den Trägern und Akteuren der deutschen Entwicklungszusammenarbeit stärker genutzt werden sollte.

Von Asien lernen: Singapur auf dem Weg zur Wissensgesellschaft

Solvay Gerke, Hans-Dieter Evers, Thomas Menkhoff

1. Wissen und Entwicklung

Kennzeichen der Wissensgesellschaft

Nicht zuletzt seit der Publikation des Werkes *Postcapitalist Society* des amerikanischen Ökonomen Peter Drucker[1] setzt sich zunehmend die Meinung durch, dass Wissen zu einem wesentlichen, wenn nicht dem wesentlichsten Produktions- und Entwicklungsfaktor avanciert ist.[2] Wir definieren Wissen als eine sich stetig im Wandel befindliche Mischung aus subjektiv gewonnenen Erfahrungen und Erkenntnissen sowie kontextbezogenen Einzelinformationen (die sich gegenseitig bedingen/beeinflussen), die es Akteuren erlaubt, sinnvoll und bewusst zu „agieren" (z.B. bei der Analyse und Bewertung bestimmter Informationen im Hinblick auf notwendige Aktionen und Entscheidungen). Nach dieser Sichtweise ist Wissen (neben der reinen „Erkenntnis") definiert als potenzielle „Nutzinformation", oder wie Zeleny betont als „manifest ability of purposeful coordination of action"[3].

Wie in Menkhoff, Chay und Evers näher erläutert, übersteigt in einer wissensbasierten Wirtschaft die Wertschöpfung der immateriellen Produktion (Dienstleistungen, computergesteuerte Produktion etc.), die der materiellen Produktion (*manufacturing*). Kennzeichen von Wissensgesellschaften sind u.a. ein relativ hoher Bildungsgrad der Gesamtbevölkerung, ein hoher Anteil von Wissensarbeitern sowie erhebliche Investitionen in Ausbildung, Forschung und Entwicklung. Der wirtschaftliche Erfolg gut entwickelter Wissensgesellschaften beruht auf der Arbeit ihrer Wissensträger.[4]

---

1 *Drucker,* Postcapitalist Society (1994).
2 Wissen, Wissensmanagement oder Wissensgesellschaft sind in asiatischen Ländern wie Singapur, Malaysia oder auch VR China seit längerem heiße Themen. Autorisiert durch internationale Organisationen wie etwa die Weltbank und angetrieben durch die sichtbare Umsetzung relevanter Politikziele und -maßnahmen wie Singapurs Technologiekorridor und die neue Biopolis Initiative (siehe unten), Malaysias Multimedia-Superkorridor oder die Implementierung von mehr als 50 Wissenschafts- und Technologieparks in der VR China, mehren sich die Publikationen, die die Transformation der asiatischen Länder zu Wissensgesellschaften zum Gegenstand haben. *Asia-Pacific Economic Cooperation,* The Drivers of New Economy in APEC (2003).
3 *Zeleny,* Knowledge of Enterprise, in: Menkhoff, / Evers / Chay (Hrsg.), S. 27.
4 *Menkhoff / Evers / Chay (Hrsg.),* Governing and Managing Knowledge in Asia (2005).

Seitdem die Weltbank in ihrem Weltentwicklungsbericht von 1998-1999[5] und der UNESCO Weltbericht von 2005[6] die Entwicklungsfunktion von Wissen propagiert haben, hat das Interesse an Wissen als „Entwicklungskatalysator" sehr stark zugenommen.[7] Insbesondere Länder mit geringer Ressourcenausstattung hoffen, mit Hilfe von „Wissen" den großen Sprung nach vorne in das post-industrielle Zeitalter zu schaffen und eine wissensbasierte Wirtschaft und Gesellschaft aufzubauen. Die These, dass Wissen einen wesentlichen Entwicklungskatalysator darstellt, ist auch in Südostasien auf offene Ohren gestoßen und wird dort u.a. vom ASEAN[8]-Sekretariat in Jakarta programmatisch unterstützt.

Beispiele umfassen:

1. die sog. *Declaration of ASEAN Concord II* (2003), die im Rahmen der anvisierten *Initiation for ASEAN Integration* (IAI) u.a. einen Sechs-Jahresplan mit Schwerpunkt auf IKT (Informations- und Kommunikationstechniken) zwecks Überbrückung des digitalen Grabens[9] vorsieht, sowie
2. das *ASEAN-China ICT* (*Information and Communication Technologies*) *Ministerial Forum* in Penang, Malaysia (4/2006), mit dem *Joint Ministerial Statement on Strategic Regional ICT Cooperation for Growth and Prosperity*.

Angetrieben durch Globalisierungsschübe, rasante Technologieentwicklung und die rapide Transformation Chinas und Indiens lässt sich in Südostasien gegenwärtig die Entstehung einer neuen *flying geese* Formation beobachten. Wie noch gezeigt wird, ist das „Tigerland" Singapur dabei, sich zur Wissensgesellschaft zu entwickeln. Singapur gilt international als aufsteigender Star im Bereich *knowledge governance*.[10] Wie das untere Wissensdiagramm der Weltbank andeutet, konnte der kleine Stadtstaat in Rekordzeit seine Position in internationalen *knowledge rankings* verbessern und ist in die Nähe von Schweden, Dänemark und Großbritannien gerückt.[11] Nach

---

5   *World Bank*, Knowledge for Development (1999).
6   *United Nations Educational, Scientific and Cultural Organization*, UNESCO World Report (2005).
7   Jüngstes Beispiel ist das Thema der Jahrestagung der Deutschen Gesellschaft für Technische Zusammenarbeit und Entwicklung (GTZ) *Wissen macht Entwicklung*, die im September 2006 in Eschborn stattfand.
8   Association of Southeast Asian Nations.
9   Kopfzerbrechen bereiten die sowohl innerhalb als auch zwischen den verschiedenen Ländern in der asiatischen Region bestehenden, z.T. beträchtlichen Disparitäten hinsichtlich des Entwicklungsfortschritts und dem Status einer echten Wissensgesellschaft. Die digitale Kluft (*digital divide*) ist nicht nur international ein Thema sondern gerade auch in regionaler (und manchmal lokaler) Hinsicht. Ein grober Vergleich asiatischer Gesellschaften wie Singapur, Malaysia, Indonesien, VR China und Süd-Korea anhand ausgewählter Indikatoren, mit denen sich der Entwicklungsstand des jeweiligen Landes hin zum Typus der Wissensgesellschaft messen lässt, zeigt tiefe Kluften. *Evers / Gerke*, Local and Global Knowledge (2003).
10 *Hornidge*, Knowledge Society (2006).
11 *Baber*, The Emerging Triple-Helix of Science-Industry-University in Japan and Singapore (1999); *Evers*, Transition towards a Knowledge Society, in: Menkhoff / Evers / Chay (Hrsg.) (2005).

einigen Indikatoren, wie Anzahl der Forscher pro Million der Bevölkerung, hat Singapur die Bundesrepublik bereits überrundet. In der zweiten Liga befinden sich Länder wie Malaysia gefolgt von Brunei, den Philippinen und Thailand sowie den „Schlusslichtern" Indonesien, Kambodscha, Vietnam, Myanmar und Laos.

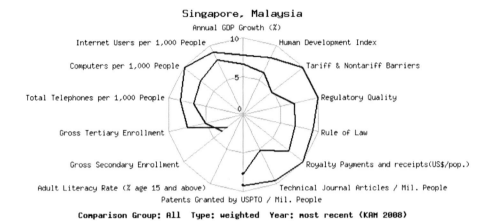

Abbildung 1: Wissensdiagramm Singapur (äußerer Ring) und Malaysia (innerer Ring) im Vergleich (Quelle: http://info.worldbank.org/etools/kam2/KAM_page2.asp).

Die „Wissensfalle": Probleme bei der Schaffung nachhaltiger Wissensstrukturen

Erschwert wird die Schaffung nachhaltiger Wissensstrukturen in diesen Ländern allerdings durch Faktoren wie den sog. „digitalen Graben" bzw. die „Wissensfalle".[12] Der Begriff „Wissensfalle" verweist auf den in Entwicklungsländern häufig anzutreffenden Sachstand, dass ausländisches Wissen oftmals ohne das dazugehörige „Nicht-Wissen" (d.h. das Wissen darüber, was man nicht weiß, bzw. Problembewusstsein) importiert wird. Ein Beispiel sind die sog. „weißen Elefanten" in von ausländischen Gebern finanzierten technischen Ausbildungszentren in Entwicklungs- bzw. Schwellenländern wie etwa computernumerisch-gesteuerte Drehmaschinen, die aufgrund des mangelnden Know-hows einheimischer Fachkräfte oftmals nicht repariert werden können und dann ungenutzt herumstehen. Mangelnde Nutzbarkeit importierten Wissens führt zu Fehlinvestitionen und Stagnation und erschwert außerdem die Erreichung von wirtschaftlichen Entwicklungszielen, insbes. den Aufbau einer Wissensgesellschaft und einer wissensbasierten Wirtschaftsstruktur.

---

12 *Evers / Gerke / Menkhoff*, Knowledge and Development (2006).

Im Folgenden soll nun untersucht werden, inwieweit das südostasiatische Land Singapur in der Lage ist, vorhandene nationale Wissenslücken zu schließen und den Faktor Wissen für die weitere Entwicklung fruchtbar zu machen. Zwei Fragen stehen dabei im Mittelpunkt der Betrachtung:

1. Welches sind die Gründe, die Singapur befähigen, den Status einer Wissensgesellschaft zu erreichen?
2. Inwiefern werden Innovations- und Wertschöpfungsprozesse kulturell (etwa durch kulturelle, religiöse oder ethnische Diversität – „Diversitätsdichte") angetrieben bzw. blockiert?[13]

Da die empirisch-theoretische Forschung über diese Themen mit Bezug auf Asien noch in den Anfängen steckt, strukturieren wir die jeweiligen Sachverhalte mittels zweier Kernthesen. Diese sollen nun erläutert werden.

2. Singapurs Erfahrungen auf dem Weg zur Wissensgesellschaft

Singapur: Wissensdiversität als Überlebensstrategie

Die erste These unserer Untersuchung lautet:

Die Befähigung von Singapur, den Status einer Wissensgesellschaft zu erreichen, hängt eng zusammen mit der Kompetenz, auf Basis effizienter Wissens-Governance und einer Strategie der Wissensdiversität, bestehende Wissenslücken zu schließen.

---

13   Zu beiden Fragen hat die *Knowledge Force*, eine im Jahre 2001 an der *Singapore Management University* gegründete *Community of Interest*, diverse Forschungen durchgeführt, auf die im folgenden z.T. Bezug genommen wird. Aufgrund der unterschiedlichen disziplinarischen Ausrichtung der beteiligten ForscherInnen (Soziologie, Management, Psychologie) besteht hinsichtlich der verwendeten Theoriekonzepte eine gewisse Heterogenität. Die wichtigsten theoretischen Konzepte beziehen sich auf die Wissensgesellschaft [*Drucker*, Postcapitalist Society (1994); *Willke*, Smart Governance (2007); *Stehr*, Knowledge Societies (1994), *Ders.*, Wissen und Wirtschaften (2001); *Evers*, Knowledge Hubs and Knowledge Clusters (2008); *Porter*, The Competitive Advantage of Nations (1990); *Scott*, Institutions and Organizations (1995) etc.], Wissens-*Governance* und Wissensmanagement [*Nonaka*, Dynamic Theory of Organizational Knowledge Creation (1994); *T.H. Davenport*; *Krogh*, Care in Knowledge Creation (1998); *Ders.*, Knowledge Sharing and the Communal Resource, in: Easterby-Smith / Lyles (Hrsg.); *Zeleny*, Knowledge of Enterprise, in: Menkhoff / Evers / Chay (Hrsg.); *D. Skyrme* etc.], Wissenskulturen und Wissenstransfer [*Knorr-Cetina,* Epistemic Cultures (1999); *E. Helmstädter*] sowie Interkulturelles Management [*Hofstede*, Culture's Consequences (1980); *Ders.*, Culture's Consequences (2001); *E.T. Hall*; *Triandis*, Collectivism vs. Individualism, in: Verna / Bageley (Hrsg.); *Trompenaars / Hampden-Turner,* Riding the Waves of Culture (1997) etc.].

Diese erste These basiert auf den Entwicklungserfahrungen der ressourcenarmen Inselrepublik Singapur, der es gelungen ist, in Rekordzeit in die Riege der vollentwickelten Länder aufzurücken.[14] Die Computerisierung und kundenfreundliche Modernisierung des öffentlichen Dienstes, die beachtenswerten IT-Kompetenzen der Singapurer, die zügige Entwicklung von Wissenschafts- und Technologieparks im sog. Technologiekorridor oder die systematische Rekrutierung von *foreign talents* für neue Wachstumsbranchen, wie Biotechnologie und *Life Sciences*, unterstreichen die erreichten Leistungen und die Verpflichtung der singapurischen Regierung bzgl. effizienter Wissensadministration (*knowledge governance*).

Abgesehen von politisch-zivilisatorischen Herausforderungen[15] ist hervorzuheben, dass sich der Stadtstaat derzeit inmitten eines signifikanten Strukturwandlungsprozesses befindet. Die von der Regierung vor einiger Zeit auf mehreren Ebenen eingeleiteten Restrukturierungsprozesse beinhalten folgende externe Faktoren:

1. die rasche Entwicklung Malaysias und damit verbundene neue Wettbewerbsherausforderungen, wie etwa der weitere Ausbau des neuen Container-Terminals/Hafen Tanjung Pelepas (PTP) an der malaysischen Südküste,
2. den geplanten Bau einer Ölpipeline zwischen Tap Lamu und Sichon in Thailand, der Singapurs Status als einer der drei weltweit führenden Erdölumschlagsplätze gefährden könnte, sowie
3. den rapiden Aufstieg Chinas und Indiens mit ihren schier unerschöpflichen Reservoirs an billigen (und z.T. durchaus hochqualifizierten) Arbeitskräften zu globalen Wirtschaftsmächten.

Vordringlichstes Ziel der politischen Führung bleibt es, Singapurs Bedeutung „im Zeitalter globaler Marktexpansion" aufrechtzuerhalten und den Umbau hin zu einer in der Weltwirtschaft wettbewerbsfähigen Wissensgesellschaft nachhaltig voranzutreiben: „As the Singapore economy develops it can no longer rely on the accumulation of capital and labour to sustain economic growth. Singapore needs to further develop its KBE (knowledge-based economy), deriving its growth from the production, dissemination and application of knowledge."[16]

---

14 *Menkhoff*, Staat, Markt und Modernisierung, in: Carsten / Lackner (Hrsg.); *Menkhof / Evers / Chay (Hrsg.)*, Governing and Managing Knowledge in Asia (2005); *Hornidge*, Deutschland und Singapur (2007).
15 Aus der Sicht der singapurischen Regierung ist das (wieder) „aufsteigende Asien" derzeit mit einer ganzen Reihe von strategischen Problemen konfrontiert wie etwa den Beziehungen zwischen den USA und der VR China (einschließlich der Taiwan-Frage), dem Konflikt zwischen Pakistan und Indien um Kaschmir, dem Nord-Korea Problem, der Rolle des Islams in Südostasien, Terrorismus und Sicherheit. Umgeben von zwei starken, islamisch geprägten Nachbarländern (Malaysia und Indonesien) muss Singapur aufgrund historischer Altlasten sowie wirtschafts- und außenpolitischer Interessen feinfühlig sein bei der Verfolgung der eigenen nationalen strategischen Interessen sowie der Pflege und dem weiteren Ausbau der Beziehungen zu den USA (und China!).
16 *Toh, Tang / Choo*, Mapping Singapore's Knowledge-Based Economy (2002).

Strategiekomponenten

Die Webseite der staatlichen Wirtschaftsentwicklungsbehörde *Economic Development Board* (EDB) gibt einen guten Überblick über die entsprechenden Intentionen und Strategien: „Singapore is building a knowledge-based economy to meet the challenges of the new millennium. Knowledge, creativity and innovation will be key determinants of long-term competitiveness." Die Strategievisionen umfassen:

- Vertiefung der Technologiebasis und stärkere Anwendungsorientiertheit mit Blick auf die Entwicklungsbedürfnisse bestimmter Industriesparten;
- Stärkung wissensbasierter Industrie- und Dienstleistungssparten in Clustern mit höherer Wertschöpfung (*higher value-added*);
- Nachhaltiges Wachstum durch Diversifikation der drei „Schlüsselcluster": Elektronik, Chemie und Ingenieurwesen (*Engineering*);
- Transformation lokaler Unternehmen hin zu sog. *world-class companies* auf der Basis von *core competency development*, wie z.B. Brand Management (Markenpositionierung) und Förderung der strategischen Partnerschaft zwischen lokalen Unternehmen und *Multinational Corporations* (MNCs);
- Förderung von Unternehmen, die sich in neuen, wissensbasierten Sparten engagieren;
- Energische Förderung von Innovationsentwicklung und Expansion der lokalen „Innovationsinfrastruktur";
- Entwicklung einer flexiblen Arbeitnehmerschaft auf der Basis von strategischen Aus- und Weiterbildungsprogrammen mit Schwerpunkt auf Schlüsselkompetenzen wie IT;
- Rekrutierung hochqualifizierter, ausländischer Fachkräfte (*foreign talents*), um das lokale Potenzial zu ergänzen.[17]

Die Bundesrepublik Deutschland ist dabei weiterhin ein wichtiger Kompetenzpartner. In Singapur ansässige deutsche Organisationen wie das *German Centre for Trade and Industry*, das *German Centre for Science & Technology*, die *Fraunhofer Gesellschaft* usw., sowie die zahlreichen Kooperationsprogramme in Wirtschaft, Kultur und Gesellschaft (etwa die neue Kooperation zwischen der *Technischen Universität München* und der *National University of Singapore* oder das sog. *Third Country Training Programme*), sind Indikatoren dafür. Institutionen, wie die in Singapur ansässige *Asia Europe Foundation*, ASEM oder auch das neue EU-Strategiepapier über die weitere Entwicklung der Beziehungen zwischen der EU und Asien, sprechen ebenfalls eine deutliche Sprache. In Singapur, dem neben Japan reichsten Land in Asien, werden Themen wie Globalisierung, Investitionsförderung, asiatische Integration, Liberalisierung von Handel, Wissenschaft und Technik, Innovation, Umweltschutz etc. sehr große Bedeutung beigemessen. Der Stadtstaat ist regional und international zum Kompetenzpartner in Sachen Entwicklung in Asien avanciert, was zahlreiche Optionen für neue Initiativen impliziert.

17   EDB-Webseite.

Um die beabsichtigte Hi-Tech Entwicklung zu beschleunigen, sind in den letzten Jahren zahlreiche Institutionen und Organisationen reorganisiert und umbenannt worden. Ein Beispiel ist der *National Science and Technology Board* (NSTB), der in *Agency for Science, Technology and Research* (A*STAR) umgetauft wurde. Vordringlichste Ziele von A*STAR sind die Produktion neuen Wissens (*knowledge creation*) und die Ausbeutung wissenschaftlicher Entdeckungen „für eine bessere Welt". Die Förderung wissenschaftlicher (*world class*) Technikforschung sowie junger, hochqualifizierter Wissenschaftler, zwecks Entwicklung einer dynamischen und global wettbewerbsfähigen singapurischen Wissensgesellschaft, repräsentieren weitere Zieldimensionen.

Zentrale Organisationseinheiten umfassen den *Biomedical Research Council* (BMRC), den *Science and Engineering Research Council* (SERC), *Exploit Technologies Pte. Ltd.* (ETPL)[18] und die *Corporate Planning and Administration Division* (CPAD).

Der BMRC sowie SERC fördern und lenken Singapurs öffentliche Forschungs- und Entwicklungsaktivitäten. Die beiden Councils finanzieren zudem die der A*STAR untergeordneten öffentlichen Forschungsinstitute und deren Arbeit in ausgewählten Nischen (*Science, Engineering, Biomedical Science*). Durch diese Neuorganisation erhoffen sich die Planer positive Wirkungen auf die Forschungs- und Entwicklungsanstrengungen der freien Wirtschaft. Die in Abb. 2 dargestellten *R&D Capability Diamonds* visualisieren die beabsichtigten Synergieeffekte zwischen den verschiedenen A*STAR Forschungsinstituten sowie singapurischen Schlüsselindustrien.

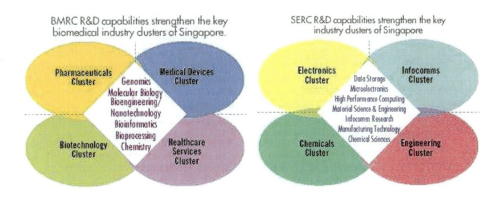

Abbildung 2: R&D Capability Diamonds; **Quelle:** A*STAR-Webseite.

---

18 Aufgabe von *Exploit Technologies Pte. Ltd.* ist es, die von den diversen singapurischen R&D Instituten entwickelten Technologielösungen und Patente zu schützen und marktgerecht auszubeuten.

Im Einklang mit der gesamtstaatlichen Entwicklungsprogrammatik und dem großen Bedarf an universitär ausgebildeten Fachkräften ist es in den vergangenen Jahren zu massiven Investitionen im tertiären Bildungsbereich gekommen. Die zwei älteren Universitäten NUS (*National University of Singapore*) and NTU (*Nanyang Technological Universities*) wurden 2001 um eine weitere Universität bereichert, die *Singapore Management University* (SMU). Diese wird staatlich finanziert und privat gemanagt. Im Zentrum steht ein Undergraduate Training Programme, das sich am Modell der amerikanischen *Wharton School* orientiert. Weitere Hochschulen sind noch in Planung.

Biomedizinischer Forschungs- und Entwicklungshub *Biopolis*

Vollendet ist auch der Bau eines neuen Forschungs- und Entwicklungszentrums für zukunftsträchtige Technologien in Bereichen wie Biomedizin, die sog. *Biopolis*. Die Biotechnologie ist einer von vier Stützpfeilern des von der singapurischen Regierung entwickelten biomedizinischen Industrieclusters und damit eine Schlüsseltechnologie auf dem Weg zur Wissensgesellschaft.[19] Die neue „biomedizinische Stadt" *Biopolis* befindet sich im sog. *Buena Vista Science Hub* und wird neben dem *Genome Institute of Singapore* (GIS), das *Singapore Institute of Molecular and Cell Biology*, das *Bioprocessing Technology Institute*, das *Bioinformatics Institute*, das *Institute of Bio Engineering and Nanotechnology* sowie diverse andere R&D Organisationen beherbergen. Unter den *tenants* befinden sich so bekannte Firmen wie das *Novartis Institute for Tropical Diseases*, *Vanda Pharmaceuticals* (US) und *Paradigm Therapeutics* (UK).

Wissensvorsprung durch ausländische Experten

Ausländische Experten repräsentieren den Großteil der in Singapur arbeitenden Wissensarbeiter. Im Jahre 2001 stellten sie ein Viertel aller Spezialisten/Fachkräfte im Bereich R&D. Der hohe Prozentsatz ausländischer Wissensarbeiter in den lokalen Forschungsinstituten ist ein Indikator für Singapurs rapide Globalisierung. Zudem reflektiert es die unzureichende Anzahl an singapurischen Wissensarbeitern (ein Problem, das derzeit mit ehrgeizigen Nachwuchsförderungsprogrammen angegangen wird) sowie die zunehmende Abhängigkeit des kleinen Stadtstaates von transnationalen Experten wie, zum größten Teil in Nordamerika ausgebildeten, indischen und chinesischen Wissenschaftlern und westlichen *Senior Experts* mit Schlüsselqualifikationen in Zukunftsbereichen wie etwa den *Life Sciences*.

Die Rekrutierung ausländischer Fachleute zwecks Wissenstransfers zum Wohl der eigenen Wirtschaft hat eine lange Tradition in Singapur. Mehr oder weniger bekannte Beispiele umfassen Alfred Winsemius, der über 20 Jahre hinweg Wirt-

---

19 Andere Zukunftsindustrien umfassen Biotechnologie/Biologische Wissenschaft, Mikroelektronik, Robotik & künstliche Intelligenz, Informationstechnologie, Lasertechnologie & Elektro-Optics sowie Kommunikationstechnologie.

schaftsberater des singapurischen Premiers Lee Kuan Yew war und als informeller Gründer der erfolgreichen Wirtschaftsentwicklungsbehörde EDB (*Economic Development Board*) gilt und Klaus Krüger, jahrelanger Direktor des Mitte der 1990er Jahre in das neue *Nanyang Polytechnic* (NYP) integrierte (und vom ehemaligen deutschen Bundeskanzler Helmut Schmidt unterstützte) *German-Singapore Institute* (GSI).

Die Planer erhoffen sich, dass innerhalb dieses „Ökosystems", durch Interaktion und Zusammenarbeit diverser Wissenschaftler aus dem In- und Ausland, nachhaltige Innovationen geschaffen werden, um so Singapurs weiteres Wachstum zu gewährleisten. Der Prospekt des GSI verspricht die Entwicklung einer „culture of excellence and innovation that is conducive for collaboration between scientists from diverse cultural and social backgrounds". Die Vorteile von Multikulturalität sind ein Thema, dass seit Mitte der 1990er Jahre regelmäßig in Regierungspapieren betont wird. Inwieweit multikulturelle Synergien und Kooperationen in der Praxis tatsächlich zum Tragen kommen, ist noch zu untersuchen.

Während die Rekrutierung „westlicher" Experten weiter vonstattengeht, wird seit einigen Jahren auch großes Gewicht auf die zielorientierte Anziehung chinesischer Talente aus Hong Kong, der VR China und Nordamerika gelegt. Angesichts des knappen eigenen Potenzials an Humankapital und dem unaufhaltsamen Aufstieg Chinas zur asiatischen Großmacht, macht dies politisch für die singapurische Regierung durchaus Sinn. Die latente Vorurteilsbereitschaft singapurischer Bürgerinnen und Bürger gegenüber „Chinesen aus China" (denen zuweilen das Etikett anhaftet, sie seien laut und unzivilisiert) sind Beispiele der mit dieser Politik verbundenen, unbeabsichtigten Folgewirkungen.[20]

Ambitionierte Wissensproduktion

Der Output der sich entwickelnden singapurischen Wissensgesellschaft ist beeindruckend. Die Zahl der angemeldeten Patente ist seit den 1990er Jahren kontinuierlich angestiegen (vgl. Abb. 3), wobei die Hälfte dieser Patente in Zusammenarbeit mit anderen Ländern realisiert wurde. Dabei ist bedeutsam, dass knapp die Hälfte der mit anderen Ländern entwickelten Patente gemeinsam mit amerikanischen Kollegen realisiert wurde. Diese Daten verdeutlichen die große Abhängigkeit Singapurs von starken Wissenspolen wie den USA.

---

20 *Ng*, Migrant Women as Wives and Workers, in: Yeoh et al. (Hrsg.).

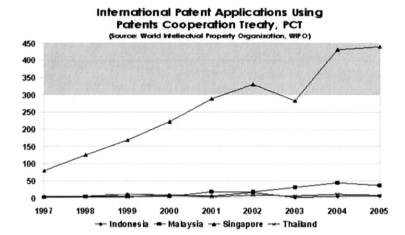

Abbildung 3: WIPO Patentanträge 1997-2005.

Effektive Wissens-*Governance*

Das Fallbeispiel Singapur zeigt, wie wichtig Kompetenzen im Bereich Wissens-*Governance* sind, um entwicklungspolitische Wissensziele (die im Falle Singapurs sehr hoch gesteckt sind) zu erreichen.[21] Dies betrifft zum einen die hohe Steuerungskompetenz des singapurischen Staates sowie die Effizienz strategischer Wissenseliten[22] und zum anderen die hohen planerisch-organisationellen Kompetenzen der ausführenden Stellen mit Bezug auf den Aufbau spezieller Organisationen wie etwa den 1991 gegründeten *National Science and Technology Board* und die Nachfolgeorganisation A*STAR sowie die Entwicklung ambitionierter und langfristig orientierter Entwicklungspläne. Beispiele umfassen den:

- *Strategic Economic Plan* (1991) mit Clusterentwicklungszielen für das verarbeitende Gewerbe und den Dienstleistungssektor;
- IT 2000 Plan (1992) zwecks Aufbau eines nationalen Internet-Breitbandnetzes (Nachfolgeplan: *SingaporeOne*);
- *Industry 21* (1999) mit Zielen für das Jahr 2010 mit Fokus auf wissensintensiven Industrie- und Dienstleistungsbranchen oder auch die diversen *Science and Technology* Pläne.

---

21 *Subramaniam*, The Dual Narrative of "Good Governance" (2001); *Wilke*, Smart Governance (2007).
22 *Menkhoff / Evers / Chay (Hrsg.)*, Governing and Managing Knowledge in Asia (2005).

Jahr	Nationale Infocomm Pläne	Infocomm Pläne der Regierung
2010-2015		
2006-2010	iN 2015	iGov2010
2003-2006	Connected Singapore	e-Government Action Plan II
2000-2003	Infocomm 21	e-Government Action Plan
1992-1999	IT2000	Civil Service Computerisation Programme (1980-1999)
1986-1991	National IT Plan	"
1980-1985	National Computerisation Plan	"

Tabelle 1: Singapurs IT Masterpläne (1980-2015).
Quelle: The Straits Times, May 30, 2006, S. 8.

Eine wesentliche Rolle hinsichtlich des Aufbaus der IKT-Infrastruktur sowie der Gestaltung von Rechtsvorschriften zur Kanalisierung und Kontrolle von ICT spielt die *Infocomm Development Authority of Singapore* (IDA). IDA ist eine Anstalt des öffentlichen Rechts (*statutory board*), die dem *Ministry of Information, Communications and the Arts* (MITA) untersteht. Die Organisation wurde 1999 gegründet und geht auf einen Zusammenschluss der *Telecommunications Authority of Singapore* und dem *National Computer Board* zurück.

Zu den wichtigsten Aufgaben gehören die Entwicklung einer international wettbewerbsfähigen Infocomm-Industrie in Singapur, Vorbereitung der Singapurer auf Leben und Arbeit in der *New Economy*, Ankurbelung der geplanten Entwicklung von *citizen-centric e-government services* sowie Aufbau und Fortentwicklung der IKT-Strukturen im Sinne der Regierungspolitik.[23] Eine Leitfunktion übernimmt dabei der *Connected Singapore-Masterplan*, in dem die Vision, Ziele und Strategien des Stadtstaats bzw. der anvisierten Position Singapurs als „the world's premier infocomm capital" kodifiziert wurden: „The blueprint outlines opportunities for individuals, organisations and businesses to create new value and enrich lives using infocomm."[24] IDA versteht sich als *New Economy-Katalysator* und unterstützt IT-bezogene Aus- und Weiterbildungsprogramme, um die Bevölkerung vom Nutzen eines *e-lifestyle* zu überzeugen und entsprechende Kompetenzen zu vermitteln.

Wie die bundesdeutschen Entwicklungserfahrungen in Singapur im Bereich der Einführung moderner Produktionstechnologie durch das GSI in den 1980er Jahren andeuten, haben singapurische Planer und Manager die Fähigkeit, den Wissenstransfer von ausländischen *foreign talents* zu einheimischen Fachkräften effizient zu managen.[25] Dies ist eine Kernkompetenz bei der nachhaltigen Schließung von Wissenslücken. Inwieweit letzteres auch im Bereich der Hochtechnologien gelingen wird, muss abgewartet werden und bedarf empirischer Studien.

---

23   IDA-Webseite.
24   Ebd.
25   *Szulanski / Cappetta*, Stickiness, in: Easterby-Smith / Lyles (Hrsg.).

„Kiasuismus" als Barriere?

Manche Beobachter sind skeptisch, ob die ambitionierten Ziele angesichts kultureller Eigenarten der Singapurer wie der sog. „Kiasu-Kultur" tatsächlich dauerhaft erreicht werden können.[26] „Kiasu" ist ein Hokkien-Wort und bedeutet umgangssprachlich so viel wie „Angst vor Versagen" in Verbindung mit „Gesichtsverlust". Es verweist auf das starke Konkurrenzdenken (welches Kooperation und Wissensteilung gefährden kann) und die relativ geringe Risiko- und Gründungsbereitschaft vieler Singapurer, die die Regierung z.Zt. mittels programmatischer Förderung aktiver Lern- und Problemlösungskompetenzen (z.B. Kreativität) angeht (Stichwort: *Thinking Schools, Learning Nation*). Repräsentative Untersuchungen, die den Zusammenhang von lokalen Kulturtraditionen, den Import von „ausländischem Wissen" durch die *foreign talents* sowie die Folgewirkungen, wie etwa die Produktion neuen Wissens, (z.B. im Rahmen von Impact Studien) thematisieren, fehlen bislang weitgehend.

Unsere zweite These lautet:

Der Aufbau robuster Wissenskulturen (z.B. über „Diversitätsdichte" der beteiligten Akteure) ist Vorbedingung für die Realisierung von Innovations- und Wertschöpfungsprozessen.

Wie die Literatur über Technologie- und Innovationsmanagement besagt,[27] ist der Aufbau robuster Wissenskulturen (u.a. über die „Diversitätsdichte" der beteiligten Akteure) Vorbedingung für die Realisierung von Innovations- und Wertschöpfungsprozessen.[28] Laut Theorie ist eine räumliche bzw. regionale Konzentration von Firmen, Zulieferern, Forschungsinstituten und Hochschulen, und anderen wissensrelevanten Institutionen, in der Regel Vorbedingung für die Kreierung neuer Wissensressourcen. Wichtig hierbei ist die Vielfalt, d.h. die Diversität verschiedener Firmen, Institutionen und Wissensproduzenten, die sich ergänzen, in Konkurrenz stehen aber eben auch kooperieren.[29]

Aus Sicht derer, die solche Prozesse managen müssen, stellen sich dabei besondere Herausforderungen, da es sich bei Wissensorganisationen und Experten (zumal wenn sie verschiedenen ethnischen Gruppen angehören) um spezifische Typen handelt, deren „Eigenarten" von Planern und Managern nicht immer vollständig erfasst und verstanden werden.

Die Schaffung neuen Wissens basiert nicht allein auf rationalen Handlungen. „Wissensproduzenten" sind Individuen mit bestimmten Handlungsweisen, kulturellen Werten, Bräuchen, Präferenzen und „Emotionen". Sie verfügen in der Regel

---

26 *Ho*, Cultivating Knowledge Sharing, in: Menkhoff / Pang / Evers (Hrsg.).
27 *Koh / Koh / Tschang*, An Analytical Framework for Science Parks and Technology Districts with an Application to Singapore (2004).
28 *Powell*, Learning from Collaboration (1998); Knorr-Cetina, Epistemic Cultures (1999).
29 *Evers / Gerke / Menkhoff*, Knowledge and Development (2006), S. 8; *Evers*, Knowledge Hubs and Knowledge Clusters (2008).

über spezifische Handlungsorientierungen (*frames of reference*) wie etwa ein starkes Interesse an der eigenen Karriere oder Autonomiestreben, was diverse Implikationen für „organisationelle Interventionen" (im Sinne von Mitarbeiterführung und Steigerung der Effizienz) hat. Oftmals bestehen aufgrund enger organisationeller Grenzziehungsmuster unzureichende Querverbindungen zu anderen „Experten", was synergetische Innovation qua interdisziplinären Austausch erschwert bzw. gänzlich verhindern kann.

Wissensorganisationen verfügen über eine spezifische „Kultur der Wissensproduktion", die positiv oder negativ gefärbt sein kann. Während die adäquate technische Ausstattung von Büros, Workshops, Laboren usw. von großer Bedeutung ist, stehen und fallen effiziente Innovations- und Wertschöpfungsprozesse mit dem Vorhandensein relativer Diskursfreiheit, einer gewissen Risikoorientiertheit, der Möglichkeit des spielerischen Umgangs mit Ideen und einer stimulierenden Umgebung.

Spezifika robuster Wissenskulturen in Wissensorganisationen

Wie unsere Untersuchungen in Singapur zeigen,[30] sind verschiedene Faktoren von Bedeutung beim Aufbau robuster Wissenskulturen:

- die Fähigkeit von Führungskräften, synergetische Diversitätseffekte in innovative Bahnen zu lenken;
- Persönlichkeitsmerkmale und Kompetenzen von Wissensarbeitern (z.B. interkulturelle Kommunikationsfähigkeit, wenn die Mitarbeit in multikulturellen Teams erfolgt oder unternehmerisches Denken, wenn die kommerzielle Verwertung von Wissen im Vordergrund steht); diese Merkmale und Kompetenzen müssen die jeweiligen Organisationsziele unterstützen, was bei der Rekrutierung streng überwacht werden sollte;
- enge interne Kooperation und Wissensaustausch (*knowledge sharing*);
- Wettbewerb um Anerkennung, Ressourcen usw., aber keine offenen Konflikte;
- klare Verhaltensnormen ohne übermäßige Regulierung (z. B. von Werten);
- relative Unabhängigkeit von äußerer Kontrolle.

Singapur bietet hier als Fallbeispiel eine interessante empirische Basis, da sich die kulturelle Wissensdiversität in vielen lokalen Organisationen aufgrund des Einsatzes ausländischer Wissensarbeiter drastisch erhöht hat (rund 80% der Wissenschaftler im staatlichen R&D Sektor sind Ausländer).

Beispiele umfassen die Forschungsteams in der neuen *Biopolis*, wie etwa das Team von Dr. Alan Colman, einem früheren Mitarbeiter von Professor Ian Wilmut,

---

30 *Chay et al.*, Social Capital and Knowledge Sharing in Knowledge-Based Organizations: An Empirical Study, in: Jennex, M. E. (Hrsg.); *Evers / Menkhoff*, Strategic Groups in a Knowledge Society: Knowledge Elites as Drivers of Biotechnological Development in Singapore, in: Gerke / Evers / Hornidge (Hrsg.); *Menkhoff / Evers / Chay (Hrsg.)*, Governing and Managing Knowledge in Asia (2009).

in dessen *Roslin Institut* in Schottland seinerzeit das Schaf Dolly geklont wurde. Er arbeitet jetzt in Singapur bei *ES Cell International* (ESI), einem auf Stammzellen spezialisierten Forschungs- und Produktionsunternehmen. Seine Vision ist es, durch das *engineering* von Insulin produzierenden Stammzellen, ein Heilmittel gegen Diabetes zu finden. Ein anderes Beispiel ist das Team von Professor Axel Ullrich (Direktor, *Molecular Biology, Max-Planck-Institute for Biochemistry*), dem Direktor des singapurischen *Onco Genome Laboratory*.

In der Regel obliegt es diesen Teamleitern, lokale Fachkräfte mit in ihr Team aufzunehmen und so den Wissenstransfer anzukurbeln. In diesem Zusammenhang stellen sich zwei interessante Fragen:

1. Wie (und wie effizient) geht dieser Wissenstransfer vonstatten und
2. wie kann eine robuste Wissenskultur in multikulturellen Teams gewährleistet werden?

Wertschöpfung in Teams bzw. wissensbasierten Organisationen erfordert neben Wissensallianzen in erster Linie Wissensaustausch (*knowledge sharing*).[31] Wie unsere Studien in Singapur zeigen, ist der Wissensaustausch und die Weitergabe von Wissen in der Alltagsarbeit von zentraler Bedeutung für die Gewinnung von neuem Wissen und stellt je nach der jeweiligen epistemischen Kultur eine Förderung oder Behinderung der wirtschaftlichen Zielerreichung dar.[32] Institutionen, wie etwa die deutschen Fraunhofer-Institute, mit niedriger Kommunikationsschwelle erleichtern den Transfer von Erfahrungswissen und schaffen eine lernende Region, ein *learning cluster*.

Organisationen ohne institutionalisierte Ordnungsrahmen (im Sinne von *shared agreements on what the issues are*), laufen Gefahr synergetische Chancen aufgrund abgeschotteter Organisationsstrukturen (*silos*) und/oder latenter Vorurteilsmechanismen ihrer Mitglieder zu verpassen.[33] Dies kann gerade in pluralen Gesellschaften bzw. ethnisch heterogenen Organisationen ein großes Problem darstellen.

Soziales Kapital als Katalysator von Wissensaustausch

Was sind nun die zentralen Antriebskräfte von Wissenstransferprozessen? Unsere Untersuchungen in Singapur zeigen,[34] dass „soziales Kapital" eine wesentliche Voraussetzung für effizienten Wissensaustausch in Wissensorganisationen ist.[35] Mit dem soziologischen Begriff „soziales Kapital" rekurrieren wir im Rahmen unserer

---

31 *Rulke / Zaheer,* Shared and Unshared Transactive Knowledge in Complex Organizations, in: Shapira / Lant (Hrsg.).
32 *Menkhoff / Evers / Chay (Hrsg.),* Governing and Managing Knowledge in Asia; *Menkhoff / Gerke (Hrsg.),* Chinese Entrepreneurship and Asian Business Networks (2002).
33 *Scott,* Institutions and Organizations (1995).
34 *Menkhof / Evers / Chay (Hrsg.),* Governing and Managing Knowledge in Asia (2009).
35 *Nahapiet / Ghoshal,* Social Capital, Intellectual Capital, and the Organizational Advantage (1998).

Forschung auf den insbesondere in der nordamerikanischen Soziologieliteratur von propagierten Ansatz, der soziales Kapital auf der individuellen Akteursebene als wichtige Ressource konzeptualisiert, welche über soziale Beziehungen mobilisiert werden kann.[36] Übertragen in unseren Kontext bedeutet das, dass Wissensarbeiter unter gewissen Umständen motiviert sein können, mit anderen Akteuren auf Basis intensiver(er), vertrauensvoller Beziehungen zu kooperieren, um so an deren Ressourcen „teilzuhaben".[37] Wie in Menkhoff et al. näher erläutert, verstehen wir soziales Kapital in seiner dimensionalen Vielschichtigkeit als eine Art Katalysator für Wissensaustausch.[38] Folgende Faktoren bzw. Dimensionen können unterschieden werden:

1. Organisationelle Faktoren (organisationelle Unterstützung: Anreize, Anerkennung)
2. Individuelle Motivation (pro-soziale Werte: Impression Management)
3. Beziehungsdimension (Kompetenz: Offenheit)

Organisationelle Faktoren:
Eine wichtige Rolle spielt das Organisationsklima, welches soziale Austauschbeziehungen zwischen Akteuren positiv oder negativ beeinflussen kann. Wichtige Variablen sind dabei der Grad der organisationellen Unterstützung (*organizational care*), die die Mitarbeiter erfahren[39] sowie Anreize und Anerkennung (*rewards und recognition*).[40]

Individuelle Motivation:
Was motiviert nun Akteure, mit anderen Wissensarbeitern zu interagieren und sie an ihren Ressourcen „teilhaben zu lassen"?[41] Die Betonung individueller Motivationslagen im Sinne von *social capital*[42] geht zurück auf die Empfehlung von Portes „to investigate the motivations of the donors, who are requested to make these assets available without any immediate return"[43]. Wichtige Facetten potenzieller Erklä-

---

36 *Lin*, Building a Network Theory of Social Capital, in: Lin / Cook / Burt (Hrsg.).
37 *Gupta / Govindarajan*, Knowledge Management's Social Dimension (2000); *Gefen*, Lessons Learnt from the Successful Adoption of an ERP, in: Zanakis / Doukidis / Zopounidis (Hrsg.); *Hutchings / Michailova*, Facilitating Knowledge Sharing in Russian and Chinese Subsidiaries (2004); *Tan / Chee*, Understanding Interpersonal Trust in a Confucian Influenced Society (2005); *Joshi / Sarker*, Examining the Role of Knowledge, Source, Recipient, Relational, and Situational Context on Knowledge transfer Among Face-to-Face ISD Teams (2006).
38 *Menkhoff / Evers / Chay (Hrsg.)*, Governing and Managing Knowledge in Asia (2005).
39 *von Krogh*, Care in Knowledge Creation (1998); *Ders.*, Knowledge Sharing and the Communal Resource, in: Easterby-Smith / Lyles (Hrsg.); *von Krogh / Ichijo / Nonaka*, Bringing Care into Knowledge Development of Business Organizations, in: Nonaka / Nishiguchi (Hrsg.).
40 *Bartol / Srivastava*, Encouraging Knowledge Sharing (2002).
41 *Archer*, Structure, Agency, and the Internal Conversation (2003).
42 *Gabbay / Leenders*, Social Capital of Organizations, in: Gabbay / Leenders (Hrsg.); *Yli-Renko, H. / Autio, E. / Sapienza, H. J.*, Social Capital, Knowledge Acquisition, and Knowledge Exploitation in Young Technology-Based Firms (2001).
43 *Portes*, Social Capital (1998), S. 5-6.

rungsansätze sind pro-soziale Werte (*prosocial motives*), wie Rioux und Penner[44] hervorheben, Impression Management im Sinne von Goffman[45], Altruismus (*altruism*)[46] und geteilte Werte (*shared values*)[47].

Beziehungsdimension:
Die Einbettung von Akteuren in Beziehungsgeflechte ist ein wichtiges Element von sozialem Kapital, wie die Arbeiten von Granovetter und Lin zeigen.[48] Soziales Kapital entsteht durch die Bereitschaft von Akteuren, miteinander zu kooperieren und hilft so, eine Vertrauensbasis zu schaffen.[49] Wichtige Variablen in diesem Zusammenhang sind Kompetenz[50], Integrität[51] und Offenheit[52]. Die Notwendigkeit, mit kompetenten Akteuren zu kommunizieren ist ein wichtiger Motivator für die Einleitung von Austauschprozessen. Akteure, die „offen" sind, finden es in der Regel leichter, mit anderen Personen in Kontakt zu treten, als Akteure, die von der Persönlichkeitsstruktur her eher als „zugeknöpft" gelten.

Welche Faktoren sind nun entscheidend und was sind die Implikationen? Regressionsanalytische Auswertungen einer von uns in Singapur durchgeführten Studie über Wissenstransferprozesse in einer wissensintensiven Organisation[53] deuten darauf hin, dass organisationelle Faktoren wie die Schaffung von Anreizen und Anerkennung für Wissensaustausch sowie die Ausstattung mit bestimmten Persönlichkeitsmerkmalen wie Offenheit zentrale Antriebskräfte (*predictors*) von Wissensaustauschprozessen[54] sind, und dass pro-soziale Werte oder organisationelle Klimavariablen (entgegen unserer Annahmen) nur von untergeordneter Bedeutung sind. Die Ergebnisse haben insbesondere auch für Dienstvorgesetzte von Wissensexperten (einschließlich Personalfachleuten) in Wissensorganisationen erhebliche Implikationen, sind es doch gerade sie, die an Einstellungsentscheidungen leitend mitwirken und für die organisationelle Zielerreichung verantwortlich sind.

---

44 *Rioux / Penner,* The Causes of Organizational Citizenship Behavior (2001).
45 *Goffman,* The Presentation of Self in Everyday (1969).
46 *Jensen,* Foundations of Organizational Strategy (1998); *Conte / Paolucci,* Reputation in Artificial Societies (2002).
47 *Cicourel,* Cognitive Sociology (1973).
48 *Granovetter,* Economic Action and Social Structure (1985); *Ders.,* Problems of Explanation in Economic Sociology, in: Nohria / Eccles (Hrsg.); *Lin,* Building a Network Theory of Social Capital, in: Lin / Cook / Burt (Hrsg.).
49 *Putnam,* Making Democracy Work (1993); *Ders.,* Bowling Alone 1995; *Fukuyama,* Trust (1996); *Ders.,* The Great Disruption (1999); *Cohen / Prusak,* In Good Company (2001).
50 *Blau,* Exchange and Power in Social Life (1964); *Schurr / Ozanne,* Influences on Exchange Processes (1985).
51 *Hosmer,* Trust (1995); *Luhmann,* Trust and Power (1979).
52 *Tjosvold / Hui / Sun,* Social Face and Open-mindedness, in: Lau et al. (Hrsg.).
53 *Chay et al.,* Social Capital and Knowledge Sharing in Knowledge-Based Organizations: An Empirical Study, in: Jennex (Hrsg.).
54 *Truch / Batram / Higgs,* Personality and Knowledge Sharing, in: Truch (Hrsg.).

Die Bedeutung von Kulturdimensionen in Wissensaustauschprozessen

In multikulturellen Gesellschaften entstehen dabei zusätzliche Probleme, da Handlungsmuster und Kooperationsmotive von Wissensarbeitern (sowie etwaige Barrieren) nicht immer klar durchschaubar sind. Wie oben angedeutet, besteht ein großer Mangel an Untersuchungen, die den Einfluss interkultureller Eigenarten und Unterschiede hinsichtlich nationaler Kulturdimensionen auf Wissenschaft und Technik einerseits und Wissensaustauschprozesse andererseits zum Gegenstand machen. An dieser Stelle seien sehr holzschnittartig die Unterschiede zwischen „asiatischen" und „nicht-asiatischen" Kulturen im Bereich von Wissenschaft und Technik (WuT) skizziert, wie sie von Fachleuten der Weltbank perzipiert werden.

Merkmale „asiatischer Kulturen"

- Keine eigene Technologieentwicklung (*technology followers*); Technologietransfer vorwiegend mittels ausländischer Direktinvestitionen und Lizenzproduktion
- Technologie- und Innovationsfähigkeit ist begrenzt (wenn überhaupt zugestanden, ist diese zumeist produktorientiert)
- Starke Beziehungsorientiertheit/Nutzbarmachung von Diasporas
- Kollektivistische Kulturen (mit internen Differenzierungen)
- Starke Investitionen in IKT (nur sehr langsamer Aufbau lokaler Innovationskapazitäten)
- Relative schwache Klein- und Mittelunternehmen (KMU)

Merkmale „entwickelter Gesellschaften"

- Technologieführerschaft
- Wissenschaftlich fundierte Innovationen auf Basis systematischer Forschung & Entwicklung
- Relativ hohes Maß an Systemvertrauen (*rule of law*)
- Individualistische Kulturen (mit starken internen Differenzierungen)
- Technologisch starke Klein- und Mittelunternehmen (Technologieführer)

3. Zusammenfassung und Ausblick

Wie wir in diesem Aufsatz zeigen konnten, befindet sich Singapur in einem fortgeschrittenen Stadium auf dem Weg zur Wissensgesellschaft. Singapurs Erfolge auf diesem Weg können einer effizienten Wissenspolitik bzw. Wissens-*Governance* zugeschrieben werden. Dem Stadtstaat Singapur ist es gelungen, ein der nationalen Kultur angepasstes, gesundes wissenschaftliches Umfeld (im Sinne robuster, multikultureller Wissenskulturen) aufzubauen.

Wissen besteht nicht allein aus Informations- und Kommunikationstechnologien.

Ohne einen angemessenen sozialen, politischen und kulturellen Kontext und ohne nachhaltige Wissens-*Governance* kann es sich nicht entfalten. Regierungen und zivilgesellschaftliche Organisationen müssen entscheiden, wie sie globale Wissensströme für sich kanalisieren können. Lokales Wissen und lokale kulturelle Traditionen müssen sinnvoll eingesetzt werden, komparative Vorteile erarbeitet werden, ohne jedoch die eigene kulturelle Identität zu verlieren. Dies zu erkennen und in geeignete Entwicklungsstrategien umzusetzen, wird in der Zukunft eine große Herausforderung für die Länder Südostasiens sein. Lokal angepasste Wissensmanagementsysteme wie etwa Indonesiens *Rice Doctor Programme*, welches Reisbauern bei der Identifikation und Behandlung von Reispflanzenviren unterstützt, repräsentieren Erfolg versprechende Ansätze.[55]

Die Multikulturalität asiatischer Gesellschaften ist dabei Herausforderung und Chance zugleich;[56] Herausforderung insofern, als dass interethnische Kooperationsfähigkeit im Zeitalter globaler Wissenstransferprozesse einen Strukturimperativ darstellt, der im Zuge des wirtschaftlichen Wettbewerbs allerdings zunehmend schwieriger zu realisieren sein wird; Chance, da Innovationsfähigkeit mit Wissensdiversität und interkultureller (sowie interdisziplinärer) Kooperation steht und fällt.

---

55 *Menkhoff*, Managing the Knowledge Gap with Effective Governance (2007).
56 *Gerke / Evers / Hornidge (Hrsg.)*, The Straits of Malacca (2008).

Entwicklungspolitik, Afrika und Europa

Die EU im Umbruch: Der Lissaboner Vertrag als Meilenstein oder Zwischenstufe?

Wolfram Hilz

„Denk' ich an Europa in der Nacht, dann bin ich um den Schlaf gebracht"![1]

Blickt man auf die europäischen Hoffnungs- und Depressionsphasen alleine seit der Jahrtausendwende, so könnte man leicht verzweifeln. Ein verlässlicher Kurs der EU bzw. die schlichte Umsetzung der ausgehandelten Kompromisse oder die Anpassung des eigenen Handlungsinstrumentariums an die Notwendigkeiten des europäischen Integrationsprozesses im 21. Jahrhundert, all das scheint in Europa momentan nicht mehr möglich zu sein.

Dabei hatten doch gerade die Europäer, trotz Rückschlägen und weltpolitischen Umbrüchen, die Fähigkeit zur Fortentwicklung der friedensstiftenden Integrationsidee durch pragmatische Schritte perfektioniert, einschließlich des Geschicks, sich bei Krisen und Fehlversuchen buchstäblich „am eigenen Schopf aus dem Sumpf zu ziehen".

Einerseits lässt diese besondere Eigenschaft, die die Partner in Europa während der wechselhaften Jahrzehnte weiterentwickelt haben, die „europäischen Depressionsanfälle" der zurückliegenden Jahre fast schon unbegründet erscheinen. Andererseits spricht die inzwischen regelmäßige Ablehnung europäischer Reformverträge durch die Bevölkerung unterschiedlicher Mitgliedstaaten[2] dafür, dass die Vermittelbarkeit des Integrationsprojektes ein ebenso großes Problem darstellt wie die Kompromisssuche unter mittlerweile 27 Mitgliedstaaten.

„Europa im Umbruch" ist angesichts der historischen Erfahrungen also ein „Label", das den Integrationsprozess insgesamt charakterisiert, nicht nur die zurückliegenden Jahre. Gleichwohl stellt sich die Frage, wie diese jüngste Phase der europäischen Reformierungsversuche – über den Konvent, den Verfassungsvertrag und schließlich den Lissaboner Reformvertrag – inklusive der zweimaligen Blockade durch negative Volksabstimmungen zu bewerten ist. Hierbei soll sowohl ein Überblick über die wesentlichen Neuerungen des Verfassungs- respektive Reformver-

---

1   Das Original stammt aus der ersten Zeile von Heinrich Heines „Nachtgedanken" und lautet: „Denk ich an Deutschland in der Nacht, dann bin ich um den Schlaf gebracht".
2   Erstmals wurde der Maastrichter Vertrag im Juni 1992 in einem ersten Anlauf in Dänemark abgelehnt; in Frankreich fiel die Volksabstimmung im September des gleichen Jahres nur äußerst knapp positiv aus. Der Nizza-Vertrag scheiterte im Mai 2001 zunächst im ersten Anlauf an einem negativen irischen Referendum; eine erneute Volksbefragung fiel positiv aus. Der EU-Verfassungsvertrag wurde im Frühsommer 2005 in Frankreich und den Niederlanden negativ beschieden. Den vorläufigen Abschluss bildete ein erneut negatives irisches Referendum zum Lissaboner Vertrag am 12. Juni 2008.

trags gegeben werden als auch eine Bewertung der offenen Ratifikationssituation mit Blick auf den Integrationsprozess als Ganzes.

1. Die Notwendigkeit eines „Verfassungsvertrags"

Die Idee zur Erarbeitung einer EU-Verfassung, die das Integrationsprojekt endlich auf eine zeitgemäße Vertragsbasis stellen und in eine verständliche Form bringen sollte, entstand – wie sollte es anders sein – aus einer europäischen Krisensituation heraus: Der am 11. Dezember 2000 mühsam vereinbarte Vertrag von Nizza hatte praktisch keine der notwendigen institutionellen und inhaltlichen Anpassungen an die geplante EU-Osterweiterung gebracht.[3] Um die fruchtlosen Geheimverhandlungen im Rahmen der üblichen Regierungskonferenzen zur Vertragsrevision, die nur immer neue komplizierte Kompromisspakete hervorgebracht hatten, künftig auszuschließen, waren sich die EU-Partner ein Jahr nach Nizza einig, dass ein „Verfassungs-Konvent" eingesetzt werden sollte. In diesem Rahmen war eine offene Diskussion auf breiter Basis von Parlamentariern und Regierungsverantwortlichen unter Einbezug der interessierten Öffentlichkeit über die erforderlichen Veränderungen der EU vorgesehen. Beim Europäischen Gipfel im belgischen Laeken am 15. Dezember 2001 gaben die Staats- und Regierungschefs mit der „Erklärung von Laeken zur Zukunft der Europäischen Union"[4] den Startschuss für den Verfassungsgebungsprozess. Es wurden die zentralen Anliegen zur Stärkung von Demokratie, Transparenz und Effizienz in der EU hervorgehoben, die sich auf die Themenfelder der klareren Abgrenzung von Zuständigkeiten, der Vereinfachung der Verträge, der Anpassung des institutionellen Gefüges an neue Handlungsanforderungen sowie auf eine bürgernähere Union konzentrierten.

Trotz des optimistischen Signals von Laeken und des gemeinsamen Bekenntnisses zum „großen Wurf" konnte der Konvent seinen selbst formulierten Ansprüchen kaum gerecht werden. Bereits bei der feierlichen Eröffnung im Frühjahr 2002, aber noch stärker rückblickend, erschien es rätselhaft, woraus sich die Hoffnung auf einen „Neustart" der EU speiste: Von vornherein zeichnete sich ab, dass ein radikaler Neuanfang, wie er durch den Verfassungsbegriff genährt wurde, aufgrund der bekannten nationalen Beharrungskräfte und der gewachsenen institutionellen Struktur der Union, mit all ihren Unzulänglichkeiten, unrealistisch war. Dies hatten die vorangegangenen, wenig gehaltvollen Regierungskonferenzen von Amsterdam und Nizza ebenso deutlich gemacht wie das vereinte „Kleinarbeiten" der Vision Joschka Fischers von einer neuen Europäischen Föderation nach dessen aufsehenerregender Humboldt-Rede vom Mai 2000 durch die meisten EU-Partner.[5]

Insofern war auch der Verfassungskonvent lediglich ein weiterer evolutionärer

---

3 Siehe hierzu auch die Beiträge in *Weidenfeld (Hrsg.)*, Nizza in der Analyse (2001). Einen kompakten Überblick über die wesentlichen Charakteristika des Nizza-Vertrags liefert die EU selbst in einer „Gebrauchsanweisung" auf ihrer Homepage: http://europa.eu/scadplus/nice_treaty /index_ de.htm.
4 *Europäischer Rat,* Erklärung von Laeken zur Zukunft der Europäischen Union (2001).
5 *Fischer,* Vom Staatenverbund zur Föderation (2000).

Schritt im europäischen Einigungsprozess, aber kein revolutionärer Sprung. Es ging, wie bei den vorangegangenen Vertragsanpassungen um eine verständlichere Form der Gemeinschaftsverträge, eine institutionelle „Flurbereinigung" angesichts der stark angewachsenen Mitgliederzahl, die Auflösung der hinderlichen Maastrichter „Säulenstruktur" und die Erweiterung der Vertragsinhalte für die neuen Bedürfnisse der Europäer zu Beginn des 21. Jahrhunderts. Gerade die Straffung der Entscheidungsverfahren, mehr Mitentscheidungsrechte des Parlaments, verbesserte Effizienz und eine leichtere Vermittelbarkeit gegenüber den Bürgern waren wichtige Anliegen; zum „Überleben" der EU unabdingbar, wie vielfach behauptet, waren sie aber keineswegs.

2. Bewertung des Verfassungsvertrags und seines Scheiterns

Bei der Verabschiedung der EU-Verfassung durch den Konvent am 10. Juli 2003 und die Regierungskonferenz – inzwischen im Kreis von 25 Mitgliedstaaten – ein knappes Jahr später am 18. Juni 2004[6] war klar, dass das vorliegende Ergebnis zwar durchaus manche der geforderten Neuerungen enthielt, aber eben auch nur eine pragmatische Anpassung der EU-Struktur ermöglichte. Es handelte sich somit um einen „gemischten Befund", dessen wichtigste Aspekte wie folgt umrissen werden können:

Dem Konvent war es gelungen, die vertragliche Form zu verändern und alles in einen einzigen, neugestalteten Vertrag zu „gießen"; gleichwohl war der Umfang für eine „handliche" Verfassung erneut zu groß. Die Charta der Grundrechte wurde Bestandteil der Verfassung und symbolisierte die gemeinsame Wertebasis der EU. Mit der Schaffung neuer Posten eines festen EU-Ratspräsidenten und eines EU-Außenministers sollte eine bessere innere Abstimmung unter den Ressorts mit auswärtigen Zuständigkeiten („Kohärenz") und eine deutlichere Sichtbarkeit nach außen erfolgen, auf der auch die Hoffnung verbesserter außenpolitischer Handlungsfähigkeit der Union ruhte.

Die einfacher nachzuvollziehende Berechnung der erforderlichen Stimmen bei Entscheidungen mit qualifizierter Mehrheit mittels einer neuen „doppelten Mehrheit" im Ministerrat (zugleich 55 % der Mitglieder und 65 % der EU-Bevölkerung) war ein eindeutiger Fortschritt. Zudem wurde vereinbart, künftig in deutlich mehr Bereichen mit qualifizierter Mehrheit und nicht mehr einstimmig zu entscheiden (fast drei Viertel aller Fälle). Ein weiterer Fortschritt bestand in der Stärkung der Parlamentsrolle durch die deutliche Ausweitung der Politikfelder, in denen die Europaparlamentarier künftig als „gleichberechtigter Gesetzgeber", zusammen mit dem Ministerrat, tätig werden konnten. Obwohl auch das Haushaltsrecht gestärkt wurde, blieb die Initiativfunktion weiterhin alleine bei der Kommission.

Inhaltliche Fortentwicklungen in den vielen Tätigkeitsfeldern der EU gab es je-

---

6   Die feierliche Unterzeichnung des „Vertrages über eine Verfassung für Europa" erfolgte am 29. Oktober 2004 in Rom. Zum Verfassungsvertrag siehe *Läufer (Hrsg.)*, Verfassung der Europäischen Union (2005). Zur Bewertung siehe auch *Berg / Kampfer (Hrsg.)*, Verfassung für Europa (2005); *Weidenfeld (Hrsg.)*, Die Europäische Verfassung in der Analyse (2005).

doch nur in sehr begrenztem Umfang. Die größten Fortschritte gelangen bei der Innen- und Justizpolitik. Durch die Auflösung der Säulenstruktur war für diesen Bereich, der sich nach den Terroranschlägen des 11. September 2001 ohnehin sehr dynamisch entwickelt hatte, praktisch durchgängig die Gemeinschaftsmethode als Entscheidungsverfahren vorgesehen. Hoffnungen auf eine stärkere Vergemeinschaftung beispielsweise der Sozial-, Wirtschafts- oder auch Außenpolitik wurden jedoch bereits früh im Konvent enttäuscht.

Die politische Bewertung der EU-Verfassung fiel mit Beginn des Ratifikationsprozesses im Herbst 2004 folglich zwiespältig aus: Die erzielten Fortschritte für eine bessere Handlungsfähigkeit wurden anerkannt, obwohl Details wie die Stimmgewichtung im Ministerrat u.a. von Polen bis zuletzt kritisiert worden waren.

Die Zweifelhaftigkeit des „Endprodukts" als „Verfassung" blieb auch deswegen bestehen, weil es sehr viele Kompromisse und damit auch Ungereimtheiten gab. Aufgrund des unvollständigen Charakters wurde der Anspruch der EU-Verfassung auf langfristige Gültigkeit von vorneherein ausgehöhlt. Außerdem war Teil III des Vertrags, der die Bestimmungen zu den einzelnen EU-Politikbereichen enthält, zu umfangreich geraten und wurde mit unzähligen Detailregelungen überfrachtet.

Somit konnte es kaum verwundern, dass das Ratifikationsverfahren von vorneherein als schwierig eingeschätzt wurde. Neben den nicht durchweg überzeugenden inhaltlichen Ergebnissen trug auch die Tatsache zur fraglichen Realisierung bei, dass eine erkleckliche Zahl an Regierungen sich innenpolitisch selbst verpflichtet hatte, Volksabstimmungen zu einer „Verfassung" anzusetzen. Es tendierten nicht zuletzt diejenigen Staaten zu Referenden, die während der Ausarbeitung der Verfassung im Konvent und während der Regierungskonferenz deutliche Kritik am Ergebnis geäußert hatten. Insbesondere in Großbritannien und Polen galt deshalb die Zustimmung zum Verfassungsvertrag als offen bis unwahrscheinlich; die dortigen Regierungen warben auch nicht für den ungeliebten Vertrag.

Dass es schließlich ohne Zwang angesetzte Referenden in den EU-Gründungsstaaten Frankreich und Niederlande sein würden, die den Verfassungsvertrag zu Fall bringen, war zunächst nicht zu erwarten. Es lag im Wesentlichen an der ungünstigen Verknüpfung von fehlendem glaubwürdigen Werben der politisch Verantwortlichen für die Verfassung, an der mangelnden Klarstellung der Vertragsvorteile, an einer breiten Ablehnung der jeweiligen Regierungen zum Zeitpunkt der Abstimmung und an Fehlinformationen über die Vertragsinhalte durch gut organisierte „Nein"-Kampagnen, dass der Ratifizierungsprozess im Sommer 2005 zum Erliegen kam.[7]

---

7   Die kurz nach den beiden Referenden Ende Mai bzw. Anfang Juni 2005 durchgeführten Blitzumfragen von EUROBAROMETER gaben die Unsicherheiten der Bürger deutlich wieder. *European Commission,* Flash Eurobarometer 171 (2005); *European Commission,* Flash Eurobarometer 172 (2005); *Guérot,* Stell dir vor, es gibt Europa und keiner macht mit (2005), S. 47-49.

3. Die Lösung der „Verfassungs-Krise" und der Weg zum Reformvertrag von Lissabon

Die im Juni 2005 eilends von allen Verantwortlichen in den EU-Mitgliedstaaten ausgerufene „Denkpause" im EU-Reformprozess[8] glich zunächst mehr einer gesamteuropäischen „Schockstarre". Nicht wie geplant nach einem Jahr, sondern erst nach zwei Jahren gelang es dank der engagiert und glaubwürdig für die Erhaltung der Kernvereinbarungen des Verfassungsvertrags auftretenden neuen deutschen Bundeskanzlerin Angela Merkel,[9] die europäische Sprach- und Ratlosigkeit zu überwinden. Notwendige Voraussetzung hierfür war die Ablösung eines erheblichen Teils des Führungspersonals in den EU-Mitgliedstaaten, allen voran Bundeskanzler Schröders, Präsident Chiracs und Premierminister Blairs bis zum Sommer 2007. Hinzu kam die bereits im Laufe des Jahres 2006 wachsende Überzeugung unter den 25 Partnern, dass es sich lohnen würde, für die im Konvent erzielten Vereinbarungen zu werben, um die unbefriedigende Handlungsbasis des Nizza-Vertrags hinter sich lassen zu können.

Durch den wiederbelebten Reformeifer während der deutschen EU-Präsidentschaft im ersten Halbjahr 2007 einigten sich Staats- und Regierungschefs beim Brüsseler Gipfel im Juni 2007, ausgehend vom neu formierten deutsch-französischen Führungsgespann aus Angela Merkel und Nicolas Sarkozy, auf die rasche Erstellung eines neuen Vertrags auf der inhaltlichen Basis des EU-Verfassungsvertrags durch eine Regierungskonferenz.[10] Dieser gelang innerhalb weniger Monate der Durchbruch zur Vereinbarung eines Reformvertrags unter portugiesischer Ratspräsidentschaft.

Orientierungspunkt und Maßstab für den erneuten Versuch einer EU-Reform war nicht zuletzt die „Berliner Erklärung" vom 25. März 2007[11] aus Anlass des 50. Jahrestages der Unterzeichnung der Römischen Verträge. In ihr hatten sich – nach erheblichem Druck der deutschen Bundeskanzlerin – alle EU-Mitglieder darauf geeinigt, einen Vertrag anzustreben, der der Verantwortung der Europäer und der hierfür erforderlichen Handlungsfähigkeit der EU gerecht würde.

Die erfolgreiche Bewältigung des im Juni 2007 vom Brüsseler EU-Gipfel vorgezeichneten Spagats zwischen Erhaltung der Verfassungssubstanz und Änderung des formellen Rahmens innerhalb weniger Monate war keinesfalls selbstverständlich. Umso positiver ist die schnelle Einigung zwischen den integrationsbefürwortenden und integrationsskeptischen EU-Mitgliedstaaten bis zum Lissaboner Sondergipfel vom 18./19. Oktober 2007 zu bewerten. Der dort beschlossene Reformvertrag zog seine Rechtfertigung daraus, dass die wesentlichen Errungenschaften des Verfassungskonvents im künftigen Vertrag enthalten waren, ohne jedoch den Begriff „Verfassung" zu verwenden.

---

8   Erklärung der Staats- und Regierungschefs der Mitgliedstaaten der Europäischen Union zur Ratifizierung des Vertrags über eine Verfassung für Europa (2005).
9   Zur allgemeinen Überfrachtung der deutschen EU-Präsidentschaft 2007 mit Erwartungen siehe *Hilz*, Deutschlands EU-Ratspräsidentschaft 2007 (2006).
10   *Europäischer Rat*, Schlussfolgerungen des Vorsitzes (2007).
11   Erklärung anlässlich des 50. Jahrestages der Unterzeichnung der Römischen Verträge (2007).

Mit der Unterzeichnung des Vertrags von Lissabon am 13. Dezember 2007 gelang dieser Spagat, auch wenn der neue Reformvertrag nicht mehr die einheitliche Form des Verfassungsvertrags aufweist. Es gibt erneut zwei Verträge, den „Vertrag über die Europäische Union", der den generellen Rahmen bildet, und den „Vertrag über die Arbeitsweise der Europäischen Union", in dem die Detailregelungen – vergleichbar mit dem bisherigen EG-Vertrag – enthalten sind.[12] Der Vergleich mit dem Verfassungsvertrag lässt Folgendes erkennen:

In den wichtigsten Tätigkeitsbereichen der EU konnten die durch die Konventsverhandlungen erreichten Fortschritte auch in den Reformvertrag übernommen werden, insbesondere bei der Überleitung der Innen- und Justizpolitik in das Gemeinschaftsverfahren. Damit verbunden sind für alle EU-Bürger immer wichtiger werdende, gemeinsame EU-Zuständigkeiten für die Bereiche Freiheit, Sicherheit und Recht.

Während Politikbereiche, wie die Außen- und Sicherheitspolitik, auf dem überwiegend intergouvernementalen Stand weitgehend unverändert blieben, kamen durch die jüngsten Koordinierungsbemühungen im Bereich der Energieversorgungssicherheit und der Klimaschutzpolitik neue gemeinschaftliche Kooperations- und Entwicklungsfelder hinzu.

Die angesprochenen institutionellen Neuerungen zur verbesserten äußeren Handlungsfähigkeit (gewählter EU-Ratspräsidenten sowie Fusionierung von „Mr. GASP" mit dem Außenkommissar) wurden beibehalten. Allerdings wurde der außenpolitische Repräsentant der Union nominell vom EU-Außenminister zum „Hohen Vertreter für die Gemeinsame Außen- und Sicherheitspolitik" zurückgestuft.

Dagegen blieben die vereinbarten neuen Regelungen zur qualifizierten Mehrheitsentscheidung im Ministerrat (vereinfachte „doppelte Mehrheit") sowie die Aufwertung des Europäischen Parlaments durch die verbesserten Mitentscheidungskompetenzen erhalten. Gleiches gilt für die neu geschaffenen Interventionsmöglichkeiten der nationalen Parlamente im EU-Rechtsetzungsprozess durch eine frühzeitige Subsidiaritätsprüfung, mit der der häufig thematisierten, „krakenartig" ausufernden Kompetenzerweiterung der EU zu Lasten der Mitgliedstaaten Einhalt geboten werden soll.

Die Entfernung der identitätsstiftenden, europäischen Symbole (Hymne und Flagge) aus dem EU-Vertragswerk wird als einer der unberechtigten Aspekte der Zurückschneidung europäischer Integrationsbemühungen in die Geschichtsbücher eingehen; die formale Ausgliederung der EU-Grundrechtecharta aus den Verträgen, insbesondere auf Druck Großbritanniens, stellt ebenfalls einen Rückschritt dar, der zudem die Rechtseinheit in der Union schwächt.[13]

---

12 Eine konsolidierte Fassung der beiden Verträge findet sich auf der EU-Homepage unter: http://www.consilium.europa.eu/uedocs/cmsUpload/st06655-re01.de08.pdf. Dort ist auch ein kompakter Kommentar des Vertrags von Lissabon unter dem Schlagwort „Der Vertrag auf einen Blick" eingestellt: http://europa.eu/lisbon_treaty/glance/index_de.htm. Zur Bewertung des Vertrags siehe *Weidenfeld (Hrsg.),* Lissabon in der Analyse (2008).

13 Durch die Erklärung von 26 Mitgliedstaaten in Lissabon am 12. Dezember 2007 – nur Großbritanniens Regierungschef Gordon Brown lehnte die Teilnahme ab – soll die Grundrechtecharta, wie ursprünglich im Verfassungsvertrag vorgesehen, innerhalb der Europäischen Union gelten. Siehe hierzu auch *European Council,* Presidency Conclusions (2007).

4. Bewertung des Lissaboner Vertrags und der neuerlichen Ratifikationskrise

Trotz der erwähnten Einschränkungen stellt der Lissaboner Vertrag eine maßgebliche Etappe auf dem Weg zu einer zukunftsfähigen, handlungsfähigeren EU dar. Sowohl das Bemühen um mehr Transparenz und Klarheit der Entscheidungsverfahren als auch die Stärkung der parlamentarischen Mitwirkungsrechte sind als konstruktiver Baustein für ein demokratischeres Europa zu sehen. Zum Meilenstein im Integrationsprozess wird der Reformvertrag dadurch, dass er die jahrelange Arbeit von Konvent und Regierungskonferenzen inhaltlich rettet. Zudem bringt er das stark zerklüftete Vertragswerk – trotz erneuter Aufteilung in zwei Teilverträge – in eine klarere Form. Ein endgültiges Scheitern dieser Reformierungsversuche der Jahre 2002-2007, wie es seit dem negativen irischen Referendum vom 12. Juni 2008 durchaus möglich erscheint, würde diese jahrelange Arbeit der EU-Partner zunichte machen.

So berechtigt allenthalben die Möglichkeit der Bürgerbeteiligung an der Entscheidung über die großen politischen Weichenstellungen in Europa eingeschätzt wird, so problematisch, und auf die gesamte Integrationsgemeinschaft bezogen geradezu undemokratisch, wirkt die erneute Lähmung der EU seit dem irischen Volksentscheid: Schließlich konnte am 12. Juni 2008 eine in europäischem Maßstab verschwindend kleine Splittergruppe von wenigen Tausend irischen EU-Bürgern die erforderlichen Reformen für die Union von über 490 Millionen Bürgern blockieren.[14]

Dieses Missverhältnis wirft ein weiteres Schlaglicht auf die grundlegenden Schwierigkeiten, vor denen die Europäer stehen: Einerseits ist die über Jahrzehnte durch Kompromisse entstandene, komplexe Struktur der Union gegenüber den Bürgern kaum vermittelbar; andererseits kann die EU das Geflecht aus institutionellen Besonderheiten und unklaren Zuständigkeiten nicht selbst entwirren. Bei ihren Anpassungsbemühungen an sich verändernde Herausforderungen ist sie völlig von ihren Mitgliedern abhängig, und damit von desinteressierten bis integrationsfeindlichen Regierungen, aber auch innenpolitischen Strömungen, denen die EU als „Feindbild" gerade recht kommt – die Missbrauchsanfälligkeit von nationalen Volksabstimmungen ist darin eingeschlossen.

Da die Union der Form nach auf absehbare Zeit eine internationale Organisation bleiben und nicht selbst Staats-Charakter annehmen wird, gibt es aus diesem Dilemma vorerst keinen Ausweg. Ob, wann und in welcher internationalen Zusammensetzung bei einem endgültigen Scheitern des Lissaboner Vertrags ein neuer Anlauf zur Überarbeitung des Nizza-Vertrags unternommen würde, ist angesichts dieser Rahmenbedingungen und der Erfahrungen der letzten Jahre ebenfalls völlig offen. Klar ist aber, dass auch „Kerneuropa"- und „Avantgarde"-Ansätze momentan nicht praktikabel sind. Spekulationen hierüber sind ohnehin nicht zielführend, solange der „worst case" des endgültigen Scheiterns des Reformvertrags nicht eingetreten ist.

Wichtiger ist die Überprüfung, inwiefern ernsthafte Konsequenzen aus einem

---

14 Bei einer Wahlbeteiligung von rund 53% fehlten lediglich rund 50.000 Stimmen für einen Erfolg des irischen Referendums. Vgl. „Irisches Nein stürzt Europa in die Krise" (2008).

Scheitern des Lissaboner Vertrags für die Arbeits- und Zukunftsfähigkeit der EU entstehen. Bei nüchterner Betrachtung der Lage ist festzuhalten, dass die europäischen Partner einfach auf der seit dem 1. Februar 2003 gültigen Vertragsbasis – damals trat der Nizza-Vertrag in Kraft – weiterarbeiten müssen, so wie sie es auch jetzt tagtäglich tun. Bisher wurde schließlich noch kein „Hilferuf" aus Brüssel gemeldet, wonach die EU „morgen wegen Handlungsunfähigkeit zusammenbrechen würde".

Insofern ist etwas mehr Augenmaß bei der Bewertung der aktuellen Situation der Integrationsgemeinschaft und möglicher Konsequenzen der Ratifikationsblockade geboten: Die „tiefe Krise", in die „Europa" mit dem irischen „Nein" vom Juni 2008 angeblich erneut gestürzt ist, scheint nicht zuletzt eine medial heraufbeschworene zu sein. Die Medien – allen voran die Boulevardpresse in den EU-Ländern – die sich vorzugsweise für die Negativ- und Katastrophenszenarien im Zusammenhang mit der EU interessieren, wirken in schwierigen Situationen als zusätzlicher „Krisenverstärker". Dies fällt dann besonders leicht, wenn auf Seiten der Institutionen oder nationalen Regierungen wenig pro-europäisch profilierte und „kampfeswillige Europäer" stehen, wie im Sommer 2005.[15]

Gerade in der Reaktion und dem demonstrativen Handlungswillen der Verantwortlichen besteht aber der Unterschied zwischen dem kurzfristigen „Ablehnungsschock" des Sommers 2008 und der lang anhaltenden „Lähmung" des Jahres 2005: Zwar wurde der irischen Regierung unter dem glücklosen und wenig ambitioniert wirkenden neuen Premier Cohen beim Brüsseler Gipfel Mitte Juni 2008 eine gewisse „Schonfrist" zugestanden.[16] Der Wille und die Entschlossenheit, die EU nicht noch einmal in einer „Schockstarre" zu belassen, wurde aber insbesondere von Bundeskanzlerin Merkel und Präsident Sarkozy in der Folgezeit unmissverständlich klargemacht.

Sollte die Rettung des Reformvertrags trotz der einhelligen Bekenntnisse aller EU-Regierungen hierzu misslingen, so wären eben alle gleichermaßen aufgefordert, dort pragmatische Lösungen zu finden, wo dies möglich ist, um auf der Rechtsbasis des Nizza-Vertrags gut weiterarbeiten zu können.

Im Bereich der Außen- und Sicherheitspolitik würde die Mitgliedstaaten beispielsweise niemand daran hindern, die bereits vorhandenen Spielräume und Instrumente der GASP/ESVP intensiver für gemeinsame Aktivitäten zu nutzen; der in seiner Funktion aufgewertete, neue Außenvertreter der EU, der nunmehr als „Hoher Vertreter für die GASP" firmiert, ist hierfür nicht entscheidend,[17] da es in diesem

---

15 Die Verwundbarkeit des Verfassungsvorhabens im Sommer 2005 durch die ablehnenden „Bescheide" aus zwei EU-Gründungsstaaten war auch deswegen so deutlich erkennbar, weil die meisten nationalen Führungspersönlichkeiten – heute überwiegend nicht mehr im Amt – durchweg innenpolitisch angeschlagen waren und europäisch nur halbherzig bzw. widerstrebend agierten (vor allem Schröder, Chirac, Blair, Balkenende oder Jarosław Kaczynski).
16 *Europäischer Rat,* Schlussfolgerungen des Vorsitzes (2008).
17 Der „Entzug" des Außenminister-Titels war in dieser Hinsicht für die Vermeidung einer zu großen Enttäuschung, ob der zu erwartenden Handlungsbeschränkungen für den Stelleninhaber, möglicherweise sogar eher positiv. Auch der „Hohe Vertreter" würde aufgrund seiner vorgesehenen Zwitterstellung zwischen Ministerrat und Kommission keinen allzu großen Gestaltungsspielraum haben.

Bereich wesentlich auf die Einigkeit der EU-Regierungen zum gemeinsamen Handeln ankommt.

Auch die politisch – und medial – hart umkämpfte Festlegung der Stimmgewichte im Ministerrat bei Entscheidungen mit qualifizierter Mehrheit hat für die Praxis nur geringe Bedeutung. Entscheidungen im Ministerrat werden überwiegend konsensuell getroffen; bei berechtigten Widerständen einzelner Mitglieder wird ohnehin nach einvernehmlichen Lösungen gesucht. Bei entsprechender Einigkeit unter den Mitgliedstaaten wären auch die „Hürden" für die Aufnahme neuer Mitglieder lösbar: Die Reformierung der Institutionen Ministerrat und Kommission ist keine rechtliche Voraussetzung für künftige EU-Erweiterungen, sondern eine politische Forderung, die aus Effektivitätsüberlegungen heraus durchaus ihren Sinn hat.[18]

Die Stärkung des Europäischen Parlaments durch die deutliche Ausweitung der Mitentscheidungsrechte im EU-Gesetzgebungsprozess könnte dagegen nicht ohne Vertragsänderung erreicht werden, was den demokratischen Selbstanspruch der Union erheblich beeinträchtigen würde, wenn der Reformvertrag nicht in Kraft träte.[19] Bedauerlich wäre auch die fehlende Klarstellung der Zuständigkeiten in den unterschiedlichen Politikfeldern im Verhältnis von Union und Mitgliedstaaten sowie die nicht realisierte Subsidiaritätsprüfung, die eine stärkere Einbindung der nationalen Volksvertretungen in die Fortentwicklung des Integrationsstandes ermöglichen würde. Die damit verbundene, erhöhte Transparenz und die deutlichere Zuordnung von Kompetenzen bei europäischen Entscheidungen wären als Signale an die Bürger von Bedeutung, obwohl das viel beklagte Demokratie- und Transparenzdefizit der EU auf vertraglichem Weg alleine nicht zu beheben ist. Hierzu wären zusätzliche Aufklärung und eine verbesserte Kommunikation aller nationalen und europäischen Verantwortungsträger über die europäischen Politik- und Entscheidungsverfahren nötig; dies ist aber auch ohne Reformvertrag möglich.

Am Ende des Jahres 2008 sind somit die Entwicklungsperspektiven der EU trotz des weiterhin offenen Schicksals des Lissaboner Vertrags, und damit des gesamten Reformansatzes, nicht so negativ zu bewerten, wie es oftmals geschieht. Schließlich ist der Wille zur Fortentwicklung der Europäischen Union bei der Mehrheit der EU-Partner durch die Bemühungen um die Rettung des Vertrags von Lissabon als sehr positives Zeichen zu vermerken.

Trotz des durchaus vorhandenen Spielraums für pragmatische Weiterentwicklungen würde ein endgültiges Scheitern des Reformvertrags, gemessen an den nach wie vor gültigen Zielvorgaben der Erklärung von Laeken, zweifellos einen deutlichen Rückschlag für die jahrelangen europäischen Bemühungen um die Stärkung von

---

18 Vgl. „EU will Ratifizierung des Reformvertrags fortsetzen" (2008). Die 2009 anstehende Verkleinerung der Kommission kann durch einstimmigen Beschluss des Rates geändert werden. EG-Vertrag, Art. 213 Abs. 1.
19 Von der ausstehenden Ratifizierung des Lissaboner Vertrags werden auch die Wahlen zum Europäischen Parlament vom 4.-7. Juni 2009 beeinflusst, da die derzeitige Zahl der Europaabgeordneten von 785 auf nur noch 736 gemäß dem Vertrag von Nizza sinken wird (der Reformvertrag sieht 751 vor); außer Deutschland und den kleinsten EU-Mitgliedern verlieren dadurch alle anderen EU-Staaten weitere MEPs. Vgl. die Tabelle auf der EP-Homepage unter: http://www.europarl.de/europawahl/.

Demokratie, Transparenz und Effizienz bedeuten.

Ob der Reformvertrag also nur eine (verhinderte) „Zwischenstufe" auf dem Weg zur künftigen Form der Integrationsgemeinschaft sein oder gar als „Meilenstein" in die europäische Entwicklung eingehen wird, bleibt bis zum – positiven oder negativen – Abschluss des Ratifizierungsverfahrens unklar. Es ist aber offensichtlich, dass die Mehrheit der EU-Partner nicht gewillt ist, das fehlgeschlagene Inkrafttreten der Reformen bis zur Europawahl im Juni 2009 zum Stolperstein für den weiteren Integrationsprozess werden zu lassen: Der wieder erstarkte Wille zur Fortsetzung der Einigung Europas auf breiter Front ist einer der positiven Aspekte, trotz der neuerlichen Schwierigkeiten seit dem Sommer 2008.

Solange es nicht an führungs- und integrationswilligen Persönlichkeiten zum gemeinsamen Wohlergehen Europas mangelt, bilden Krisen – in leider schon bewährter Weise – die Chance, sich über gemeinsame Ziele einig zu werden und diese dann umso entschlossener in Angriff zu nehmen. Diese Fähigkeit ist angesichts einer „EU im Umbruch" nötiger denn je; dass sie vorhanden ist und zum Wohle Europas mobilisiert werden kann, müssen Merkel, Sarkozy, Juncker & Co im europäischen „Schicksalsjahr" 2009 beweisen.

Dilemmata und Versäumnisse der Entwicklungspolitik

Detlev Karsten

Vorbemerkung

Die in der Folge dargestellten Sachverhalte und Entwicklungen sind eine keineswegs eine vollständige Zusammenstellung von Schwierigkeiten der Entwicklungspolitik. Zur Verdeutlichung der Argumentation sind sowohl die Sachverhalte wie auch die Folgen überspitzt: In der dargestellten krassen Form finden sie sich nur bedingt in der Realität, sie erläutern aber Tendenzen. Die hier angesprochenen Schwierigkeiten finden sich nicht in jedem Entwicklungsland, aber in vielen Entwicklungsländern gibt es das eine oder andere dieser Probleme; gehäuft treten sie in afrikanischen Ländern südlich der Sahara auf. Vor allem auf diese beziehen sich auch meine eigenen unmittelbaren Erfahrungen.

Machteliten und Gemeinwohl

Am Schluss der „Nachlese zum 61. Entwicklungspolitischen Fachgespräch am 13.1.2009" steht die Frage: „Was muss geschehen, damit Eliten in Entwicklungsländern einen Entwicklungskurs im Interesse der armen Bevölkerung einschlagen?"[1] Geht man davon aus, dass Eliten bestimmenden Einfluss auf die jeweilige Regierung ausüben, so impliziert diese Frage, dass Regierungen in vielen Fällen eher am Wohl der besser gestellten Teile der Bevölkerung interessiert sind, und insbesondere eigene Ziele, wie etwa Machterhalt oder persönliche Bereicherung, verfolgen. Dies scheint mir der Kern der Diskussion um Machteliten zu sein. Das Prinzip gilt nicht nur für die Zentralregierung und die sie tragenden Gruppen, sondern für alle Ebenen des politischen Systems. Allerdings sollte man sich hüten, derartiges Verhalten als nur in Entwicklungsländern vorfindbar anzusehen: Es ernüchtert, wenn in einem verbreiteten Lehrbuch unter der Überschrift „Das Verhalten demokratischer Regierungen" die folgende Feststellung getroffen wird: „Grundsätzlich kann davon ausgegangen werden, dass Regierungen die Erfüllung ihres eigenen Nutzens und nicht etwa das ‚Gemeinwohl' anstreben."[2] Dabei besteht der eigene Nutzen vor allem in der Wiederwahl und/oder in wirtschaftlichen Vorteilen. In diesem Punkt besteht also kein grundsätzlicher Unterschied zwischen Entwicklungs- und Industrieländern. Allerdings sind in entwickelten Ländern derartigem Verhalten von Regierungen meist Grenzen gesetzt durch ein besseres Funktionieren von Demokratie als Folge entsprechender Institutionen, wobei insbesondere Rechtsstaatlichkeit, Gewaltenteilung,

---

1 http://sid-bonn.de/documents/61-Nachlese.pdf.
2 *Frey / Kirchgässner,* Demokratische Wirtschaftspolitik (1994), S. 150.

Presse- und Meinungsfreiheit sowie politische Bildung zu nennen sind. Diese institutionellen Vorkehrungen gegen Machtmissbrauch der Regierung sind in den meisten Entwicklungsländern weniger wirksam oder gar nicht gegeben. Für die Entwicklungspolitik der Industrieländer besteht das Dilemma darin, dass nicht selten deren Ziele von denen der Regierungen von Entwicklungsländern abweichen; dabei lassen sich die wahren Ziele häufig besser aus tatsächlichem Handeln erschließen, als dass man deklarierten Zielen und Absichtserklärungen vertraut. Eine wesentliche Ursache für diese Diskrepanz der Ziele ist, dass Entwicklung notwendigerweise mit gesellschaftlichen Veränderungen einhergeht. Entwicklung wird also immer eine Bedrohung der Position der führenden Schicht und der bestehenden Verhältnisse darstellen – es sei denn, von der Entwicklung wären alle Teile der Bevölkerung gleichermaßen begünstigt, was allerdings kaum vorstellbar ist. Treibt man diese Argumentation auf die Spitze, dann werden Regierungen, falls sie nicht bereit sind, das Gemeinwohl über die eigenen Interessen zu stellen, eine von Außen bestimmte Entwicklungspolitik nur solange hinnehmen, wie sie keine gesellschaftlichen Veränderungen bewirkt, von denen sie eine Änderung der Machtverhältnisse befürchten müssen. Gleichzeitig werden gern Projekte und Maßnahmen angenommen, die der Stabilisierung der Verhältnisse sowie eigenen Position dienen oder persönliche Bereicherung ermöglichen, wie bspw. durch anfallende Bestechungsgelder bei der Auftragsvergabe. Dies gilt für viele Infrastrukturprojekte, für eine Industrialisierung, von der die Machthaber sich Vorteile – etwa in Form von lukrativen Beteiligungen – versprechen, es gilt für Prestigeprojekte, die Glanz auf die Regierung werfen, es gilt aber auch für Maßnahmen zur Steigerung der Schlagkraft von Polizei und Militär. Als Bedrohung werden dagegen alle Vorhaben wahrgenommen, die zur Stärkung des politischen Bewusstseins insbesondere potenzieller Abweichler und zur Organisation nicht regierungstreuer Interessengruppen beitragen könnten. Das kann soweit gehen, dass auch rein wirtschaftlich begründete Ansätze zur Bildung ländlicher Genossenschaften – etwa als Abwehrmaßnahme gegen ausbeuterische Aufkäufer landwirtschaftlicher Produkte und wucherische Geldverleiher – im Keime erstickt werden, selbst wenn derartige Genossenschaften von UN-Organisationen gefördert werden: Es lässt sich eben nicht ausschließen, dass in deren Gremien auch politische Fragen zur Sprache kommen.

Die Sicherung der Position der Machteliten dürfte auch einer der Gründe für das hinhaltende Taktieren bzw. die Verweigerungshaltung vieler Regierungen bei der Durchführung der von Gebern von Entwicklungshilfe immer wieder angemahnten und für umfassende Agrarreformen unabdingbaren Bodenreform sein: Die Herrschaft über den Boden hat in agrarisch geprägten Entwicklungsländern in etwa die Bedeutung der Herrschaft über das Kapital in der Industriegesellschaft. Insofern ist das Gelingen einer Bodenreform ein wichtiger Entwicklungsschritt – ihre Durchführung setzt eine Schwächung der Machtposition der Landeigentümer voraus, und ihr Gelingen schwächt diese vielfach politisch bestimmende Gruppe weiter.

Die Dominanz des Ziels der Machterhaltung der Herrschenden zeigt sich auch dann, wenn humanitäre Hilfe in diesem Sinne „umfunktioniert" wird. Bisweilen ist es Regierungen gelungen, diese als Belohnung für Wohlverhalten oder zur Beschwichtigung von potenziell aufrührerischen Gruppen einzusetzen, oder sie als Bestrafung illoyalen Bedürftigen vorzuenthalten, ganz zu schweigen von den Fällen, in denen entsprechende Hilfslieferungen vor allem zur Versorgung des Militärs zweckentfremdet wurden. Der Versuch der Geber der humanitären Hilfe, die Kontrolle über die Verteilung der Hilfsgüter zu behalten, um sie den wirklich Bedürftigen zukommen zu lassen, kann zu Konflikten mit den Machthabern führen, wobei dann die Ausweisung der Hilfsorganisation angedroht und gelegentlich auch realisiert wird. Dem damit grundsätzlich einhergehenden Verlust an internationalem Ansehen wird üblicherweise begegnet mit behaupteter Einmischung in die inneren Angelegenheiten bis hin zum Vorwurf, zum Aufruhr aufzurufen.

Regierungshandeln, das die Interessen der Machthaber über das Gemeinwohl stellt, steht im Widerspruch zu einer Politik im Interesse der gesamten Bevölkerung und insbesondere der Armen, wie sie von den Gebern von Entwicklungshilfe beabsichtigt ist.

Good Governance und traditionelle Verhaltensweisen

Ein weiteres Dilemma besteht darin, dass die einleuchtende und berechtigte Forderung nach *Good Governance* (in etwa: gutes Regierungs- und Verwaltungshandeln[3]) häufig mit traditionellen Verhaltensweisen kollidiert. Dies gilt insbesondere für die Solidarität in der Großfamilie und die Loyalität gegenüber der eigenen – meist ethnisch bestimmten – Gruppe, die sich in gegenseitiger Unterstützung der Mitglieder niederschlägt. Dies geht so weit, dass die Angehörigen der Familie und der Gruppe einen Anspruch geltend machen, am individuellen Erfolg eines Gruppenmitglieds beteiligt zu werden. Ein Beispiel mag dies verdeutlichen: Bei Feldforschungen in Äthiopien half mir 1968 als Dolmetscher ein Student der Erziehungswissenschaft, der bereits eine Ausbildung als Grundschullehrer abgeschlossen, und als solcher ca. DM 80,- im Monat verdient hatte. Seinem Vorhaben der Weiterqualifikation standen seine Verwandten völlig verständnislos und ablehnend gegenüber, weil er sie ja dadurch einer ihnen zustehenden monatlichen Unterstützung beraube.[4]

Zwar besteht die Möglichkeit, dass dieser Anspruch auf Teilhabe am wirtschaftlichen Erfolg jedes Gruppenmitglieds von diesem vollständig akzeptiert ist, dass also jeder sich bewusst und altruistisch für die Gruppe bemüht; derartiges kommt in ideologisch homogenen Gruppen wie z.B. den ursprünglichen Kibbuzim vor. Ist diese besondere Konstellation nicht gegeben, dann wird durch den Anspruch der Gruppe der zentrale Anreiz für individuelle Anstrengung, der durch das im Kapitalismus geltende Prinzip der individuellen Aneignung des Ertrags dessen ungeheure Entwicklungsdynamik erklärt, weitgehend außer Kraft gesetzt. Weiterhin bedeuten diese Loyalität gegenüber und der Solidarität mit der eigenen Gruppe, dass von jemandem, der es zu einer gewissen Machtposition gebracht hat, erwartet wird, dass er die Angehörigen seiner Gruppe begünstigt, etwa indem er bei einer Anstellung den An-

---

3   *Holtz,* Entwicklungspolitisches Glossar, Stichwort „Good Governance".
4   Dies ist nur ein Beispiel aus einer Vielzahl derartiger Erlebnisse. Ähnliche Erfahrungen werden von vielen Personen berichtet, die längere Zeit in afrikanischen Ländern gelebt haben und Kontakte zu Einheimischen pflegten. Der Sachverhalt wurde bereits 1955 von W. A. Lewis beschrieben. *Lewis,* The Theory of Economic Growth (1955), S. 113 ff.

gehörigen der eigenen Gruppe auch einem höher qualifizierten Außenstehenden vorzieht oder bei der Vergabe von Aufträgen entsprechend verfährt. Da sich in vielen Entwicklungsländern Parteien entlang ethnischer Zugehörigkeit bilden, wird der ohnehin schwierige Begriff des „Gemeinwohls" hier erst recht fragwürdig.

Diese Solidarität ist in vielen Gesellschaften Afrikas durch schwerwiegende Sanktionen abgesichert, wozu auch die Angst gehört, bei Verletzung dieses Gebots verhext zu werden.[5] Diesem Mechanismus kann sich der vergleichsweise wohlhabende Verwandte nur entziehen, indem er die Bindungen zu seiner Gruppe löst – dazu genügt es allerdings zumeist nicht, im Lande umzuziehen, sondern einige Sicherheit vor diesen Ansprüchen der Verwandten bietet nur ein Verlassen des Landes. Dies hilft allerdings nicht gegen die Schuldgefühle und die Angst vor dem Verhextwerden.

Für den westlichen Beobachter bedeutet dieses Ausnutzen der mit einem Staatsamt verbundenen Machtposition Nepotismus und Korruption, und derartige Verhaltensweisen stehen im Widerspruch zur Forderung von *Good Governance*. Zwar machen die Geber von Entwicklungshilfe *Good Governance* nicht zu einer Voraussetzung für die Gewährung von Hilfe; dies würde ja einen Zustand, der erst das Ergebnis erfolgreicher Entwicklung sein kann, zu einer Voraussetzung für die Hilfe zur Entwicklung machen. Vielmehr akzeptieren die Geber von Entwicklungshilfe schon Schritte in die Richtung von *Good Governance* als Erfüllung der entsprechenden Bedingung.

Es bleibt das Dilemma, dass diese überkommenen Verhaltensweisen und Strukturen Hindernisse für Entwicklung und Entwicklungspolitik darstellen. Einerseits ist es richtig, dass die Notwendigkeit, jeden wirtschaftlichen Erfolg mit den Angehörigen zu teilen, den Anreiz zur individuellen Anstrengung, der in der dadurch möglichen Verbesserung der eigenen Lebenssituation besteht, erheblich mindert, und es ist offensichtlich, dass das Ausnutzen einer Machtposition zur Begünstigung der eigenen Klientel den Prinzipien von *Good Governance* zuwiderläuft. Andererseits ist aber auch wahr, dass diese informellen Strukturen des Zusammenhalts in der Großfamilie und Gruppe und die Verpflichtung zur gegenseitigen Hilfe das Überleben jedes Gruppenmitglieds auch in schwierigen Situationen und unsicheren Zeiten sichern.

Ein anderer Aspekt von *Bad Governance* ist, dass es für jedwede Geschäftstätigkeit, insbesondere für Im- und Export sowie für den Betrieb eines Industrieunternehmens, eine Fülle von sich auch teilweise widersprechenden staatlichen Regeln gibt, von unterschiedlichen Auslegungen und Auskünften der entsprechenden Behörden ganz zu schweigen. Jedenfalls ist Geschäftstätigkeit in den genannten Bereichen kaum möglich, ohne mit irgendwelchen Vorschriften in Konflikt zu geraten. Das hat allerdings die Folge, dass jemand, der sich irgendwie missliebig gemacht hat – und dies kann vor allem Ausländern oder auch Angehörigen einer anderen Ethnie leicht passieren –, völlig von Willkür und Wohlwollen der Verwaltung abhängt: Schließlich lässt sich ja in diesem Gewirr von Vorschriften irgendein Verstoß immer

---

5 Entsprechende Beispiele gibt *Signer*, Die Ökonomie der Hexerei oder Warum es in Afrika keine Wolkenkratzer gibt (2004). Beispiele für als Wirklichkeit wahrgenommene Hexerei finden sich auch in Afrika-Romanen von Henning Mankell.

nachweisen, und der Verweis darauf, dass derartiges Verhalten üblicherweise toleriert wurde und bei anderen auch weiterhin hingenommen wird, ergäbe auch bei uns nur einen schwachen Rechtfertigungsgrund. Im Übrigen hilft es auch in einer solchen Situation, gut vernetzt zu sein und auf Fürsprecher zählen zu können.

Bevölkerungswachstum und die Notwendigkeit rascher Entwicklungserfolge

Ein Dilemma ist auch, dass es keine Alternative zu schneller Entwicklung gibt. Angesichts des in vielen Entwicklungsländern immer noch hohen Bevölkerungswachstums ist Wirtschaftswachstum unabdingbar. In vielen dieser Länder liegt das Bevölkerungswachstum als Folge eines raschen Rückgangs der Sterbe- bei nur langsam sinkender Geburtenziffer immer noch in der Größenordnung von 2,4% jährlich, die Bevölkerung verdoppelt sich also in etwa einer Generation. Der Grund liegt darin, dass die Sterbeziffer durch eher technische Maßnahmen – Präventivmedizin, Hygiene, Verfügbarkeit von sauberem Trinkwasser und von Medikamenten – innerhalb kurzer Zeit fällt, während die hohe Geburtenziffer sozial bedingt ist und sich nur langsam ändert; eine Rolle spielt dabei der traditionelle Stolz auf viele Nachkommen, insbesondere Söhne. Das Anstreben einer hohen Kinderzahl ist auch bei geringer Kindersterblichkeit rational: je größer die Zahl der überlebenden Nachkommen, umso höher ist die Wahrscheinlichkeit, dass diese ihre Eltern im Alter versorgen können. Damit sich also die Lebensverhältnisse insgesamt bessern können, müsste das Wirtschaftswachstum über 2,4% liegen, und damit deutlich über dem Wert, den die meisten Industrieländer in der Frühphase ihrer Industrialisierung über einen längeren Zeitraum hatten. Allerdings erlaubte dort der langsamere demographische Übergang mit einem Bevölkerungswachstum unter 1% trotz des geringen Wirtschaftswachstums eine Verbesserung der Versorgung innerhalb relativ kurzer Zeit.

Es besteht das Dilemma, dass trotz erheblicher Anstrengungen und – in historischer Perspektive – beachtlicher Entwicklungserfolge eine Verbesserung der Lebensverhältnisse der gesamten Bevölkerung nur enttäuschend langsam vor sich geht, falls diese Verbesserungen nicht überhaupt nur den ohnehin Bessergestellten zugute kommen.

„Königsweg" zur Entwicklung wird zur Sackgasse

Der Beginn der Entwicklungspolitik wird meist auf 1949 datiert; die Antrittsrede Präsident Trumans erklärt in Punkt 4 (Point Four) die Absicht der USA, sich um Verbesserung und Wachstum unterentwickelter Regionen zu bemühen. Allerdings dauerte es eine Weile, bis neben die zunächst dominierenden Ziele der Außen- und Sicherheitspolitik sowie der Sicherung der Rohstoffversorgung die bewusste Förderung der Entwicklung vielfach inzwischen selbstständig gewordener Staaten trat. Dabei dominierte die Vorstellung, es gebe einen „Königsweg" zu einer primär als Wirtschaftswachstum gesehenen Entwicklung, die vor allem als nachholende Modernisierung und das möglichst schnelle Erreichen der Wirtschaftsstruktur der Industrieländer verstanden wurde, wobei die rasche Industrialisierung als Mittel und

Ziel betrachtet wurde. Diese vor allem in westlichen akademischen Kreisen entstandenen Vorstellungen prägten das Denken der Politiker sowohl in den Industrie- wie auch den Entwicklungsländern und der Experten in internationalen Organisationen. Es ist schwer zu entscheiden, ob sich die Urheber dieser Ideen bewusst waren, dass die auf diesen Vorstellungen beruhende Politik auch im – mindestens kurzfristigen – wirtschaftlichen Interesse der Industrieländer lag. Jedenfalls fanden auch die meisten Machthaber in den Entwicklungsländern diese Politik einleuchtend und für sich vorteilhaft. Außer den fundamental kapitalismuskritischen Vertretern der Dependenztheorien, die eine Abkopplung der Entwicklungsländer vom Weltmarkt propagierten, wichen nur wenige Entwicklungsexperten aus Wissenschaft, Politik und vor allem der Praxis von dieser herrschenden Meinung ab und entwickelten eigene Vorstellungen.

Zu Beginn der Entwicklungszusammenarbeit war es insbesondere die Vorstellung, Entwicklung sei zunächst ein ökonomisches Problem und bestände vor allem in der Überwindung von Kapitalmangel und Devisenknappheit; durch Kapitalhilfe, Kreditaufnahme und Außenhandelsüberschüsse seien also rasche Erfolge zu erzielen. Besonders deutlich wird diese Vorstellung eines Königswegs in der in den 1960er Jahren verbreiteten, aber in modifizierter Form immer noch aktuellen Strategie des *big push*[6], die im Kern auf die gleichzeitige Modernisierung aller Bereiche – staatliche Verwaltung, Infrastruktur, Bildungs- und Gesundheitswesen, sich gegenseitig stützende Wirtschaftssektoren – hinausläuft. Diese Vorstellung, Entwicklung sei vor allem eine Frage des Kapitalzuflusses, lebt fort in der immer wieder erhobenen Forderung nach einem „Marshall-Plan für die Dritte Welt" quasi als Allheilmittel. Auf die Spitze getrieben wird der Gedanke des *big push* in der Ausdehnung auf die Kultur: Die spirituellen und religiösen Wertvorstellungen vieler traditioneller Gesellschaften stellen mit ihrer Betonung der Notwendigkeit eines fatalistischen sich Abfindens mit dem Status quo – abgesichert durch Vertröstung auf ein besseres Jenseits oder Reinkarnation in einer besseren Position oder durch Prädestination, die jedem individuellen Bemühen Grenzen der Wirksamkeit setzt – ein Entwicklungshemmnis dar. Es ist weithin unbestritten, dass derartige Vorstellungen eine kapitalistische Entwicklung behindern, sich also mit oder vor einer derartigen Entwicklung ändern müssen: Auch in den Industriegesellschaften trafen ja Aufklärung und wirtschaftliche Entwicklung auf Widerstand der Kirche. Diese Überzeugung von entwicklungshemmenden Wertvorstellungen ging soweit, dass sogar schon erwogen wurde, im Interesse von Entwicklung das gesamte Wertesystem auszutauschen.[7] Die Zerstörung traditioneller Wert- und Glaubensvorstellungen bedeutet allerdings, für

---

6 *Asche,* Durch einen Big Push aus der Armutsfalle? (2006).
7 „The alternative to the culture which has existed so long and changed so slowly that every item of behaviour is part of a pattern so perfect that it seems as if it must have sprung complete from the head of Jove, is seen to be not the culture in which necessary and wanted change is artificially slowed down and retarded but rather the culture in which – if there is to be purposeful change, by an Ataturk, an enterprising Maharaja, or the agricultural extension department – the whole pattern is transformed at once, with as little reminder of the past as possible to slow down the new learning, or make this learning incomplete and maladaptive." *Mead,* From the Stone Age to the Twentieth Century, in: Novack / Lekachman (Hrsg.), S. 204 f.

das Versprechen auf künftige Entwicklung die Vorstellungen und Verhaltensweisen zu beseitigen, die es den Menschen bisher ermöglicht haben, in schwierigen Verhältnissen zu überleben und sich mit diesen abzufinden; dies entspricht dem oben erläuterten Muster, dass die Anreize zerstörenden Ansprüche der Gruppe zwar den Antrieb zur Verbesserung der eigenen Lage mindern, in Notlagen aber das Überleben sichern. Wenn sich allerdings das Versprechen auf Entwicklung nicht erfüllt, dann bleiben die Menschen arm, und haben die Elemente ihrer Kultur verloren, die sie bisher das – wenn auch ärmliche – Leben ertragen ließen.

Die auf Wirtschaftswachstum zielenden Vorstellungen wurden von den Machteliten gern übernommen, ohne sich viele Gedanken über Realisierbarkeit und Absatzmärkte für Industrieprodukte zu machen. Dem Problem der Änderung traditioneller Wertvorstellungen wurde, wenn es denn überhaupt gesehen wurde, begegnet durch die Hoffnung, in der eigenen Entwicklung quasi das „Beste beider Welten" zu verbinden, nämlich Modernität mit der Erhaltung von Traditionen zu versöhnen.

Vernachlässigung der traditionellen Landwirtschaft

Im Zusammenhang mit der weithin geltenden Dominanz des Ziels der raschen Industrialisierung steht das wohl größte Versäumnis der Entwicklungspolitik, nämlich die Vernachlässigung des Agrarsektors, insbesondere des traditionellen Sektors mit verbreiteter Subsistenzwirtschaft. Ein wichtiger Grund dafür ist, dass diesem Sektor nur geringes Entwicklungspotenzial zuerkannt wurde. Dies hatte allerdings die Folge, dass bewusst ein Entwicklungspfad beschritten wurde, der einen Großteil, wenn nicht die Mehrheit der Bevölkerung, abseits liegen ließ. Gerechtfertigt wurde dies mit der Hoffnung auf *trickle down*-Effekte, nämlich dem Glauben, dass von der Entwicklung eines modernen Sektors auch positive Wirkungen auf den traditionellen Sektor ausgehen würden. Zwar wurde der Agrarsektor gefördert, aber dabei ging es vor allem um die Plantagenwirtschaft mit dem Ziel der Produktion von *cash-crops* zur Versorgung der städtischen Bevölkerung oder für den Export, was vielfach zu Lasten von Kleinbauern ging. Diese wurden häufig vom besten Land vertrieben, und längst nicht alle diese verdrängten Bauern fanden Beschäftigung als Landarbeiter auf den Großfarmen. Diese Konzentration auf *cash-crops* erwies sich allerdings in vielen Fällen als wenig erfolgreich, überdies wurde die Erwirtschaftung von Überschüssen zur Versorgung der rasch zunehmenden städtischen Bevölkerung vernachlässigt[8] zugunsten von *cash-crops* für den Export: schließlich sah man in dieser Frühphase der Entwicklungspolitik ein Haupthindernis für Entwicklung in Devisenknappheit. Auch die Produktion von *cash-crops* für den Export erfüllte in vielen Fällen die Erwartungen nicht, weil viele Entwicklungsländer gleichzeitig mit den gleichen Produkten auf den Weltmarkt drängten und deswegen die Preise verfielen, wenn sie nicht überhaupt in Konkurrenz zu auch in den Industrieländern angebauten und dort meist subventionierten Produkten traten, wie dies beispielsweise für Baumwolle und Zucker gilt. Einem Export weiterverarbeiteter Produkte – z.B. Tex-

---

8 Viele Entwicklungsländer, die von ihrer Ressourcenausstattung her Agrarländer sind, müssen inzwischen Nahrungsmittel importieren.

tilien statt Baumwolle – standen und stehen jedoch protektionistische Barrieren entgegen. Insbesondere die für weiterverarbeitete Produkte gegenüber Rohstoffen höheren Zollsätze bedeuten einen hohen effektiven Zollschutz für die in den Zielländern der Exporte bewirkte Wertschöpfung (Zolleskalation).

Jedenfalls wurde es versäumt, den Subsistenzsektor „mitzunehmen", um so neben der Orientierung auf Versorgung der städtischen Bevölkerung und Export auch eine breite binnenmarktorientierte Entwicklung zu erreichen, bei der sich – nach dem Vorbild der Entwicklung der „alten" Industrieländer – landwirtschaftliche und industrielle Entwicklung gegenseitig stützen: Produktivitätssteigerungen in der Landwirtschaft führten dort zu höheren Einkommen und zur Freisetzung von Arbeitskräften. Höhere Einkommen in der Landwirtschaft ergeben zusätzliche Nachfrage nach Industrieprodukten, insbesondere auch nach zunächst meist einfachen Investitionsgütern für die Landwirtschaft, die zu weiteren Produktivitätssteigerungen führen. Die in der Landwirtschaft Freigesetzten bilden ein Reservoir von Arbeitskräften für die Industrie. Allerdings entstehen in diesem Prozess mehrere Strukturprobleme; diese treten in Entwicklungsländern verschärft auf. So entsprechen die Qualifikationen der freigesetzten Arbeitskräfte nicht den Anforderungen der Industrie. Die Anzahl der freigesetzten Arbeitskräfte übersteigt die Zahl der in der Industrie entstehenden Arbeitsplätze; dieses Problem der Arbeitslosigkeit könnte durch den Einsatz arbeitsintensiver Technologien sowie durch Exporte vor allem von Industriegütern gemildert werden. Schließlich gibt es ein regionales Problem: Die industriellen Arbeitsplätze finden sich in den Städten, wenn nicht allein in der Metropole. Technologien, die geringe Mindestkapazitäten erlauben, könnten zwar dezentrale Industrieproduktion ermöglichen, stehen jedoch selten zur Verfügung und sind kaum konkurrenzfähig im Vergleich zur industriellen Massenproduktion. In jedem Falle führt die Rückständigkeit der ländlichen Regionen zu einer starken Abwanderung in die Städte: Wenn überhaupt Hoffnung auf Beschäftigung besteht, dann am ehesten dort; außerdem ist die Versorgung mit öffentlichen Gütern, namentlich im Bildungs- und Gesundheitswesen, in den Städten besser als in den ländlichen Gebieten. In die gleiche Richtung wie diese *pull*-Faktoren wirken als *push*-Faktoren die mangelnden Chancen in ländlichen Regionen zusammen mit dem auch auf dem Lande steigenden Bevölkerungsdruck bei bestenfalls stagnierender Produktivität. Hoher Bevölkerungsdruck in ländlichen Gebieten kann einen verhängnisvollen Prozess in Gang setzen: Die in Folge der Bevölkerungszunahme gegebene Notwendigkeit der Erwirtschaftung höherer Erträge führt zur Übernutzung des landwirtschaftlichen Bodens durch Verkürzung von Brachzeiten, durch Entwaldung und Bepflanzung von früher als Weiden dienenden Hängen mit einjährigen Feldfrüchten, was bei tropischen Regenfällen die Erosion stark fördert. In dieser Situation eines prekären Gleichgewichts wird jedes Ausbleiben von Regenfällen oder auch stärkerer Schädlingsbefall (Heuschrecken!) zur Hungersnot führen. Mittel[9], die den Kauf von Nahrungsmitteln ermöglichen würden, stehen den Betroffenen nicht zur Verfügung, und die vom Hungertod Bedrohten werden auch noch das Saatgut aufessen. Wäre rechtzeitig eine Politik zur Förderung des traditionellen Sektors betrieben worden – entscheidend

---

9   Amartya Sen spricht von *entitlements*. *Sen,* Poverty and Famines (1981), S. 102 ff.

wären breite Produktivitätssteigerung und möglichst die Schaffung nichtlandwirtschaftlicher Arbeitsplätze in regionalen Subzentren – so wäre es wohl möglich gewesen, den exzessiven Zustrom von Menschen in die Slums der Metropolen mindestens teilweise zu verhindern. Inzwischen ist jedoch der Druck der durch die Zuwanderung entstandenen Probleme so groß geworden, dass viele Regierungen alle verfügbaren Mittel nahezu ausschließlich zur Linderung der städtischen Probleme verwenden; schließlich stellt die verarmte städtische Bevölkerung, insbesondere die große Zahl arbeitsloser Jugendlicher, ein größeres politisches Gefahrenpotenzial dar als die ländliche Bevölkerung. Um aufkeimender Unzufriedenheit der städtischen Bevölkerung zu begegnen, haben viele Regierungen in Entwicklungsländern auch eine Politik niedriger Preise für Nahrungsmittel betrieben, was allerdings zu Lasten der Einkommen der ländlichen Bevölkerung ging. Nicht zuletzt vom Weltwährungsfonds verlangte Änderungen dieser Politik führten dann auch in einigen Ländern zu „Brotunruhen" der städtischen Bevölkerung. Es besteht das Dilemma, dass jede Verbesserung der Lebensbedingungen in den Metropolen den Abstand zu den ländlichen Regionen vergrößert und die Attraktivität der Städte für die ländliche Bevölkerung weiter erhöht, was die Landflucht fördert, die wiederum die städtischen Probleme verschärft – ein Teufelskreis.

Allerdings wird die Förderung der ländlichen Gebiete durch vermehrten Export von Agrarprodukten auch durch die von den Industrieländern durchgesetzten Ausnahmen vom grundsätzlich propagierten Freihandel erschwert, und die Zolleskalation steht Exporten weiterverarbeiteter Produkte entgegen; weder eine Öffnung von Auslandsmärkten durch Waffengewalt noch Auswanderung in größerem Umfang kommen für die heutigen Entwicklungsländer in Frage. Beides hatte den jetzigen Industrieländern den Strukturwandel erleichtert. Insgesamt ergeben sich gerade in dieser Frage des Strukturwandels für die ärmsten Entwicklungsländer schwierigere Bedingungen als die heutigen Industrieländer sie in der entsprechenden Entwicklungsphase hatten.

Die Vernachlässigung des traditionelles Sektors und der ländlichen Regionen hat Probleme geschaffen, die durch eine bessere Politik mindestens zu mildern, wenn nicht zu vermeiden gewesen wären; zusammenfassend ergab sich eine „dualistische Struktur"[10]. Entsprechende Warnungen vor dieser Politik und ihren Folgen gab es durchaus.[11] Auch die in der Schaffung angepasster Technologien liegenden Chancen[12] wurden nicht genutzt, obwohl hierin eine Möglichkeit lag und liegt, die Lage der rückständigen Bevölkerung unmittelbar zu verbessern.[13] Die zentrale Bedeutung

---

10 Zum Dualismus vgl. *Jochimsen,* Dualismus als Problem der wirtschaftlichen Entwicklung, in: Fritsch (Hrsg.), S. 65 ff.
11 Zu nennen ist insbesondere *Dumont,* False Start in Africa (1966).
12 So z.B. auch für die kulturelle Entwicklung. *Karsten,* Eigenständige kulturelle Entwicklung durch angepasste Technologien (1975), S. 11 ff.
13 Menschen wie etwa *E. F. Schumacher* mit seinem Buch Small is Beautiful – A study of Economics as if people mattered, London 1973, die dieses Konzept sowie ein damit verbundenes anderes Leitbild von Entwicklung propagierten, blieben Außenseiter, obwohl die von Schumacher initiierte Intermediate Technology Development Group vielen Menschen in der Dritten Welt das Leben erleichtert hat, und situationsangepasste Technologien wichtiges Element vieler Entwicklungsprojekte sind.

des Agrarsektors für die Entwicklung ist jüngst auch von der Weltbank festgestellt worden; der Weltentwicklungsbericht 2008 hat den Titel „Agriculture for Development" und betont die Notwendigkeit einer Förderung der Landwirtschaft einschließlich des Subsistenzsektors. Im Zusammenhang mit den Millenniumszielen wird dort festgestellt: „Three of every four poor people in developing countries live in rural areas – 2.1 billion living on less than US$ 2 a day and 880 million on less than US$ 1 a day – and most depend on agriculture for their livelihoods"[14], und er erkennt an, dass in der Vergangenheit der Beitrag der Landwirtschaft zur Entwicklung viel zu wenig genutzt wurde (*„agriculture has been vastly underused for development"*[15]).

Integration in die Weltwirtschaft

Ein Element des – westlichen – Modernisierungsparadigmas war die möglichst rasche Integration der Entwicklungsländer in die Weltwirtschaft. In den Handelsbeziehungen zeigt sich allerdings, dass die Industrieländer in ihrem Verhalten gegenüber Entwicklungsländern nicht bereit sind, auf die Realisierung von Vorteilen zu verzichten, auch wenn dies zu Lasten der Entwicklungsländer geht. Das beschränkt sich nicht auf die Sicherstellung der eigenen Versorgung mit Rohstoffen, sondern bedeutet auch eine Begünstigung der eigenen Landwirtschaft und Industrie. Das fängt an mit dem sakrosankten Axiom von der für alle Beteiligten gegebenen Vorteilhaftigkeit des auf dem Prinzip des komparativen Vorteils beruhenden Freihandels. Dabei wird immer die Realisierung eines Handelsgewinns hervorgehoben, von seiner Aufteilung wird jedoch nur selten gesprochen. Es ist jedoch ein Gemeinplatz in den Sozialwissenschaften, dass Verteilungsfragen Machtfragen sind; schon 1841 hat Friedrich List darauf hingewiesen, dass Freihandel für die Beteiligten nur vorteilhaft ist, wenn sie etwa gleich mächtig sind. So spiegeln die den Welthandel bestimmenden Regeln – insbesondere der Welthandelsorganisation und des Weltwährungsfonds – die Interessen der Industrieländer wider. Deutlich wird dies u.a. auch an den Bestimmungen zum geistigen Eigentum,[16] die eine Patentierung von Pflanzen und genetischen Ressourcen erlauben, und sich damit zum Nachteil von Bauern vor allem in der Dritten Welt auswirken, von dem Konflikt mit den Bestimmungen des Abkommens zum Schutze der Artenvielfalt ganz zu schweigen. Es zeigt sich auch darin, dass z.B. der Weltwährungsfonds lange Zeit den durch den anglo-amerikanischen *Neoliberalism*[17] geprägten *Washington Consensus* als Leitlinie auch für die Länder der Dritten Welt ansah, und als Bedingung der Kreditgewährung Strukturanpassungen wie Deregulierung, strikte Haushaltsdisziplin und Privatisierungen verlangte. Dass die Industrieländer im Handel ihren Vorteil auch zu Lasten

---

14 *World Bank,* Agriculture for Development (2007), S. 1.
15 Ebd., S. 7, (Hervorhebung im Original).
16 Sie sind enthalten im TRIPS-Abkommen (Trade Related Aspects of Intellectual Property Rights).
17 Der anglo-amerikanische *neoliberalism* unterscheidet sich vom deutschen Neoliberalismus, der auch als Ordoliberalismus bezeichnet wird. Ersterer überhöht den Markt, letzterer sieht Märkte instrumentell.

der Entwicklungsländer suchen, zeigt sich auch darin, dass in der Europäischen Union Kohärenz von Entwicklungs-, Agrar- und Handelspolitik nicht erreicht ist. Mangelnde Kohärenz zeigt sich z.B. im Export von – teilweise mit hohen Subventionen erzeugten – Agrarüberschüssen in Länder der Dritten Welt, in denen diese Überschüsse dann zu Preisen vermarktet werden, mit denen einheimische Produzenten nicht mithalten können, was entwicklungspolitisch kontraproduktiv ist. In Extremfällen hat dies schon dazu geführt, dass im Rahmen der Entwicklungspolitik aufgebaute Projekte scheiterten. Geradezu verhängnisvoll erscheint gegenwärtig die Umwidmung größerer Flächen in Entwicklungsländern von der Nahrungsmittelproduktion zum Anbau von Pflanzen zur Gewinnung von Biosprit für den Export. Eine weltwirtschaftlich sinnvolle Arbeitsteilung würde den Ländern der Dritten Welt unbehinderten Zugang zu den Märkten in Industrieländern auch für Agrarprodukte und weiterverarbeitete Waren gewähren: Schließlich müssen ja die Entwicklungsländer, wenn sie aus den Industrieländern vor allem Industrieprodukte importieren sollen, die dafür erforderlichen Devisen irgendwie erwirtschaften. Wenn sie nicht über auf dem Weltmarkt begehrte Rohstoffe wie Erdöl oder seltene Erze verfügen, so verbleiben für viele Entwicklungsländer vor allem Agrarexporte – wobei sich die Entwicklungsländer allerdings bei den typisch tropischen Produkten wie Kaffee und Kakao einen Wettbewerb liefern, der die Erträge auch als Folge meist kurzfristig wenig elastischen Angebots sehr stark drückt. Es ist zwar denkbar, dass sich die Integration in die Weltwirtschaft für die Entwicklungsländer positiv ausgewirkt hätte, wenn die Bedingungen fair gewesen wären. Dies ist jedoch bis heute gegen den Widerstand der dadurch in den Industrieländern benachteiligten Gruppen nicht durchsetzbar: Offenbar fehlt es vielen Entscheidungsträgern an der Einsicht, dass dauerhafter Frieden nur möglich ist, wenn alle Staaten darauf verzichten, ihren Wohlstand auf Kosten anderer[18] zu sichern.[19]

Aus Fehlern Lernen?

Damit aus Fehlern nicht nur der lernt, der sie gemacht hat, müssen die Ursachen offen gelegt werden. Das fällt den Betroffenen nie leicht.[20] In der Entwicklungspolitik ist das Lernen aus Fehlern im Vergleich zu anderen Politikbereichen besonders erschwert. Dies ist die Folge der Interessenlagen der beteiligten Akteure. Weder der Geber von Entwicklungshilfe, noch der Träger eines Entwicklungsprojekts, noch der Empfänger möchten einen Fehlschlag zugeben, ganz zu schweigen von einem Of-

---

18 Dazu gehört auch die überproportionale Inanspruchnahme der globalen Gemeinschaftsgüter (*global commons*) durch einzelne Länder.
19 Mindestens sollte eine Situation angestrebt werden, die *Holtz / Karsten* als *nicht-aggressive Koexistenz* bezeichnen. *Holtz / Karsten,* Die Dritte Welt braucht Wachstum – aber welches? (1995), S. 13.
20 „Einzugestehen, daß man etwas nicht weiß oder daß man etwas Falsches angenommen hatte, als man eine bestimmte Entscheidung traf, mag einem weisen alten Mann leicht fallen, aber die Fähigkeit zu solchen Eingeständnissen ist wohl gerade ein Zeichen der Weisheit, und die meisten Akteure in komplexen Handlungssituationen sind nicht oder noch nicht weise." *Dörner,* Die Logik des Misslingens (1995), S. 65 f.

fenlegen der wahren Gründe des Scheiterns. Dies würde das Benennen von Verantwortlichen und die klare Offenlegung von Fehlern erfordern, und so fast unausweichlich zu Konflikten zwischen den Beteiligten führen, womit aber ein wichtiger Nebenzweck der Entwicklungszusammenarbeit, nämlich die Verbesserung der zwischenstaatlichen Beziehungen, mindestens gefährdet wäre. Besonders prekär wird es, wenn die Ursachen in Nepotismus, Korruption, Unfähigkeit und aus politischen Gründen geschützten Strukturen liegen und hochrangige Personen betroffen sind. Da ist es doch viel einfacher, auch ein gescheitertes Vorhaben noch – möglicherweise unter Umdefinition der Ziele – irgendwie als Erfolg darzustellen; das erlaubt beiden Seiten die Wahrung des Gesichts. Das Bundesministerium für wirtschaftliche Zusammenarbeit (damals noch ohne den Zusatz „und Entwicklung") gab zwar 1986 eine Broschüre mit dem verheißungsvollen Titel „Aus Fehlern lernen" heraus; allerdings wurden, um die Identifikation einzelner Projekte auszuschließen, die Ergebnisse nur allgemein dargestellt. Dabei könnten erst detaillierte Angaben zu den Fehlern dazu führen, dass diese nicht noch einmal gemacht werden, und sie könnten erklären, warum es zu diesen Fehlern kam und damit auch das Verständnis der Allgemeinheit für die Schwierigkeiten von Entwicklungszusammenarbeit steigern.

Schluss

Angesichts der dargestellten Schwierigkeiten für Entwicklungspolitik könnte man verzweifelt die Hände in den Schoß legen und den Dingen ihren Lauf lassen; damit würde man aber die Hoffnung auf ein Beitragen zu einer gerechteren und letztlich nachhaltigen Entwicklung der Welt aufgeben. Zwar kann Entwicklungszusammenarbeit allein keine bessere Welt schaffen; vor einer Überschätzung dessen, was Entwicklungszusammenarbeit bewirken kann, hat gerade Uwe Holtz immer wieder gewarnt.[21] Aber man kann sich auch an den trotz aller Schwierigkeiten erkennbaren Erfolgen der Entwicklungspolitik orientieren und weiterhin einzelne Schritte vor allem mit Projekten tun, in denen echte Partizipation und *Ownership* ein gemeinsames Interesse aller Beteiligten am Gelingen sicherstellen und damit für einen Erfolg sorgen: Wenn schon das Lernen aus Fehlern erschwert ist, so kann man doch aus Erfolgen lernen! Man kann insbesondere auch in den Industrieländern für die Einsicht werben, dass diese auf kurzfristige Vorteile verzichten müssen, wenn langfristig eine weltweite nachhaltige Entwicklung Wirklichkeit werden soll, ohne die ein dauerhafter Frieden kaum vorstellbar ist.

---

21 *Holtz,* Probleme und Perspektiven der Entwicklungspolitik, in: Ders. (Hrsg.), S. 38 ff.

Migration hat viele Gesichter: Ein entwicklungspolitischer Blick auf das Potenzial von Migration für Afrika

Karin Kortmann

Afrikanische Migrantinnen und Migranten in Europa und den USA verfügen über die höchsten Bildungsabschlüsse unter allen Migrantinnen und Migranten.[1] Diese Feststellung, die so gar nicht der öffentlichen Wahrnehmung entspricht, verdeutlicht, welche ungenutzten Potenziale in der Migration liegen. Süd-Nord-Migration, die lange Zeit einseitig als Nachteil für die Entwicklungsländer interpretiert wurde, verstehen wir heute zunehmend auch als Chance für die kulturelle, soziale und wirtschaftliche Bereicherung der beiden Nachbarkontinente Afrika und Europa. Die Migration aus afrikanischen Ländern nach Europa zeigt aber auch tief greifende Ungleichgewichte und menschliche Tragödien auf, die wir nicht ausblenden können, wenn wir über das Potenzial von Migration sprechen.

Migration ist kein neues Phänomen. Auf der Suche nach besseren Lebensbedingungen haben Menschen in Afrika und anderswo schon immer ihre Herkunftsorte verlassen. Das Tempo der Globalisierung, die weltweit zusammenwachsenden Arbeitsmärkte und die unterschiedlichen demographischen Entwicklungen führen zu steigender Migration zwischen Entwicklungs- und Industrieländern. Der weltweite Wettbewerb um die „besten Köpfe" ist bereits Realität und wird weiter zunehmen.

Auch Deutschland und die Staaten der Europäischen Union (EU) lockern daher ihre bisherige Skepsis gegenüber Einwanderung zugunsten einer differenzierten Bewertung von Migration. Deutsche und europäische Migrationspolitik darf sich jedoch nicht allein am Bedarf des eigenen Arbeitsmarktes ausrichten, vielmehr müssen wir auch die Nöte und Bedürfnisse, aber vor allem die Entwicklungschancen der Herkunftsländer einbeziehen.

Nachhaltige Migrationspolitik muss sich im Sinne eines *triple win* am fairen Ausgleich der Interessen aller Beteiligten – der Herkunftsländer, der Zielländern und der Migrantinnen und Migranten selbst – ausrichten. Es ist das Anliegen der Entwicklungspolitik, dazu beizutragen, das Potenzial der Migration gezielt für die Entwicklung der Herkunftsländer zu nutzen und gleichzeitig deren Risiken zu vermindern.

1. Migration von Afrika nach Europa und ihre ambivalenten Auswirkungen

In der Medienberichterstattung werden Migration und Flucht häufig gleichgesetzt, *Flucht* wird auch als *erzwungene Migration* bezeichnet: Menschen verlassen gegen

---

1 *Bakewell / de Haas*, African Migrations, in: Chabal / Engel / de Haan (Hrsg.).

ihren Willen ihre Heimatorte, häufig in höchster Not, um ihr Leben und das ihrer Familien zu sichern, etwa aufgrund von Bürgerkriegen, Naturkatastrophen oder Verfolgung. In der Lebensrealität der Menschen sind erzwungene und freiwillige Migration oft nicht trennscharf voneinander zu unterscheiden. Wenn Afrikanerinnen und Afrikaner etwa aus wirtschaftlicher Perspektivlosigkeit oder aus purer Not ihr Herkunftsland verlassen, kann dies kaum als freiwillig bezeichnet werden. Darüber hinaus unterscheidet die Migrationsforschung auch nach dem Zweck der Migration, wie z.B. die Arbeitsmigration und die Bildungsmigration oder die Migration aufgrund von Familienzusammenführung. Hier soll es insbesondere um die Arbeitsmigration gehen.

1.1. Migration zwischen Afrika und Europa: Zahlen und Strukturen

Die öffentliche Meinung ist durch die Vorstellung geprägt, dass der Großteil der afrikanischen Migrantinnen und Migranten nach Europa bzw. in die entwickelten Staaten des Nordens wandert. Über zwei Drittel aller Migrantinnen und Migranten wandert aber innerhalb des Kontinents.[2] Lediglich Nordafrika weist bezogen auf die Gesamtbevölkerung hohe Wanderungszahlen nach Europa auf.[3]

Offiziellen Angaben zufolge leben heute 4,6 Mio. Afrikanerinnen und Afrikaner mit gültigem Aufenthaltsstatus in der EU. Rechnet man so genannte irreguläre Migrantinnen und Migranten, also Menschen ohne gesicherten Aufenthaltsstatus, mit ein, so leben ca. sieben bis acht Millionen Menschen aus Afrika in Europa.[4]

Die Internationale Organisation für Migration (IOM) schätzt, dass jährlich zwischen 65.000 und 80.000 Menschen die Sahara im verzweifelten Bemühen durchqueren, ohne offizielle Einreisedokumente in die EU zu gelangen. Dafür nehmen die Menschen hohe Risiken und Todesgefahr auf sich.

Zuwanderungsmuster und Migrationskorridore zwischen Afrika und Europa werden vor allem durch historische Bindungen, gemeinsame Sprache und geographische Nähe bestimmt. Die Migrantinnen und Migranten stammen zu etwa zwei Dritteln aus den Maghreb-Ländern Nordafrikas; das verbleibende Drittel kommt aus Subsahara-Afrika, zumeist aus Nigeria, Ghana, dem Senegal und Kamerun.

Afrikanerinnen und Afrikaner aus frankophonen Ländern wandern tendenziell

---

2   Zu den Top 10 der Emigrationsländer in Subsahara Afrika gehören Mali, Burkina Faso, Ghana, Eritrea, Nigeria, Mosambik, Zimbabwe, Südafrika, Sudan und die Demokratische Republik Kongo. Die wichtigsten Migrationskorridore befinden sich innerhalb des afrikanischen Kontinents und verbinden mehrere der genannten westafrikanischen Top-Emigrationsländer, wie z.B. Mali-Burkina Faso, Mali-Elfenbeinküste, Ghana-Elfenbeinküste. *World Bank*, Migration and Remittances Factbook (2008).
3   *Kohnert*, African Migration to Europe (2007).
4   *Papademetriou*, The Global Struggle with Illegal Migration (2007). Nicht wenige irreguläre Migranten werden durch Legalisierungsprogramme, die in Frankreich, und vor allem Italien und Spanien anzutreffen sind, in einen regulären Status überführt. Doch fallen oft offiziell anerkannte Migranten zurück in den Status der Irregularität, wenn sie nicht die Bedingungen erfüllen, die langfristig zur Anerkennung des regulären Status führen. *Kohnert*, African Migration to Europe (2007).

nach Frankreich aufgrund der gemeinsamen Sprache und der Beziehungen zur ehemaligen Kolonialmacht. Anglophone Afrikaner zeigen mehr Flexibilität in der Wahl ihrer Zielländer.[5]

In Deutschland lebten Ende 2008 268.000 Menschen mit einem Pass eines afrikanischen Staates. Hinzu kommen eine Vielzahl Deutsche mit afrikanischem Migrationshintergrund. Die Anzahl der in Deutschland lebenden Afrikanerinnen und Afrikaner nimmt kontinuierlich ab – vor allem auch durch die steigenden Zahlen von Einbürgerungen. Die meisten afrikanischen Migrantinnen und Migranten kommen aus Marokko (68.000), Tunesien (23.000), Ghana und Nigeria, weitere afrikanische Migrantengruppen stammen vor allem aus Kamerun, Algerien, Togo, der D.R. Kongo, Ägypten und Äthiopien (10.000).[6]

1.2. Ursachen der Migration aus Afrika

Die Migration von Afrikanerinnen und Afrikanern ist auf eine *Vielzahl von zusammenwirkenden Ursachen* zurückzuführen. Die Migrationsforschung unterscheidet hier zwischen *Push-Faktoren* und *Pull-Faktoren*:

- Die zentralen *Push-Faktoren* (Schubfaktoren) sind: Kriege, gewaltsame Konflikte und politische Instabilität; Armut und wirtschaftliche Not; hohes Bevölkerungswachstum und Erwerbslosigkeit; Bodenerosion, Klimawandel, Wüstenbildung und Naturkatastrophen; Wandel von Lebensstilen und -einstellungen.
- Unterschiedliche *Pull-Faktoren* machen die Industrieländer für Migrantinnen und Migranten attraktiv: politische und wirtschaftliche Stabilität im Vergleich zu den Herkunftsländern; Nachfrage nach Arbeitskräften aufgrund der demographischen Entwicklung; höhere Verdienstmöglichkeiten und der Zugang zu besseren Bildungs- und Arbeitsbedingungen. Allein aus dem Entwicklungsgefälle lässt sich die Entscheidung für Migration nicht erklären. Moderne Kommunikations- und Informationsmedien sowie bestehende Migrationsnetzwerke haben großen Einfluss auf persönliche Entscheidungen für oder gegen Migration. Die Migration nach Europa ist für viele junge Menschen in Afrika ein ungebrochener Mythos für wirtschaftlichen Erfolg, ungeachtet der Berichte über schwierige Lebensverhältnisse der afrikanischen Immigrantinnen und Immigranten in europäischen Ländern.[7]

Im Allgemeinen sind *Angehörige der afrikanischen Mittelschicht mit mittleren und höheren Bildungsabschlüssen* unter Migrantinnen und Migranten überproportional vertreten, da für sie Migrationsnetzwerke im Ausland oft leichter zugänglich sind. Selten verfügen Menschen aus den ärmeren Schichten über solche Kontakte und die finanziellen Mittel, die für ein Flugticket nach Europa oder eine gefährliche Über-

---

5 *Kohnert*, African Migration to Europe (2007).
6 *Bundesministerium des Innern (Hrsg.)*, Migrationsbericht 2007 (2008).
7 *Yaro*, Development as Push and Pull Factor in Migration (2009); *International Organization for Migration (Hrsg.)*, World Migration Report (2008).

fahrt aufzubringen sind.[8] Die verarmte Landbevölkerung, die keine Überlebensmöglichkeiten vor Ort erkennt, wandert intern vom Land in die Stadt. Mittellose Menschen, die in der Stadt wohnen, suchen in den Nachbarländern nach Möglichkeiten, sich und ihre Familien zu ernähren. Der Anteil von Frauen in der internen und internationalen Migration nimmt zu – das gilt auch für Afrika.[9]

Je nach Migrationsgeschichte und -ursachen leben Afrikanerinnen und Afrikaner aus unterschiedlichen Ländern in Deutschland unter ganz unterschiedlichen Bedingungen, wie etwa die Beispiele der kamerunischen und der ghanaischen Diaspora verdeutlichen: Die kamerunische Diaspora ist geprägt durch Bildungsmigration. Die meisten Menschen aus Kamerun reisten mit Beginn der 1990er Jahre als Studierende in Deutschland ein. Die Diaspora ist entsprechend durch Jüngere geprägt. Im Unterschied dazu ist die ghanaische Diaspora überwiegend von Menschen geprägt, die seit Ende der 1970er Jahre Asyl in Deutschland beantragt haben.[10]

Trotz beachtlicher Erfolge vieler afrikanischer Länder können sich die Perspektiven und Lebensverhältnisse der Menschen nur allmählich verbessern. Durch das hohe Bevölkerungswachstum in vielen afrikanischen Ländern nimmt die Zahl junger Arbeitskräfte weiter zu. Auch die Auswirkungen des Klimawandels werden wahrscheinlich dafür sorgen, dass sich der Migrationsdruck in Afrika noch verstärken wird. Selbst die strengen Kontrollen an den europäischen Außengrenzen können nicht verhindern, dass irreguläre Migration nach Europa stattfindet.[11]

1.3. Auswirkungen der Migration in Entwicklungsländern

Die Wirkungen von Migration in den afrikanischen Herkunftsländern sind ambivalent. Ob sich aus der Migration eine positive oder negative Bilanz ergibt, ist je nach Herkunftsland, Bildungsschicht und Berufsgruppe unterschiedlich zu bewerten.

Aus entwicklungspolitischer Perspektive wurde die Süd-Nord-Migration in den vergangenen Jahrzehnten vor allem negativ bewertet. Zum einen hat die Migration traditionelle Familienstrukturen beeinflusst, da vielfach nur eine Person – meist der Vater – auswanderte und die Kinder bei der Mutter oder bei den Großeltern zurückblieben. Dadurch hat sich teilweise das soziale Zusammenleben und die alltägliche Verantwortung im Familienverband verändert. Anderseits haben die Rücküberweisungen (*remittances*) der Migrantinnen und Migranten vielfach zu einem vorher nicht dagewesenen Wohlstand ihrer Familien und zu einer Belebung der Wirtschaft in den Heimatorten geführt.

Der *Verlust von Humankapital*, der *Brain Drain*, ist eine permanente Sorge der

---

8   *Kohnert*, African Migration to Europe (2007).
9   *Sieveking / Fauser*, Migrationsdynamiken und Entwicklung in Westafrika (2009). Das BMZ ist Auftraggeber der Studie „Migrationsdynamiken und Entwicklung in Westafrika", in der die entwicklungspolitische Bedeutung von Migration in und aus Ghana und Mali detailliert dargestellt wird.
10 *Schmelz*, Die kamerunische Diaspora in Deutschland (2007); *Dies.*, Die ghanaische Diaspora in Deutschland (2009).
11 *Angenendt*, Irreguläre Migration als internationales Problem (2007).

afrikanischen Regierungen. Bessere Lebens- und Arbeitsbedingungen (*Pull-Faktoren*) bewirken u.a., dass Afrika in den letzten Jahrzehnten ein geschätztes Drittel seiner Akademikerinnen und Akademiker durch Abwanderungen in die Industrieländer eingebüßt hat.[12]

Vor allem die Gesundheitsversorgung der Bevölkerung leidet unter chronischem Mangel an Ärztinnen und Ärzten und medizinischen Fachkräften. Aufgrund massiver Abwanderung von Krankenschwestern, Hebammen, Ärztinnen und Ärzten aus Entwicklungsländern drohen dort schwere medizinische Versorgungskrisen. Die ohnehin unterfinanzierten Gesundheitssysteme brechen wegen fehlendem Fachpersonal zusammen. Von den 600 Ärzten, die seit der Unabhängigkeit 1964 in Sambia ausgebildet wurden, arbeiten derzeit nur noch 50 in ihrem Heimatland. Aus Südafrika wanderten 12.000 Ärztinnen und Ärzte nach Übersee aus. Ihnen gegenüber stehen nach neuesten WHO-Statistiken lediglich 33.000 in Südafrika tätige Ärztinnen und Ärzte.

Auch die Bildungssysteme verlieren durch Abwanderung ihre klügsten Köpfe. Nach Angaben der UNCTAD kostet die Abwanderung eines Akademikers die Haushalte afrikanischer Staaten durchschnittlich nahezu 200.000 US Dollar. Der Verlust der „besten Köpfe" erschwert die Herausbildung lokaler zivilgesellschaftlicher Strukturen und einer afrikanischen Mittelklasse. Dadurch wird die politische und wirtschaftliche Stabilität negativ beeinflusst, was wiederum zum Anstieg der Emigrationszahlen führen kann.[13]

Allerdings sind angesichts weit verbreiteter Arbeitslosigkeit unter Akademikerinnen und Akademikern in afrikanischen Ländern Zweifel angebracht, ob die Abwanderung von Fachkräften immer einen Verlust darstellt.[14] Emigration dient auch als Sicherheitsventil für die arme und die arbeitslose qualifizierte Bevölkerung. Sie kann auch zur *Entlastung und Stabilisierung der afrikanischen Arbeitsmärkte* beitragen.[15]

Die bisherige Debatte zu den Auswirkungen der Abwanderung fokussiert zudem auf die dauerhafte Abwanderung von hochqualifizierten Akademikerinnen und Akademikern in afrikanischen Ländern und richtet ihren Blick wenig auf die Potenziale von Migrantinnen und Migranten, die in Beschäftigungsbereichen für gering Qualifizierte tätig sind.

Aber Migration heißt nicht nur Weggehen, sondern oftmals auch Zurückkommen. Sie eröffnet Chancen für den Transfer von Ressourcen – sowohl ideell als auch materiell. Dazu gehören:

- *Migrantinnen- und Migrantentransfers*: Die Staaten des afrikanischen Kontinents zählen statistisch nicht zu den Top-Empfängern von *Geldtransfers der*

---

12 *Bakewell / de Haas*, African Migrations, in: Chabal / Engel / de Haan (Hrsg.).
13 *Kohnert*, African Migration to Europe (2007).
14 *Bakewell / de Haas*, African Migrations, in: Chabal / Engel / de Haan (Hrsg.).
15 *European University Institute (Hrsg.)*, European Report on Development (2009).

Migrantinnen und Migranten aus dem Ausland.[16] Im Jahr 2007 entfielen von den insgesamt 240 Mrd. US-Dollar, die Migrantinnen und Migranten weltweit in Entwicklungsländer schickten, lediglich 10,8 Mrd. US-Dollar auf Staaten in Subsahara-Afrika.[17] Dazu kommen aber noch viele Geldsendungen, die über informelle Kanäle getätigt werden.

- Auch wenn die Beträge im internationalen Vergleich nicht sehr hoch ausfallen, sind die meisten afrikanischen Staaten und ihre Bevölkerungen auf die Geldtransfers als Quelle von Devisen, Investitionen und des privaten Konsums angewiesen. Die Überweisungen aus dem Ausland richten sich zumeist an die eigenen Familien und werden für Lebensmittel, Kleidung, Schulgebühren und Medikamente ausgegeben. Sie ermöglichen den Menschen Zugang zu grundlegenden sozialen Diensten und zu Bildung. Sie werden auch im privaten Sektor, besonders in Häuser und Grundstücke investiert oder helfen bei der Gründung von (Klein-) Unternehmen. Sie tragen so dazu bei, Armut zu mindern, Ersparnisse zu steigern und Investitionen in Bildung zu erhöhen.
- Umfangreiche Überweisungen können jedoch auch die Inflation steigern und Abhängigkeiten schaffen. In manchen Fällen können Geldtransfers der Diaspora aus dem Ausland sogar Konflikte schüren. Die Geldtransfers verstärken zudem die Unterschiede zwischen Haushalten mit und ohne Zugang zu Geldsendungen aus dem Ausland. Kurzum: Für die privaten Haushalte in den Entwicklungsländern wirken die Geldtransfers positiv, sie können aber gleichzeitig Hemmnisse für die Entwicklung der Volkswirtschaften mit sich bringen.[18] Diese gilt es durch entsprechende politische Gestaltung zu mindern.
- *Know-how-Transfer und zirkuläre Migration*: Die Migration zwischen Afrika und Europa ist ein höchst dynamischer Prozess zwischen Herkunfts- und Zielländern sowie für die Migrantinnen und Migranten und ihren Familien. Familiäre und kulturelle Verbindungen der afrikanischen Migrantinnen und Migranten in Europa in ihre Herkunftsländer bleiben oft jahrzehntelang bestehen und sind nicht nur aufgrund der beachtlichen Geldtransfers von großem Wert.

Afrikanische Migrantinnen und Migranten vermitteln neue Qualifikationen, Erfahrungen und Kontakte in ihre Herkunftsregion. Dies trifft nicht nur auf den Transfer von Technologie und Innovationen von Hochqualifizierten und Fachkräften zu, sondern auch auf das erworbene Wissen, die Arbeitserfahrungen und so genannte *soft skills* (soziale Kompetenzen) von Migrantinnen und Migranten, die etwa im Dienstleistungsbereich weniger qualifizierte Tätigkeiten ausüben.

Allerdings kann der Brain Gain nur gelingen, wenn Migrantinnen und Migranten ihrer Qualifikation entsprechend eingesetzt werden. Oft genug ist dies

---

16 Die höchsten Geldtransfers verzeichneten Nigeria, Kenia, Sudan, Senegal, Uganda. Gemessen am Bruttosozialprodukt gehen die Geldtransfers allerdings eher in kleine Staaten wie Lesotho (24,5%), Gambia (12,5%), Kapverden (12,0%), Guinea-Bissau (9,2%), Uganda (8,7%), Togo (8,7%), Senegal (7,1%) und Kenia (5,3%).
17 *World Bank,* Migration and Remittances Factbook (2008).
18 *Wodon (Hrsg.),* Migration, Remittances and Poverty: Case Studies (2008). In der internationalen Forschungsliteratur werden diese Phänomene mit *moral hazard* auf der Ebene der Haushalte und *dutch disease* auf der Ebene der Regierungen umschrieben.

aber nicht der Fall, schon allein weil ihre Berufsabschlüsse nicht anerkannt werden. In diesen Fällen droht statt zusätzlicher Qualifikation Dequalifizierung.[19]

Bisher wurde Migration meist als dauerhafte oder als einmalig temporäre Migration verstanden. Dies greift jedoch zu kurz und wird dem dynamischen Charakter von Migration nicht gerecht. Unter *zirkulärer Migration* versteht man eine erhöhte Mobilität, ein mehrfaches Hin und Her oder ein Pendeln zwischen zwei Ländern. Durch sie kann zusätzliches Potenzial für die Entwicklung der Herkunftsländer erschlossen werden (*Brain Circulation*). Sowohl unternehmerisches als auch soziales Engagement zwischen Afrika und Europa lässt sich leichter und effektiver realisieren, wenn sich den Menschen keine rechtlichen Mobilitätshürden zwischen Ziel- und Aufnahmeländern in den Weg stellen. Dafür gibt es bereits heute gute Beispiele, die uns die Potenziale von zirkulärer Migration verdeutlichen können (s. Kasten 1).

Kasten 1: Herr W., geboren in Kamerun, wurde in Deutschland als Elektroingenieur ausgebildet. Bereits während seines Studiums hat er sich entwicklungspolitisch für die Förderung der Solarenergie in seinem Herkunftsort im Norden Kameruns engagiert. Dadurch konnte er wertvolle fachliche Erfahrungen sammeln, aber auch die Schwierigkeiten und örtlichen Widerstände bei der Einführung erneuerbarer Energien vor Ort kennenlernen.

Nach seinem Studienabschluss arbeitete Herr W. einige Jahre in der Elektrobranche mit Spezialisierung auf die Solartechnik. Auf der Basis seines angesammelten Fachwissens und Erfahrungsschatzes gründete er ein eigenes Unternehmen der Solarenergie in Deutschland, das schwerpunktmäßig in afrikanischen Ländern tätig ist. Um eine reibungslose Abwicklung der Projekte vor Ort zu gewährleisten und Geschäftspartnerschaften auszubauen, sind für ihn längere Aufenthalte in der Herkunftsregion und damit ein Pendeln zwischen diesen Ländern und Deutschland unerlässlich.

1.4. Schlussfolgerung: Die Potenziale von Migration durch politische Gestaltung in Wert setzen

Obige Analyse zeigt, dass Migration vielfältige und durchaus widersprüchliche Folgen in den Entwicklungsländern hat. Sie hat ein großes Potenzial, Entwicklung voran zu bringen. Diese positiven Effekte stellen sich aber nicht automatisch ein, sondern sind abhängig von entwicklungs- und migrationspolitischen Rahmenbedingungen sowie vom Zusammenwirken von wirtschaftlichen und gesellschaftlichen Faktoren in den afrikanischen Herkunftsländern.

Für uns stellt sich daher die Frage, wie Migrationspolitik zwischen Afrika und Europa gestaltet werden muss, damit die Herkunftsländer davon profitieren können, d.h. die entwicklungspolitischen Potenziale genutzt und die Risiken gemindert werden. Obige Analyse zeigt, dass wir in verschiedenen Bereichen zugleich ansetzen

---

19 *Bakewel / de Haas,* African Migrations, in: Chabal / Engel / de Haan (Hrsg.).

müssen. Wir brauchen:

- *allgemeine Regeln*, die großzügigere Möglichkeiten für die legale Mobilität einräumen, die aber auch den Schutz afrikanischer Arbeitsmärkte in sensiblen Bereichen gewährleisten, sowie die Chance zur Bewahrung und Verbesserung der beruflichen Qualifikation sicherstellen;
- *maßgeschneiderte Ansätze* und den *Dialog* mit den Partnerländern, um den sehr unterschiedlichen Bedürfnissen der einzelnen Länder und Regionen gerecht zu werden;
- und schließlich *gezielte Fördermaßnahmen* zur besseren Nutzung der Potenziale von Migrantinnen und Migranten für ihre Heimatländer.

Diese Ansätze gehen weit über die Möglichkeiten der Entwicklungspolitik hinaus. Sie umfassen die Innen-, Arbeitsmarkt-, Bildungs- und Außenpolitik. Die deutsche Entwicklungspolitik setzt sich daher intensiv für die Kohärenz der verschiedenen Politikfelder ein.

2. Kohärenz von Migrations- und Entwicklungspolitik: Afrika, Europa und Deutschland

Wo stehen wir dabei und wohin wollen wir?

Die Notwendigkeit einer kohärenten Migrations- und Entwicklungspolitik ist inzwischen auf EU-Ebene und in Deutschland anerkannt. Die Grundlage dafür ist mit dem *„Gesamtansatz zur Migrationsfrage" der EU* gelegt worden, der vom Europäischen Rat Ende 2005 bestätigt wurde.[20] Der Gesamtansatz setzt auf partnerschaftliche Zusammenarbeit in der Migrationssteuerung. Er umfasst den zentralen Bereich der regulären Migration sowie die Bekämpfung irregulärer Migration. Gleichzeitig sollen die Chancen von Migration und Entwicklung (Geldtransfers, Diasporakooperation, zirkuläre Migration) optimal genutzt werden.

Aus entwicklungspolitischer Sicht gilt es, die Umsetzung dieses Gesamtansatzes in Deutschland und innerhalb der EU-Mitgliedstaaten konsequent zu verfolgen. Folgende Schritte gehören dazu:

2.1. Transparente und faire Regelung der legalen Migration

Mit der so genannten *Blue Card (EU-Richtlinie für Hochqualifizierte)* wird sich die Zuwanderung für Hochqualifizierte in die EU-Mitgliedstaaten vereinfachen. Die Regelung reagiert auf den EU-weiten Fachkräftemangel und fördert die Arbeitsmo-

---

20 Die Politikkohärenz zwischen Migration und Entwicklung wurde darüber hinaus in den entsprechenden Ratsbeschlüssen bestätigt. Der Gesamtansatz konzentrierte sich geographisch zunächst auf die Mittelmeerregion und bezieht seit der deutschen Ratspräsidentschaft 2007 die östlichen und südöstlichen EU-Nachbarregionen ein.

bilität zwischen Herkunftsländern und EU-Staaten.

Im Hinblick auf Know-how-Transfers ist die Richtlinie noch ausbaufähig. Denn zirkuläre Migration wurde noch nicht berücksichtigt. Es sind nur zeitlich begrenzte Arbeitsaufenthalte vorgesehen, die noch nicht garantieren, längerfristig zwischen Herkunfts- und Zielland pendeln zu können.

Die seit Anfang 2009 vorliegenden EU-Initiativen lassen auch die *Frage der gering- oder unqualifizierten Arbeitskräfte* aus Drittstaaten noch weitgehend unbeantwortet. Für diese besteht jedoch europaweit eine hohe Nachfrage, die heute durch die Beschäftigung von überwiegend irregulären Migrantinnen und Migranten gedeckt wird. Um die Risiken irregulärer Migration wirksam reduzieren zu können, benötigen wir transparente Verfahren zur befristeten Anwerbung z.B. für haushaltsnahe Dienstleistungen oder Landwirtschaft. Statt Abschottung sollte die Migration auch für Geringqualifizierte in einer Weise geregelt werden, die zu einem fairen Interessenausgleich führt.

Auf die prekäre Situation bei den Hochqualifizierten hat die *Bundesregierung* bereits reagiert. Vor dem Hintergrund der demographischen Entwicklung und dem bestehenden Arbeitskräftebedarf hat das Bundeskabinett im Juli 2008 in Deutschland einen Aktionsprogramm – Beitrag der Arbeitsmigration zur Sicherung der Fachkräftebasis in Deutschland – beschlossen. Deutschland tritt damit in den Wettbewerb der Industrieländer um die besten Köpfe ein. Für Geringqualifizierte gibt es allerdings auch in Deutschland noch keine Lösung.

2.2. Qualifizierung bewahren und nutzen

Um das entwicklungspolitische Potenzial afrikanischer Migrantinnen und Migranten zukünftig noch gezielter zu nutzen, sollten wir sie besser in den deutschen Arbeitsmarkt integrieren. Hier gilt es, die Dequalifizierung von Migrantinnen und Migranten in Deutschland zu vermeiden und im Gegenteil, ihre Qualifikationen zu verbessern. Dafür müssen wir:

- die Anerkennung von Bildungsabschlüssen voran bringen und transparenter gestalten – nicht nur in Deutschland, sondern auch europaweit,
- den Zugang von afrikanischen Hochschulabsolventinnen und -absolventen zum hiesigen Arbeitsmarkt erleichtern und
- gezielte Weiterbildung anbieten.

2.3. Ethische Anwerbeprinzipien

Das BMZ hat sich bei den Zugangsregelungen für Hochqualifizierte dafür eingesetzt, den Grundsatz der ethischen Rekrutierung als Richtschnur zu integrieren. Das gilt für die Richtlinie zur *Blue Card* als auch für das Aktionsprogramm der Bundesregierung vom Juli 2008. Denn der zunehmende Fachkräftebedarf hierzulande soll nicht zu *Brain Drain* in Entwicklungsländern führen. Allerdings reicht es nicht, wenn z.B. Deutschland im Alleingang solche Prinzipien befolgt und Hochqualifizierte dann in andere Länder weiterwandern. Daher brauchen wir entsprechende *Verhaltenskodizes auf EU- und auf internationaler Ebene*. Die Verhaltenskodizes für Gesundheitspersonal, die jetzt bei der WHO und in der EU diskutiert werden, sind dafür zentral. Die EU sollte mit gutem Beispiel voran gehen.

2.4. Maßgeschneiderte Lösungsansätze für Länder und Regionen

Die sog. Mobilitätspartnerschaften beruhen auf einer Entscheidung des EU-Rats vom Dezember 2007. Es sind flexible Instrumente, deren konkrete Inhalte sich an den Bedürfnissen beider Partner ausrichten. Berücksichtigt werden u.a. folgende Bereiche: Steuerung der legalen Migration, Bekämpfung irregulärer Migration sowie Förderung von Migration und Entwicklung. Bislang bleibt offen, ob die Migration im Rahmen der Mobilitätspartnerschaft einmalig und befristet ist oder ob im Sinne der zirkulären Migration mehrfache Wanderungen zwischen Herkunftsland und EU-Staaten erlaubt werden.

Aktuell werden erste Pilot-Mobilitätspartnerschaften der EU mit Kap Verde und der Republik Moldau umgesetzt, eine weitere Partnerschaft mit Georgien ist in Vorbereitung; dem Senegal wurde eine Partnerschaft vorgeschlagen. Interessant wird die Auswertung der ersten Erfahrungen mit den Pilotpartnerschaften. Je nach Ergebnis ist vorgesehen, diesen Ansatz auf weitere Länder auszudehnen.

2.5. Intensiver Dialog mit den Partnerländern und -regionen

Neben den Mobilitätspartnerschaften mit ausgewählten Pilotländern betont der Gesamtansatz der EU den *Dialog* mit anderen Herkunftsländern und -regionen. Hierdurch sollen gemeinsame Kenntnisse sowie ein gemeinsames Problemverständnis erwachsen. Für die Entwicklung und Umsetzung gemeinsamer Strategien gibt es finanzielle Förderungsmöglichkeiten (s. Kasten 2).

Kasten 2: Überblick über relevante Politikinstrumente und Dialogforen

Über das *Thematische Programm Migration und Asyl* beispielsweise können Mitgliedstaaten und renommierte Fachorganisationen innovative Ansätze der Migrationssteuerung entwickeln.
Im Rahmen von Programmen der EU Entwicklungszusammenarbeit werden Ursachen von Migration in den Herkunftsländern gemeinsam diskutiert und bearbeitet.
Seit Dezember 2005 verfolgt die EU eine *Afrikastrategie*, die Migrationspolitik in einen breiteren strategischen Kontext stellt und den Dialog über einen gerechten Interessensausgleich fördert. Der Gipfel der Staats- und Regierungschefs Europas und Afrikas in Lissabon im Dezember 2007 erbrachte weitere Fortschritte in der Entwicklung gemeinsamer politischer Handlungsfelder. Für einzelne Migrationskorridore folgten mehrere Ministerkonferenzen zwischen der EU und Afrika (Rabat und Tripolis 2006, Paris 2008).
Im Jahr 2008 entstand ein Aktionsplan mit acht themenbezogenen Partnerschaften, darunter eine *Partnerschaft zu Migration, Mobilität und Beschäftigung*. Auf europäischer Seite koordiniert Spanien die Partnerschaft, seit Anfang 2009 ist es Libyen auf afrikanischer Seite. Gemeinsame Expertengruppen wurden eingerichtet.
Darüber hinaus spielen *regionale Initiativen* eine wichtige Rolle, wie insbesondere der im Jahr 1995 begonnene so genannte Barcelona-Prozess. Diese Europa-Mittelmeer-Partnerschaft wurde 2008 durch die Gründung der „Union für den Mittelmeerraum" vertieft und ausgebaut. Regelmäßig finden im Rahmen des Dialogprogramms *EuroMed Migration II* Expertentreffen zu allen Aspekten der Migration zwischen Afrika und Europa statt.
Deutschland nutzt darüber hinaus als G8 Mitglied weitere Dialogprozesse mit dem afrikanischen Kontinent, die komplementär wirken zu seiner Einbindung in die EU-Afrikastrategie. So leisten wir erhebliche Beiträge zur Umsetzung des *G8-Afrika-Aktionsplans von Kananaskis*, der seit 2002 laufend fortentwickelt wird und die Reformkräfte in Afrika um das Programm einer Neuen Partnerschaft für Afrikas Entwicklung (NEPAD) unterstützt.

3. Potenziale afrikanischer Migrantinnen und Migranten in Deutschland durch entwicklungspolitische Zusammenarbeit besser nutzen

Die Entwicklungspolitik verfügt über ein breit gefächertes Instrumentarium zur konkreten Zusammenarbeit in den Herkunftsländern sowie mit Migrantinnen und Migranten. Es stellt sich die Frage, welche konkreten *Beiträge* wir leisten können und was wir nicht leisten können.

Entwicklungspolitik hat nicht die Kapazitäten, Migration zu verhindern. Unbestritten ist Entwicklungspolitik auf die Bekämpfung von Armut ausgerichtet und setzt somit an zentralen Ursachen an, die viele Menschen zur Migration bewegen. Bis aber der Verbleib im Herkunftsland attraktiver erscheint als die Auswanderung, müssen Lohnniveaus und individuelle Entfaltungsmöglichkeiten Anschluss an die Zielländer gefunden haben. Dies braucht kontinuierliche Bemühungen über einen längeren Zeitraum. Die Erfahrung lehrt uns, dass in Ländern mit steigenden Einkommen Mobilität und damit auch Migration zunächst einmal steigen. Erst mittelfristig kehrt sich dieser Trend um.

Entwicklungspolitik *leistet wichtige Beiträge, um das Potenzial der Migration besser für Entwicklung zu nutzen.* Wir unterstützen die Herkunftsländer dabei, ihre Migrationspolitik so zu gestalten, dass sie Migrantinnen und Migranten in die Lage versetzt, Brücken zu bauen, über die Know-how und Kapital in die Herkunftsländer fließen kann. Die deutsche Entwicklungspolitik begreift die Migrantinnen und Migranten sowie ihre Organisationen als wichtige Akteure. Mit den folgenden Maßnahmen wollen wir ihre *Möglichkeiten verbessern, zur Entwicklung ihrer Herkunftsländer beizutragen.*

3.1. Gebührensenkung von Geldtransfers

Durch die Überweisungen von Migrantinnen und Migranten können wichtige Entwicklungsprozesse in ihren Herkunftsländern angestoßen werden. Sichere und kostengünstige Geldtransfers in afrikanische Länder müssen ermöglicht werden. Deshalb fördert die deutsche Entwicklungspolitik seit November 2007 die Webseite www.GeldtransFAIR.de. Dort kann man sich über Angebote von Banken und anderen Geldtransfer-Instituten und deren Preise informieren.

3.2. Einbindung gemeinnütziger Diasporaaktivitäten in die Entwicklungspolitik

Erfahrungsgemäß setzen sich vor allem *gut integrierte Menschen mit Migrationshintergrund* oft entweder als Einzelpersonen oder gemeinsam in Vereinen für die soziale und wirtschaftliche Entwicklung in ihren Herkunftsländern ein. Sie engagieren sich in unterschiedlichen lebenswichtigen Bereichen: In Kommunen sorgen sie für eine verbesserte Energie- und Wasserversorgung, errichten Schulen und Ausbildungszentren oder unterstützen Gesundheitseinrichtungen.

Mit einem Pilotförderprogramm unterstützt die deutsche Entwicklungspolitik erfolgversprechende Initiativen von Afrikanerinnen und Afrikanern, die mit den gesellschaftlichen und politischen Strukturen vor Ort vertraut sind und über notwendige Kontakte zu öffentlichen und privaten Einrichtungen verfügen. Diese Form der Zusammenarbeit nutzt Engagement, Kontakte und Ideen und bringt sie zusammen mit dem Know-how der deutschen Entwicklungspolitik.

3.3. Förderung privatwirtschaftlicher Investitionen

Die deutsche Entwicklungspolitik unterstützt privatwirtschaftliche Initiativen von Migrantinnen und Migranten. Dieses Thema wird modellhaft durch Mentoring-Programme in die Wirtschaftsförderung in afrikanischen Ländern integriert. Es ist unser Grundanliegen, bei der Verbesserung des Geschäfts- und Investitionsklimas in afrikanischen Ländern mitzuwirken, um Investoren aus dem Ausland, insbesondere auch aus der afrikanischen Diaspora, anzulocken.

3.4. Know-how-Transfer durch Rückkehrförderung und zirkuläre Migration

Afrikanische Hochqualifizierte und berufserfahrene Fachkräfte sind in ihren Herkunftsländern geschätzte Multiplikatoren. Sie ermöglichen Wissens- und Technologietransfers zwischen Deutschland und Afrika. Viele gut ausgebildete Afrikanerinnen und Afrikaner möchten in ihr Herkunftsland zurückkehren, um ihr in Deutschland erworbenes Können und Know-how in Wirtschaft, Verwaltung und Zivilgesellschaft des Herkunftslandes einzubringen. Die deutsche Entwicklungspolitik greift dieses Potenzial mit dem Programm Rückkehrende Fachkräfte auf. Wir bieten Beratung und finanzielle Förderung für die Rückkehr und die berufliche Wiedereingliederung an. Die beiden Beispiele in Kasten 3 zeigen eindrucksvoll welch positive Wirkung zurückkehrende Fachkräfte in ihren Tätigkeitsbereichen erzielen können.

Kasten 3

Beispiel 1: „Einsatz für eine umweltbewusste Entwicklung" – Nigeria

Nach dem Studium der Agrarwissenschaften und langjähriger Arbeit als Landwirtschaftsdirektor einer lokalen Regierung in Nigeria kam Herr A. 1998 nach Deutschland an die TU München. Dort erhielt er 2005 sein Diplom in Agrarwissenschaften, begann eine Fortbildung für Solartechnik und arbeitete bis zu seiner Rückkehr im Jahr 2007 in diesem Bereich.

Herr A. arbeitet heute bei der International Energy Academy (IEA) mit Sitz in Lagos im Bereich Marketing. Ziel ist die Einführung erneuerbarer Energietechnologien und deren Verbreitung in Afrika. Dadurch soll vor allem auch eine nachhaltige Versorgung mit umweltfreundlicher Energie in ländlichen Regionen sichergestellt werden. Herr A. ist zudem Dozent für Photovoltaik-Anlagenbau. Er hat bereits mehrere Seminare durchgeführt und im ersten Jahr 80 Fachkräfte ausgebildet.

Beispiel 2: „Gesundheit für alle" Frau Dr. B. – Äthiopien

Frau Dr. B. aus Äthiopien hat – nachdem sie bereits mehrere Jahre als Kinderärztin und Gesundheitsspezialistin in Addis Abeba gearbeitet hatte – am Tropeninstitut in Heidelberg einen Master in International Health absolviert. Der Fokus dieses Studiengangs liegt auf armutsbedingten Gesundheitsproblemen in Entwicklungsländern. Nach dem Studium kehrte Frau Dr. B. 2008 mit einer Förderung aus dem Rückkehrprogramm nach Äthiopien zurück.

Frau B. arbeitet heute als Abteilungsleiterin für Familiengesundheit im äthiopischen Gesundheitsministerium. Verantwortlich ist Frau B. für die Bereiche Gesundheit von Müttern und Neugeborenen, Familienplanung und Ernährung – Bereiche, die für die Entwicklung Äthiopiens von großer Bedeutung sind und einen direkten Beitrag zu den Millennium-Entwicklungszielen leisten. Zu ihren Aufgaben gehören u.a. die Entwicklung und Umsetzung von nationalen Gesundheitsprogrammen sowie die Koordinierung von *Trainings of Trainers*. Dabei wurde beispielsweise ein Programm zur Jodisierung von Speisesalz initiiert, wodurch die verschiedenen Symptome von Jodmangel bei Kindern bekämpft werden konnten. Bis März 2009 konnten bereits 12 Jodisierungsanlagen installiert und 24 Betreiber ausgebildet werden.

Erfolgreiche Transfers von Wissen und Innovationen setzen voraus, dass längere Vorort-Aufenthalte möglich sind. Die richtigen Rahmenbedingungen für *zirkuläre Migration* können weitere Potenziale freisetzen. Die Politik muss die notwendigen Signale setzen: Einem in Deutschland lebenden Menschen, der sich in seinem Herkunftsland engagieren möchte, muss eine Rückkehroption garantiert werden, die über die derzeit auf sechs Monate begrenzte Regelung hinausgeht. Wir überlegen in diesem Zusammenhang auch, das Programm Rückkehrende Fachkräfte so zu reformieren, dass es das Potenzial der zirkulären Migration gezielt nutzen kann.

3.5. Beratung zu Fragen der Migrationspolitik in den Herkunftsländern

Die Politik der Herkunftsländer gegenüber ihrer Diaspora und Rückkehrerinnen und Rückkehrern aus den Aufnahmeländern ist eine wichtige Voraussetzung, um die positiven Wirkungen von Migration für die Menschen nutzbar zu machen. Sowohl in Deutschland als auch auf EU-Ebene wird die Migrationspolitikberatung zukünftig an Bedeutung gewinnen.

Ein Beispiel auf europäischer Ebene stellt das *Zentrum für Information und Migrationssteuerung* (CIGEM) dar, das im Oktober 2008 in Barnako, Mali seine Arbeit aufnahm. Es handelt sich um ein EU-Pilotprojekt, das in anderen westafrikanischen Ländern Nachahmer finden soll. Die Europäische Union startet damit erstmalig in einem Herkunftsland eine Initiative, die den verschiedenen Aspekten der Migration Rechnung trägt, um ein afrikanisches Land der Region südlich der Sahara bei der Bewältigung von Aufgaben zu unterstützen, die mit der regulären und der irregulären Migration verbunden sind.[21]

Menschen aus Afrika, die in Deutschland leben, sind Brückenbauerinnen und Brückenbauer zwischen Deutschland und dem afrikanischen Kontinent. Sie übertragen neue Ideen, Qualifikationen und Erfahrungen. Sie stellen Kontakte her und sorgen dafür, dass Know-how und Kapital leichter in die Herkunftsländer zurückfließen können. Wir können sie durch kohärentes migrations- und entwicklungspolitisches Handeln wirksam unterstützten.

4. Ausblick

Wir müssen die Realität von Migration aus Entwicklungsländern akzeptieren und das Leben der potenziell oder tatsächlich abwandernden Menschen würdig gestalten. Dazu gehören legale Mobilität, die irreguläre Migration einschränkt, mehr Sicherheit und menschenwürdige Bedingungen für Migrantinnen und Migranten sowie das Schaffen von Entwicklungsperspektiven. Das Verhalten von Menschen wird nicht nur durch wirtschaftliche Perspektiven beeinflusst, sondern besonders die junge Generation in Afrika möchte – wie überall auf der Welt – an den Lebenschancen teil-

---

21 Die Einrichtung des Zentrums wird aus dem 9. Europäischen Entwicklungsfonds (10 Mio. EUR) finanziert. Das Zentrum ist als rein malische Einrichtung konzipiert und dem malischen Ministerium für Äußeres und afrikanische Integration unterstellt.

haben, welche die zunehmende internationale Mobilität im Zuge der Globalisierung bieten.

Die deutsche Entwicklungspolitik engagiert sich für die entwicklungsorientierte Nutzung der Potenziale von Migration und arbeitet auf einen Interessensausgleich in Fragen von Migration, Mobilität und Beschäftigung zwischen Afrika und Europa hin. Unsere Arbeit setzt dabei nicht bei einfachen, eindimensionalen Lösungsansätzen an, denn uns sind die ambivalenten Auswirkungen einer einseitigen und nicht kohärent gestalteten europäischen Migrationspolitik sehr bewusst: Migration – gerade auch von Hochqualifizierten – kann den Ländern der EU helfen, den demographischen Wandel und den daraus resultierenden Arbeitskräftemangel abzufedern. Migration kann und muss auch den Herkunftsländern dienen, um ihre Entwicklung voranzutreiben.

Aber es geht hier nicht nur um Länderinteressen, wir reden über Menschen. Die Migrantinnen und Migranten haben Fairplay verdient. Das bedeutet, dass wir auch ihre persönlichen Bedürfnisse und Ziele – ihre Spar- und Bildungsziele, die Ziele ihrer Lebensgestaltung – bei der Politikgestaltung berücksichtigen müssen. Sie haben unsere Solidarität in schwierigen Situationen verdient. Ganz konkret und aktuell heißt das zum Beispiel, dass wir Migrantinnen und Migranten, deren Arbeit durch die Finanz- und Wirtschaftskrise zeitweise nicht mehr gebraucht wird, nicht einfach in ihre Heimatländer zurückschicken.

Ende des Elends in Afrika?

Winfried Pinger

Nach 50 Jahren Entwicklungspolitik ist Subsahara-Afrika immer noch im Elend, auch wegen der Entwicklungshilfe. Diese hat oft mehr geschadet als genützt. Mit hunderttausenden Projekten und Milliarden von Hilfsgeldern ist es nicht gelungen, Afrika zu einer selbsttragenden wirtschaftlichen und sozialen Entwicklung zu verhelfen. Der Unterschied zwischen Arm und Reich ist noch größer geworden. Das wichtigste Millenniumsziel – Halbierung der absoluten Armut bis zum Jahr 2015 – wird in Afrika verfehlt. Weltweit haben noch immer über eine Milliarde Menschen weniger als einen US-Dollar am Tag zum Leben. Über 900.000 Menschen hungern täglich und Tausende verhungern oder sterben an den Folgen von Unterernährung, vor allem in Schwarzafrika.

Modernisierung der Wirtschaft von oben durch den Staat

Bekanntlich war in Afrika und vielen anderen Entwicklungsländern zunächst Modernisierung mit staatswirtschaftlichen Mitteln von oben und einem Sickereffekt nach unten angesagt. Die in der Kolonialzeit vorhandenen Unternehmen wurden des Landes verwiesen. Die neuen Unternehmen wurden nach der Unabhängigkeit als Staatsbetriebe errichtet. Auch die Bundesrepublik Deutschland finanzierte und förderte diese Staatsunternehmen. Miserabel geführt, starteten sie dann unter schwierigen Bedingungen, einer mangelnden Infrastruktur, unsicherer Energiezufuhr und Problemen des Absatzes.

Es kam, wie es kommen musste, wie auch in den fortgeschrittenen stark sozialistischen Ländern und anderen sozialistischen Staaten. Das Ergebnis war immer wieder eine verheerende Misswirtschaft. Die inzwischen errichteten Zuckerfabriken, Zementfabriken, chemischen Unternehmen etc. verfielen in einen miserablen Zustand.

Staatswirtschaft auf Kosten der Armen

Als in den 1980er Jahren eine Delegation des Deutschen Bundestages, an der auch der Verfasser teilnahm, einen offiziellen Besuch in Sambia machte, stellte sich heraus, dass von den 107 Staatsunternehmen nicht weniger als 103 in den roten Zahlen waren. Anstatt zum Aufbau und zur Finanzierung des Landes beizutragen, fielen sie der armen Bevölkerung zur Last.

Dabei war es das Anliegen Sambias, neue finanzielle Mittel für die Rehabilitierung eines mit deutscher Entwicklungshilfe errichteten Chemieunternehmens mit einem Zuschuss von 80 Mio. DM zu erhalten. Die Regierung Sambias argumentierte, dass das als deutsches Projekt bekannte Chemieunternehmen unmöglich in einem derartig miesen Zustand bleiben könne. Schließlich gehe es auch um das Ansehen der Bundesrepublik Deutschland.

Bei einem Besuch des Verfassers Anfang der 1990er Jahre in Indien besichtigte er das mit deutschen Mitteln errichtete größte Entwicklungsprojekt, das Stahlunternehmen Rourkela. Dabei ging es ebenfalls um eine Rehabilitierung, und zwar in der Größenordnung von 170 Mio. DM. Der in diesem heruntergekommenen Unternehmen produzierte Stahl war doppelt so teuer wie der Weltmarktpreis. Verkauft werden musste er in Indien. Das Unternehmen hatte wie üblich keine Rücklagen für die Erneuerung und Modernisierung gebildet, und der indische Staat sah sich nicht in der Lage, die Mittel aufzubringen. Also war die Alternative zur Rehabilitierung eine Stilllegung des Werkes und damit der Verlust Tausender von Arbeitsplätzen und einer Katastrophe für die gesamte zugleich mit dem Werk errichtete Stadt.

Planwirtschaft statt Sozialer Marktwirtschaft

Diese Art von Auswirkungen deutscher Entwicklungshilfe sind natürlich bekannt. Warum sie hier noch einmal erwähnt werden, hat seinen Grund darin, dass erstaunlicherweise der entwicklungswidrige wirtschaftliche Unsinn nicht nur über viele Jahre praktiziert wurde, sondern daraus nicht eine ordnungspolitische Besinnung und damit eine durchgreifende Änderung der Entwicklungspolitik vorgenommen wurde.

Immerhin wurden Staatsbetriebe in den Entwicklungsländern in der Zeit ab 1962 durch das Entwicklungshilfeministerium zu einer Zeit finanziert, in der die Bundesrepublik längst die Soziale Marktwirtschaft mit ihrem „Wirtschaftswunder" durchgeführt hatte. Nach Verabschiedung des Godesberger Programms lehnten alle im Bundestag vertretenen Parteien eine sozialistische Staatswirtschaft ab. Dennoch bestieg die Bundesregierung den internationalen Zug der Entwicklungshilfe in Richtung staatlicher Zentralverwaltungswirtschaft.

Besonders bemerkenswert ist dabei, dass der erste Entwicklungshilfeminister im Jahr 1962 ein Liberaler war, der spätere Bundespräsident Walter Scheel, und zwar in der CDU/CSU-Koalition mit der FDP. Man fragt sich, wie die damalige Bundesregierung dazu kommen konnte, als „Entwicklungshilfe" in großem Umfang und immer wieder Steuergelder in die staatliche Misswirtschaft der Entwicklungsländer, vor allem in Schwarzafrika, zu lenken – zum Schaden und zum Elend der Bevölkerung, deren Armut man angeblich bekämpfen wollte. Dass damals die Regierungen in den Entwicklungsländern eine solche Staatswirtschaft aus ideologischen Gründen und einem politischen Trend entsprechend anstrebten, kann keine Entschuldigung sein.

Die Rolle des Staates in der Wirtschaft

Wie damals wird auch heute noch, wenn auch in anderer Weise, eklatant gegen die Prinzipien der Sozialen Marktwirtschaft verstoßen und Entwicklung nicht gefördert, sondern behindert. Das Kernübel der heutigen Entwicklungspolitik, vor allem in

Subsahara-Afrika, ist es, dass weiterhin auf den Staat als Träger und Motor der wirtschaftlichen Entwicklung von oben gesetzt wird, anstatt nach den Grundsätzen der Sozialen Marktwirtschaft die wirtschaftliche Entwicklung den Privatbetrieben im Wettbewerb von unten zu überlassen. Danach muss sich der Staat darauf beschränken, für diese wirtschaftliche Entwicklung die erforderlichen Rahmenbedingungen zu schaffen – eine außerordentlich wichtige Aufgabe. Dazu bedarf es eines starken Staates, der mit harter Hand die innere und rechtliche Sicherheit garantiert und die Regeln des fairen Wettbewerbs durch Wettbewerbsgesetze und Institutionen durchsetzt. Als „Schiedsrichter" hat der Staat dafür zu sorgen, dass die Spielregeln eingehalten werden. Sobald er selbst mitspielt, entscheidet nicht mehr die wirtschaftliche Leistung, sondern spielen Beziehung und Korruption die entscheidende Rolle.

Empfänger von 90% der deutschen staatlichen steuerfinanzierten Entwicklungshilfe ist der jeweilige Staat im Entwicklungsland. Damit soll dann der Staat vor allem auch die wirtschaftliche Entwicklung organisieren. Der Staat kann dies nur in Form einer zentralstaatlichen Planung. Die wirtschaftliche Lage wird in dieser Planwirtschaft nicht dadurch besser sondern schlechter, da es innerhalb der Zentralplanung der jeweiligen Regierung oft einen entscheidenden Planungseinfluss von 15 bis 25 Geberländern und multilateralen Organisationen gibt, die sektoral oder bei einer Budgethilfe generell mitbestimmen. Meist führt dies dann auch noch zu einem Wirrwarr von Planungsvorgängen, die die Regierung nicht mehr bewältigen kann, so dass es sogar zu widersprüchlichen Zielsetzungen und Maßnahmen kommt. So entsteht ein System der organisierten Verantwortungslosigkeit, in dem völlig unklar bleibt, wer für ein Versagen verantwortlich ist.[1]

Korrumpierung von Wirtschaft und Staat

Nicht nur, dass damit meist unfähige Staatsbedienstete das Sagen in der Wirtschaft haben, sondern in aller Regel ist damit zwangsläufig Korruption verbunden.[2] Das Ergebnis ist eine durch Entwicklungshilfe finanzierte ineffiziente und korrupte Staatsbürokratie, an deren Spitze sehr oft Präsidenten und Minister stehen, die nicht an das Wohl ihrer Bevölkerung, sondern mit Härte und Kälte nur an ihre eigenen Interessen denken.

Diese zentralstaatliche korrupte Bürokratie ist nicht nur ineffizient, sondern behindert und beutet darüber hinaus den informellen Sektor und damit die wirtschaftliche Tätigkeit der Masse der armen Bevölkerung aus. Wer irgendwo wirtschaftlich tätig ist, vor allem wenn er erfolgreich in eine bestimmte Größenordnung kommt, wird der Beliebigkeit korrupter Bürokraten ausgesetzt. Diese Situation besteht tendenziell in sehr vielen Entwicklungsländern, wirkt sich jedoch in Subsahara-Afrika besonders verheerend aus.

---

1   *Easterly,* Wir retten die Welt zu Tode (2006), S. 343.
2   Ebd., S. 126.

Soziale Marktwirtschaft als Alternative

In der Sozialen Marktwirtschaft überlässt der Staat die wirtschaftlichen Entscheidungen den privaten Unternehmen, die sich im Wettbewerb und auf eigenes Risiko am Markt orientieren. Der Staat beschränkt sich, wie festgestellt, bei der wirtschaftlichen Entwicklung auf die Verbesserung der Rahmenbedingungen.

Bei über 80% der Beschäftigten und über 70% der Unternehmen im informellen Sektor des jeweiligen Entwicklungslandes bedeutet wirtschaftliche Entwicklung zur Armutsbekämpfung und nach den Grundsätzen der Sozialen Marktwirtschaft stets vor allem die Stärkung der Leistungsfähigkeit der Klein- und Kleinstunternehmen. Da im informellen Sektor die arme Bevölkerung ihre wirtschaftliche Tätigkeit ausübt, bedeutet Stärkung der Leistungsfähigkeit dieses Sektors zugleich wirksame Armutsbekämpfung.

Armutsbekämpfung als Schwerpunkt der Entwicklungspolitik

Aufgabe der Entwicklungspolitik muss schwerpunktmäßig die Bekämpfung der Armut als Ausdruck der internationalen Solidarität sein.[3] Deutsche Interessen werden in der Entwicklungspolitik nicht durch Schmiergelder an die Exportfirmen oder zur Bestechung im außenpolitischen Bereich wahrgenommen. Freiheit, Gerechtigkeit und Solidarität sind spätestens seit der französischen Revolution Hauptziele der staatlichen Aktivitäten weltweit. Solidarität kann sich aber in einer globalisierten Wirtschaft nicht auf den nationalen Bereich beschränken. Zusammenarbeit und Abhängigkeit in den internationalen Beziehungen erfordern internationale Solidarität. An dieser Zielsetzung muss sich die gesamte Entwicklungspolitik orientieren und messen lassen. Daher gilt generell: Je gravierender die extreme Armut ist, je mehr muss sich die Entwicklungszusammenarbeit auf deren Betroffene erstrecken. Für den wirtschaftlichen Bereich bedeutet dies, dass die Fördermaßnahmen ganz unten bei den Kleinstunternehmen primär ansetzen müssen.[4]

Solidarität darf jedoch in keiner Weise darin ihren Ausdruck finden, dass Almosen oder Subventionen gewährt werden. Diese stärken nicht die Leistungsfähigkeit, sondern im Gegenteil, sie schwächen sie. Vor allem aber ist es entwürdigend, die Armen und Ärmsten als Almosenempfänger zu behandeln. Deshalb muss das Prinzip der Solidarität vor allem nach den Grundsätzen der Subsidiarität verwirklicht werden. Gerade aber diese Grundsätze werden in der herkömmlichen Entwicklungspolitik durchweg verletzt. Hilfe zur Selbsthilfe ist in der staatlichen Entwicklungszusammenarbeit nie ernsthaft angestrebt und praktiziert worden.

---

3   *Molt*, Internationales Symposium (2008).
4   *Easterly*, Wir retten die Welt zu Tode (2006), S. 342.

Förderung der Klein- und Kleinstunternehmen

Wenn man die Bekämpfung der Armut und die Steigerung der Leistungsfähigkeit des informellen Sektors will, lautet die entscheidende und schwierige Frage, durch welche Art der Entwicklungshilfe eine wirksame Förderung erfolgen kann.

Eine der Antworten auf diese Frage liegt in der Unterstützung von Selbsthilfe- und Selbstverwaltungsorganisationen der Klein- und Kleinstbetriebe im Handwerk, im Gewerbe und in der Landwirtschaft. Einkaufs- und Vermarktungsgenossenschaften zum Beispiel können die Rentabilität und den Umsatz wesentlich erhöhen. Betriebliche Fortbildungen in eigener Trägerschaft der Betriebsinhaber können zu Qualitätsverbesserungen und Innovationen beachtlich beitragen. Immer aber ist unerlässliche Voraussetzung, dass die Klein- und Kleinstunternehmen diese Art der Zusammenarbeit selbst wollen, tragen und – abgesehen von einer Startphase – auch selbst finanzieren.

Förderung von Einzelunternehmen

Eine Hilfe an die einzelnen Klein- und Kleinstunternehmer darf auf keinen Fall in einer Dauersubvention bestehen, weil diese zu einer lähmenden Nehmermentalität und auch zu einer Verzerrung des Wettbewerbs führt. Beachtet man diesen Aspekt, so sind die Förderungsmöglichkeiten in der Praxis allerdings meist eingeschränkt.

Zu den Fördermöglichkeiten gehört aber auf jeden Fall die Verbesserung des Finanzsystems mit der Möglichkeit des Zugangs zu Sparen und Kredit für sämtliche Klein- und Kleinstunternehmer. Da im Allgemeinen der gesamte informelle Sektor bis weit in den formellen Sektor hinein vom herkömmlichen Bankensystem ausgeschlossen ist, liegt hier ein außerordentlich wichtiges und weites Feld der Entwicklungszusammenarbeit. Bekanntlich orientiert sich das Bankensystem gerade auch in den Entwicklungsländern an denjenigen Kunden, die wirtschaftlich stark sind und bei einem Kredit über eine hinreichende dingliche Sicherheit verfügen. Je kleiner der Kredit ist, und wenn eine dingliche Sicherung nicht gewährt werden kann, erscheint dem herkömmlichen Bankensystem ein Zugang zu Sparen und Kredit für den betroffenen Kundenkreis nicht möglich, zumal die Transaktionskosten relativ hoch sind.

Chancen durch die Mikrofinanzierung

In den vergangenen zwei Jahrzehnten hat sich jedoch nicht zuletzt durch die sensationell erfolgreiche Tätigkeit des Nobelpreisträgers Muhammad Yunus in Bangladesch mit seinen inzwischen 7,8 Millionen Kunden gezeigt, dass es mit dem Zugang zu Sparen und Kredit auch für Arme und Ärmste eine wirksame Möglichkeit der Hilfe zur Selbsthilfe im wirtschaftlichen Bereich gibt. Es handelt sich dabei um Förderungsmöglichkeiten im Rahmen einer Sozialen Marktwirtschaft und unter Beachtung des Subsidiaritätsprinzips. Kaum ein Mittel hat sich zur Armutsbekämpfung als so erfolgreich erwiesen.

Angesichts dieser Tatsache ist es erstaunlich, dass auch die deutsche Entwicklungszusammenarbeit bis heute die Förderung der Mikrofinanzierung sträflich vernachlässigt. Weniger als 2½% des Entwicklungshaushaltes, nämlich 130 Millionen von 5,8 Milliarden Euro des Gesamtetats werden hierfür bereitgestellt, wie der Staatssekretär im Entwicklungshilfeministerium bestätigte.

Wirksame Armutsbekämpfung durch Mikrofinanzierung

Unter wirtschaftlichen Aspekten ist festzustellen, dass der Zugang zu Sparen und Kredit den Klein- und Kleinstunternehmen erstaunliche Chancen zur Steigerung von Produkten, Umsatz und Einkommen eröffnet.[5] Bei über 98% Rückzahlungsquote und einer angemessenen Realverzinsung ist im Übrigen eine Rentabilität auch für die Mikrobanken möglich, die sogar für die Refinanzierung durch große internationale Banken attraktiver ist als sonst auf den globalen Finanzmärkten.

Bei einer Quote von durchschnittlich über 80% von Frauen als Kunden bei den Mikrobanken ist der Zugang zu Sparen und Kredit im übrigen eines der wirksamsten Mittel der Frauenförderung, während eine „Gender-Förderung" oft nur Alibifunktion hat.

Im ländlichen Raum ist die Förderung der Mikrofinanzierung zugleich ein hervorragendes Mittel zur Ernährungssicherung aus eigener Kraft. Die Kredite ermöglichen es den Kleinbauern, besseres Saatgut, Pestizide und Dünger einzukaufen, um dann nach einer Ertragssteigerung den Kredit mit Zinsen zurückzuzahlen. Yunus hat mit seiner Grameen-Bank auch bewiesen, dass die Verbesserung der Einkommenssituation der Frauen durch Mikrokredit dazu führen kann, eine Bildungsförderung durch Schulbesuch der Kinder zu ermöglichen. Die Kinder, die bisher mit ihrer Erwerbstätigkeit zum Familienunterhalt beitragen mussten, werden von ihren Müttern nicht zuletzt auch in Erfüllung eines „Principals" der Grameen-Bank in die Schule geschickt. Eine Branch der Grameen-Bank, die von dieser mit fünf Sternen prämiert werden will, muss dafür sorgen, dass 100% der über 2000 Kunden ihre Kinder in die Schule schicken.

Selbsthilfeförderung statt „Projektitis"

Die Förderung einer Entwicklung von unten durch Selbsthilfe begegnet dem Verdacht, dass dadurch eine Rückkehr zur „Projektitis" angestrebt würde. Dabei ist Selbsthilfeförderung das Gegenteil von „Projektitis". Diese war der gescheiterte Versuch, von außen und von oben die Probleme der Armen im Rahmen einer Planwirtschaft zu lösen. Mit immer kleinteiligeren Projekten, geplant vom Grünen Tisch in der Bundesrepublik und umgesetzt mit der Staatsbürokratie im Entwicklungsland, glaubte man die Entwicklung steuern und Armut bekämpfen zu können.

Wenn man jedoch davon ausgeht, dass nicht „der Norden" und nicht die zentral-

---

5 *Yunus,* Die Armut besiegen (2008), S. 138.

staatliche Bürokratie des Entwicklungslandes, sondern nur die Menschen selbst ihre Entwicklung voranbringen können, unterstützt durch unsere EZ, so wird deutlich, dass die Selbsthilfeförderung mit „Projektitis" nicht verwechselt werden kann. Der Norden darf mit seinen staatlichen oder privaten Hilfsorganisationen nicht der „Macher" der Entwicklung sein wollen,[6] sondern er muss sich in den Dienst der Menschen und ihrer eigenen Problemlösungen stellen. Soll aber damit die EZ durch staatliche Durchführungsorganisationen entfallen? Dies ist nicht der Fall. Jedoch haben diese eine ganz andere Funktion. Abgesehen davon, dass sie im Dienst der Menschen stehen müssen, haben sie nach dem Subsidiaritätsprinzip der Tätigkeit der privaten Träger den Vorrang zu geben und mit ihnen vor Ort zusammenzuarbeiten. Dies erfordert allerdings ein völlig neues Selbstverständnis.

Entwicklungspolitik im alten Denken

Warum Entwicklungspolitiker und allzu Viele in der deutschen Entwicklungsbürokratie noch immer zu wenige Kenntnisse auf dem Gebiet der Mikrofinanzierung und anderer Möglichkeiten der wirksamen Hilfe zur Selbsthilfe haben, ist erstaunlich. Immer noch gilt weitgehend die Parole „Weiter so!". Man verlässt sich lieber weiterhin bei der Förderung der Entwicklung – insbesondere auch der wirtschaftlichen Entwicklung – auf die zentralstaatliche, ineffiziente und korrupte Bürokratie als auf die erstaunlichen Fähigkeiten der hart arbeitenden Menschen. Allerdings ist einzuräumen, dass eine Entwicklung von unten sehr viel mühsamer und langwieriger ist als Entwicklungsgelder über den jeweiligen Staat und seine Bürokratie abfließen zu lassen. Angesichts der miserablen Ergebnisse, vor allem in Afrika, und der dadurch entstandenen Legitimationskrise der Entwicklungspolitik ist jedoch ein Umdenken dringend notwendig und überfällig.[7] Im Übrigen kann nicht erwartet werden, dass die deutschen Steuerzahler in den nächsten Jahren weiterhin die gravierenden Verstöße gegen die Soziale Marktwirtschaft in der Entwicklungspolitik hinnehmen und zusehen müssen, wie ihre Steuergelder verschwendet und vergeudet werden.

Armutsbekämpfung durch Lippenbekenntnisse

Das alte Denken bestimmt auch das Kernthema der Entwicklungspolitik, die Armutsbekämpfung. Das Scheitern bei der Wirtschaftsförderung bedeutet zugleich das Scheitern der Armutsbekämpfung in Afrika. Allerdings wird dieses Scheitern gegenüber der deutschen Öffentlichkeit durch „Lippenbekenntnisse" und „Etikettenschwindel" verschleiert. Das Entwicklungshilfeministerium erklärte die Armutsbekämpfung als das überwölbende Ziel der gesamten Entwicklungspolitik. Mit anderen Worten: Alles, was an Programmen und Aktionen stattfindet, ist per se Armutsbekämpfung. Die Konsequenz daraus wurde nach der Beschlussfassung über die Milleniumsziele im Jahr 2000 deutlich. Das mit der Ausarbeitung des Aktionsprog-

---

6 *Easterly,* Wir retten die Welt zu Tode, S. 19.
7 *Yunus,* Die Armut besiegen (2008), S. 256.

ramms beauftragte Entwicklungshilfeministerium legte ein Programm ohne Aktionen nach dem Motto vor: „Schreiben wir alles auf, was wir ohnehin bisher an Entwicklungszusammenarbeit durchgeführt haben und setzen wir über alles eine neue Überschrift, nämlich Armutsbekämpfung". In Wirklichkeit war dieses Programm ein Etikettenschwindel. Der sofort angekündigte Umsetzungsplan wurde trotz erneuter Ankündigungen nicht vorgelegt. Die Parole lautete: „Weiter so wie bisher."

Gerade für die Armutsbekämpfung gilt: Ohne die produktiven Kräfte der Armen und Ärmsten gibt es keine wirksame Bekämpfung der Armut. Eine Armutsbekämpfung von oben durch den Staat muss erfolglos bleiben. Eine ernsthafte Hilfe zur Selbsthilfe hat es in der staatlichen Entwicklungszusammenarbeit nie gegeben.

Die Rolle des Staates bei öffentlichen Dienstleistungen

Das Versagen der meisten Staaten in Afrika offenbart sich nicht nur im wirtschaftlichen Bereich, sondern auch bei den öffentlichen und sozialen Dienstleistungen, der Infrastruktur und im Gesundheits- und Bildungswesen. Diese Bereiche gehören nach zentraleuropäischer, politischer und historischer Auffassung zu den Aufgaben des Staates. Dies ist gewiss auch wünschenswert. Die Wirksamkeit in Subsahara-Afrika sieht jedoch weitgehend ganz anders aus. Straßen, die mit bilateraler oder multilateraler Hilfe gebaut wurden, verfallen schon nach kurzer Zeit; sie haben derart viele und große Schlaglöcher, dass sie kaum noch befahrbar sind.[8] Zu sehen sind ferner mit Entwicklungshilfe errichtete Basisgesundheitszentren, in denen schon sehr bald kein einziges Medikament, keine Krankenschwester oder gar ein Arzt ist. Schulen sind in einem miserablen Zustand, in denen der Unterricht wochenlang oder auch völlig ausfällt, schlecht ausgebildete Lehrer unterrichten oder in denen vor allem im ländlichen Raum Lehrer überhaupt fehlen.

Wo immer die staatliche Bürokratie in der Lage wäre, öffentliche Dienstleistungen zuverlässig und gut bereitzustellen, wäre dies die bessere Lösung. Was aber soll und kann die Entwicklungspolitik leisten, wenn eine korrupte Bürokratie nicht in der Lage ist, diese Leistungen zu garantieren? Dann stellt sich die entscheidende Frage, ob und wie es überhaupt Sinn macht, mit Entwicklungshilfegeldern die öffentlichen Dienstleistungen zu finanzieren oder durch private Träger zu ersetzen. Die Antwort muss lauten: Wir müssen uns von der eurozentrischen kolonialen Vorstellung von der Leistungsfähigkeit eines Zentralstaates weitgehend trennen und auf die Selbsthilfekräfte und das Verantwortungsbewusstsein der Menschen selbst oder ihrer örtlichen, intakten Verwaltungsstrukturen setzen. Hierzu gibt es bewundernswerte Beispiele in vielen Ländern. Jedenfalls kann dann mit viel weniger finanziellen Mitteln eine bessere und oft hervorragende Dienstleistung erbracht werden, und zwar im Gesundheitswesen, im Bildungsbereich und auch in der regionalen Infrastruktur. Stattdessen werden blind weiter gigantische Finanzmittel zur Förderung von öffentlichen Dienstleistungen an den Zentralstaat des Entwicklungslandes überwiesen, wissend, dass eine Rehabilitierung bald ansteht.

---

8   Für Tansania vgl. *Easterly,* Wir retten die Welt zu Tode (2006), S. 151.

Good Governance und globale Strukturpolitik als Heilmittel

Mit einer Entwicklungspolitik des „Good Governance" hofften viele Entwicklungspolitiker, in relativ kurzer Zeit von außen für eine bessere Wirksamkeit der Entwicklungshilfe über den Zentralstaat sorgen zu können, um dann die Art der Entwicklungszusammenarbeit unverändert wie bisher fortsetzen zu können. Diese Hoffnung hat sich weitgehend als Illusion erwiesen. Inzwischen hat die Gebergemeinschaft die Erfahrung machen müssen, dass politische und ökonomische Reformprozesse nur sehr begrenzt von außen beeinflusst oder gar gesteuert werden können. Mit außengesteuerten technokratischen Fahrplänen kann das Ziel jedenfalls nicht erreicht werden. Nur interne Reformbewegungen können „Good Governance" in einem längerfristigen Prozess initiieren und erkämpfen.[9]

Eine „globale Strukturpolitik" wurde ab 1998 als neues Wundermittel auf die entwicklungspolitische Agenda gesetzt. Allerdings war auch vielen Entwicklungspolitikern nicht klar, was konkret darunter zu verstehen war. Sollten die internationalen Rahmenbedingungen und ihre Verbesserung gemeint sein, so könnte dem nur zugestimmt werden. In der entwicklungspolitischen Praxis der nächsten Jahre war davon jedoch kaum etwas sichtbar. Hätte es doch dann nahegelegen, konkrete Vorschläge zur Verbesserung des internationalen Finanzsystems, das weitestgehend ohne Ordnungsrahmen bestand, zu erarbeiten und in der internationalen Politik ernsthafte Versuche zu unternehmen, sie durchzusetzen. Als jedoch die globale Finanzkrise hereinbrach, war auch das deutsche Entwicklungshilfeministerium ebenso sprachlos wie die meisten anderen, weil es versäumt hatte, das zu tun, was es angeblich mit der „globalen Strukturpolitik" vorhatte.

Ende des Elends und der Legitimationskrise

Wer die Legitimationskrise in der Entwicklungspolitik überwinden und glaubhafte Anstrengungen zu mehr Wirksamkeit in der Entwicklungspolitik unternehmen will, muss den mühsamen und langwierigen Weg der Entwicklung nach den Grundsätzen der Sozialen Marktwirtschaft mit konsequenter Anwendung des Subsidiaritätsprinzips und der Hilfe zur Selbsthilfe auch in der staatlichen Entwicklungszusammenarbeit gehen.

Andernfalls entwickelt sich die Entwicklungspolitik immer mehr zu einem System der Verschwendung und Vergeudung von Steuergeldern. Mit Recht wies Brigitte Erler darauf hin, dass die Frage, ob und wie Entwicklungshilfe geleistet wird, eine Frage von Leben und Tod sein kann. Schlechte Entwicklungshilfe kann also tödliche Hilfe sein. Das Hungern und Verhungern von Menschen auch und gerade in Afrika

---

9 *Nuscheler,* Good Governance (2009).

kann drastisch vermindert werden. Die Menschen selbst können dies leisten, wenn wir ihnen nur helfen, ihre produktiven Kräfte zu stärken. Ein Ende des Elends in Afrika wäre endlich in Sicht. Andernfalls werden weiterhin hunderte von Milliarden ausgegeben, und in weiteren fünfzig Jahren wird sich das Schicksal der Menschen in Afrika kaum verbessert haben.[10]

---

10   www.bonner-aufruf.eu.

Entwicklung und ethische Verantwortung

Zu den Grundlagen einer Weltwirtschaftsethik

Hartmut Ihne

Einleitung

„Denn die menschliche Vernunft ist so baulustig, dass sie mehrmalen schon den Turm aufgeführt, hernach aber wieder abgetragen hat, um zu sehen, wie das Fundament desselben wohl beschaffen sein möchte. Es ist niemals zu spät, vernünftig und weise zu werden; es ist aber jederzeit schwerer, wenn die Einsicht spät kommt, sie in Gang zu bringen."[1]

Der Globalisierungsprozess ist zwar keine Neuerscheinung des 21. Jahrhunderts, verändert aufgrund seines dynamischen Charakters jedoch beständig seine Form und bringt hierbei immer neue Probleme ans Tageslicht. Seit dem Wegfall der räumlichen Grenzen für Geld, Kapital, Waren, Dienstleistungen und Arbeitsteilung ist das Geschehen auf dem Weltmarkt nicht nur kurzlebiger geworden, sondern es hat sich in Gestalt eines stetig intensiver werdenden Wettbewerbsdrucks verselbständigt, folgt einer scheinbar ganz eigenen Gesetzmäßigkeit: „Es liegt in der Logik des Marktes, wirtschaftliche Aktivitäten dorthin zu verlagern, wo sie am produktivsten und mit höchstem Gewinn durchgeführt werden können; es liegt in der Logik des Staates, den Prozess wirtschaftlichen Wachstums und der Kapitalakkumulation zu erfassen und zu kontrollieren (...). Während Politik Menschen voneinander zu trennen neigt, tendiert die Wirtschaft dazu, sie zu vereinen."[2] Selbst wenn man diese These für einen Moment affirmativ aufgreift, bleibt unübersehbar, dass die im Weltwirtschaftsprozess vereinten Menschen mit dem Umstand leben müssen, dass die Dank einer transnational agierenden Wirtschaft gewonnene Nähe auch die Gefahr der gegenseitigen Verletzbarkeit erhöht: In der digitalisierten, vernetzten und interdependenten Welt lässt sich kaum vermeiden, dass regionale Wirtschaftskrisen globale Auswirkungen zeigen und damit bestehende globale Asymmetrien (Armutsproblem) eher verschärfen statt verringern. Da sich von den Folgen einer zunehmenden Spaltung der Wohlstandsentwicklung zwischen und innerhalb der Staaten selbst

---

1   *Kant*, Prolegomena zu einer jeden zukünftigen Metaphysik (1983), Vorrede, A 6.
2   Zitiert nach *Gilpin*, The Political Economy of International Relations, in: *Kaiser / May*, Weltwirtschaft und Interdependenz, in: Kaiser / Schwarz (Hrsg.), S. 478.

reiche Nationen auf die Dauer nicht abkoppeln können,[3] birgt die im Zeichen der wirtschaftlichen Globalisierung gewonnene Einheit nicht nur die Gefahr einer Schwächung der Positionen derer, die schon die Schwächeren gewesen sind, sondern auch die Starken sehen sich in ihrem Wohlstand zunehmend von unerwünschten Folgeproblemen bedroht.[4]

Unter den globalen Akteuren besteht daher weitgehend Konsens, dass die weltwirtschaftliche Entwicklung nicht länger den vermeintlichen Markt- oder Wettbewerbs*mechanismen* überlassen werden darf. Stattdessen will man *gestaltend* in den Globalisierungsprozess eingreifen, wobei allerdings durchaus umstritten ist, welche Richtlinien und Grundsätze hierbei zugrunde gelegt werden sollen. Der in dieser Frage entbrannte Streit verweist auf die höchst unterschiedliche *Motiv*lage der globalen Akteure: Während bei einigen die *pragmatische* Absicht dominiert, die von den globalen Problemen ausgehende Gefährdung des eigenen ökonomischen Wohlstands und Profits so gut als möglich abzufangen, besteht das Handlungsmotiv anderer Gruppen in der Überzeugung, die globalen Probleme seien weder um des eigenen Nutzens, noch allein um des sozialen Friedens willen oder aus christlicher Nächstenliebe zu bekämpfen, sondern seien vielmehr im *Namen der Vernunft* anzugehen, d. h. im Namen eines Denkens und Handelns, welches sich an Prinzipien orientiert, die als unbedingt, allgemeingültig und notwendig gelten. Aus dieser Perspektive erscheint der Kampf um den Abbau der bestehenden Armut als eine Verbindlichkeit, die man den betroffenen Menschen losgelöst von zweckrationalen und pragmatischen Erwägungen *schuldet*.

Eine solche Haltung liegt auch den von verschiedenen internationalen Expertenkommissionen bereits seit mehreren Jahrzehnten ausgegebenen Empfehlungen zur Bekämpfung der globalen Probleme zugrunde: Die Forderungen nach „Grenzen des Wachstums", „Grenzen des Wettbewerbs" oder auch nach einer „globalen Nachbarschaft"[5] stützen sich nicht nur auf die Erfahrung, wonach das Prinzip der ökonomischen Rationalität nicht die erforderliche integrative Kraft besitzt, um in einer zunehmend von globalen Prozessen, globalen Problemen und Interdependenzen geprägten Welt alle Sphären individuellen und kollektiven Lebens konstruktiv zu koordinieren und zur Zufriedenheit aller zu lösen.[6] Sie basieren ebenso auf der Überzeugung, es bedürfe eines „weltweiten Konsenses auf moralischer Ebene darüber, dass die Grundlage jeder nationalen oder Weltordnung die Menschen und ihre Grundrechte sein müssen, wie sie in der allgemeinen Erklärung der Menschenrechte

---

3   Auch ein regionaler Abbau von nicht regenerierbaren Ressourcen verletzt die globalen, öffentlichen Güter (Klima, Umwelt, Artenvielfalt) und erhöht damit zugleich den weltweit aufzuwendenden Teil an „defensiven Kosten" (Umweltschutz, Reservenbildung). Dies wird wiederum auf die Dauer dazu beitragen, das privat verfügbare Kapital zu schmälern. Zu den globalen Wirkungszusammenhängen vgl. *Stiftung Entwicklung und Frieden (Hrsg.)*, Globale Trends 2002 (2001), S. 12 ff.

4   *Deutscher Bundestag (Hrsg.)*, Schlussbericht der Enquete-Kommission Globalisierung der Weltwirtschaft (2000), S. 53 ff. und 417.

5   *Meadows / Meadows / Zahn*, Die Grenzen des Wachstums (1983); *King / Schneider*, Die erste globale Revolution (1992); *Die Gruppe von Lissabon*, Grenzen des Wettbewerbs (2001); *Stiftung Entwicklung und Frieden (Hrsg.)*, Nachbarn in Einer Welt (1995).

6   *Die Gruppe von Lissabon*, Grenzen des Wettbewerbs (2001), S. 21 f.

niedergelegt sind"[7].

Mit diesem Schritt wird die Neuordnung des Globalisierungsprozesses nicht mehr nur als ein technisches, sondern zugleich als ein *ethisches* Problem gekennzeichnet: Wir sollen uns in unserem Handeln nicht auf politische und religiöse Autoritäten, auf von alters her Gewohntes oder unseren ökonomischen Vorteil stützen, sondern auf die prinzipiell für jedermann und kulturübergreifend einsehbaren *Prinzipien des vernünftigen und moralischen Handelns*. Auf der Basis der *Idee unveräußerlicher Menschheitsrechte* soll eine *prinzipielle* Neuorientierung in der Strukturierung des Globalisierungsprozesses in Gang kommen und sich die Idee von der *Freiheit des Einzelnen* als Fundament einer Globalethik etablieren.

Dass die transnational agierenden Unternehmen und insbesondere die Finanzmärkte gegenüber der Forderung nach einer von moralischen Prinzipien ausgehenden Neuordnung des Globalisierungsprozesses eine gewisse Zurückhaltung zeigen und eher bemüht sind, an der uneingeschränkten Autorität der ökonomischen Rationalität festzuhalten, kann kaum überraschen.[8] Bemerkenswert ist hingegen, dass auch die politischen Akteure – selbst nach dem Zusammenbruch der jahrzehntelang frei marodierenden Finanzmärkte – keine oder nur sehr zögerliche Anstrengungen unternehmen, um ihre Absichtserklärungen in die Tat umsetzen: Die seit den 1970er Jahren zum Abbau der globalen Probleme vorgelegten Handlungsempfehlungen sind weitgehend Deklaration geblieben.[9] Selbst die immer nachdrücklicher seitens der Zivilbevölkerung vorgetragenen Forderungen nach einem „fairen Handel", einer „gerechten Schuldenpolitik" und einer „nachhaltigen Umweltpolitik" führen nicht dazu,[10] das bestehende politische Handlungsvakuum aufzulösen. Da die politische Tatenlosigkeit somit selbst als eine Form mittelbarer Missachtung der menschlichen Grund- bzw. Freiheitsrechte erscheint,[11] betrachten es deren Kritiker als ihre *Pflicht* wie als ihr *Recht*, gegen diesen Zustand zu protestieren, um mit allen *legalen* und auch *legitimen* Mitteln die geforderte *prinzipielle* Neustrukturierung des Globalisierungsprozesses auf den Weg zu bringen.

In den Fokus der Kritik geraten hierbei zunächst und vor allem die entwicklungs- und wirtschaftspolitischen Aktivitäten der Vereinten Nationen.[12] Während Weltbank

---

7   *Stiftung Entwicklung und Frieden (Hrsg.)*, Nachbarn in Einer Welt (1995), S. 334.
8   Auch die diversen Selbstverpflichtungsansätze der Wirtschaft dürfen nicht darüber hinwegtäuschen, dass ihnen stets die Annahme zugrunde liegt, die Berücksichtigung moralischer Postulate sei von ökonomischem Vorteil. Folglich finden moralische Forderungen nur solange und nur insoweit Berücksichtigung als sie mit den Forderungen der ökonomischen Rationalität nicht kollidieren. Vgl. auch Anmerkung 21 der vorliegenden Studie sowie *WEED – Weltwirtschaft, Ökologie & Entwicklung e.V.*, Unternehmen in der Pflicht (2000).
9   Vielmehr ist die Tendenz erkennbar, dass die Politik eine Problemlösung in der weiteren Anpassung an das Prinzip „Ökonomisierung" sucht. *Darnstädt*, Das Prinzip Wettbewerb (2003), S. 52-65.
10 Vgl. u. a. *Deutscher Gewerkschaftsbund et al. (Hrsg.)*, Kopenhagen plus 5 (2000); *WEED – Weltwirtschaft, Ökologie & Entwicklung e.V.*, Die Umverteilungsmaschine (2003).
11 Artikel 28 der Allgemeinen Erklärung der Menschenrechte von 1948 besagt: „Jeder Mensch hat Anspruch auf eine soziale und internationale Ordnung, in welcher die in der vorliegenden Erklärung angeführten Rechte und Freiheiten voll verwirklicht werden können." *Heidelmeyer (Hrsg.)*, Die Menschenrechte (1977), S. 231.
12 *Gareis / Varwick*, Die Vereinten Nationen (2002), S. 293.

und IWF schon länger dem Vorwurf ausgesetzt sind, nicht einer rechtsmoralischen *Wertrationalität*, sondern einer im wirtschaftlichen Eigeninteresse einzelner Nationen liegenden pragmatischen *Zweckrationalität* verpflichtet zu sein, trifft auch die von den Vereinten Nationen angestoßene Initiative Global Compact von Beginn an der Vorwurf, lediglich dem aufgeklärten Selbstinteresse der Wirtschaft zu dienen: „As the Global Compact continues to grow it must credibly communicate to potential participants that the support for human rights, labour standards and protection of environment is not an exercise in corporate altruism, but an expression of enlightened self-interest."[13] Indem der Global Compact die Befolgung der Menschenrechte als ein geeignetes Mittel der Profitmehrung darstellt, entsteht aus Sicht seiner Kritiker der Eindruck, die Vereinten Nationen würden nicht die im Namen der Vernunft und der unbedingten Freiheitsrechte des Einzelnen geforderte prinzipielle Neuorientierung im globalen Handeln fördern, sondern auf das ökonomische Eigeninteresse der Wirtschaft setzen und damit lediglich der gängigen Tendenz zur vollständigen Ökonomisierung des Denkens und Handelns folgen. Im Gegensatz zu dieser Interpretation des Global Compact könnte eine wohlwollende Lesart geltend machen, hinter der zitierten Formulierung stecke die Absicht, die wirtschaftlichen Akteure selbst unter der Voraussetzung, dass ihnen eine genuin moralische Handlungsmotivation fehle, dazu zu bewegen, die Substanz eines ethischen Postulates zu realisieren.[14]

Der Rückgriff auf eine Strategie, die es sich zu Nutze macht, dass in manchen Situationen die Forderungen ökonomischer Klugheit und moralische Vernunft korrelieren, wirft natürlich sofort die Frage auf, warum es denn überhaupt einer derartigen Taktik bedarf, wenn doch niemand in Zweifel zieht, dass die Forderung „respect the protection of international human rights"[15] berechtigt ist, oder zumindest niemand Argumente gegen deren Legitimität anzubringen versucht. Warum führt die allseitige faktische Akzeptanz der Menschenrechte als verbindlicher und begründeter Rechtsmoral nicht dazu, dass diese Prinzipien für die Akteure des Globalisierungsprozesses auch dann als tragfähige Motivationsbasis ihres Handelns wirken, wenn sie mit den Forderungen der ökonomischen Rationalität kollidieren? Liegen die Gründe hierfür in der mangelnden Tugendhaftigkeit der Akteure, d. h. in persönlichen Defiziten, oder sind die Ursachen eher struktureller Natur? Im letzteren Fall müsste man sich fragen, ob eine gerechte Gestaltung des Globalisierungsprozesses möglicherweise eine ganz neue Wirtschaftsordnung und mithin ein modifiziertes Wirtschaftssystem zur Voraussetzung hat, das überhaupt erst die erforderlichen Spielräume für ein moralisches Handeln schafft.

---

13 *United Nations,* The Global Compact Report on Progress and Activities (2002), S. 2.
14 Der auf dem Weltwirtschaftsgipfel in Davos (31. Januar 1999) ausgerufene Global Compact umfasst neun Grundsätze aus den Bereichen Menschenrechte, Arbeit und Umwelt. Zu diesen zählen u. a. die Prinzipien „support and respect the protection of international human rights", „encourage the development and diffusion of environmentally friendly technologies", wie „uphold the effective abolition of child labour". *United Nations Global Compact*, The 9 Principles, S. 1.
15 Ebd.

Anspruch und Realität: Der Kampf um den Frieden

Anlässlich der Unterzeichnung der UN-Charta im Sommer 1945 unterstreicht der amerikanische Außenminister Edward Stettinius: „Der Kampf für den Frieden muss an zwei Fronten geführt werden. An der einen Front geht es um Sicherheit und an der anderen geht es um Ökonomie und soziale Gerechtigkeit. Nur ein Sieg an beiden Fronten wird der Welt einen dauerhaften Frieden bescheren."[16] Um diesen Sieg zu erringen, hat die UN bekanntlich eine ganze Reihe von Sonderorganisationen und Spezialorganen ins Leben gerufen. Hier sind vor allem die Bretton Woods Einrichtungen Weltbank und IWF von Interesse.

Wenn die aktuellen Bilanzen ein realitätsnahes Bild vermitteln, dann zeigen die von den UN-Einrichtungen unternommenen Anstrengungen zur Förderung des Klimaschutzes, zur Bewahrung der Biodiversität und insbesondere zur Armutsbekämpfung bei weitem nicht den gewünschten Erfolg. An diesen „Fronten" scheint der Kampf um den Frieden bislang nur wenig erfolgreich ausgefochten worden zu sein: Zumindest gelten die Chancen als schlecht, das in der Millenniums-Erklärung vom Herbst 2000 gesteckte Ziel einer Halbierung der extremen Armut bis zum Jahr 2015 tatsächlich zu erreichen.[17]

Zumindest die Kritiker der Bretton Woods Organisationen sind angesichts der bisherigen Erfahrungen mit Weltbank und IWF davon überzeugt, dass deren Handlungsmotive rein ökonomischer Natur seien. Daher unterstellen sie, es gehe der Weltbank weniger darum, Effizienz und Gerechtigkeit ins „Gleichgewicht"[18] zu setzen, sondern weit eher sei ihr daran gelegen, neue Strategien zu erproben, um das allgemeine Interesse an der Dauerhaftigkeit des Wachstums zu stärken und mithin den Reichtum der OECD Länder zu mehren.[19] Sie werfen der Weltbank vor, dass ein *Problem* der sozialen Gerechtigkeit überhaupt erst als eine strukturelle Folgewirkung der nach neoliberalen Grundsätzen gestalteten Wirtschafts- und Entwicklungspolitik von IWF und Weltbank in die Welt gekommen ist. Insbesondere WEED betrachtete die im WDR 2003 vorgestellte, an den Brundtland-Bericht anknüpfende Rede von einem nachhaltigen und gerechten Wirtschaftssystem nicht als Indiz für einen Bruch des IWFs oder der Weltbank mit ihren bisherigen fundamentalen Prinzipien des Neoliberalismus bzw. des Konzepts primärer Marktorientierung. Vielmehr betrachtet man die Empfehlungen zur sozialen Abfederung und schrittweisen Einführung von Reformen lediglich als einen „neuen Lack" auf einem alten Konzept.[20]

---

16 *Gareis / Varwick*, Die Vereinten Nationen (2002), S. 217.
17 *Stiftung Entwicklung und Frieden*, Globale Trends 2002 (2001), S. 49 ff., bes. 53. Der im Dezember 2003 von der FAO veröffentlichte Welthungerbericht bestätigt diese Vermutung.
18 Es werden die „breit gefächerten Belange erörtert, die auf kurze bis mittlere Sicht berücksichtigt werden müssen, wenn man ein Gleichgewicht zwischen den Zielen des wirtschaftlichen Wachstums und der Beachtung von Umweltschutzerwägungen sowie ihrer sozialen Grundlagen herstellen will." Ebd., S. 15.
19 *Rode*, Weltwirtschaft im Zeichen der Globalisierung, in: Kaiser / Schwarz (Hrsg.), S. 259 f.
20 *Schneider*, Die Weltbank in der Wolfensohn-Epoche (2002), S. 2. Zur Kritik an den so genannten Armutsreduzierungsstrategiepapieren (PRSPs) vgl. ebd., S. 1 f.

Kritik am Vorgehen der Bretton Woods Institutionen hat auch der ehemalige Chefökonom und Senior Vice President der Weltbank, Joseph Stiglitz, formuliert: „Die Kritiker der Globalisierung werfen den westlichen Ländern Heuchelei vor, und die Kritiker haben Recht."[21] Stiglitz beklagt, dass die wirtschaftspolitischen Institutionen mittlerweile die Einstellung derer übernommen haben, denen sie rechenschaftspflichtig sind, d. s. im Falle von IWF und Weltbank die Zentralbankpräsidenten und Finanzminister der Länder: „Dem typischen Zentralbankpräsidenten bereitet die Inflationsstatistik Kopfzerbrechen, nicht die Armutsstatistik, und der Wirtschaftsminister interessiert sich vor allem für die Exportzahlen, nicht für Umweltschutzindizes."[22] IWF und Weltbank verheißen damit zwar eine Arbeit im Dienst des *allgemeinen* Interesses, aber faktisch findet sich über alledem eine Herrschaft der Sonderinteressen der westlichen Handels- und Finanzwelt.[23]

Dennoch verurteilt Stiglitz nicht einfach die wirtschaftspolitischen Leitlinien des *Washington Consensus*, d. s. fiskalische Austerität, Privatisierung und Marktöffnung.[24] Er kritisiert vielmehr deren Handhabung als Selbstzweck anstatt als Mittel zur Realisierung einer gerechteren Verteilung und eines nachhaltigeren Wachstums.[25] So hält Stiglitz den Vertretern des IWF vor, eine Liberalisierung des Kapitalmarktes zu empfehlen, ohne sich je versichert zu haben, ob im jeweiligen Land *alle* Voraussetzungen erfüllt sind, um die wirtschaftspolitischen Maßnahmen der Privatisierung und Marktöffnung erfolgreich wirken zu lassen.[26] Fehlen definierte Eigentumsrechte und Gerichte, die diese durchsetzen können, wird eine Marktöffnung aber nicht das Armutsproblem mindern, sondern die Instabilität der Weltwirtschaft verstärken,[27] worunter am ehesten wieder die Entwicklungsländer zu leiden haben.[28] Die wirtschaftspolitische Programmatik des so genannten *Washington Consensus* wird daher insofern als grob vereinfachendes Modell der freien Marktwirtschaft abgelehnt, als sie – losgelöst von jeglicher Rücksichtnahme auf die konkreten Umstände – von einem Gleichgewichtsmodell des vollkommenen Wettbewerbs ausgeht, in dem der Mechanismus der Selbstregulation auf wirtschaftlichen wie auch auf sozialen Praxisfeldern perfekt funktioniert.[29]

Dieser Zustand ist zum einen schlicht paradox, da der IWF überhaupt erst aufgrund der Einsicht gegründet wurde, dass die vermeintlichen Selbstregulierungskräf-

---

21 *Stiglitz*, Die Schatten der Globalisierung (2002), S. 21.
22 Ebd., S. 249.
23 Erläutert wird dieser Gedanke mit Bezug auf das Abkommen zwischen den USA und China. Ebd., S. 80 ff. Generell gilt für Stiglitz die WTO als *das* Symbol der „globalen Ungerechtigkeiten und Heuchelei der Industrieländer". Ebd., S. 248.
24 *Schneider*, Vom Post-Washington-Konsensus zum Washington-Konsensus-Plus? Das Scheitern der orthodoxen Strukturanpassung, in: WEED – Weltwirtschaft, Ökologie & Entwicklung e.V. (Hrsg.), S. 36-40.
25 *Stiglitz*, Die Schatten der Globalisierung (2002), S. 70.
26 Ebd., S. 71 ff.
27 Ebd., S. 30.
28 Ebd., S. 277. Stiglitz selbst glaubt, dass der Schlüssel zu einer nachhaltigen Lösung des Problems nicht zuletzt in einem grundlegenden Einstellungswandel aller Akteure verborgen liege. Ebd., S. 277.
29 Ebd., S. 94.

te des Marktes nicht immer im gewünschten Sinne funktionieren, und daher zur Wahrung der wirtschaftlichen Stabilität wie der Förderung sozialer Gerechtigkeit kollektives Handeln auf globaler Ebene erforderlich ist. Zum anderen führt die Verfolgung dieser Politik dazu, alle Chancen auf die Umsetzung einer effizienten und gerechten Marktwirtschaft preiszugeben.[30]

Somit ist die Kritik an den internationalen wirtschafts- und entwicklungspolitischen Organisationen bei genauer Betrachtung nicht einfach nur eine Kritik an neoliberalen Prinzipien, sondern an den Motiven, um willen derer diese befolgt werden.[31] Sie beklagt, dass ein nach dem bisherigen Muster betriebener, im Interesse der Finanz- und Handelsmärkte organisierter Globalisierungsprozess auf die Entziehung demokratischer Gestaltungsrechte hinausläuft und mithin die Option auf einen gerechten und humanen Globalisierungsprozess zerstört.[32] Eine in diesem Stil angewandte Entwicklungshilfe desavouiert nicht nur sich selbst,[33] sondern sie fällt vielmehr mit der Ausübung struktureller Gewalt zusammen.[34] Stiglitz bilanziert: „Es ist an der Zeit, einige der Regeln zu ändern, die die Weltwirtschaftsordnung bestimmen."[35] Er fordert, „faire Rahmenbedingungen" zu schaffen, und meint damit, die Armen sollen an den Gewinnen beteiligt werden, wenn die Wirtschaft wächst, und die Reichen mit für die Verluste einstehen müssen, wenn die Gesellschaft Krisenzeiten durchmacht.[36]

Angesichts dieser Forderungen stehen wir aber erneut vor der Frage, wie sich denn die Akteure, die vom bisherigen Verfahren profitiert haben, dazu bewegen lassen könnten, ihr Vorgehen künftig zu ändern. Möglicherweise sollte man ihnen den ökonomischen Vorteil einer fairen Wirtschaftsordnung vor Augen führen und bspw. im Sinne des World Business Council for Sustainable Development (WBCSD) betonen: „The staring point for the WBCSD's work is based on the fundamental belief that a coherent CSR strategy, based on sound ethics and core values, offers clear business benefits."[37] Mit welchen Gründen ließe sich die Einhaltung einer fairen

---

30 „So wie der IWF den sozialen Belangen der Armen kaum Beachtung schenkt – für die Erfüllung der Forderungen von Privatbanken werden Milliarden von Dollar bereitgestellt, aber die lächerlichen Summen zur Subventionierung von Nahrungsmitteln für diejenigen, die infolge der IWF-Programme arbeitslos werden, lassen sich nicht auftreiben –, stellt die WTO den freien Handel über alles. Wer den Einsatz von Netzen zum Garnelenfang verbieten lassen will, muss sich von der WTO sagen lassen, ein solches Verbot stelle einen ungerechtfertigten Eingriff in den freien Handel dar. Er muss feststellen, dass Handelsinteressen vor allen anderen Belangen einschließlich Umweltschutz rangieren." *Stiglitz*, Die Schatten der Globalisierung (2002), S. 280.
31 *Stiftung Entwicklung und Frieden*, Globale Trends 2002 (2001), S. 91.
32 *Stiglitz*, Die Schatten der Globalisierung (2002), S. 284.
33 Hierzu trägt schon der Umstand bei, dass der IWF zwar durch Steuergelder aus der ganzen Welt finanziert wird, jedoch weder den Bürgern, die ihn finanzieren, noch den Menschen, deren Lebensbedingungen er beeinflusst, unmittelbar rechenschaftspflichtig ist.
34 *Stiftung Entwicklung und Frieden*, Globale Trends 2002 (2001), S. 60.
35 *Stiglitz*, Die Schatten der Globalisierung (2002), S. 6.
36 Ebd., S. 99.
37 *World Business Council for Sustainable Development*, http://www.wbcsd.ch/templates/TemplateWBCSD1/layout.asp?type=p&MenuId=NjA&doOpen=1&ClickMenu=LeftMenu.

Wirtschaftsordnung einfordern, wenn die ökonomischen Interessen als Motivationsgrundlage ausscheiden? Gibt es eine moralische *Verpflichtung* zur Umsetzung einer gerechten Weltwirtschaftsordnung,[38] oder haben jene Stimmen das Recht auf ihrer Seite, die in solchen und ähnlichen Forderungen nichts anderes als eine unangemessene „moralische Belästigung"[39] Sehen wollen?

Um diese Fragen zu beantworten, ist zunächst zu klären, inwiefern überhaupt ein *begründeter* Anspruch besteht, den Globalisierungsprozess sowohl in ökonomischen wie auch in *moralischen* Kategorien zu beschreiben. Es muss deutlich werden, ob und wenn ja, welche objektiven Gründe dafür sprechen, sich als Mitglied einer moralischen Gemeinschaft zu verstehen. Im Weiteren wird sich dann auch zeigen, welche Aufgaben auf eine Weltwirtschaftsethik angesichts der Tatsache zukommen,[40] dass die „weltweiten Anstrengungen zur Armutsbekämpfung (...) auf dem Fundament einer sich stetig vertiefenden Globaletik aufbauen", aber dennoch „zwischen normativer Integration und anspruchsvollen Zielen auf der einen sowie tatsächlichen Bedingungen und kollektiver Handlungsfähigkeit auf der anderen Seite (...) ein immer tieferer Graben klafft"[41]. Vor diesem Hintergrund wird schließlich auch nachvollziehbar, warum die Forderung nach einer gerechten Globalisierung der Märkte aus Sicht einer Weltwirtschaftsethik etwas anderes als „eine Globalisierung der Solidarität" meint.[42]

Zu den Grundlagen einer vernünftigen Weltwirtschaftsethik

> „Das größte und mehrste Elend der Menschen beruht mehr auf dem Unrecht der Menschen als auf dem Unglück."[43] (Kant)

---

38   *United Nations Development Programme*, Bericht über die menschliche Entwicklung 2000 (2000), S. 103.
39   *Kohlhammer*, Leben wir auf Kosten der Dritten Welt? (1992). Dem widerspricht *Nuscheler*, Edle Seelen unterm Hammer, S. 149-151.
40   Eine vorläufige und ergänzungsbedürftige Definition findet sich bei Meran, der eine solche Disziplin Weltwirtschaftsethik nennen will, „die es sich zur Aufgabe macht, zunächst zu klären, in welcher Weise sowohl das wirtschaftliche Denken und Handeln als auch die institutionelle Ordnung der Wirtschaft einer moralischen Beurteilung unterliegen, sodann diejenigen Prinzipien und Normen der Moral aufzustellen und zu rechtfertigen, denen das wirtschaftliche Handeln und die Wirtschaftsordnung unterworfen werden sollen, schließlich in moralrelevanten wirtschafts- und entwicklungspolitischen Entscheidungssituationen konkrete Handlungsempfehlungen auszusprechen. In einer zeitgemäßen Weltwirtschaftsethik verschränken sich daher deskriptive mit normativen Aufgaben und individualethische mit sozialethischen Perspektiven." *Meran*, Weltwirtschaftsethik, in: Lenk / Maring (Hrsg.), S. 46 ff.
41   *Stiftung Entwicklung und Frieden*, Globale Trends 2002 (2001), S. 49 und S. 276 f.
42   *Wieczorek-Zeul*, Regierungen als Akteure einer Weltsozialpolitik, in: terre des hommes et al. (Hrsg.), S. 12. Vgl. auch *Staud*, Die Leiden der Heidi W. (2003), S. 6. Eine Weltwirtschaftsethik will deutlich machen, dass Entwicklungshilfe als Teil einer Weltfriedenspolitik nicht nur ein wünschenswertes Handeln, sondern auch eine rechtsmoralische Pflicht darstellt.
43   *Menzer (Hrsg.)*, Eine Vorlesung Kants über Ethik (1924), S. 245.

Folgt man Adam Smith in seinem berühmten *Wohlstand der Nationen*, dann gilt die Wirtschaft als ein System von Vorgängen und Abläufen, das darauf zielt, den im Prinzip unbegrenzten menschlichen Bedarf an Gütern unter Knappheitsbedingungen abzudecken. Das Wirtschaften verfügt über eine aufgabenspezifische Normativität und Gesetzlichkeit, ohne dass dies für Smith bedeutete, es vollziehe sich vollständig abgelöst von dem Ganzen des sozialen Lebens und der menschlichen Handlungen. Vielmehr steht das wirtschaftliche Handeln – wie alle menschlichen Handlungen – auf dem Fundament der moralischen Gefühle. Deren Funktion ist jedoch nicht, ökonomische Klugheit davon abzuhalten, ihrer eigenen Normativität und dem ihr immanenten Zweck zu folgen.[44] Die moralischen Gefühle verweisen auf das allen Individuen eignende Bewusstsein von den Gesetzen der Gerechtigkeit und mithin von den Grenzen eines jeglichen ausschließlich auf Profit und Eigennutz abgestellten Handelns. Da Smith jedoch zugleich darum weiß, dass das Gerechtigkeits*bewusstsein* allein die praktische Missachtung der Gerechtigkeitsgesetze noch nicht verhindert, deren Beachtung aber die Basis einer funktionierenden Gesellschaft darstellt, weist er dem *Staat* die Aufgabe zu, nicht nur die ökonomische Freiheiten des Einzelnen, sondern auch dessen Menschheits- oder Freiheitsrecht zu schützen. Folglich muss der Staat auch für die ökonomischen Tätigkeiten eine Rahmenordnung schaffen, die einer Überprüfung an den Gerechtigkeitsgrundsätzen standhält.

Dem von Smith vor dem Hintergrund der Gerechtigkeitsidee entwickelten Beziehungsmodell zwischen Wirtschaft und Ethik fehlt es jedoch an einer tragfähigen *systematischen* Legitimation: So rekurriert Smith zur Begründung des Gefühls der Sympathie allein auf die empirische Selbsterfahrung. Der auf diese Weise unternommene Versuch, die moralischen Gefühle und mit ihnen die Idee der Gerechtigkeit mittels eines empirischen Verfahrens zu legitimieren, ist aus mindestens zwei Gründen problematisch: Zum einen setzt sich dieses Vorgehen dem Vorwurf aus, das „natürliche Billigen" bzw. die Sympathie lediglich durch den Rekurs auf einen reichen Bestand materialer, sich zu einer bestimmten Zeit kultureller Geltung erfreuender Normen zu begründen.[45] Die von Smith angeführte natürliche Urteilssicherheit bezüglich der Schicklichkeit der Beweggründe einer Handlung wäre demnach nicht Ausdruck der Befolgung universeller Prinzipien, sondern sie wären von kontingenten Wertvorstellungen abhängig. Zudem lässt sich durch die Berufung auf ein empirisches Faktum eine Theorie zwar bestätigen, aber gleichwohl nie hinsichtlich ihrer Geltung ausweisen. Erfahrung kann nur in *singulären* Aussagen formuliert werden, Theorien oder Gesetze enthalten aber *allgemeine* Aussagen, so dass der Geltungs- und Wahrheitsanspruch einer Theorie immer über die Beobachtung und Erfahrung hinausgeht und eines Fundaments bedarf, das auch, aber nicht nur in der

---

44 Sowenig wie die Forderungen einer kritischen Ethik darauf abzielen, alle Annehmlichkeiten des Lebens zu negieren, verlangen sie, auf ökonomische Klugheit zu verzichten. Kant würde eine Wirtschaftsethik, die solches beabsichtigt wohl als Variante einer verfehlten „mürrischen Ethik" bezeichnen, ebenso wir er alle Versuche, moralisches Handeln als einen Faktor der Profitsteigerung zu begründen unter der Rubrik „buhlerische Ethik" abhandeln würde. *Menzer (Hrsg.)*, Eine Vorlesung Kants über Ethik (1924), S. 95 ff.
45 *Höffe*, Kategorische Rechtsprinzipien (1999), S. 75.

Erfahrung verankert ist.[46]

Kant ist der erste Theoretiker, der beansprucht, seine Theorie des menschlichen Erkennens und Wollens auf ein solches Fundament gestellt zu haben: Im Rahmen seiner Ethik fragt er nach den unbedingten und apriorischen Prinzipien von Handlungs*grundsätzen*,[47] unterscheidet zwischen materialen und formalen Bestimmungsgründen des Handelns, zwischen Moralität und moralischer Legalität, Tugend- und Rechtspflichten sowie zwischen deren personaler und sozialer Seite. Die folgenden Ausführungen werden insbesondere die Kantische Idee der moralischen Legalität erläutern, um so die in dieser Studie vertretene These zu begründen, wonach eine Weltwirtschaftsethik in erster Linie an den Gedanken der *moralischen Legalität* anzuknüpfen hat, da sie, sofern sie mehr will, Gefahr läuft, faktisch weniger zu erreichen.

Selbstorientierung im Denken

Mit dem Grundgedanken seiner kritischen Vernunftphilosophie, der Idee der *Selbstorientierung im Denken*, versucht Kant, nicht nur die theoretische, sondern auch die praktische Philosophie in Gestalt der Ethik auf einem nicht-empirischen Fundament aufzubauen.[48] Im Zentrum der Kantischen Ethik stehen daher nicht mehr die moralischen Gefühle oder eine wohlwollende Selbstliebe, sondern ein Denken, das sich eigenständig seine Bestimmungsgründe setzt und diese kritisch auf ihre Geltung hin überprüft. In diesem Sinne führt Kant aus, die Maxime jederzeit selbst zu denken, sei nichts anderes als „die *Aufklärung*. (...) Sich seiner eigenen Vernunft bedienen, will nichts weiter sagen, als bei allem dem, was man annehmen soll, sich selbst fragen, ob man es wohl tunlich finde, den Grund, warum man etwas annimmt oder auch die Regel, die aus dem, was man annimmt folgt, zum allgemeinen Grundsatz seines Vernunftgebrauchs zu machen?"[49] Dieser Anforderung kommt Kant in seiner *theoretischen Philosophie* nach, indem er nach den letzten Prinzipien des Denkens fragt, und deren Einheit unter dem Begriff der *Subjektivität* als Möglichkeitsbedingung objektiv gültiger, d. h. wissenschaftlicher Erkenntnis, begründet. Im Rahmen der *praktischen* Philosophie hingegen thematisiert Kant die Idee der Subjektivität oder der Selbstorientierung im Denken unter dem Begriff der *praktischen Freiheit*.

Mit dem Ausdruck der *praktischen Freiheit* bezeichnet Kant die Idee, die Regeln des Handelns wie auch die Bestimmungsgründe des Wollens selbst festzulegen zu

---

46 *Steinvorth*, Moralbegründung und normative Argumente, in: Laufhütte / Lüdeke, S. 59 f.; *Birnbacher*, Einführung in die analytische Ethik (2003), bes. S. 406 ff.
47 *Menzer (Hrsg.),* Eine Vorlesung Kants über Ethik (1924), S. 89.
48 Kant geht davon aus, Kausalität aus Freiheit (Selbstbestimmung) könne zweifelsfrei als Tatsache gelten, wenn wir zeigen können, dass es ein reines, nicht-empirisches Vernunftgesetz gibt, das schlechthin unbedingt als Bestimmungsgrund des Willens fungiert. Für Kant – im Gegensatz zu seinen Kritikern – gilt, dass ein solches praktisches Vernunftgesetz nicht empirisch aufgewiesen werden kann. Vgl. *Kant*, Kritik der praktischen Vernunft (1977), A 3, A 53.
49 *Kant*, Kritik der reinen Vernunft (1977), Anm. S. 283.

können (Kausalität aus Freiheit).[50] Im Kantischen Sinne bezeichnet der praktische Freiheitsbegriff daher nicht etwa eine faktische *Unabhängigkeit* von durch die konkreten Belange des Lebens immer schon vorgegeben Zwängen und Notwendigkeiten. Auch erschöpft sich der Begriff der praktischen Freiheit nicht in der Fähigkeit, bestehende Vorgaben *negieren* zu können, bspw. indem man sich bemüht, alle körperlichen Bedürfnisse zu ignorieren und sämtliche gesellschaftlichen Verhaltensregeln zu missachten. Der Kantische Begriff der Autonomie als positiv bestimmter praktischer Freiheit meint die dem Menschen eigene Fähigkeit, seine Abhängigkeiten zu *erkennen*, ohne sie zum letzten Bestimmungsgrund seines Wollens und Handelns machen zu müssen. Freiheit qua Autonomie bezeichnet die *Möglichkeit*, sein Wollen und Tun von sich aus *andersartigen Gesetzen und Regeln zu unterstellen* als denjenigen, die durch die jeweilige *konkrete* Lebenslage immer schon vorgegeben sind. Sofern sich der Mensch im Licht des Kantischen Freiheitsbegriffs versteht, räumt er sich grundsätzlich die Option ein, die eigene Bestimmtheit durch Naturgebundenheit und gesellschaftliche Existenz zur *Aufgabe der Selbstgestaltung* zu machen.

Weil der Mensch gleichwohl immer noch ein konkretes Bedürfnis-, Geschichts- und Gesellschaftswesen bleibt, gewinnt das Vorhaben, die Prinzipien seines Wollens selbst zu bestimmen für ihn einen *imperativischen* Charakter: Er verlangt von sich, das zu tun, was er unabhängig von allen Lust-Unlust-Motiven als vernünftig einsehen kann und unterstellt sich mit der Idee der praktischen Freiheit zugleich einem grundsätzlichen „Sollensanspruch": Während die Imperative der *Geschicklichkeit* zur Umsetzung eines beliebigen Ziels die Wahl der technisch richtigen Mittel einfordern und die Imperative der *Klugheit* zu einem bestimmten Ziel die Wahl der objektiv notwendigen Mittel verlangen, fordert der *kategorische Imperativ*, nur das zum Bestimmungsgrund des Handelns zu machen, was ohne subjektive Vorbehalt und ohne jegliche Einschränkung als schlechthin und unbedingt gut gelten kann. Er fordert nicht: „Wenn du einen Schaden vom Lügen zu erwarten hast, sollst du nicht lügen!" Er fordert vielmehr: „Du sollst nicht lügen!" Er verlangt auch nicht: „Du sollst im Geschäftsleben wahrhaftig handeln, da Wahrhaftigkeit langfristig profitabel ist!" Er verlangt: „Sei wahrhaftig", denn „wahrhaftig zu sein [ist] an sich selbst gut, und in aller Absicht gut, und die Unwahrheit an sich selbst schädlich."[51] Nur diese spezifische Klasse von Bestimmungsgründen des Handelns zählt Kant zu den reinen Vernunftmotiven bzw. zu den *Pflichten*. Als Pflicht bezeichnet er demnach genau das, was sich unabhängig von allen Lust-Unlust-Motiven für jeden als vernünftig, d. h. als allgemeingültig, notwendig und unbedingt, einsehen lässt.

Allerdings bedeutet die praktische Befolgung des kategorisch Gebotenen nach Kant noch nicht, *praktische Freiheit als Moralität* zu realisieren: Nur wenn bei der Wahl des Bestimmungsgrundes des Willens kein anderes Motiv eine Rolle spielt, als

---

50 Um den Begriff der praktischen Freiheit zu begründen, rekurriert Kant auf den Gedanken der transzendentalen Freiheit. Kant bezeichnet mit diesem Ausdruck keine zweite Freiheit, sondern er versucht mittels der Idee der transzendentalen Freiheit die Struktur eines Freiheitsbegriffs zu erläutern: Daher fällt für Kant die Begründung der praktischen Freiheit mit der Konstruktion der transzendentalen Freiheit zusammen. *Krings*, Reale Freiheit, in: Simon (Hrsg.), S. 112 ff.
51 *Menzer (Hrsg.)*, Eine Vorlesung Kants über Ethik (1924), S. 21.

der Wille, das unbedingt Gebotene darum auszuführen, weil es unbedingt *geboten* und mithin *Pflicht* ist, spricht Kant von der *Moralität* einer Handlung. Moralität konkretisiert sich folglich in dem Willen, das an sich selbst Gute nur deshalb als Prinzip des Handelns zu wollen, weil es an sich selbst gut ist. Moralisch oder tugendhaft handelt demnach nur derjenige, der bspw. einem in Not geratenen Menschen selbst dann hilft, wenn er dazu weder Neigung verspürt noch irgendeinen Vorteil von seiner Handlung erwarten kann, weil er nichts anderes will, als das Vernünftige und sittlich Gute, d. i. die Hilfeleistung in der Not, zu tun. *Moralisch* heißt sein Handeln nicht, weil er dabei nicht an sich selbst oder an sich selbst zuletzt denkt (Altruismus), sondern weil er zum Bestimmungsgrund seines Wollens allein das sittlich Gute wählt und nach einer Maxime handelt, „die zu haben für jedermann ein allgemeines Gesetz sein kann."[52] Wer hingegen hilft, weil er hierzu eine Neigung verspürt oder ein bestimmtes Selbstinteresse mit der Hilfeleistung verbindet, handelt nach Kant *pflichtgemäß*. In der pflichtgemäßen Handlung tut er zwar das sittlich Richtige, aber er tut dies eben nicht allein deshalb, weil er das sittlich Gute nur um seiner selbst willen zum Bestimmungsgrund seines Wollens gewählt hat.[53]

Freiheit als Recht

Wenn Kant somit zwischen dem sittlichen Handeln aus Pflicht einerseits und dem lediglich pflichtgemäßen Handeln andererseits unterscheidet, hat es den Anschein, als reduziere er den Begriff der Ethik auf den der Moralität qua reiner Vernunftgesinnung und Tugendhaftigkeit. Dass Kant keinesfalls eine Verengung der Ethik auf eine Moralität der Gesinnung intendiert hat, zeigt sich schon in seinen frühen Schriften, wenn er festhält, sittlich zu handeln hieße, die Maxime zu beherzigen: „Handle so, dass du die Menschheit sowohl in deiner Person, als in der Person eines jeden anderen jederzeit zugleich als Zweck, niemals bloß als Mittel brauchst."[54] Der Ausdruck „Person" ist dabei von Kant nicht als ein allgemein anthropologischer, sondern als ein spezifisch rechtsmoralischer Begriff verwendet. Er bezeichnet jedes zurechnungsfähige Subjekt, das selbst Urheber seiner Handlungen sein kann und in diesem Sinne auch frei ist. Die Menschheit in der Person zu achten, bedeutet danach, sich selbst und andere als freie, der Selbstbestimmung im Wollen und Handeln fähi-

---

52 *Kant*, Die Metaphysik der Sitten (1964), A 30. „Nach diesem Prinzip ist der Mensch sowohl sich selbst als anderen Zweck und es ist nicht genug, dass er weder sich selbst noch andere bloß als Mittel zu brauchen befugt ist (...), sondern den Menschen überhaupt sich zum Zwecke zu machen ist an sich selbst des Menschen Pflicht." Ebd.
53 Das heißt nicht, gegen Kant den Vorwurf der Gesinnungsethik zu erheben: Vgl. hierzu auch *Höffe*, Kategorische Rechtsprinzipien (1999), S. 75 f.
54 *Kant*, Grundlegung zur Metaphysik der Sitten (1977), BA 70 f. In der Ethikvorlesung heißt es: „Die ursprüngliche Regel, nach der ich die Freiheit restringieren soll, ist die Übereinstimmung des freien Verhaltens mit den wesentlichen Zwecken der Menschheit." *Menzer (Hrsg.)*, Eine Vorlesung Kants über Ethik (1924), S. 152. „Das Principium aller Pflichten ist also die Übereinstimmung des Gebrauchs der Freiheit mit den wesentlichen Zwecken der Menschheit." Ebd., S. 154.

ge Wesen zu achten. In seiner Ethikvorlesung erläutert Kant den praktischen Sinn dieser Formel und hält fest, wenn sich jemand, in dem, was er tut, „von anderen wie ein Ball zu allem gebrauchen und mit sich alles machen lässt" wirft er darin seine Freiheit, und das heißt dem ihm eigenen „Wert der Menschheit weg."[55] Kant geht somit davon aus, dass der Mensch zwar beliebig über „seinen Zustand disponieren" darf, nicht jedoch über seine eigene *Person* oder die eines anderen. Das schließt zwar nicht aus, dass „eine Person durchaus zum Mittel bei anderen dienen könnte", z. B. durch ihre Arbeit, aber dies darf unter ethischen Gesichtspunkten nur in der Form geschehen, dass „sie darin als Zweck und Person, als der Selbstbestimmung fähiges Wesen, nicht aufhört."[56] In den späteren Schriften geht Kant noch einen Schritt weiter:[57] Er fragt nicht mehr in erster Linie nach der Moralität der Handlungsmotive, sondern macht deutlich, es gibt *Pflichten des Wohlwollens*, deren Einhaltung als vernunftgemäß und *wünschenswert* gilt, aber es gibt überdies auch *rechtsmoralische* Pflichten, deren Einhaltung wir uns selbst und den anderen als Person, d. h. als unter der Idee der Freiheit gedachtem Wesen, unbedingt *schulden*.

Diese *Pflichten der Schuldigkeit* sind nach Kant *Pflichten der Gerechtigkeit* gegen die Person in uns und gegen die Personen in anderen.[58] Sie greifen zwar noch nicht, „wenn der andere (…) in elender Armut stecken oder nicht" stecken mag, aber sie greifen genau dann, „wenn dieser Umstand sein Recht betrifft".[59] Soll heißen: Wenn durch diesen Umstand seine Person, d. h. sein Anspruch, nicht nur als Mittel, sondern auch als Zweck zu gelten, unterlaufen wird. Diese Überlegung bringt Kant schließlich auf die bekannte Formel: „Freiheit (Unabhängigkeit von eines anderen nötigender Willkür), sofern sie mit jedes anderen Freiheit nach einem allgemeinen Gesetz zusammen bestehen kann, ist dieses einzige, ursprüngliche, jedem Menschen, kraft seiner Menschheit, zustehende Recht."[60] Die *Pflichten der Schuldigkeit* beziehen sich somit auf einen Begriff von *Recht*, der Recht nicht als positive Zweckmaßnahme zur Regelung faktischer Belange zwischen den Gliedern der Gesellschaft versteht, sondern vielmehr als eine apriorische „Urtatsache der Subjektivität".[61] Jede Missachtung des so verstanden Rechts bedeutet daher immer auch einen Angriff auf die Subjektivität und die freie Selbstbestimmung des Einzelnen, d. h. auf das, was zumindest im Kantischen Sinne den Einzelnen überhaupt erst zum Mitglied der „Menschheit" bestimmt. Nach der Maxime zu handeln, wonach die Freiheit des Handelnden mit jedes anderen Freiheit nach einem allgemeinen Gesetz zusammen bestehen können muss, gilt Kant als die höchste unter allen Pflichten: „Es ist in der ganzen Welt nichts so heilig als das Recht anderer Menschen. Dieses ist unantastbar und unverletzbar."[62] Es ist als mögliches Prinzip aller Rechtssubjekte unbedingte

---

55 *Menzer (Hrsg.)*, Eine Vorlesung Kants über Ethik (1924), S. 147.
56 Ebd., S. 150.
57 Ebd., S. 148.
58 Ebd., S. 242.
59 Ebd., S. 245.
60 *Kant*, Die Metaphysik der Sitten (1964), AB 45.
61 *Wagner*, Philosophie und Reflexion (1959), S. 306.
62 *Menzer (Hrsg.)*, Eine Vorlesung Kants über Ethik (1924), S. 245.

Norm für jedes Denken, Wollen, Reden, Tun und Lassen.[63] Zwar entwickelt Kant mit diesen Ausführungen zunächst nur ein formales Kriterium rechtsmoralisch legalen Handelns, macht im Weiteren aber auch deutlich, dass und inwiefern dieses notwendigerweise ganz bestimmte positive Erscheinungsformen nach sich zieht, und daher immer auch eine Aussage über den Schutz „bestimmter Befugnisse" darstellt: Gemeint ist u. a. das Recht auf Gleichheit als Unabhängigkeit, das Recht „nicht zu mehreren von anderen verbunden zu werden, als wozu man sie wechselseitig auch verbinden kann (...), die Qualität des Menschen, sein eigener Herr (sui iuris) zu sein, im gleichen die eines unbescholtenen Menschen (iusti), weil er, vor allem rechtlichen Akt, keinem Unrecht getan hat; endlich auch die Befugnis, das gegen andere zu tun, was an sich ihnen das Ihre nicht schmälert, (...) – alle diese Befugnisse liegen schon im Prinzip der angeborenen Freiheit, und sind wirklich von ihr nicht (...) unterschieden."[64]

Wenngleich dieses (rechtsmoralische) Menschheitsrecht unabhängig von allen positiven rechtlichen Akten gilt,[65] betrifft es doch eine Schuldigkeit oder Verpflichtung, die durch eine äußere positive Gesetzgebung einklagbar sein soll.[66] Da das auf dem rechtsmoralischen Rechtsbegriff aufgebaute positive Recht notfalls auch erzwingen kann, die Missachtung der Person und mithin des Menschheitsrechts zu beenden, gewinnt im Hinblick auf die Beziehung zu den Anderen das Prinzip der rechtsmoralischen Legalität an Bedeutung. Zwar handelt nach wie vor nur der tugendhaft, der das Recht allein aus der Einsicht in dessen unbedingte Geltung schützt. Aber Kant sieht auch in der Wahrung des Menschheitsrecht aus moral*externen* Gründen, bspw. aus der Angst vor Bestrafung, eine wenn auch nicht tugendhafte, so doch ethische Handlung, die für die friedliche Koexistenz der Menschen völlig unverzichtbar ist: Wenn nur „alle keine Handlungen aus Liebe und Gütigkeit ausüben möchten, aber das Recht jedes Menschen unverletzt ließen, dann wäre kein Elend in der Welt, außer nur ein solches Elend, was nicht aus der Verletzung des Rechts anderer entspringt."[67] Wenngleich Kant in seinen frühen Schriften den Eindruck erweckt, allein die sittliche Gesinnung verdiene den Namen einer moralischen und ethischen Handlung, macht er mit diesen Überlegungen deutlich, dass die Haltung der *moralischen Legalität* nicht nur nicht weniger fundamental als die der Moralität der Gesinnung ist, sondern dass sie letztlich sogar das einzig wirklich verlässliche

---

63 *Wagner*, Die Würde des Menschen (1992), S. 401 f.
64 *Kant*, Die Metaphysik der Sitten (1964), AB 46.
65 Das besagt auch, dass das bestehende positive Recht immer wieder daran zu messen ist, ob es dem Maßstab der moralischen Legalität verpflichtet ist.
66 *Kant*, Die Metaphysik der Sitten (1964), AB 48.
67 *Menzer (Hrsg.)*, Eine Vorlesung Kants über Ethik (1924), S. 245 und 297.

und kontrollierbare Kriterium der Moralität darstellt.[68] Wie schon Smith ist auch Kant der Auffassung, dass eine Gesellschaft nur existieren kann, wenn sie sich nach dem Prinzip der rechtsmoralischen Legalität organisiert. In diesem Sinne macht er deutlich, dass selbst unter der Voraussetzung, es gäbe auf der Welt nur noch tugendhaftes Handeln, so dass jeder sich auf die Gütigkeit des anderen verlassen könnte und das Streben nach „Mein und Dein" überflüssig wäre, die friedliche Koexistenz der Gesellschaft nicht gewahrt bleiben würde: Da die Menschen ihre Güter unter Knappheitsbedingungen verteilen und das Wohlwollen an ein natürliches Ende kommen muss, ist es nach Kant unverzichtbar, „dass Menschen durch Arbeit ihr Glück besorgen müssen und jeder Achtung für das Recht des anderen haben muss."[69] Kant zweifelt demnach nicht an der Notwendigkeit der ökonomischen Tätigkeiten. Aber er unterstreicht, dass sich auch diese an der Idee des Rechts der Menschheit zu orientieren haben.

Kant greift damit den schon von Smith skizzierten Grundgedanken auf, wonach sittlich gute Sozialverhältnisse letztlich an der moralischen Legitimität (Befolgung der Gerechtigkeitsprinzipien bei Smith) statt an der moralischen Gesinnung und dem darin geltend gemachten schlechthin guten Willen des Einzelnen auszurichten und zu messen sind. Das Prinzip der moralischen Legalität ermöglicht, die Ansprüche der praktischen Vernunft mit den Notwendigkeiten des Lebens so zu koordinieren, dass ein friedliches Nebeneinander der Menschen zumindest als möglich erscheint. Kant ist damit weit davon entfernt, Moralität und Legalität als zwei sich gegenseitig ausschließende Grundhaltungen zu bestimmen. Die Moralität steht nicht in Konkurrenz zu Legalität, sondern bedeutet eine Verschärfung der Bedingungen: Sie überbietet die Legalität, weil sie nicht nur fordert, das Richtige zu tun, sondern verlangt, die Pflicht zum alleinigen Bestimmungsgrund des Willens zu machen. Zwar ist der Vorwurf nach wie vor unbegründet, die Kantische Vorstellung von Moralität leiste

---

68 „Die größte moralische Vollkommenheit des Menschen ist: seine Pflicht zu tun und zwar aus Pflicht. (...) – Nun scheint dieses zwar beim ersten Anblick eine enge Verbindlichkeit zu sein und das Pflichtprinzip zu jeder Handlung nicht bloß die Legalität, sondern auch die Moralität, d. i. Gesinnung, mit der Pünktlichkeit und Strenge eines Gesetzes zu gebieten; aber (...) es ist dem Menschen nicht möglich, so in die Tiefe seines eigenen Herzens einzuschauen, dass er jemals von der Reinigkeit seiner moralischen Absicht und der Lauterkeit seiner Gesinnung auch nur in einer Handlung völlig gewiss sein könnte; wengleich er über die Legalität derselben gar nicht zweifelhaft ist." *Kant*, Die Metaphysik der Sitten (1964), A 25.
69 *Menzer (Hrsg.)*, Eine Vorlesung Kants über Ethik (1924), S. 247. Kant hat auch nichts gegen den Luxus, sondern sieht sogar dass unter welchen Bedingungen Luxus das ganze Gemeinwesen belebt, weshalb also „von der Seite wider den Luxus in Ansehung der Moralität nichts einzuwenden" ist. Ebd., S. 222. Kant macht nur eine Zusatzannahme: „Luxus ist aber von der Luxuries zu unterscheiden. Der Luxus besteht in der Varietät, die Luxuries aber in der Quantität." Ebd.

einer Ethik der maßstabslosen Innerlichkeit Vorschub,[70] aber Kant selbst sieht, dass ohne die moralische Legalität die realen und einklagbaren Grundlagen fehlen, auf denen sich ein tugendhaftes Handeln oder Moralität überhaupt entfalten kann. Da Kant somit in der moralische Legalität die Bedingung dafür sieht, überhaupt im Konkreten an der moralischen Vervollkommnung des Menschen arbeiten zu können,[71] kann es nicht verwundern, dass er auch den *Staat* von der Aufgabe her legitimiert, alles für die Einhaltung der geschuldeten Pflichten zu tun. Der diesem Ziel verpflichtete Staat muss nach Kant eine „rechte Staatsordnung" schaffen, in der sich die einzelnen Individuen als ein zur Gemeinschaft und zum öffentlich Gebrauch der Vernunft fähiges Wesen entfalten können, in dem sie sich in der Befolgung der rechtsmoralischen Pflichten dem allgemeinen Willen aller Rechtssubjekte unterordnen und wenn nötig hierbei auch ihr konkretes Privatwohl zurückstellen. Gemäß der im rechtsmoralischen Kontext begründeten Idee des Staates trägt dieser ebenso Sorge dafür, dass der Einzelne die erforderlichen Spielraume zur Sicherung der privaten materiellen Existenz wie auch zur Sicherung seine Rechte und seiner sittlichen Verwirklichung in öffentlichen Aufgaben vorfindet.

Aufgeklärtes Selbstinteresse und Weltwirtschaftsethik

Eine Weltwirtschaftsethik, die nach einer ebenso *vernünftigen* wie praxisnahen Koordination zwischen den Forderungen der Vernunft und den funktionsspezifischen Normen der Wirtschaft sucht, muss – so die hier vertretene These – an die Idee des *Rechts der Menschheit* und das Kriterium der *moralischen Legalität* anknüpfen. Eine Weltwirtschaftsethik, die über die moralische Legalität hinaus eine moralische Gesinnung, ein Befolgen der Wohltätigkeitspflichten, und deren Anerkennung aus freier Überzeugung will, fordert hingegen etwas, dass sie weder überprüfen noch erzwingen kann. Wenn die Weltwirtschaftsethik einen konkreten Beitrag zum Aufbau einer gerechten transnationalen Wirtschaftsordnung leisten will, muss

---

70   Der Vorwurf übersieht, dass das Wollen bei Kant immer die Aufbietung aller zur Verfügung stehenden Mittel einschließt. Da der Einzelne aber die Folgen seines Tuns und Lassens weder vollständige überschauen noch kontrollieren kann, kann das bloße Ergebnis einer Handlung auch nicht Gradmesser der Moralität sein. Gegen Max Weber und Arnold Gehlen führt in diesem Sinne Höffe an: „Eine (...) Moralphilosophie, die im tatsächlichen Erfolg den entscheidenden Maßstab sieht, betrachtet den Menschen für Bedingungen als verantwortlich, die er gar nicht voll verantworten kann. In Verkennung der Grundsituation des Menschen bringt sie keine Verbesserung, sondern ist dort, wo sie konsequent angewandt wird, in einem fundamentalen Sinne inhuman." *Höffe*, Immanuel Kant (1988), S. 180.

71   Deshalb geht Kant nicht davon aus, dass nur die institutionelle Hilfe des Staates die Sorge für das Wohl der Individuen auf ein dauerhaftes stabiles Fundament stellen kann, der gegenüber die private Wohltätigkeit etwas bloß Ephemeres ist. Eine derartige Position deutet sich bei Hegel vorübergehend an: „Das verständige wesentliche Wohltun ist aber in seiner reichsten und wichtigsten Gestalt das verständige allgemeine Tun des Staats – ein tun, mit welchem verglichen das Tun des Einzelnen als eines Einzelnen etwas überhaupt so Geringfügiges wird, dass es fast nicht der Mühe wert ist, davon zu sprechen." *Hegel*, Phänomenologie des Geistes (1970), S. 314 f.

sie sich daher als Kritik der empirischen Wirtschaftsordnung im Namen des unbedingten menschlichen Freiheitsrechts begreifen und den Maßstab ihrer Prüfung in der Idee der rechtsmoralischen Legalität finden.

Unter diesen Voraussetzungen hat sie sich klar zu machen, welche positiven und konkreten Forderungen sich aus der Idee des Menschheitsrechts für die globale Wirtschaftsordnung ergeben: Sie muss u. a. fragen, wie sieht ein Wirtschaftssystem aus, welches das Interesse an einem freien ökonomischen Handeln stillt, einen deregulierten freien Weltmarkt erlaubt und doch die Freiheitsrechte der Person schützt.[72]

In jedem Fall gehört es zu ihren Aufgaben deutlich zu machen: Wenn dem Staat klassischerweise die Rolle des Schutzes der idealen Menschheitsnormen und der gerechten Wirtschaftsordnung zufällt, der Nationalstaat gegenwärtig jedoch unter den Bedingungen der Globalisierung immer mehr an Kontrolle über die Wirtschaft verliert, Wirtschaft und deren Normativität zugleich dahin tendiert, alle Praxisfelder menschlichen Handelns zu dominieren, ist es die *rechtsmoralische Pflicht* des Staates und seiner politischen Vertreter, unter veränderten Bedingungen diejenigen Strukturen zu schaffen, welche die Möglichkeit bieten, das Recht der Menschheit zu schützen. Wenn es den derzeit führenden Nationen der westlichen Welt nicht gelingt, eine Wirtschaftsordnung und ein Wirtschaftssystem aufzubauen, die gerecht sind, verletzen sie die rechtsmoralische Rechtsidee und setzen die Betroffenen damit ins moralische Recht zum Widerstand.[73]

Positiv gewendet bedeutet dies zugleich, dass die vernünftige Weltwirtschaftsethik mit der Idee des Menschheitsrechts einen gemeinsamen Bezugs- und Orientierungspunkt für Wirtschafts- und Entwicklungspolitik benennen kann: In der Idee des unbedingten und elementaren Menschheitsrechts sowie den daraus abgeleiteten Pflichten der Schuldigkeit findet die globale und nationale Wirtschaftspolitik ein letztes *Korrektiv* ihres auf Gewinnmaximierung ausgerichteten Handelns. Die Entwicklungspolitik wiederum kann mit Bezug auf die Idee des Menschheitsrechts darauf verweisen, dass ihre Anstrengungen einen unverzichtbaren Beitrag dazu darstellen, die Legitimität des Staates aufrechtzuerhalten. Sie kann derart ihren Forderungen zu weit größerem Nachdruck verhelfen, verpflichtet sich selbst aber auch dazu, sich nicht auf die Bitten und das Hoffen auf Solidarität und Wohltätigkeit zurückzuziehen: Sie verpflichtet sich dazu, jedem verständlich zu machen, dass es ihr um die Einlösung *geschuldeter Pflichten* und mithin *einklagbarer* Rechte geht, die ggf. auch gegen die Souveränität der Nationalstaaten erzwungen werden können und müssen.

Eine vernünftige Weltwirtschaftsethik hat ebenso klarzustellen, dass und inwiefern die vom Prinzip der rechtsmoralischen Legalität her verteidigte Idee des Menschheitsrecht auch eine Grenze für die an die globalen Akteure heran getragenen tugendethischen Forderungen darstellt. Wenn sich die positive Form der Idee des Freiheitsrechts des Einzelnen derzeit in der Allgemeinen Erklärung der Menschenrechte findet, dann wäre die Arbeit internationaler, sich auf diese Erklärung verpflichtender Organisation (vgl. Präambel der UNO) allein daraufhin zu überprüfen, ob sie dem Kriterium der moralischen Legalität – nicht aber dem der strikten

---

72 *Höffe*, Sittlich-politische Diskurse (1981), S. 122 ff.
73 *Hösle*, Die dritte Welt als ein Philosophisches Problem, in: Ders., S. 162.

Moralität – gerecht wird. Das hieße, aus Sicht der Weltwirtschaftsethik wäre es nicht nur nicht zu kritisieren, sondern sogar durchaus wünschenswert, wenn Organisation wie die UNO den Umstand ausnutzen würden, dass den Wirtschaftsakteuren ein rechtsmoralisch legales Handeln derzeit als profitabel erscheint, und sie daher aus rein wirtschaftlichem Interesse zunehmend dazu bereit sind, ethische Selbstverpflichtungsvereinbarungen zu treffen. Im Namen der Elementarrechte des Einzelnen muss in der Perspektive der Weltwirtschaftsethik somit deutlich werden, dass die Forderung nach gerechter Politik und gerechter Wirtschaft nicht mit dem Ruf nach einem altruistischen und tugendhaften Handeln zusammenfallen muss. Sie erinnert vielmehr daran, dass sich die menschlichen Beziehungen angemessen und verlässlich nur auf der Grundlage des (unbedingten) Rechts gestalten lassen und die Voraussetzungen hierfür mit allen (moralisch legitimen) Mitteln einzuklagen sind.

Der Ansatz einer Weltwirtschaftsethik kann somit für die derzeit zentralen Politikfelder wie für die Kontrolle und Stärkung der internationalen Organisationen ein wichtiges Instrument der ideenbestimmten Kritik bisheriger und zukünftiger Ausführungspraxis sein. Unter den zeitgenössischen Bedingungen der wirtschaftlichen Globalisierung, in denen das ökonomische Denken zum Inbegriff des rationalen Denkens wird und scheinbar alle menschlichen Beziehungen dominiert,[74] ist Weltwirtschaftsethik folglich auch mehr als eine angewandte *Bereichs*ethik: Wenn die kritische Ethik in der Gestalt der Weltwirtschaftsethik in den Mittelpunkt der Aufmerksamkeit rückt, spiegelt das nur wider, dass die rechtsmoralische Perspektive derzeit vor allem am Praxissegment der Wirtschaft anzusetzen hat. Hier scheint sich in der Gegenwart zu entscheiden, ob die im Begriff der praktischen Freiheit verankerte Rechtslehre ihren eigentlichen Zweck, d. i. die allgemeine und fortdauernde Friedensstiftung,[75] erfolgreich erfüllen und darin geltend machen kann, dass die Idee einer „friedlichen, wenngleich (...) nicht freundschaftlichen, durchgängigen Gemeinschaft aller (...), nicht etwa philanthropisch (...), sondern ein rechtliches Prinzip"[76] und Ausdruck des „Weltbürgerrechts" ist.[77] Die eigentliche Innovation Kants, die auch eine kritische Weltwirtschaftsethik aufzugreifen hat, besteht in der ethisch begründeten Idee einer alle Menschen verbindenden Rechtsordnung, die in Analogie zur staatlichen Konstitution des öffentlichen Rechts gedacht ist. So wie im Staat alle Bürger miteinander auskommen müssen, ohne die Freiheitsrechte des Anderen zu tangieren, müssen die einzelnen Staaten auf dem begrenzten Raum der Erdoberfläche miteinander auskommen. Zwar werden die Staaten hierbei nicht von ihren spezi-

---

74 In dem im Grundgesetz festgehaltenen Recht auf freie Entfaltung der Persönlichkeit sieht Wagner keine angemessene Formel für das Menschheitsrecht. *Wagner*, Die Würde des Menschen (1992), S. 300 f.
75 „Denn der Friedenszustand ist allein der unter Gesetzen gesicherte Zustand des Mein und Dein in einer Menge einander benachbarter Menschen, mithin die in einer Verfassung zusammen sind, deren Regel aber nicht von der Erfahrung derjenigen, die sich bisher am besten dabei befunden haben, als einer Norm für andere, sondern die durch die Vernunft a priori von dem Ideal einer rechtlichen Verbindung der Menschen unter öffentlichen Gesetzen überhaupt hergenommen werden muss." *Kant*, Die Metaphysik der Sitten (1964), A 235.
76 Ebd., A 229.
77 Ebd.; *Kant*, Zum ewigen Frieden (1977), S. 191-251; *Gerhardt*, Eine Frage an Kant (2001), S. 639-641.

fischen machtpolitischen Interessen abrücken, aber sie werden einsehen müssen: Wenn ihre Strategien der (internationalen) Kooperation nicht auf die Prinzipien von Freiheit, Vernunft und mindestens moralischer Legalität gegründet sind, werden sie sich in der globalen Gemeinschaft der Völker so wenig wie im einzelnen Staat erfolgreich praktizieren lassen. Die Idee der Freiheit und der moralischen Legalität der Handlung formulieren damit die Mindestbedingungen für eine friedliche globale Koexistenz. Hinter diese Einsicht darf eine vernünftige Weltwirtschaftsethik nicht zurückfallen.

Thesen zur angewandten Weltwirtschaftsethik

> „Die Tugend wird (...) von dem Weltlauf besiegt. (...) Er siegt über dieses pomphafte Reden vom Besten der Menschheit (...); solcherlei ideale Wesen und Zwecke sinken als leere Worte zusammen, welche das Herz erheben und die Vernunft leer lassen, erbauen, aber nichts aufbauen."[78] (Hegel)

Aus der Perspektive der Weltwirtschaftsethik gilt die mit der Freiheitsidee und der Idee des Menschheitsrechts verknüpfte Gerechtigkeitsvorstellung als die „führende und bestimmende Norm *aller* menschlichen Bemühungen um wert- und ideengemäße Veränderung unseres individuellen Verhaltens, unseres kollektiv-gesellschaftlichen Tuns und Lassens, unserer Einrichtungen und öffentlichen Verhältnisse."[79] In der *rechtsmoralisch* begründeten Gerechtigkeitsidee findet sich ein universales Prinzip, mittels dessen bestehende Gesellschafts- und Wirtschaftsstrukturen ebenso wie wirtschafts- und entwicklungspolitische Strategien kritisch daraufhin befragt werden können, ob sie in ihrer konkreten Anlage und in ihren Folgewirkung dem Kriterium der *moralischen Legalität* genügen. Der Gedanke der rechtsmoralischen Legalität stellt ein begründetes Fundament dar, von dem aus sich die moralische Qualität von rechtlichen und institutionellen Strukturen überprüfen und sich der Aufruf zur Umsetzung einer *gerechten* Weltwirtschaftsordnung mit Nachdruck vorbringen lässt.[80] Nur vor dem Hintergrund des rechtsmoralischen Standpunktes ist deutlich zu machen, dass und inwiefern es zu einer durch die (Welt-)Bürger *einklagbaren Pflicht* der politischen Vertreter des Staates gehört, eine gerechte Rahmenordnung globalen Agierens zu etablieren:[81] Die faktische Gleichgültigkeit von Politik und Exekutive gegenüber den globalen Problemen ist rechtsmoralisch ebenso problematisch wie das (politische) Versäumnis, die erforderlichen inter- und transnationalen Strukturen zu schaffen, mittels derer sich die globalen Probleme lösen lassen, die auf nationaler

---

78   *Hegel*, Phänomenologie des Geistes (1970), S. 289.
79   *Wagner*, Die Würde des Menschen (1992), S. 402.
80   *Stiftung Entwicklung und Frieden*, Globale Trends 2002 (2001), S. 209.
81   „Der Staat ist verpflichtet, Maßnahmen zu ergreifen, um die sozialen und wirtschaftlichen Rechte der am meisten Benachteiligten zu verwirklichen." *United Nations Development Programme*, Bericht über die Menschliche Entwicklung 2000 (2000), S. 97.

Ebene nicht überwunden werden können.[82]

Eine in rechtsmoralischer Perspektive begründete Weltwirtschaftsethik, die als Kritik der bestehenden Gesellschaft- und Wirtschaftsordnung auftritt, zeigt sich skeptisch gegenüber jenen wirtschaftsethischen Ansätzen, die einen tugendmoralischen Standpunkt verteidigen und glauben, eine moralische Gesinnung politischer wie wirtschaftlicher Akteure wecken zu können, derweil das bestehende Wirtschaftssystem von den Akteuren weiterhin eine vollständige Ökonomisierung des Denkens und Handelns verlangt. Überzeugt davon, dass vom Mehr keine Rede sein kann, solange das Weniger noch nicht erfüllt ist, verlässt sich die Weltwirtschaftsethik nicht auf die moralische Integrität des einzelnen Unternehmers oder Politikers, sondern erinnert immer wieder an die Notwendigkeit, die zum Schutz der menschlichen Grundrechte erforderlichen Rahmenbedingungen zu schaffen. Nur sofern diese Rechtsordnung auf nationaler, inter- und transnationaler Ebene gesichert ist, erscheint es ihr möglich, dass auch jene „verdienstlichen Mehrleistungen, die die Tradition der (sozial orientierten) Tugendlehre zuordnet", Anwendung finden werden und sich die Moralität der Sonntagsreden zur gelebten Sittlichkeit konkretisiert.[83] Weltwirtschaftsethik ist daher nicht für die „Gesetze der Herzen" zuständig, sondern ihre Aufgabe ist es, in Erinnerung zu bringen, dass das Zusammenleben der Menschen zwei Verbindlichkeitsstufen kennt: Die Wohlfahrt, die man im Umgang miteinander erhoffen und erbitten kann, und die Gerechtigkeit, die sich die Menschen als Menschen wechselseitig schulden.[84] Daher versteht sie sich auch nicht als Negation der ökonomischen Rationalität oder des Gewinnstrebens, sondern als Negation eines Ökonomismus, der den Profit zum letzen Prinzip menschlichen Handelns erklärt, um sich jeder übergeordneten Verpflichtung sowie der Idee der Freiheit selbst zu entledigen.

---

82 Habermas hat zu Recht daran erinnert, dass die Nationalstaaten zwar überfordert sind, die unerwünschten sozialen Nebenfolgen des globalisierten Marktverkehrs zu gewährleisten, aber ebenso auf der Ebene der supranationalen Instanzen ein „politischer Koordinationsmodus fehlt, der den marktgesteuerten transnationalen Verkehr mit Rücksicht auf soziale Standrads in erträgliche Bahnen lenken könnte". „Es fehlt an institutionalisierten Verfahren transnationaler Willensbildung, die global handlungsfähige Aktoren dazu bringen, ihre je eigenen Präferenzen um Gesichtspunkte einer ‚global governance' zu erweitern." Möglich wird dies nur, wenn sie Unterstützung in den „Weltorientierungen der nationalen Bevölkerungen finden: Die Frage ist daher, ob in den Zivilgesellschaften und den politischen Öffentlichkeiten großräumig zusammenwachsender Regime ein Bewusstsein kosmopolitischer Zwangssolidarisierung entstehen kann." *Habermas*, Aus Katastrophen lernen?, in: Ders., S. 87 ff.
83 „Die Sittlichkeit ist die Idee der Freiheit, als das lebendige Gute, (...) der zur vorhandenen Welt und zur Natur des Selbstbewusstseins gewordene Begriff der Freiheit." *Hegel*, Grundlinien der Philosophie des Rechts (1967), S. 143 (§142). Sittlichkeit bindet Moral und Recht in einer Einheit zusammen und gilt Hegel daher als die „Einheit des subjektiven und objektiven an und für sich Guten". Ebd.
84 *Höffe*, Vernunft und Recht (1996), S. 26 f.

Fragen der Anwendung

Mit der Feststellung, die Orientierung an den sittlichen Prinzipien der Gerechtigkeit und Freiheit sei für eine Weltwirtschaftsethik verbindlich, ist noch nicht geklärt, wie eine erfolgreiche Operationalisierung dieses Prinzips, d. h. wie eine angewandte Weltwirtschaftsethik, aussehen muss. Wie lässt sich bspw. vom Standpunkt der Weltwirtschaftsethik dazu beitragen, Kontroversen um Wirtschaftsreform, Umweltschutz, Armutsbekämpfung etc. nicht nur im Blick auf die bestehenden pragmatischen und technischen Interessen hin zu diskutieren, sondern auch hinsichtlich ihrer rechtsmoralischen Implikationen? Wie lässt sich ein individueller Wille überhaupt dazu bringen, das, was die (rechtsmoralische) Einsicht gebietet, auch zu befolgen?

Um diese Fragen beantworten zu können, muss man sich klarmachen, wo die Triebfedern eines rechtsmoralischen Handelns liegen. Herausfinden lässt sich dies nur, wenn die bestehenden unterschiedlichen zweckgebundenen Interessenlagen und pragmatischen Bedürfnisse der globalen Akteure sehr genau zur Kenntnis genommen und für die Umsetzung der rechtsmoralischen Absichten genutzt werden: So ist der Ruf nach einer den Weltfrieden sichernden Wirtschaftsordnung nicht nur eine sich aus humanitären oder moralischen Motiven speisende Forderung, sondern ist ebenso im aufgeklärten Selbstinteresse der Industriestaaten verankert. Warum also nicht im Namen der Gerechtigkeit davon profitieren, dass in den Unternehmen die Bereitschaft steigt, moralische Selbstverpflichtungserklärungen zur Wahrung von Sozial- und Umweltstandards einzugehen, weil man der Auffassung ist, moralisches Handeln wirke langfristig konfliktlindernd, imagefördernd sowie kostensenkend? Wenn ein Bündnis wie der Global Compact nicht aufgrund altruistischer Motive, sondern aufgrund eines wirtschaftlichen Nutzenmaximierungsdenkens zustande kommt, ist das aus Sicht der Weltwirtschaftsethik kein Stein des Anstoßes. Zum Gegenstand der Kritik wird eine solche Erklärung erst, wenn sie als bloße Deklaration und Rhetorik zum Bestandsschutz der aktuellen Strukturen verkommt. Ob ein Unternehmen aus rationalem Eigennutz und Profitstreben oder aus genuin moralischen Absichten bereit ist, gerechte Rahmenordnungen wirtschaftlichen Handelns zu schaffen, spielt für die Weltwirtschaftsethik keine Rolle. Sie hat allein ein Interesse daran, dass konkrete Schritte zur Umsetzung des Ideals der gerechten Wirtschaftsordnung erfolgen.[85] Weltwirtschaftsethik darf sich folglich nicht davor scheuen, individuelle Sonderinteressen in ihrem Sinne zu instrumentalisieren und – wo immer nötig und möglich – eben auch schlicht pragmatisch kluge Gründe anzuführen, um verbindliche institutionelle Vorkehrungen für die friedliche und rechtsmoralisch legitime Bearbeitung von unausweichlichen Konflikten zu finden. Nur auf diese Weise kann sie das Vernunftrecht vor dem Vorwurf der „Ohnmacht des Sollens" und sich selbst vor dem Vorwurf schützen, nur vortreffliche Redensarten zu führen – „eine Aufschwellung, welche sich und anderen den Kopf groß macht, aber groß von einer leeren Aufgeblasenheit."[86] Zwar akzeptiert sie damit, dass mitunter ein durch-

---

85 Zur Frage des intrinsischen Egoismus ökonomischer Rationalität vgl. *Vossenkuhl*, Ökonomische Rationalität und moralischer Nutzen, in: Lenk / Maring, S. 191.
86 *Hegel*, Phänomenologie des Geistes (1970), S. 290.

aus zweckrationales oder egoistisches Motiv im Hintergrund einer Handlung liegt, womit deren moralischer Wert sinkt; aber sie gewinnt im Gegenzug eine verlässliche empirische Basis, mit der sich rechnen lässt und schafft so eine substanziell tragfähige Motivationsbasis für ein rechtsmoralisches Handeln.[87]

Damit sind die Grundprobleme einer angewandten Weltwirtschaftsethik jedoch noch nicht vom Tisch: Das universale Prinzip des Freiheits- und Menschheitsrechts bzw. der Gerechtigkeit sagt nicht aus sich heraus, welches konkrete Tun und Lassen in einer bestimmten Situation angemessen ist. So ist es zwar prinzipiell geboten, keinem Menschen a priori die Fähigkeit zur ökonomischen Rationalität abzusprechen, aber faktisch kann es dennoch die größte Ungerechtigkeit bedeuten, jedem Menschen dieselbe ökonomische Rationalität zu unterstellen und so zu tun, als sei nicht nur prinzipiell, sondern auch de facto jeder in der Lage, Kredite gewinnorientiert einzusetzen und einen erfolgreichen Technologietransfer zustande zu bringen.[88] Besonders deutlich zeigt sich das Problem, dass vom rechtsmoralischen Prinzip kein direkter Weg zu einer allgemeingültigen materialen Norm führt, am Umgang mit dem Phänomen Armut:[89] Schon Kant hatte angemerkt, Armut sei rechtsmoralisch erst problematisch, wenn sie die Freiheitsrechte des Einzelnen tangiere. Wann aber ist dies der Fall? Aus welcher Perspektive lässt sich das überhaupt beurteilen – aus der Sicht der Armutsbetroffenen, der Praktiker (Entwicklungshelfer, Sozialarbeiter etc.) oder aus der Sicht der Wissenschaft? Wie lässt sich überhaupt ein Existenzminimum bestimmen? Man könnte meinen, das Existenzminimum sei gesichert, solange die Grundbedürfnisse des Menschen abgedeckt sind, d. h. solange die Deckung „des primitiven Mindestbedarfs einer Familie an Ernährung, Unterkunft, Bekleidung" gegeben und die Inanspruchnahme „lebenswichtiger Dienste, wie die Bereitstellung von gesundem Trinkwasser, sanitären Einrichtungen, Transportmitteln, Gesundheits- und Bildungseinrichtungen, und das Erfordernis, dass für jede arbeitsfähige und arbeitswillige Person eine angemessen entlohnte Arbeit zur Verfügung steht."[90] Amartya Sen hat jedoch zu Recht daran erinnert, dass die bloße Anhäufung von Gütern und Eigentum kein hinreichendes Kriterium zur Bestimmung des Existenzminimums darstellt, da auf diese Weise nicht festgelegt ist, wer über diese Güter verfügt und in welchem Verhältnis der Mensch zu ihnen steht.[91] Und selbst wenn diese Frage geklärt ist, gilt es zu berücksichtigen, dass das gleiche Quantum Nahrungsmittel auf den darüber Verfügenden sehr unterschiedliche Auswirkungen haben kann, je nachdem ob er körperlich schwer arbeitet, eine gesunde oder angegriffene Grundkonstitution mitbringt etc.[92]

---

87 *Marx*, Fundamentalethik ohne Anwendung ist leer, in: *Brudermüller*, S. 15.
88 *Hösle*, Praktische Philosophie in der modernen Welt (1992), S. 155.
89 Ebd., S. 139.
90 *Enderle*, Ökonomische und ethische Aspekte der Armutsproblematik, in: Lenk / Maring, S. 139.
91 Ebd., S. 140 f.
92 Ungeachtet der operativen Schwierigkeiten bleibt nur auf der Basis der rechtsmoralischen Perspektive zu begründen, dass es überhaupt unbedingt geboten ist, nach komplexen und ausdifferenzierten Lösungsstrategien für dieses Problem zu suchen sowie die theoretischen Erfassungen von Armut immer wieder kritisch daraufhin zu befragen, ob sie dem Prinzip der moralischen Legalität gerecht werden.

Wenngleich Weltwirtschaftsethik demnach immer wieder nach situationsgerechten, situationsspezifischen Umsetzungsstrategien des rechtsmoralischen Standpunktes suchen und dabei auf kulturelle Besonderheiten eingehen muss, mündet sie dennoch nicht in einen praktizierten Kulturrelativismus. An der Idee festzuhalten, die rechtsmoralisch begründete Gerechtigkeitsidee stelle eine verbindliche Norm auch für interkulturelle Beziehungen dar, schließt lediglich eine faktische Normenvielfalt nicht aus.[93] Sie fordert jedoch, dass bei aller Diversität aus den moralischen Überzeugungen der Individuen ein gemeinsamer Kern oder ein so genannter „overlapping consensus" heraus gearbeitet werden kann, der die Akzeptanz der Autonomie und Integrität des Einzelnen einschließt. Weltwirtschaftsethik stellt sich damit nicht gegen das Prinzip kultureller Selbstbestimmung, verteidigt aber die Idee einer die nationalstaatlichen Grenzen übersteigenden Kooperation auf der Basis eines Minimalkonsenses bzw. eines nationenübergreifenden Gerechtigkeitsbewusstseins. Dieses Fundament gilt aus ihrer Sicht als hinreichend neutral, um mit einer Vielfalt von Lebensformen und kulturellen Prägungen vereinbar zu sein. Es stellt daher einen rechtsmoralisch gebotenen Ansatz zur Inklusion, nicht zur kulturellen Nivellierung oder zu einem eurozentristischen Wertpositivismus, dar.[94]

Umsetzen lässt sich ein solcher Ansatz aber nur, wenn die angewandte Weltwirtschaftsethik auf einer exakten Beschreibung und empirischen Analyse der mannigfachen Bestimmungsfaktoren der konkreten Lebenswelt und des kulturellen Gesamtzusammenhangs beruht, um auf dieser Basis nach einer Vermittlung des allgemeinen Grundsatzes mit den kulturellen Besonderheiten zu suchen. In der Weltwirtschaftsethik sind *produktive Interpretationen* der *Wirklichkeit* nach Maßgabe der Grundidee des Vernunftrechts gefragt, nicht jedoch ein für die bestehenden ökonomischen Parameter und Ideologien blinder Rückgriff auf pauschale Standardlösungen. Weltwirtschaftsethik muss sich auf die real existierende Kulturwelt, nicht auf die Fiktion von homogenen Kulturen beziehen.[95] Daher kommt es im Hinblick auf die Umsetzung der Weltwirtschaftsethik und der rechtsnormierenden Funktion der Vernunft insbesondere auf die Einübung der Urteilskraft an, d. h. auf die Fähigkeit, in den jeweiligen Bewertungs- und Analyseprozessen die individuellen Gestalten rechtsmoralischen Handelns selbst zu bestimmen und in die Wirklichkeit umzusetzen. Ohne detaillierte Kenntnisse der Interessenlagen der unterschiedlichen nationalen und globalen Akteure, der aktuellen Wirtschaftsprozesse und politischen Entscheidungsprozesse wird dies aber nicht gelingen. Ebenso unverzichtbar ist der kontinuierliche Austausch mit den einschlägigen Einzelwissenschaften darüber, wie rechtliche Werte in Funktion zu setzen, d. h. den empirischen Lagen anzupassen

---

93 *Hösle*, Praktische Philosophie in der modernen Welt, in: Ders., S. 154.
94 *Nida-Rümelin*, Globalisierung und kulturelle Differenz (2002), S. 5.
95 *Senghaas*, Kulturelle Globalisierung – ihre Kontexte, ihre Varianten (2002), S. 6-9. Senghaas verweist darauf, dass außereuropäische Kulturen als Reflex eines sozioökonomischen Wandels und politischer Konflikte mit sich selbst in Widerstreit geraten, sich ausdifferenzieren und darüber selbstreflexiv werden. Demnach macht es keinen Sinn, in „holistisch-kulturessentialistischer Manier unverrückbare homogene Kulturprofile (asiatische/islamische Werte) zu unterstellen. (...) Wer immer sich heute anschickt, interkulturelle Dialoge zu inszenieren, sollte (...) zunächst einmal die Auflösung von selbst verschuldeten klischeehaften Denkblockaden" betreiben (8 ff.).

sind, ohne dass ein immer erst zu eruierender Kernbereich derselben verloren geht.

Schlussbemerkung

Von einer Weltwirtschaftsethik ohne Tugendhaftigkeit zu sprechen, besagt, nicht allein mit dem Herzen des Einzelnen zu rechnen und sich nicht mit der Deklaration moralischer Absichten und Ziele zu begnügen. Eine kritische Weltwirtschaftsethik gibt niemandem die Möglichkeit, auf das Ideal der Tugendhaftigkeit zu schwören, obwohl er daran nicht zu glauben gedenkt, oder sich ihm nur unterwirft, um bedauernd festzustellen, vom unheiligen und in ökonomische Sachzwänge verstrickten Menschen sei dieses Ideal einfach nicht zu erfüllen. Die Weltwirtschaftsethik kappt alle Wege, auf Moral zu schwören, um sie mit gutem Gewissen wieder frei zu geben. Sie verlagert die Moral nicht in die guten und die Unmoral in die bösen Herzen, sondern sie fordert dazu auf, das Vertrauen und die Kraft in die Macht von unbedingten Rechten zu setzen. Diese lassen dem Einzelnen die Möglichkeit, aus seinem Herzen keine Mördergrube zu machen, und in der durch das Recht geschaffenen Wirklichkeit des gemeinsamen Lebens die Wirklichkeit seines eigenen Lebens zu bilden.[96] Die Institutionen des Rechts gelten in der Perspektive der Weltwirtschaftsethik daher als tragendes Medium sozialer und globaler Interaktion, denen es zudem wesentlich ist, immer wieder durch die, deren gesellschaftliches Miteinander sie regeln, überprüft zu werden. Dieser Ansatz erlaubt, selbst die Energien des exzessiven ökonomischen Egoismus in eine das rechtsmoralische Fundament stabilisierende Kraft umzuwandeln (vgl. Kapitel 2).

Aus Sicht der Weltwirtschaftsethik ist folglich auch der Entwicklungspolitik vorzuhalten, dass es weder legitim noch widerspruchslos hinzunehmen ist, wenn sie deutlich zu machen versäumt, dass sie mit ihren Bemühungen unbedingte Rechte des Einzelnen wahren, statt lediglich Wohltätigkeit gewähren will. Entwicklungshilfe ist in erster Linie keine Frage des Altruismus und der Tugendmoral, sondern der Rechtsmoral und der rechtsmoralisch begründeten Gerechtigkeitsvorstellung. Daher gehört es auch zu ihren zentralen Aufgaben, die Armutsbekämpfung aus der Mitleidsecke herausholen und klarzustellen, dass die Auflösung der absoluten Armut ein Ziel darstellt, dessen Einlösung den Betroffenen *geschuldet* ist, dessen Bewältigung aber ebenso im aufgeklärten Selbstinteresse der Industrienationen liegt. Gegen ihre Marginalisierung muss die Entwicklungspolitik daher nicht nur aus Ressortinteressen ankämpfen, sondern sie würde anderenfalls selbst zum rechtsmoralischen Problem: Wenn der Staat seine Bemühungen um Entwicklungspolitik in Rhetorik versinken lässt, zerstört er seine eigene Legitimationsgrundlage (vgl. Kapitel 3). Daher genügt es nicht, einen Fahrplan zur Halbierung der absoluten Armut aufzustellen („Shaping the 21. Century") und diesen hin und wieder affirmativ in Erinnerung zu rufen (Bundesregierung, Aktionsplan 2015), wenn nicht gleichzeitig erkennbar wird, in welcher Form sich wirtschaftliche, gesellschaftliche und politische Strukturverän-

---

96 *Seel*, Über das Böse in der Moral, in: Bohrer et al., S. 780.

derungen konkretisieren. Zwar ist es beachtenswert, wenn der ehemalige IWF-Direktor und derzeitige Bundespräsident Horst Köhler bekennt: „Wir – arme Länder, Geberländer, internationale Organisationen und die Zivilgesellschaft – müssen uns ständig die Frage stellen: Wie wirkt sich unser Tun auf die Armen aus? Wenn wir die Antwort nicht mögen, sollten wir ändern, was wir tun."[97] Dennoch darf dieses Sollen nicht nur auf die gute Absicht und die moralische Gesinnung der globalen Akteure hoffen, sondern es muss ein kategorisch gebietendes Sollen zur Einhaltung der rechtsmoralisch begründeten Minimalverpflichtung sein, die sich die Menschen wechselseitig schulden. Wenn die Politik des IWF und anderer transnationaler, internationaler und nationaler Institutionen glaubhaft sein soll, muss erkennbar werden, dass sich die Akteure der Differenz zwischen dem, was rechtsmoralisch geschuldet und dem, was tugendmoralisch zu erbeten ist, bewusst sind. Aus der Perspektive der Weltwirtschaftsethik lässt sich für die Entwicklungspolitik somit nicht nur eine Rechtfertigungsbasis entwickeln, sondern auch ein Instrument der Kritik an allen Tendenzen, sich hinter allzu hochgeschraubten Ansprüchen und Zielen zu verstecken, anstatt konkrete Programme zum Ausbau gerechter globaler Wirtschafts- und Gesellschaftsstrukturen auf eine Weise umzusetzen, dass auch den „Zielländern", d. h. den so genannten „am wenigsten entwickelten Ländern", Möglichkeiten zur Eigenverantwortung und Partizipation an den politischen und gesellschaftlichen Kräften bleiben.

Fazit: Unter dem Namen Weltwirtschaftsethik wird keine Weltanschauungslehre verhandelt oder Moral gepredigt. Der Ansatz der Weltwirtschaftsethik beinhaltet den Versuch, das rechtsmoralische Bewusstsein der globalen Akteure wie der globalen Zivilbevölkerung zu wecken und deutlich zu machen, dass eine globale friedliche Koexistenz nur möglich sein wird, wenn man sich darauf verständigt, sich auf allen Ebenen des globalen Handelns – auch und insbesondere auf der Ebene der wirtschaftlichen Globalisierung – dem Prinzip der rechtsmoralischen Legitimität zu verpflichten. Diese Haltung verbietet es, die Auflösung der globalen Probleme der Automatik von Wachstums- und Globalisierungsprozessen zu überlassen. Sie verlangt, die Wahrung des Menschheitsrechts nicht zur Deklaration und mithin zu einem vollkommen Kraftlosen sich verflüchtigen zu lassen. Damit gibt die Weltwirtschaftsethik zugleich den Maßstab vor, an dem sie selbst zu messen ist.

---

97 http://www.imf.org/external/np/speeches/2001/022601.htm. Vgl. auch *Nuscheler*, Halbierung der absoluten Armut (2001), S. 10 f. Wenn der IWF eine Kredit- und Entwicklungspolitik betreibt, die systematisch die sozioökonomischen und soziokulturellen Rahmenbedingungen ausklammert, unter denen sie angewendet wird, und in Kauf nimmt, dass dadurch ggf. auch die Schuldenberge der ärmsten Länder weiter ansteigen, muss er sich nicht nur den tugendmoralisch inspirierten Vorwurf der Heuchelei (Stiglitz) gefallen lassen, sondern auch den Vorwurf, im rechtsmoralischen Sinne illegitim vorzugehen.

Corporate Social Responsibility in Zeiten der Wirtschaftskrise – die wachsende Bedeutung von CSR in Entwicklungsländern

Winfried Polte

I. Auswirkungen der Wirtschaftskrise auf die Armut in Entwicklungsländern

Die Welt war es in den letzten drei Jahrzehnten gewöhnt, dass größere ökonomische Krisen von den Entwicklungsländern ausgehen. Dies traf zu im Falle Mexikos (1995), Thailands (1997) als Auslöser der sich ausbreitenden Asienkrise) sowie der tiefen ökonomischen Verwerfungen in Argentinien (2001). Umso größer war die mentale Schockwelle, als die jüngste – und vor allem erstmals seit achtzig Jahren globale – Wirtschaftskrise von den USA ausging. Das seit langem bekannte Phänomen eines doppelten Defizits, nämlich im Bereich der Leistungsbilanz und des Haushaltsbudgets der USA, verband sich dieses Mal mit einem exorbitanten amerikanischen Immobilienboom und Konsumverhalten. Dieses wurde durch eine leichtfertige Politik des billigen Geldes der Federal Reserve Bank unter Alan Greenspan unterstützt.

Unabhängig davon, ob tatsächlich nur einige wenige Ökonomen oder alle, die es heute für sich reklamieren, diese Entwicklung vorausgesagt haben, ist es überraschend, dass diese Krise von einem Sektor wie dem Immobilienbereich ausgelöst wurde, der bekanntermaßen in einem regelmäßigen Rhythmus in einer Vielzahl von Ländern spekulative Spitzen und darauf folgende Abstürze erlebt. Angesichts dieses an sich vertrauten Phänomens hatte die Weltgemeinschaft die kritische Entwicklung im Immobilienbereich anscheinend als nicht so alarmierend angesehen, da sie davon ausgehen musste, dieses Phänomen befinde sich unter Kontrolle von US-amerikanischer Regierung sowie Zentralbank.

Die sich dramatisch verschlechternde Perspektive der Weltwirtschaft geht zum heutigen Zeitpunkt (April 2009) von einem leichten Rückgang der Weltwirtschaft in Höhe von rund 1% für 2009 aus. Hierbei stürzen die Industrieländer im Rahmen einer sich abzeichnenden tiefen Rezession auf ein Minus von rund 4% ab und Entwicklungs- sowie Schwellenländer werden voraussichtlich auch nur ein Wachstum von knapp 2% erreichen. Zwangsläufig hat diese konjunkturelle Entwicklung negative Auswirkungen auf den Arbeitsmarkt in den Industrieländern und so ist in den meisten Ländern die Arbeitslosigkeit stark angestiegen. Dies gilt insbesondere für die USA, aber auch die Mehrzahl der europäischen Staaten. Diese sozialpolitische Wende wirkt gerade auf die ärmsten Schichten in den Industrieländern sehr dramatisch, doch bestehen zumindest in gewissem Rahmen soziale Netze, die viele Menschen vor einem zu starken Absturz in die Armut schützen können.

Viel kritischer sind allerdings die Auswirkungen für die Entwicklungs- und

Schwellenländer zu bewerten. Hatte das hohe Wachstum der letzten Jahre auch in diesen Ländern einen Schub hinsichtlich einer Reduzierung der absoluten Armut geleistet, so ist dieser nun fundamental unterbrochen. Waren auch die Erwartungen zum Teil überzogen, die davon ausgingen, dass sich die Entwicklungsländer inzwischen im Falle einer Krise abkoppeln könnten, so gingen doch viele davon aus, dass sie in wesentlich geringerem Maße als nun eingetreten davon berührt würden.

Die ohnehin schwierigen Lebensbedingungen in den Entwicklungsländern zeigen sich daran, dass z. B. in China rund 100 Millionen Menschen als absolut arm gelten und 470 Millionen Einwohner über weniger als 2 USD täglich verfügen. Ferner leben allein heute noch 800 Millionen Menschen in vor allem agrarisch geprägten Regionen. Auch in Indonesien müssen rund 110 Millionen der 242 Millionen Indonesier mit weniger als 2 USD ihren täglichen Lebensunterhalt bestreiten. Auf dem lateinamerikanischen Kontinent beträgt z. B. in Peru die Quote der Menschen, deren Einkommen die Armutsgrenze nicht übersteigen lässt, 48% und in Afrika liegt, selbst in einem Land wie Mosambik, das in den letzten Jahren eine relativ stabile Entwicklung aufwies, das Pro-Kopf-Einkommen bei rund 340 USD/Jahr. Insgesamt beläuft sich die Anzahl der Menschen, die mit weniger als 1,25 USD pro Tag auskommen müssen, in den Entwicklungs- und Schwellenländer auf nach wie vor dramatische 1,4 Milliarden, dies entspricht annähernd einem Viertel der Weltbevölkerung. So weist auch der Gini-Koeffizient eine weiter auseinander gehende Schere der Einkommens- und Vermögensverteilung auf.

Diese unverändert kritischen Lebensbedingungen der Menschen hatten sich aufgrund der hohen Wachstumsraten in einer beachtlichen Anzahl von Ländern zusehends zum Positiven gewendet. So konnte allein China in den letzten Jahren über 400 Millionen Menschen aus der Armut führen. Die jetzige Entwicklung bedeutet daher einen dramatischen Einbruch. So gehen Ökonomen von einem Mindestwachstum zwischen 6 und 9% p. a. aus, das erforderlich ist, um die Armut in einem Entwicklungsland wesentlich vermindern zu können. Basierend auf der groben Annahme, dass durch die Wachstumsreduzierung um 1% p. a. ungefähr 20 Millionen Menschen unter die Armutsgrenze fallen, wird derzeit davon ausgegangen, dass mindestens 100 Millionen Menschen zusätzlich durch die Krise in Armut gestürzt worden sind.

Hinzu kommt, dass zwangsläufig ausländisches Kapital, das vor allem in Investitionen geflossen ist, ausbleiben wird. Es wird bereits jetzt angenommen, dass internationale Banken im Jahre 2009 voraussichtlich rund 60 Milliarden USD abziehen werden. Außerdem werden in den Schwellenländern im ersten Halbjahr 2009 Unternehmensanleihen über mindestens 100 Milliarden USD fällig. Es wird größter Anstrengung bedürfen, deren Refinanzierung sicher zu stellen, zumal die Industrieländer selbst aufgrund der nötigen Deckung ihrer wesentlich gestiegenen Haushaltsdefizite verstärkt auf den Märkten in Konkurrenz treten werden. Außerdem ist zu befürchten, dass die wachsende Verschuldung der Industrieländer aufgrund der gigantischen Konjunkturprogramme den Spielraum zur Erweiterung oder auch nur Erhaltung des Niveaus der Entwicklungszusammenarbeit wesentlich einschränken wird. Letztendlich werden auch die ärmeren Entwicklungsländer nicht über die ökonomische Kraft verfügen, ihre Wirtschaft mit eigenen Konjunkturprogrammen zu stützen. Somit bedarf es in den Entwicklungsländern eines gemeinsamen Vorgehens aller gesellschaftlichen Gruppen, die erneut verschärfte Armutssituation, vor allem der ohnehin benachteiligten Bevölkerungsschichten, auf dem bisherigen Niveau wenigstens zu stabilisieren und mittelfristig auch mindern zu können.

Die Weltgemeinschaft sollte nicht wie in der internationalen Wirtschaftspolitik den gleichen Fehler machen und zu spät die erforderlichen Maßnahmen ergreifen, deren Kosten dann zwangsläufig höher sein dürften als bei frühzeitigem Eingreifen. Es gilt daher den zu erwartenden negativen Auswirkungen auf die Sozialsysteme in unseren Partnerländern entgegenzuwirken. Sicherlich ist dies die zentrale Aufgabe der Regierungen, aber in schwierigen Zeiten sind auch die privaten Unternehmen gefordert, ihren Beitrag zu leisten.

II. Zunehmende Umsetzung der Corporate Social Responsibility (CSR) als Grundprinzip einer gesellschaftlichen Unternehmerverantwortung

a) Der definitorische Rahmen von CSR

Das Thema der Rolle und Verantwortung von Unternehmen weist eine lang andauernde und breit gefächerte Diskussion auf. Dies ist auch verständlich, geht es doch hierbei um grundlegende gesellschaftspolitische Weichenstellungen, die sich im Spannungsfeld der völligen Liberalisierung des Marktes und der Verstaatlichung von Unternehmen und Banken – ein durchaus wieder aktuelles Thema – bewegen. Unabhängig von der derzeitigen Situation, die auch durch bestimmte Sachzwänge aufgrund der tief greifenden Weltwirtschaftskrise begründet ist, hat es eine gewisse Entspannung in dieser Diskussion während der letzten Jahre gegeben. Mit länger andauerndem Wirtschaftswachstum und steigendem Wohlstand der Gesellschaft in vielen Ländern hat sich vor allem in den industrialisierten Ländern ein breiterer gesellschaftspolitischer Konsens eingestellt. Dem gegenüber haben sich in vielen Entwicklungsländern die Vermögens- und Einkommensverhältnisse dramatisch für die ärmeren Schichten weiter verschlechtert. Hierdurch kommt den Unternehmen im so genannten formellen Sektor eine besondere Verantwortung zu, zumindest den eigenen Beschäftigten angemessene Lebensbedingungen zu ermöglichen. Ferner leisten die Unternehmen über die Steuer- und Abgabenzahlungen einen wichtigen Beitrag zum Allgemeinwohl und versetzen in vielen Ländern den Staat erst in die Lage, seine soziale Infrastruktur zu unterhalten und auszubauen.

Waren die Arbeitsbedingungen in den 70er Jahren des letzten Jahrhunderts in den Unternehmen in Entwicklungsländern noch von keinen einheitlichen Standards geprägt, so haben sich über die letzten Jahrzehnte insbesondere in Hinsicht auf die Umwelt- und Sozialstandards trotz aller noch bestehenden Schwächen wesentliche Verbesserungen ergeben. Dies gelang durch eine breitere Akzeptanz der Weltbank-Umweltstandards sowie der Kernarbeitsnormen der International Labour Organization (ILO). Aber auch Aspekte einer verbesserten Corporate Governance wurden von der internationalen Gemeinschaft verstärkt gefordert. In gleicher Weise wurden nationale Gesetze wesentlich verbessert. Hieraus hat sich in einem allmählichen Prozess die ISO 26000 der International Standards Organization herausgebildet, die als zukünftige Richtlinie derzeit von Experten aus 54 Ländern erarbeitet und voraussichtlich in 2010 in endgültiger Form vorliegen wird. Somit könnte die z.T. bestehende Unsicherheit wegen der Vielzahl der anzutreffenden Definitionen und Interpretationen zum CSR-Verständnis beendet werden.

Hierbei handelt es sich um sieben Kernnormen, die durch weitere Aspekte untermauert sind:

1. Transparente Unternehmensverfassung
Hierunter fallen transparente Entscheidungsprozesse und -strukturen. Außerdem werden klare Entscheidungsregeln zwischen Eigentümer und Management gefordert, was sich auch in der Zusammensetzung von Aufsichtsräten ausdrückt, die nicht mehr aufgrund eines persönlichen Beziehungssystems, sondern wegen ihrer fachlichen Kompetenz ausgewählt werden sollen.

2. Beachtung der Menschenrechte
Die weltweit und allgemein anerkannte Bedeutung der Menschenrechte soll hierdurch auf die einzelne Organisation heruntergebrochen werden und z.B. zur Vermeidung von Diskriminierung führen. Auch ist in der ganzen Wertschöpfungskette auf Einhaltung der Menschenrechte zu achten. Dies erstreckt sich auf die Achtung von Bürgerrechten wie z.B. dem Verbot von Misshandlungen. Darüber hinaus werden hierunter wirtschaftliche, soziale und kulturelle Rechte verstanden. Besondere Bedeutung kommt der Einhaltung von speziellen Arbeitsrechten, wie der Abschaffung von Kinderarbeit, zu.

3. Gute Arbeitsbedingungen
Die aus der frühkapitalistischen Produktionsphase bekannten extremen Arbeitsbedingungen waren und sind immer noch teilweise in einer Reihe von Entwicklungsländern anzutreffen. Von daher kommt den Standards der ILO mit denen von ihr festgelegten angemessenen Beschäftigungsbedingungen besondere Bedeutung zu. Hierzu gehören sozialer Schutz und Dialog zwischen Arbeitgeber und Arbeitnehmer und vor allem die Betonung der Garantie von Gesundheit und Sicherheit am Arbeitsplatz. Es gilt aber auch zur Personalentwicklung und -förderung der eigenen Mitarbeiter beizutragen.

4. Umweltschutz
Die Wohlstandsgesellschaft der Industrieländer hat Produktionsbedingungen geschaffen, die von den Entwicklungsländern weitgehend unverändert übernommen worden sind. Nach Auftreten gewaltiger Schäden gilt es nunmehr nachhaltige Ressourcen verstärkt zu nutzen und hierdurch zur Minderung des Klimawandels beizutragen. Somit soll das Prinzip des Schutzes der Umwelt und der Renaturierung umgesetzt werden.

5. Fairer Wettbewerb und Kampf gegen Korruption
Gerade in der Bundesrepublik Deutschland lassen sich in der jüngsten Zeit gravierende Fälle von Korruption anführen. In der Regel ist hiermit auch ein volkswirtschaftlicher Schaden verbunden. Angesichts der knappen finanziellen Ressourcen hat das korruptive Verhalten insbesondere in Entwicklungsländern ver-

stärkt negative Auswirkungen. Daher bedarf es angemessener Maßnahmen der Korruptionsvermeidung in den Unternehmen. Dies bedeutet aber auch eine verantwortungsvolle politische Teilhabe der Regierungen am Wirtschaftsprozess durch Setzung angemessener Rahmenbedingungen und die Zurückweisung von Beeinflussungsversuchen seitens einzelner Unternehmen durch Anbieten von Vorteilen ohne entsprechende objektive Leistung. Aber auch zwischen den Unternehmen bedarf es fairer Wettbewerbsregeln und schließlich soll der Staat den Schutz des Eigentums des Einzelnen und von Unternehmen garantieren.

6. *Faire Kundenbeziehungen*

Die von Unternehmen produzierten Artikel richten sich oft an einen sehr großen Kundenkreis mit unterschiedlichen Vorkenntnissen. Daher bedarf es fairer Informationen, eines entsprechenden Marketings und angemessener Vertragspraktiken. Oberstes Prinzip sollte Schutz der Gesundheit und Sicherheit der Konsumenten sein. Hierzu gehören ein erforderlicher Konsumentenservice und eine Produktion, die sich an den Nachhaltigkeitskriterien ausrichtet. Insbesondere im Zeitalter der Kreditkartenzahlung kommt der Achtung des Datenschutzes ganz besondere Bedeutung zu.

7. *Engagement für Gesellschaft/Kommunen*

Waren die vorstehend erwähnten Punkte durch klare gesetzliche Vorgaben konkretisiert, so lässt sich das Engagement für die Allgemeinheit vielfach weniger durch eindeutige Regeln definieren. Allerdings gibt es in Hinsicht auf die Abgaben von Unternehmen bezüglich Steuern und Gebühren in allen Ländern klare gesetzliche Grundlagen, die Höhe und Fälligkeit der Zahlungen präzise festlegen. Gerade in Entwicklungsländern ist der Staat auf die korrekte Zahlung von Steuern durch nationale und internationale Unternehmen angewiesen, da in der Regel die wirtschaftliche und soziale Infrastruktur der Länder unzureichend ausgestattet ist und hierdurch das weitere Wachstum der Wirtschaft und damit auch die Verbesserung der sozialen Lebensbedingungen eingeschränkt werden. So haben Untersuchungen der Deutschen Investitions- und Entwicklungsgesellschaft mbH (DEG) bei 366 Bestandsprojekten ergeben, dass sich deren Steuer- und Konzessionszahlungen im Jahre 2008 auf beachtliche 562 Mio. EUR beliefen und somit einen wichtigen Beitrag zur Stabilisierung der lokalen Haushaltsbudgets leisteten.

Es ist Ziel, die vorstehenden sieben CSR-Kernthemen in den Partnerländern konsequent umzusetzen. Hierbei muss gelten, dass dies unabhängig von der allgemeinen wirtschaftlichen oder politischen Lage des Landes ist. Gerade in Krisenzeiten muss verhindert werden, dass die ohnehin schwierigen Lebensbedingungen der Menschen noch weiter verschärft werden. So weist auch die Abschlusserklärung des G20-Gipfels in London vom 2. April 2009 auf die Bedeutung von CSR für alle Unternehmen hin.

b) Der Gedanke der Freiwilligkeit als eine tragende Säule von CSR

1. *Notwendigkeit eines verstärkten Engagements von Unternehmen in Entwicklungsländern*
Die generelle gesellschaftspolitische Verantwortung von Unternehmen ist besonders in Entwicklungsländern gefordert. Dies gilt nicht nur aus ethischen Gründen oder unternehmensspezifischen Aspekten, wie Steigerung der Motivation der Mitarbeiterinnen und Mitarbeiter und damit Erzielung von höheren Effizienzen in der Produktion. Vielmehr sind die allgemeinen Rahmenbedingungen meist so unzureichend, dass es dringend ergänzender infrastruktureller und sozialer Maßnahmen bedarf. Neben den festen Größen, wie der Zahlung von Steuern und der Einhaltung von ILO-Normen, ergibt sich aus den vorstehenden Aspekten die Notwendigkeit, freiwillige Leistungen bereit zu stellen. Diese können sich auf das Unternehmen selbst, aber auch die Unterstützung der angrenzenden Kommunen beziehen. Die direkten betrieblichen Leistungen können durch wesentlich höhere Löhne als die gesetzlichen Mindestlöhne sowie ergänzende Bonuszahlungen bzw. Urlaubs- oder Wohngeld, Unterhalts- oder Ausbildungsbeihilfen, Inflationsausgleich und ergänzendes Schulgeld verstärkt werden. Neben einer Abdeckung der verschiedenen Sozialversicherungen finden sich oft Elemente wie freie Unterkunft, subventionierte Kredite für den Wohnungsbau, kostenloser Transport zum Arbeitsplatz oder freies Kantinenessen. Häufig werden auch im näheren Umfeld Grundschulen, weiterführende Schulen, Krankenhäuser und Gesundheitsstationen gefördert, von denen in vielen Fällen auch die übrige Bevölkerung profitiert. Im infrastrukturellen Bereich kann dies aber auch die lokale Wasserver- und -entsorgung, öffentliche Straßen und Brücken oder Maßnahmen der Energieversorgung umfassen.

Durch diese Aufzählung zeigt sich, welche breite Palette von freiwilligen Maßnahmen sich in der Realität herausgebildet hat. Eine solche Unterstützung ist besonders dann erforderlich, wenn aufgrund von politischen und wirtschaftlichen Krisen Leistungen des Staates weiter reduziert werden und sie das ohnehin niedrige Niveau weiter nach unten drücken. In solchen Fällen kommt der freiwilligen, unternehmerischen Leistung, solange diese möglich ist, eine ganz besondere Bedeutung zu, um die Lebensbedingungen der Beschäftigten und der in ihrem Umfeld befindlichen Menschen zu verbessern.

2. *Unternehmensbeispiele aus der Praxis*
Im Rahmen einer breit angelegten Untersuchung hat die DEG im Sommer 2008 sechzehn Unternehmen in vierzehn Ländern der Kontinente Afrika, Asien, Lateinamerika und Osteuropa durch ein externes unabhängiges Gutachterteam evaluieren lassen. Hierbei wurden entwicklungspolitische, ökologische, soziale und betriebswirtschaftliche Kriterien zugrunde gelegt, wobei der Beachtung von CSR besondere Bedeutung zugemessen wurde. Nachstehend seien einige Projektbeispiele kurz erläutert.

- Der deutsche Mittelständler Hoppecke stellt im chinesischen Wuhan High-Tech-Batterien her, ohne dass die Umwelt oder die Gesundheit der Mitarbeiter belastet werden. Neben deutlich höheren Löhnen als dem regionalen Mindeststandard werden Überstunden und Nachtzuschläge bezahlt. Darüber hinaus sind alle Mitarbeiter kranken- und unfallversichert, ferner erhalten sie später eine Rente. Schließlich wird in der Werkskantine das Essen kostenlos angeboten sowie zinsgünstige Kredite für den Erwerb eines Hauses oder einer Wohnung gewährt. Insbesondere sichert ein modernes Umweltmanagementsystem einen hohen Standard, wobei z. B. alle anfallenden Abfälle und Betriebsmittel recycelt und generell möglichst geschlossene Kreisläufe angestrebt werden.

- IPSK ist ein Unternehmen vom Aga Khan Fund for Economic Development, der Unternehmen Risikokapital, technische Unterstützung und Management-Know-how bietet. Mit hohem ethischen Standard investiert der Fonds in die Nahrungsmittelindustrie, die Textilproduktion sowie Verpackungsindustrie Kenias. Den mehr als zehntausend direkt beschäftigten Mitarbeitern werden hohe Sozialleistungen, kostenlose Krankenversorgung und die entsprechende Nutzung von Gesundheitsstationen gewährt. Ein Kreditsystem erlaubt es den ca. sechsundfünfzigtausend Vertragsbauern, Saatgut günstig zu kaufen. Darüber hinaus werden sie in landwirtschaftlichen Anbautechniken beraten und trainiert. Ein wichtiger gesellschaftspolitischer Beitrag erfolgt auch dadurch, dass IPSK konsequent gegen Korruption auf allen Ebenen vorgeht.

- Gerade in Afrika kommt dem Landwirtschaftssektor aufgrund seiner positiven Beschäftigungs- und Einkommenseffekte eine besondere Bedeutung zu. So weist der Rosenanbaubetrieb Panda am Navasha-See – im Jahr 2002 gegründet – knapp eintausend Mitarbeiter aus. Neben diesen unmittelbar Beschäftigten werden weitere fünftausendfünfhundert Arbeiter bei Mietern im Flower Business Park von Panda angestellt. Die Produktion erfolgt generell unter Berücksichtigung von Gütesiegeln wie dem „fair trade", so dass bessere Preise und dementsprechend höhere Erlöse erzielt werden können. Der größte Teil der Beschäftigten sind Frauen und um diesen eine bessere Kontrolle ihrer Gehälter zu ermöglichen, werden die Gelder nicht in Gänze sofort bar ausgezahlt, sondern die Mitarbeiterinnen können je nach Bedarf ihren Lohn kostenlos am Geldautomat auf dem Werksgelände abheben. Hinzu kommen vom Unternehmen finanzierte Krankenversicherung, eine kostenlose Fahrt zur Arbeit sowie Low-cost-housing-Programme. Strenge Standards und Kontrollen bezüglich möglicher Schadstoffe, wie Pestizide, gehören ferner zu diesem Vorzeigeunternehmen, wie auch eine Vielzahl sozialer Maßnahmen außerhalb des eigentlichen Projekts. In diesem Zusammenhang ist wichtig, dass nach einer Studie der englischen Cranefield-Universität vom Februar 2007 für Verpackung, Kühlung und Flugtransport nach Europa nur ein Sechstel an CO_2-Emissionen im Vergleich zu einer holländischen Rosenproduktion anfallen. Dies ist ein wichtiges Ergebnis, denn schließlich ist Kenia mit 25% Marktanteil der weltweit größte Blumenlieferant.

- Eine besonders interessante CSR-Aktivität außerhalb des eigentlichen Unternehmensbereichs erfolgt durch die von der DEG finanzierte „Grupo Calsa" der Brüder César und Carlos Lacayo in Nicaragua, die zu den Gründungsmitgliedern der „Union Nicaraguense para la Responsabilitad Social" (UNIRSE) gehören. Dieser 2005 gegründete Verband mit sechzig Mitgliedern strebt die Förderung, Verbreitung und Vertiefung von CSR im Lande in den Bereichen Geschäftsethik, Verhältnis zwischen Wirtschaft und Gesellschaft sowie verantwortungsvolle Vermarktung und Umweltschutz an. Hierzu werden Veranstaltungen zum Erfahrungsaustausch auf nationaler und internationaler Ebene durchgeführt. Gerade solche lokalen und möglichst auch regionalen Verbände können ganz wesentlich zur Verbreitung von CSR beitragen. So ist auch UNIRSE Mitglied im World Business Council for Sustainable Development und arbeitet aktiv in regionalen Netzwerken mit.

Viele der von den externen Gutachtern untersuchten Projekte weisen einen hohen Standard an HIV-Aids-Prävention auf. Ausgehend von einer bereits 2002 eingeführten Klausel in den Verträgen der DEG werden von den Unternehmen Gesundheitszentren und dörfliche Gesundheitsstationen unterhalten, bei denen entsprechende Informationskampagnen und Vorsorgemaßnahmen sowie Untersuchungen erfolgen.

3. *Positive Effekte in der Gesamtschau*
Sicherlich gibt es in den Entwicklungsländern noch eine Vielzahl von Unternehmen, bei denen die Umwelt- und Sozialstandards noch wesentlich verbessert werden müssen. Bei den hier untersuchten Projekten der Entwicklungsfinanzierung – die DEG arbeitet mit marktorientierten Konditionen als „EZ im eigenen Risiko" – wurden aber insgesamt positive Ergebnisse bestätigt. So wurden in einem speziell entwickelten CSR-Rating dreiundzwanzig Projekte evaluiert, die folgendes Ergebnis aufwiesen: drei Projekte erzielten nach dem Schulnotensystem die Note eins, zehn Projekte die Note zwei und drei Projekte die Note drei. Bei sieben Projekten bestand in mindestens einem der fünfunddreißig untersuchten Unterpunkte ein Verbesserungsbedarf, so dass hier die Note vier vergeben wurde. Bei aller Unsicherheit und Ungenauigkeit solcher Messergebnisse kann zumindest bestätigt werden, dass keines der Vorhaben grundlegende umwelt- oder sozialpolitische Defizite zeigte, sondern vielmehr die meisten Projekte eine ganz beachtliche Anzahl zusätzlicher Leistungen aufwiesen.

III. CSR – eine klare Win-Win-Situation?

Die wirtschaftlichen und sozialen Rahmenbedingungen eines Entwicklungslandes sind für den unternehmerischen Erfolg von zentraler Bedeutung. Weist ein Land insgesamt angemessene Bedingungen auf, so wirken sich CSR-Maßnahmen besonders positiv aus. Gleichzeitig haben aber CSR-Aktivitäten gerade in Ländern mit unangemessenen sozialen und umweltpolitischen Rahmenbedingungen eine hohe entwicklungspolitische Bedeutung.

Darüber hinaus gibt es eine breite Diskussion, ob die Durchführung von CSR für das beteiligte Unternehmen und die Gesellschaft allgemein eine klare Win-Win-Situation ist. So entstehen dem Unternehmen für den höheren Aufwand an umweltpolitischen und sozialen Maßnahmen Kosten, die es gegebenenfalls nicht an die Kunden weitergeben kann. Außerdem kann nicht davon ausgegangen werden, dass alle Abnehmer bzw. Kundengruppen diese Aktivitäten durch kontinuierliche oder sogar erhöhte Nachfrage besonders honorieren.

Vorteile von CSR sind in der Regel engagierte Mitarbeiter, deren Motivation wesentlich zum Erfolg des Unternehmens beitragen kann. Hinzu kommt eine verbesserte Reputation im Markt, die in einer globalisierten Welt einen strategischen Wettbewerbsvorteil bedeuten kann. Neben der generellen Voraussetzung einer angemessenen Ertragskraft für derartige Zusatzleistungen kommt es aber entscheidend auf die Motivation des Unternehmens selbst an. In dem internen Gutachten der DEG werden hierzu vier wesentliche Aspekte angeführt:

- die Unternehmensphilosophie der Muttergesellschaft,
- die individuellen Beweggründe der Sponsoren vor Ort,
- strategische Vorgaben der deutschen Muttergesellschaft,
- CSR als notwendige Bedingung der operativen Unternehmenstätigkeit angesichts unzureichender sozialer und wirtschaftlicher staatlicher Infrastruktur.

Die Gewichtung der einzelnen Argumente kann zwangsläufig sehr unterschiedlich ausfallen, wodurch auch das Gesamtergebnis geprägt wird. So fällt es erfolgreichen Unternehmen sicherlich leichter, sich verstärkt bei CSR-Anliegen zu engagieren. Im Extremfall kann das verstärkte Augenmerk eines mittelständischen Unternehmens auf CSR-Herausforderungen seiner unmittelbaren Umwelt sogar zu einer gewissen Vernachlässigung des Kerngeschäfts führen. Ob CSR letztendlich tatsächlich wesentlich dazu beiträgt, dass ein Unternehmen seine Ertragssituation verbessern und damit den Aufwand deutlich überkompensieren kann, sollte im Kontext einer verantwortungsbewussten Gesellschaft ab einem bestimmten Grad letztendlich sekundär sein. Es muss schließlich wieder ein wesentlicher Bestandteil unternehmerischen Handelns werden, in der Gesellschaft soziale Grundnormen, die von allen Teilnehmern akzeptiert werden, aus einem übergeordneten Gemeininteresse heraus zu unterstützen. Die einseitige Orientierung an einer kurzfristigen Gewinnmaximierung, wie sie in den letzten Jahrzehnten praktiziert wurde, hat letztlich in eine globale Sackgasse geführt, die sich sowohl auf die ökonomische Situation von Millionen von Menschen negativ ausgewirkt als auch gleichzeitig eine Orientierungslosigkeit bei grundlegenden Werten der Gesellschaft verursacht hat. Dies zeigt sich an der breiten Diskussion über die Höhe von Managergehältern, die in Spitzenwerten oft keinen Bezug mehr zu der individuellen Leistung und dem Entgelt nachweisen konnten. Vor allem klafft die monetäre Kompensation zwischen den einzelnen Leistungsgruppen, die zum Erfolg des Unternehmens beitragen, in nicht mehr erklärbarer Weise auseinander. Es dürfte allgemeiner Konsens der Gesellschaft sein, dieser Fehlentwicklung entgegen zu steuern. Daher kommt einer verstärkten CSR-Politik der Unternehmen in diesem Kontext eine besondere Bedeutung zu.

IV. Facetten einer zukunftsweisenden Gesellschaftspolitik

Es gibt wohl kaum ein anderes unternehmensbezogenes Thema, das eine ähnliche Bandbreite von gesellschaftspolitischen und betriebswirtschaftlichen Facetten aufweist. Da CSR als Thema die direkt Beschäftigten, das Management der Unternehmen sowie die Eigentümer berührt, umfasst es letztlich einen sehr großen Teil der Bevölkerung. Darüber hinaus erstreckt es sich inhaltlich auf alle Bereiche sozialer Fragen, umweltpolitischer Aspekte sowie des zentralen Themas der Menschenrechte der Beschäftigten. Abgesehen von dem hier im Fokus stehenden Kreis der Entwicklungsländer gewinnt CSR ebenso für die Industrieländer zusehends eine stärkere Bedeutung.

Auch in den weiterentwickelten Ländern steigt die Armut eines beachtlichen Teils der Bevölkerung und geht die Schere bei der Einkommens- und Vermögensverteilung weiter auseinander. Bei alten Menschen wie auch vor allem bei Familien mit Kindern aus Niedrigeinkommensgruppen können aus eigener Kraft die Grundbedürfnisse, die sich ja aus dem Kontext des Standards der eigenen Gesellschaft definieren, oft nicht mehr in angemessener Weise gedeckt werden. Aus diesem Grunde kommt freiwilligen CSR-Leistungen der Unternehmen zusehends größerer Bedeutung zu. So haben auch von dreißig deutschen DAX-Unternehmen neunundzwanzig Aktiengesellschaften eine CSR-Abteilung eingerichtet. Die verstärkt eingeklagte soziale Verantwortung der Gesellschaft für ihre Mitglieder, insbesondere auch durch Unternehmen, rückt derzeit in den Fokus politischer Diskussionen. Daher kommt der wesentlich erleichterten Gründung von Stiftungen besondere Bedeutung zu. Auf diese Weise können Unternehmen in Jahren besonders positiver Geschäftsergebnisse Mittel in eine Stiftung einbringen, aus der dann Leistungen für die Mitarbeiterinnen und Mitarbeiter erbracht werden können, die in Zeiten niedrigerer Ertragssituation ansonsten nur eingeschränkt möglich wären. Die Tätigkeit solcher Stiftungen ist in Deutschland insgesamt in eine starke Verwaltung der öffentlichen Dienste eingebunden; somit handelt es sich im Wesentlichen um Maßnahmen, die das Gesamtsystem einer sozialen Sicherung unterstützen, und in der Regel zu keinen negativ verzerrenden Wirkungen führen.

Durchaus kritischer kann die Situation u. U. in Entwicklungsländern gesehen werden, wenn Unternehmen, aber auch private Stiftungen, aufgrund ihrer enormen Ertragskraft durch soziale, freiwillige Leistungen glauben, dass sie auch einen breiten politischen Anspruch in ihrer Stadt oder Gemeinde einfordern können. Nicht völlig unproblematisch erscheinen manchen sogar Tätigkeiten von großen Stiftungen, wie z. B. der Bill & Melinda Gates Foundation im Gesundheitssektor, da hier befürchtet wird, dass eine enge Koordinierung mit den Regierungsstellen nicht in allen Fällen erfolgt. Sicherlich besteht hier in gewisser Weise tatsächlich ein grundlegendes Problem, da es auch schon bisher für schwächere Staaten schwierig ist, die Vielzahl der öffentlichen Entwicklungsgeber zu koordinieren. Eine weiter steigende Zahl privater Hilfsorganisationen kann diese Problematik zwangsläufig weiter verschärfen. Daher stellt sich hier zusehends die Frage nach der Good Governance der Regierungen in den Partnerländern, denn nur wenn die Unternehmen und die breite Zivilgesellschaft davon ausgehen können, dass Mittel, die dem Staatsbudget zufließen, auch effizient und zielgemäß verwendet werden, wird ihre Bereitschaft bestehen bleiben bzw. nachhaltig steigen, durch Budgetfinanzierung oder weitere freiwillige Abgaben an die Regierung, deren Finanzsituation zu verbessern. Einen Zwischenweg geht z. B. der pakistanische Finanzminister, der jährlich den so genannten Pakistan Corporate Philanthropy Awards an öffentlich gelistete Gesellschaften vergibt. Ausgezeichnet werden die Unternehmen, die den größten Beitrag für die soziale Entwicklung in Pakistan geleistet haben. Hierzu muss allerdings gesagt werden, dass CSR nicht als ein philanthropisches Anliegen zu interpretieren ist, sondern es vielmehr auf ein nachhaltiges gesellschaftspolitisches Engagement der Unternehmen zielt, das weit über die Leistung eines einmaligen Betrages für soziale Zwecke hinausgeht. CSR-Maßnahmen dürfen durchaus auch dem legitimen Selbstinteresse der Unternehmen entspringen, sollten aber nicht zu einem reinen Marketinginstrument für ein besseres Image degradiert werden.

Andere Argumentationslinien ergeben sich derzeit in Indien. Dort nimmt sich im Bundesstaat Maharashtra angabegemäß alle zwei Stunden ein Bauer das Leben, weil er seine Schulden nicht begleichen kann. Ausgangspunkt sind die in der Mitte des Subkontinents ungünstigen Produktionsbedingungen für den Baumwollanbau, die je nach klimatischer Situation zwischen Trockenperioden und Überschwemmungen schwanken. Auch eine Initiative der indischen Regierung für den Schuldenerlass für Kleinbauern hat dieses Problem bisher noch nicht zufriedenstellend lösen können. In diesem Kontext sind auch die Gespräche zwischen Indiens Ministerpräsident Manmohan Singh und den Wirtschaftsführern des Landes vor den Wahlen am 16. April 2009 zu sehen. So wurde von den Unternehmen die Ineffizienz der Bürokratie und deren Inkompetenz sowie die weit verbreitete Korruption auch in der Politik kritisiert, die unter anderem zu einer unzureichenden wirtschaftlichen Infrastruktur des Landes aber auch wesentlichen Mängeln, z. B. im Bildungssystem geführt hat.

An den vorstehenden Ausführungen zeigt sich die Bandbreite der zu lösenden Probleme in den Partnerländern. Unternehmen können hierzu einen wichtigen Beitrag leisten, aber die Gesamtsituation nicht grundlegend ändern; dies ist Aufgabe der Gesellschaft insgesamt. Gerade die derzeitige Weltwirtschaftskrise hat gezeigt, dass hier wesentliche Veränderungen im globalen Rahmen erforderlich sind. Dies bezieht sich auch auf die Rolle zwischen Industrie- und so genannten Entwicklungsländern, die absehbar in der Zukunft in konzeptioneller, wirtschaftlicher und machtpolitischer Hinsicht zunehmend an Gewicht gewinnen werden. Daher bekommt die Forderung nach einem UN-Sicherheitsrat für wirtschaftliche und soziale Entwicklung neue Bedeutung. Allerdings dürfte zu der Umsetzung noch ein weiter Weg erforderlich sein. Vor allem müsste ein starker und visionärer Generalsekretär der Vereinten Nationen mit Unterstützung der wichtigsten Länder die seit langem anstehende grundlegende Reform der UN realisieren, damit ein solcher Sicherheitsrat tatsächlich eine angemessene Rolle spielen könnte. Große Ideen brauchen oft einen langen Vorlauf ihrer Umsetzung, sind selbst einige Jahrzehnte im Hinblick auf die historische Entwicklung unserer Weltgemeinschaft lediglich ein kurzer Lidschlag der Geschichte.

Literaturverzeichnis

Acemoglu, D. / Robinson, J. A., De Facto Political Power and Institutional Persistence, in: American Economic Review, Vol. 96 2006, No. 2, S. 325-330.

Adam, M., Die Entstehung des Governance-Konzepts bei Weltbank und UN, in: Entwicklung und Zusammenarbeit (E+Z), Jg. 41 2000, Nr. 10, S. 272-274.

Africa Partnership Forum, Development Finance in Africa, 2008.

Alemann, U. von, Politische Korruption: Ein Wegweiser zum Stand der Forschung, in: Ders. (Hrsg.), Dimensionen politischer Korruption: Beiträge zum Stand der internationalen Forschung, PVS-Sonderheft 35/2005, Wiesbaden 2005, S. 13-49.

Amundsen, I., Political Corruption: An Introduction to the Issues, Christian Michelsen Institute Working Paper 7/1999, Bergen 1999.

Angenendt, S., Irreguläre Migration als internationales Problem. Risiken und Optionen, SWP-Studie S 33, 2007.

Ders., Die Steuerung der Arbeitsmigration in Deutschland. Reformbedarf und Handlungsmöglichkeiten, Friedrich-Ebert-Stiftung, Bonn 2008.

Ders., Die Zukunft der europäischen Migrationspolitik. Triebkräfte, Hemmnisse und Handlungsmöglichkeiten, Schriften zu Europa, Band 4, Berlin 2008.

Archer, M. S., Structure, Agency, and the Internal Conversation, Cambridge / New York 2003.

Asbrand, B., Globales Lernen und das Scheitern der großen Theorie. Warum wir heute neue Konzepte brauchen, in: Zeitschrift für internationale Bildungsforschung und Entwicklungspädagogik (ZEP), 2002, Nr. 3, S. 13-19.

Asche, H., Durch einen Big Push aus der Armutsfalle? Eine Bewertung der neuen Afrika-Debatte, Deutsches Institut für Entwicklungspolitik Discussion Paper Nr. 5, Bonn 2006.

Asia-Pacific Economic Cooperation, The Drivers of the New Economy in APEC: Innovation and Organizational Practices, Singapore 2003.

Baber, Z., The Emerging Triple-Helix of Science-Industry-University in Japan and Singapore, 1999.

Bailey, B., Synthesis of Lessons Learned of Donor Practices in Fighting Corruption, Paris 2003.

Bakewell, O. / de Haas, H., African Migrations: continuities, discontinuities and recent transformations, in: Chabal, P. / Engel, U. / de Haan, L. (Hrsg.), African Alternatives, Leiden 2007.

Bardhan, P., Corruption and development: A review of issues, in: Journal of Economic Literature, Vol. 35 1997, No. 3, S. 1320-1346.

Bartol, K. M. / Srivastava, A., Encouraging Knowledge Sharing: The Role of Organizational Reward Systems, in: Journal of Leadership and Organizational Studies. Jg. 9 2002, Nr. 1, S. 64-76.

Beck, U., World Risk Society, Malden 1999.

Becker, F., Geschichte und Systemtheorie. Exemplarische Fallstudien, Frankfurt/Main 2004.

Berg, C. / Kampfer, G. K. (Hrsg.), Verfassung für Europa. Der Taschenkommentar für Bürgerinnen und Bürger, 2. Aufl., Bielefeld 2005.

Blau, P., Exchange and Power in Social Life, New York 1964.

Birnbacher, D., Einführung in die analytische Ethik, Berlin 2003.

Bratton, M. / van de Walle, N., Democratic Experiments in Africa: Regime Transitions in Comparative Perspective, New York 1997.

Bulig, J., Von der Provokation zur „Propaganda der Tat" – Die „Antiautoritäre Bewegung" und die Rote Armee Fraktion (RAF), Bonn 2007.

Bund für Umwelt und Naturschutz Deutschland / Brot für die Welt / Evangelischer Entwicklungsdienst (Hrsg.), Zukunftsfähiges Deutschland in einer globalisierten Welt – Ein Anstoß zur gesellschaftlichen Debatte, Frankfurt/Main 2008.

Bund-Länder-Kommission für Bildungsplanung und Forschungsförderung, Bildung für eine nachhaltige Entwicklung – Orientierungsrahmen, Materialien zur Bildungsplanung und Forschungsförderung, Heft 96, Bonn 1998, abrufbar unter: http://www.blk-bonn.de/papers/heft69.pdf.

Dies., Bildung für eine nachhaltige Entwicklung ("21"). Abschlussbericht des Programmträgers zum BLK-Programm, Heft 123, Bonn 2005, abrufbar unter: http://www.blk-bonn.de/papers/heft123.pdf.

Bundesministerium des Innern (Hrsg.), Verfassungsschutzbericht 2007, Berlin 2008.

Ders. (Hrsg.), Migrationsbericht 2007, 2008.

Bundesministerium für Bildung und Forschung, Bericht der Bundesregierung zur Bildung für eine nachhaltige Entwicklung, Bonn 2002 abrufbar unter: http://www.bmbf.de/pub/bb_bildung_nachhaltige_entwicklung.pdf.

Ders., Bericht zur technologischen Leistungsfähigkeit Deutschlands, Berlin 2007.

Bundesministerium für wirtschaftliche Zusammenarbeit und Entwicklung, Partner für ein starkes Afrika. Zusammenarbeit im Bereich Good Governance, Materialien Nr. 161, Berlin o. J.

Ders. (Hrsg.), Transforming Fragile States – Examples of Practical Experience, Baden-Baden 2007.

Bundesministerium für wirtschaftliche Zusammenarbeit und Entwicklung / Ständige Konferenz der Kultusminister der Länder, Orientierungsrahmen für den Lernbereich Globale Entwicklung im Rahmen einer Bildung für nachhaltige Entwicklung, Bonn / Berlin 2007.

Bundesregierung, Unterrichtung durch die Bundesregierung. Bericht der Bundesregierung zur Bildung für eine nachhaltige Entwicklung für den Zeitraum 2002 bis 2005, Drucksache 15/6012 vom 04.10.2005, Berlin 2005, abrufbar unter: http://dip.bundestag.de/btd/15/060/1506012.pdf.

Dies., Fortschrittsbericht 2008 zur nationalen Nachhaltigkeitsstrategie. Für ein nachhaltiges Deutschland, Berlin 2009, abrufbar unter: http://www.bundesregierung.de/nn_658658/Content/DE/__Anlagen/2008/05/2008-05-08-fortschrittsbericht-2008.html.

Bunge, M., Systemism: the alternative to individualism and holism, in: Journal of Socio-Economics, 2000, No. 29, S. 147-157.

Cameron, M., Corruption, Encroachment, and the Separation of Powers, Paper prepared for the Workshop on Corruption and Democracy, University of British Columbia, 8-9 June 2007.

Canadell, J. et al., Contributions to accelerating atmospheric CO_2 growth from economic activity, carbon intensity, and efficiency of natural sinks, in: PNAS, November 20 2007, No. 47, S. 18866-18870, abrufbar unter: www.pnas.org.

Carlowitz, H. C. von, Sylvicultura oeconomica. Anweisung zur wilden Baum-Zucht, Leipzig 1713.

Chay, Y. W. et al., Social Capital and Knowledge Sharing in Knowledge-Based Organizations: An Empirical Study, in: Jennex, M. E. (Hrsg.), Knowledge Management, Organizational Memory and Transfer Behavior: Global Approaches and Advancements, Pennsylvania 2009.

Chazan, N. et al., Politics and Society in Contemporary Africa, 3rd Edition, Boulder 1999.

Chêne, M., The impact of strengthening citizen demand for anti-corruption reform, U4 Anticorruption Resource Centre, U4 Expert Answer, July 2008.

Chou, M.-H., EU and the Migration-Development Nexus: What prospects for EU-wide policies?, Working Paper 37, Oxford 2006.

Cicourel, A. V., Cognitive Sociology: Language and Meaning in Social Interaction, London 1973.

Clausewitz, C. von, Vom Kriege, Erftstadt 2004.

Cohen, D. / Prusak, L., In Good Company: How Social Capital Makes Organizations Work, Boston 2001.

Collier, P., What Can We Expect from More Aid to Africa? Centre for the Study of African Economies, Oxford 2006.

Ders., The bottom billion. Why the poorest countries are failing and what can be done about it, Oxford 2007.

Ders., Die unterste Milliarde. Warum die ärmsten Länder scheitern und was man dagegen tun kann, München 2008.

Ders., Review of Dead Aid by Dambisa Moyo, in: the Independent, 30 January 2009.

Commission on Sustainable Development, Main and emerging issues. Report of the Secretary-General. Sixth session, 20 April-1 May 1998, High-level meeting, E/CN.17/1998/10, New York 1998. abrufbar unter: http://www.un.org/esa/dsd/resources/res_docucsd_06.shtml.

Dies., Capacity-building, education and public awareness, science and transfer of environmentally sound technology (Chapters 34-37 of Agenda 21), Report of the Secretary-General, Sixth session 20 April-1 May 1998, E/CN.17/1998/6, New York 1998, abrufbar unter: http://www.un.org/esa/dsd/resources/res_docucsd_06.shtml.

Conte, R. /Paolucci, M., Reputation in Artificial Societies: Social Beliefs for Social Order, Boston 2002.

Conzelmann, T., Auf der Suche nach einem Phänomen: Was bedeutet Good Governance in der europäischen Entwicklungspolitik?, in: Nord-Süd aktuell, Jg. XVII 2003, Nr. 3, S. 468-477.

Cooper, R., Gibt es eine neue Weltordnung?, in: Senghaas, Dieter (Hrsg.), Frieden machen, Frankfurt/Main 1997.

Croissant, A., Staat, Staatlichkeit und demokratische Transformation in Ostasien, Beitrag zur Tagung des Arbeitskreises Systemwechsel der DVPW in Kooperation mit Akademie Franz Hitze Haus, 5.-7. Juli 2001.

Darnstädt, T., Das Prinzip Wettbewerb, in: DER SPIEGEL, 19.05.2003, S. 52-65.

Dawkins, R., The selfish gene, Oxford 1976.

Debiel, T. (Hrsg.), Der zerbrechliche Frieden – Krisenregionen zwischen Staatsversagen, Gewalt und Entwicklung, Bonn 2002.

Debiel, T. / Lambach, D. / Reinhardt, D., „Stay Engaged" statt „Let Them Fail". Ein Literaturbericht über entwicklungspolitische Debatten in Zeiten fragiler Staatlichkeit, INEF-Report 89, Duisburg 2007.

Department for International Development, Partnerships for Poverty Reduction: Rethinking Conditionality. A UK Policy Paper, London 2005.

Ders., Why We Need to Work More Effectively in Fragile States, London 2005.

Deutsche Gesellschaft für Technische Zusammenarbeit GmbH (Hrsg.), Good Governance und Demokratieförderung zwischen Anspruch und Wirklichkeit, Eschborn 2004.

Deutscher Bundestag, Abschlussbericht der Enquete-Kommission „Schutz des Menschen und der Umwelt – Ziele und Rahmenbedingungen einer nachhaltig zukunftsverträglichen Entwicklung", Deutscher Bundestag: Drucksache 13/11200 vom 26.06.1998, Bonn 1998.

Ders., Europäisches Raumordnungskonzept(EUREK). Auf dem Wege zu einer räumlich ausgewogenen und nachhaltigen Entwicklung der EU, Ducksache 14/1388 vom 30.06.99, Bonn 1999.

Ders. (Hrsg.), Schlussbericht der Enquete-Kommission Globalisierung der Weltwirtschaft, Opladen 2000.

Ders., Gesetzentwurf der Bundesregierung „Entwurf eines Gesetzes zur Neufassung des Raumordnungsgesetzes und zur Änderung anderer Vorschriften(GeROG)", Drucksache 16/10292 vom 22.09.2008, Berlin 2008.

Ders., Beschlussempfehlung und Bericht des Ausschusses für Verkehr, Bau und Stadtentwicklung zu dem Gesetzentwurf der Bundesregierung „Entwurf eines Gesetzes zur Neufassung des Raumordnungsgesetzes und zur Änderung anderer Vorschriften(GeROG)", Drucksache 16/10900 vom 12.11.2008, Berlin 2008.

Deutscher Gewerkschaftsbund et al., (Hrsg.), Kopenhagen plus 5. Neuer Aufbruch zur sozialen Gestaltung der Weltwirtschaft? Forderungen, Resultate, Perspektiven, Bonn 2000.

Development Assistance Committee, Development Co-operation Reviews European Community, Nr. 30, Paris 1998.

Ders., Aid Targets Slipping out of Reach?, Paris 2008.

Ders., Synthesis Report on Policy Coherence for Development, Paris 2008.

Ders., Governance, Taxation, and Accountability: Issues and Practices, Paris 2008.

Ders., Compendium on donor implementation of the Paris Declaration, Paris 2008.

Diamond, J. M., Guns, germs, and steel. The fates of human societies, New York 1999.

Ders., Collapse: How Societies Choose to Fail or Succeed, 2005.

Dörner, D., Die Logik des Misslingens – Strategisches Denken in komplexen Situationen, Reinbek bei Hamburg 1995.

Doig, A. et al., Measuring "Success" in Five African Anti-Corruption Commissions. The Cases of Ghana, Malawi, Tanzania, Uganda and Zambia, U4 Research Report, Bergen 2005.

Doig, A. / Marquette, H., Corruption and democratisation: the litmus test of international donor agency intentions, in: Futures, Vol. 37 2005, No. 2-3, S. 199-213.

Dolzer, R., Good Governance. Neues transnationales Leitbild der Staatlichkeit, in: Zeitschrift für ausländisches öffentliches Recht und Völkerrecht (ZaöRV), 2004, Nr. 64, S. 535-546.

Dolzer, R. / Herdegen, M. / Vogel, B. (Hrsg.), Good Governance. Gute Regierungsführung im 21. Jahrhundert, Freiburg / Basel / Wien 2007.

Doppler, K. / Lauterburg, C., Change-Management. Den Unternehmenswandel gestalten, Frankfurt/Main 2002.

Draheim, P. et al., Bildung macht reich – Mehr Praxisorientierung in Bildung und Weiterbildung. Thesenpapier der Arbeitsgruppe Bildungs-, Forschungs- und Innovationspolitik des Managerkreises der Friedrich-Ebert-Stiftung, 2009.

Drucker, P. F., Postcapitalist Society, New York 1994.

Dumont, R., False Start in Africa, aus dem Französischen (L'Afrique Noire est Mal Partie, Paris 1962), London 1966.

Easterly, W., Wir retten die Welt zu Tode, Frankfurt/Main 2006.

Economic Commission for Africa, International Migration and Development – Implications for Africa, New York 2006.

EG-Vertrag, (Fassung vom 26.2.2001).

El-Kosheri, A. S., Good Governance aus der Perspektive der Empfängerländer, in: Dolzer, R. / Herdegen, M. / Vogel, B. (Hrsg.), Good Governance, Freiburg / Basel / Wien 2007, S. 36-44.

Enderle, G., Ökonomische und ethische Aspekte der Armutsproblematik, in: Lenk, H. / Maring, M. (Hrsg.), Wirtschaft und Ethik, Stuttgart 1992, S. 134-152.

Engelhard, K., Einführung in den Orientierungsrahmen für den Lernbereich Globale Entwicklung, in: Ders.(Hrsg.), Globalisierung aus der Sicht der Anderen, Münster et al. 2008, S. 13-33.

Englebert, P., State Legitimacy and Development in Africa, Boulder 2000.

Enquete Kommission des Deutschen Bundestages "Globalisierung der Weltwirtschaft", Globalisierung der Weltwirtschaft. Herausforderungen und Antworten, Berlin 2003.

Erdmann, G., Neopatrimoniale Herrschaft – oder: Warum es in Afrika so viele Hybridregime gibt, in: Bendel, P. / Croissant, A. / Rüb, F. (Hrsg.), Hybride Regime. Zur Konzeption und Empirie demokratischer Grauzonen, Opladen 2002, S. 323-342.

Erdmann, G. / von Soest, C., Diktatur in Afrika, in: GIGA Focus, Nr. 8/2008, Hamburg 2008.

Erklärung der Staats- und Regierungschefs der Mitgliedstaaten der Europäischen Union zur Ratifizierung des Vertrags über eine Verfassung für Europa, Brüssel 18. Juni 2005 (SN 117/05), abrufbar unter: http://www.consilium.europa.eu/ueDocs/cms_Data/docs/pressData/de/ec/85329.pdf.

Erklärung anlässlich des 50. Jahrestages der Unterzeichnung der Römischen Verträge, Berlin 25. März 2007, abrufbar unter: http://www.eu2007.de/de/News/download_docs/Maerz/0324-RAA/German.pdf.

„EU will Ratifizierung des Reformvertrags fortsetzen", in: Die Welt vom 20. Juni 2008, abrufbar unter: http://www.welt.de/politik/article2127138/EU_will_Ratifizierung_des_Reformvertrags_fortsetzen.html.

Europäische Raumordnungsministerkonferenz (CEMAT), Leitlinien für eine nachhaltige räumliche Entwicklung auf dem europäischen Kontinent, 2000, Nr. 7.

Europäischer Rat, Erklärung von Laeken zur Zukunft der Europäischen Union, 15.12.2001, abrufbar unter: http://european-convention.eu.int/pdf/LKNDE.pdf.

Ders., Schlussfolgerungen des Vorsitzes, Brüssel 19./20. Juni 2008 (20/6/2008 Nr. 11018/1/08 REV1), abrufbar unter: http://www.consilium.europa.eu/ueDocs/cms_Data/docs/pressData/de/ec/101359.pdf.

European Commission, Flash Eurobarometer 171. The European Constitution: post-referendum survey in France, June 2005, abrufbar unter: http://ec.europa.eu/public_opinion/flash/fl171_en.pdf.

Dies., Flash Eurobarometer 172. The European Constitution: post-referendum survey in The Netherlands, June 2005, abrufbar unter: http://ec.europa.eu/public_opinion/flash/fl172_en.pdf.

European Council, Presidency Conclusions, Brüssel 14. Dezember 2007, abrufbar unter: http://www.ue2007.pt/NR/rdonlyres/653A999C-723A-4ED2-B14D-E6E51D83BBBB/0/LASTCE97669.pdf.

European Union, European Union Strategy for Africa: towards a Euro-African Pact to accelerate Africa's development (15-16 December 2005), in: Michel, L. (Hrsg.), Compendium on development strategies, Brussels 2006.

European University Institute (Hrsg.), European Report on Development, 2009, abrufbar unter: http://erd.eui.eu/.

Evers, H.-D., Transition towards a Knowledge Society: Malaysia and Indonesia in Global Perspective, in: Menkhoff, T. / Evers H.-D. / Chay, Y. W. (Hrsg.), Governing and Managing Knowledge in Asia, Singapore 2005, S. 91-110.

Ders., Knowledge Hubs and Knowledge Clusters: Designing a Knowledge Architecture for Development, ZEF Working Paper Series 27, Bonn 2008.

Evers, H.-D. / Gerke, S., Local and Global Knowledge: Social Science Research on Southeast Asia, 2003.

Evers, H.-D. / Gerke, S. / Menkhoff, T., Knowledge and Development – Strategies for Building a Knowledge Society. ZEF Policy Brief No. 6, Bonn 2006.

Evers, H.-D. / Menkhoff, T., Strategic Groups in a Knowledge Society: Knowledge Elites as Drivers of Biotechnological Development in Singapore, in: Gerke, S. / Evers, H.-D. / Hornidge, A.-K. (Hrsg.), The Straits of Malacca: Knowledge and Diversity, ZEF Development Studies Vol. 8, Berlin / London 2008, S. 85-98.

Faust, J., Informelle Politik und ökonomische Krisen in jungen Demokratien, in: APUZ 21/2000, S. 3-9.

Ferrari, A., Religions, Secularity and Democracy in Europe: For a New Kelsenian Pact, Jean Monnet Working Paper Series, New York 2005.

Fischer, J., Vom Staatenverbund zur Föderation – Gedanken über die Finalität der europäischen Integration („Humboldt-Rede"), Berlin 12. Mai 2000, abrufbar unter: http://www.europa.clio-online.de/site/lang__de/ItemID__17/mid__11373/40208215/default.aspx.

Fjelde, H. / Hegre, H., Depraved. Corruption and Institutional Change 1985-2004, Paper presented to the 48th Annual Meeting of the International Studies Association, 28 February-3 March 2007, Chicago 2007.

Fjeldstad, O.-H. / Isaksen, J., Anti-Corruption Reforms: Challenges, Effects and Limits of World Bank Support. Background Paper to Public Sector Reform: What Works and Why?, Independent Evaluation Group (IEG) Working Paper 2008/7.

Foresti, M. et al., Voice for accountability: Citizens, the state and realistic governance, ODI Briefing Paper, London 2007.

Forst, R., Toleranz, in: Sandkühler, Hans Jörg (Hrsg.), Enzyklopädie Philosophie, Hamburg 1999.

Forum, Zeitschrift der UNESCP-Projekt-Schulen,2002, Nr. 1.

Foster, V., Overhauling the Engine of Growth: Infrastructure in Africa, Africa Infrastructure Country Diagnostic (AICD), Washington D.C. 2009.

Frey, B. S. / Kirchgässner, G., Demokratische Wirtschaftspolitik, Theorie und Anwendung, 2. Aufl. München 1994.

Friedrich, K. / Schultz, A. (Hrsg.), Brain drain or brain circulation? Konsequenzen und Perspektiven der Ost-West-Migration, Leipzig 2008.

Friedman, T. L., Hot, Flat, and Crowded. Why the world needs a green revolution – and how we can renew our global future, London 2008.

Ders., Hot, Flat, and Crowded. Why we need a green revolution – and how it can renew America, New York 2008.

Fritz, V., Corruption and anti-corruption efforts, ODI Background Note, London 2006.

Fukuyama, F., Trust: The Social Virtues and the Creation of Prosperity, London 1996.

Ders., The Great Disruption: Human Nature and the Reconstitution of Social Order, London 1999.

Ders., Staaten bauen. Die neue Herausforderung internationaler Politik, Berlin 2006.

Fulcher, J. / Rochow, C., Kapitalismus, Stuttgart 2007.

Funtowicz, S. / Ravetz, J. R., Post-normal science, in: Cleveland, C. J. (Hrsg.), Encyclopedia of earth, Washington D.C. 2008, abrufbar unter: http://www.eoearth.org/article/Post-Normal_Science (zuletzt aufgerufen am 3.7.2009).

Fuster, T., Die „Good Governance" Diskussion der Jahre 1989 bis 1994, Bern / Stuttgart / Wien 1998.

Gabbay, S. M. / Leenders, R., Social Capital of Organizations: From Social Structure to the Management of Corporate Social Capital, in: Gabbay, S. M. / Leenders, R. (Hrsg.), Social Capital of Organizations, Oxford 2001, S. 1-20.

Gad, D., Kultur und Entwicklung. Eine Übersichtsstudie zu Schnittfeldern deutscher Akteure der Auswärtigen Kultur- und Bildungspolitik und der Entwicklungszusammenarbeit, Stuttgart 2008.

Gareis, S. B. / Varwick, J., Die Vereinten Nationen, Opladen 2002.

Gefen, D., Lessons Learnt from the Successful Adoption of an ERP: The Central Role of Trust, in: Zanakis, S. H. / Doukidis, G. / Zopounidis, C. (Hrsg.), Decision Making: Recent Developments and Worldwide Applications, Dordrecht / Boston 2000, S. 17-30.

George, S., Die Weltbank und ihr Konzept von good governance, in: Hippler, J. (Hrsg.), Demokratisierung der Machtlosigkeit, Hamburg1994, S. 206-211.

Gerhardt, V., Eine Frage an Kant. Der Afghanistan Konflikt aus Sicht der Kritischen Philosophie, in: Forschung und Lehre, 2001, Nr. 12, S. 639-641.

Gerke, S. / Menkhoff, T., Chinese Entrepreneurship and Asian Business Networks, London / New York 2002.

Gerke, S. /, Evers, H.-D. / Schweisshelm, R., Wissen als Produktionsfaktor: Südostasiens Aufbruch zur Wissensgesellschaft, in: Soziale Welt, 2005, Nr. 55, S. 39-52.

Gerke, S. / Evers, H.-D. / Hornidge, A.-K. (Hrsg.), The Straits of Malacca: Knowledge and Diversity, Berlin / London 2008.

Ghandi, J. / Przeworski, A., Cooperation, Cooptation and Rebellion under Dictatorships, in: Economics and Politics, Vol. 18 2006, No. 1, S. 1-26.

Giampietro, M. / Pimentel, D., The tightening conflict: population, energy use, and the ecology of agriculture. N.P.G. Forum (Negative Population Growth), October 1993, S. 1-8.

Giddens, A., The Consequences of Modernity, Palo Alto 1990.

Gilpin, R., The Political Economy of International Relations, Princeton/New Jersey 1987, Übersetzung von Kaiser, K. / May, B., Weltwirtschaft und Interdependenz, in: Kaiser, K. / H.-P. Schwarz (Hrsg.), Weltpolitik im neuen Jahrhundert, Bonn 2000.

Global Water Intelligence / Foster, V. / Yepes, G., Is Cost Recovery a Feasible Objective for Water and Electricity? The Latin America Experience, Policy Research Working Paper 3943, Washington D.C. 2006.

Goddéris, Y. / Donnadie, Y., Biogeochemistry: Climatic plant power, in: Nature, 2009, Nr. 460, S. 40-41.

Goffman, E., The Presentation of Self in Everyday Life, London 1969.

Granovetter, M. S., Economic Action and Social Structure: The Problem of Embeddedness, in: American Journal of Sociology, Jg. 91 1985, Nr 3, S. 481-510.

Ders., Problems of Explanation in Economic Sociology, in: Nohria, N. / Eccles, R. (Hrsg.), Networks and Organizations: Structure, Form and Action, Boston 1992, S. 25-56.

Grindle, M., Good Enough Governance Revised, in: Development Policy Review, Vol. 25 2007, No. 5, S. 553-574.

Gruppe von Lissabon, Grenzen des Wettbewerbs, Die Globalisierung der Wirtschaft und die Zukunft der Menschheit, München 2001.

Gu, J. / Humphrey, J. / Messner, D., Global Governance and developing countries. The implications of the rise of China, in: World Development, Vol. 36 2008, No. 2, S. 274-291.

Guérot, U., Stell dir vor, es gibt Europa und keiner macht mit. Einige persönliche Betrachtungen, in: Internationale Politik, Jg. 60 2005, Nr. 7, S. 47-49.

Gupta, A. K., Origin of agriculture and domestication of plants and animals linked to early Holocene climate amelioration, in: Current Science, 2004, Nr. 87, S. 54-59.

Gupta, A. K. / Govindarajan, V., Knowledge Management's Social Dimension: Lessons from Nucor Steel, in: Sloan Management Review, Jg. 42 2000, Nr. 1, S. 71-80.

Gupta, S. et al., Corruption and the provision of health care and education services, IMF Working Paper, 1998.

Gupta, S. et al., Does corruption affect income inequality and poverty? IMF Working Paper, 2001.

Haan, G. de, Bildung für eine nachhaltige Entwicklung als Voraussetzung für gesellschaftlichen Wandel, in: de Blasi, L. / Goebel, B. / Hösle, V. (Hrsg.), Nachhaltigkeit in der Ökologie. Wege in eine zukunftsfähige Welt, München 2001, S. 184-208.

Ders., Bildung als Voraussetzung für eine nachhaltige Entwicklung – Kriterien, Inhalte, Strukturen, Forschungsperspektiven, in: Kopfmüller, J. (Hrsg.), Den globalen Wandel gestalten, Berlin 2003, S. 93-112.

Ders., Bildung für nachhaltige Entwicklung – ein neues Lern- und Handlungsfeld, in: UNESCO heute. Zeitschrift der deutschen UNESCO-Kommission, 2006, Nr. 1.

Ders., Bildung für nachhaltige Entwicklung als Handlungsfeld, in: Praxis Geographie, 2007, Nr. 9, S. 4-9.

Haas, H. de, The myth of invasion: The inconvenient realities of migration from Africa to the European Union, in: Third World Quarterly, Jg. 29 2008, Nr. 7, S. 1305-1322.

Habermas, J., Aus Katastrophen lernen?, in: Ders., Die postnationale Konstellation. Politische Essays, Frankfurt/Main 1988, S. 65-90.

Hamilton, D. et al., Alliance Reborn: An Atlantic Compact for the 21st century, Washington D.C. 2009.

Hamm, B., Good Governance und Menschenrechte – Bad Governance und Korruption, in: Debiel, T. / Messner, D. / Nuscheler, F. (Hrsg.), Globale Trends 2007, Frankfurt/Main 2006, S. 225-246.

Harris-White, B. / White, G. (Hrsg.), Liberalization and the New Corruption, Institute of Development Studies Bulletin, Vol. 27 1996, No. 2, Brighton.

Hartmann, C., Ethnizität, Präsidentschaftswahlen und Demokratie. Ein Beitrag zur Rolle von politischen Institutionen in den Demokratisierungsprozessen Afrikas, Focus-Papiere No. 13, Hamburg 1999.

Hauff, V., Was ist das Neue an Nachhaltigkeit? – Rede auf der Nachhaltigkeitskonferenz Schleswig-Holstein „Wir machen Zukunft", 24.04.2009, abrufbar unter: http://www.nachhaltigkeitsrat.de/veroeffentlichungen/reden-praesentationen/reden-2009/hauff-nhs-kiel-24-04-2009/.

Hegel, G. W. F., Grundlinien der Philosophie des Rechts, hrsg. von Johannes Hofmeister, Bd. VII, 4. Auflage, Hamburg 1967.

Hegel, G. W. F., Phänomenologie des Geistes, in: G. W. F. Hegel, Werke, hrsg. v. E. Moldenhauer u. a., Bd. III, Frankfurt/Main 1970.

Heidelmeyer, W. (Hrsg.), Die Menschenrechte. Erklärungen, Verfassungsartikel, Internationale Abkommen, Stuttgart 1977.

Heilbrunn, J. R., Anti-Corruption Commissions Panacea or Real Medicine to Fight Corruption?, Washington D.C. 2004.

Heimann, F. / Dell, G., TI Progress Report 2008: Enforcement of the OECD Convention on Combating Bibery of Foreign Pulic Officials, Berlin 2008.

Dies., UN Convention against Corruption: Recommendations for Review Mechanism, Berlin 2009.

Heine, P., Terror in Allahs Namen, Freiburg 2001.

Hill, H., Good Governance – Konzepte und Kontexte, in: Schuppert, G. F. (Hrsg.), Governance-Forschung, Baden-Baden 2005, S. 226-250.

Hillmann, R., Gesellschaft, in: Reinhold, G. (Hrsg.), Soziologie-Lexikon, 4. Aufl., München / Wien 2000, S. 215- 225.

Hilz, W., Deutschlands EU-Ratspräsidentschaft 2007. Integrationspolitische Akzente in schwierigen Zeiten, ZEI Discussion Paper Nr. C164, Bonn 2006, abrufbar unter: http://www.zei.de/download/zei_dp/dp_c164Hilz.pdf.

Hippler, J. (Hrsg.), Nation-Building, Bonn 2003.

Hirschmann, K., Der Masterplan des islamistischen Terrorismus, in: IFDT, 2004, Nr. 4.

Hirschmann, K. / Gerhard, P. (Hrsg.), Terrorismus als weltweites Phänomen, Berlin 2000.

Ho, C. K., Cultivating Knowledge Sharing: An Exploration of Tacit Organizational Knowledge in Singapore, in: Menkhoff, T. / Pang, E. F. / Evers, H.-D. (Hrsg.), The Power of Knowing: Studies of Chinese Business in Asia, Special Issue of the Journal of Asian Business 22 (forthcoming).

Höffe, O., Sittlich-politische Diskurse. Philosophische Grundlagen, politische Ethik, biomedizinische Ethik, Frankfurt/Main 1981.

Ders., Immanuel Kant, München 1988.

Ders., Kategorische Rechtsprinzipien. Ein Kontrapunkt der Moderne, Frankfurt/Main 1999.

Ders., Vernunft und Recht, Bausteine zu einem interkulturellen Rechtsdiskurs, Frankfurt/Main 1996.

Hösle, V., Praktische Philosophie in der modernen Welt, München 1992.

Ders., Die dritte Welt als ein Philosophisches Problem, in: Ders., Praktische Philosophie in der modernen Welt, München 1992, S. 131-165.

Hofstede, G., Culture's Consequences: International Differences in Work-Related Valueas, Beverly Hills 1980.

Ders., Culture's Consequences: Comparing Values, Behaviors, Institutions and Organizations Across Nations, 2nd ed., Thousand Oaks 2001.

Holtz, U., Probleme und Perspektiven der Entwicklungspolitik, in: Ders. (Hrsg.), Probleme der Entwicklungspolitik, Bonn 1997.

Ders., Europa, das Mittelmeer und der Kampf gegen den internationalen Terrorismus, in: eins - Entwicklungspolitik, Information Nord-Süd, 2006, Nr. 10.

Ders., Abschied von der Gießkanne, in: Eins, 2006, Nr. 23/24.

Ders., Die Rolle der Entwicklungspolitik im interkulturellen Dialog, in: Ihne, H. / Wilhelm, J. (Hrsg.), Einführung in die Entwicklungspolitik, Hamburg 2006.

Ders., Die Zahl undemokratischer Länder halbieren! Armutsbekämpfung durch Demokratie, Menschenrechte und *good governance,* in: Nuscheler, F. / Roth, M. (Hrsg.), Die Millennium-Entwicklungsziele: Entwicklungspolitischer Königsweg oder ein Irrweg?, Bonn 2006, S. 118-137.

Ders., Die Millennium-Entwicklungsziele – eine defekte Vision. Armutsbekämpfung durch Demokratie, Menschenrechte und *good governance,* in: Mayer, T. / Kronenberg, V. (Hrsg.), Streitbar für die Demokratie, Bonn 2009, S. 497-517.

Ders., Entwicklungspolitisches Glossar. Stichwörter zur Entwicklungs- und Eine Welt-Politik (Bonn). Vollständig überarb. u. erw. Fassung Mai 2009, Bonn 2009, abrufbar unter: http://www.uni-bonn. de/ ~uholtz/virt_apparat/EP_Glossar.pdf.

Ders., Vision einer Weltgesellschaft. Die Globalisierung darf nicht nur eine ökonomische sein, in: Süddeutsche Zeitung vom 26.01.2009.

Holtz, U. / Karsten, D., Die Dritte Welt braucht Wachstum – aber welches? Für eine Weltwirtschaft nichtaggressiver Koexistenz, in: Frankfurter Allgemeine Zeitung vom 26. September 1995, S. 13.

Hornidge, A.-K., Knowledge Society. Vision and Social Construction of Reality in Germany and Singapore, ZEF Development Studies Vol. 3, Münster 2006.

Ders., Deutschland und Singapur: Zielgerade Wissensgesellschaft. Von überraschenden Parallelen und Unterschieden. Südostasien, 2007.

Hosmer, L. T., Trust: The Connecting Link between Organizational Theory and Philosophical Ethics, in: Academy of Management Review, Jg. 20 1995, Nr. 2, S. 379-403.

Huntington, S. P., Political Development and Political Decay, in: World Politics, Vol. 17 1965, No. 3, S. 386-430.

Ders., The Third Wave of Democratization in the Late Twentieth Century, London 1991.

Hutchings, K. / Michailova, S., Facilitating Knowledge Sharing in Russian and Chinese Subsidiaries: The Role of Personal Networks and Group Membership, in: Journal of Knowledge Management, Jg. 8 2004, Nr. 2, S. 1367-3270.

Hutter, C. P. / Goris, E., Die Erde schlägt zurück. Wie der Klimawandel unser Leben verändert, München 2009.

Ibisch, P. L. / Jennings, M. / Kreft, S., Biodiversity needs the help of global change managers, not museum-keepers, in: Nature, 2005, No. 438, S. 156.

Ihne, H., Religion, Rationalität und Entwicklungsethik, in: Wilhelm, J. / Ihne, H. (Hrsg.), Religion und globale Entwicklung, Berlin 2009.

Intergovernmental Panel on Climate Change, Climate Change 2007. Synthesis Report, 2007, abrufbar unter: www.ipcc.ch.

International Institutes for Strategic Studies, The Military Balance 2009, London 2009.

International Organization for Migration (Hrsg.), World Migration Report, Geneva 2008.

„Irisches Nein stürzt Europa in die Krise", in: Süddeutsche Zeitung vom 13. Juni 2008, abrufbar unter: http://www.sueddeutsche.de/ausland/artikel/714/180161.

Jensen, M. C., Foundations of Organizational Strategy, Harvard 1998.

Jlien, C., Die Stabilität der internationalen Ordnung und das Prinzip der Zivilisation stehen auf dem Spiel. Von der Geopolitik zur Geoökonomie, in: Le Monde diplomatique, 15.09.2005, abrufbar unter: www.monde-diplomatique.de/pm/.search?tx:=Claude+Jlien.

Jochimsen, R., Dualismus als Problem der wirtschaftlichen Entwicklung, in: Fritsch, B. (Hrsg.), Entwicklungsländer, Köln / Berlin 1968.

Johnston, M., Syndromes of Corruption. Wealth, Power, and Democracy, Cambridge et al. 2005.

Johnston, M. / Kpundeh, S., Building a clean machine: Anti-corruption coalitions and sustainable reform, World Bank Policy Research Working Paper 3466, Washington D.C. 2004.

Joshi, K. D. / Sarker, S., Examining the Role of Knowledge, Source, Recipient, Relational, and Situational Context on Knowledge transfer Among Face-to-Face ISD Teams. Paper presented at the 39th Annual Hawaii International Conference on System Sciences (HICSS-39), 4-7 January 2006 (published in the HICSS-39 2006 Conference Proceedings ed. by Ralph H. Sprague).

Kant, I., Metaphysik der Sitten, hrsg. von W. Weischedel, Bd. VII, Darmstadt 1964.

Ders., Kritik der reinen Vernunft, hrsg. von W. Weichedel, Bd. III, 2. Auflage, Frankfurt/Main 1977.

Ders., Grundlegung zur Metaphysik der Sitten, hrsg. W. Weischedel, Bd. VI, 2. Auflage, Frankfurt/Main 1977.

Ders., Kritik der praktischen Vernunft, hrsg. von W. Weischedel, Band VII, 2. Auflage, Frankfurt/Main 1977.

Ders., Zum ewigen Frieden. Ein philosophischer Entwurf, hrsg. W. Weischedel, Bd. XI, 2. Auflage, Frankfurt/Main 1977.

Ders., Prolegomena zu einer jeden zukünftigen Metaphysik, in: Immanuel Kant. Werke in zehn Bänden, hrsg. v. W. Weischedel, Bd. V, Darmstadt 1983.

Kaplinsky, R. / Messner, D., Introduction: The impacts of the Asian Drivers on the developing world, in: World Development, Vol. 36 2008, No. 2, S. 197-209.

Karsten, D., Eigenständige kulturelle Entwicklung durch angepasste Technologien?, in: Zeitschrift für Kulturaustausch, 1975, Nr. 1.

Kaufmann, D. / Kraay, A., Growth without Governance, in: Economia, Vol. 3 2002, No. 1, S. 169-229.

Kay, J. J., Framing the situation, in: Waltner-Toews, D. (Hrsg.), The ecosystem approach. Complexity, uncertainty, and managing for sustainability, New York 2005, S. 15-34.

Kay, J. J. / Boyle, M., Self-Organizing, Holarchic, Open Systems (SOHOs), in: Waltner-Toews, D. (Hrsg.), The ecosystem approach. Complexity, uncertainty, and managing for sustainability, New York 2008, S. 51-78.

Kennedy, P., The rise and the fall of big powers, New York 1989.

Khanna, P., The second world. Empires and influence in the new global order, New York 2008.

Khan, M. H., Governance, Economic Growth and Development since the 1960s: Background Paper for the World Economic and Social Survey, 2006.

King, A. / Schneider, B., Die erste globale Revolution. Ein Bericht des Rates des Club of Rome, Frankfurt/Main 1991.

Kirchmeier, F., The Right to Development – Where do we stand?, in: Friedrich-Ebert-Stiftung, Dialogue on Globalization Nr. 23, 2006.

Knorr-Cetina, K., Epistemic Cultures: How the Sciences Make Knowledge, Cambridge 1999.

Koeberle, S. G., Conditionality: Under What Conditions?, in: Koeberle, S. et al. (Hrsg.), Conditionality Revisited: Concepts, Experiences and Lessons Learned, Washington D.C. 2005.

Koehler, J. / Zürcher, C., Der Staat und sein Schatten. Betrachtungen zur Institutionalisierung hybrider Staatlichkeit im Süd-Kaukasus, in: WeltTrends, Vol. 12 2004, No. 45, S. 84-96.

Köhler, H., Berliner Rede 2009 vom 24.3.2009, Berlin 2009, abrufbar unter: http://www.bundespraesident.de/Anlage/original_653490/Berliner-Rede-2009-von-Bundespraesident-Horst-Koehler.pdf.

König, K. et al., Governance als entwicklungs- und transformationspolitisches Konzept, Berlin 2002.

Koh, F. / Koh, W. / Tschang, F. T., An Analytical Framework for Science Parks and Technology Districts with an Application to Singapore, in: Journal of Business Venturing, Jg. 20 2004, Nr. 2, S. 217-239.

Kohlhammer, S., Leben wir auf Kosten der Dritten Welt? Über moralische Erpressung und Edle Seelen, in: Merkur, 1992, Nr. 522/23.

Kohnert, D., African Migration to Europe: Obscured Responsibilities and Common Misconceptions, GIGA Working Paper No 49, Hamburg 2007.

Komives, T. et al., Water, Electricity and the Poor, Washington D.C. 2005.

Kolstad, I. et al., Corruption, Anti-Corruption Efforts and Aid: Do donors have the right approach?, London 2008.

Kragelund, P., The Return of non-DAC Donors to Africa: New Prospects for African Development?, in: Development Policy Review, Jg. 26 2008, Nr. 5, S. 555-584.

Krings, H., Reale Freiheit. Praktische Freiheit. Transzendentale Freiheit, in: Simon, J. (Hrsg.), Freiheit. Theoretische und praktische Aspekte des Problems, Freiburg/München 1977, S. 85-114.

Krogh, G. V von., Care in Knowledge Creation, in: California Management Review, Jg. 40 1998, Nr. 3, S. 133-153.

Ders., Knowledge Sharing and the Communal Resource, in: Easterby-Smith, M. / Lyles, M. A. (Hrsg.), The Blackwell Handbook of Organizational Learning and Knowledge Management, Malden 2003, S. 372-392.

Krogh, G. V. von / Ichijo, K., Nonaka, I., Bringing Care into Knowledge Development of Business Organizations, in: Nonaka, I. / Nishiguchi, T. (Hrsg.), Knowledge Emergence: Social, Technical, and Evolutionary Dimensions of Knowledge Creation. Oxford / New York 2001, S. 30-52.

Kühnhardt, L., Die deutschen Parteien und die Entwicklungspolitik, Hannover 1980.

Kullmann, W., Aristoteles und die moderne Wissenschaft, Stuttgart 1998.

Kunstler, J. H., The long emergency. Surviving the end of oil, climate change, and other converging catastrophes of the twenty-first century, New York 2006.

Ders., World made by hand, New York 2008.

Kupchan, C., The end of the West, in: The Atlantic monthly, 2002, No. 4, S. 42-47.

Kupchan, C. et al., Power in transition. The peaceful change of international order, Tokyo / New York 2001.

Kuznetsov, Y., From Brain Drain to Brain Circulation: Emerging Policy Agenda, Washington D.C. 2005.

Läufer, T. (Hrsg.), Verfassung der Europäischen Union. Verfassungsvertrag vom 29. Oktober 2004. Protokolle und Erklärungen zum Vertragswerk, Bonn 2005.

Laïdi, Z., The Normative Empire. The Unintended Consequences of European Power, Garnet Policy Brief 6, Coventry 2006.

Lambsdorff, J. Graf, Consequences and Causes of Corruption – What do We Know from a Cross-Section of Countries?, Volkswirtschaftliche Reihe, Diskussionsbeitrag Nr. V-34-05, Passau 2005.

Langguth, G., Protestbewegung – Entwicklung, Niedergang, Renaissance – Die Neue Linke seit 1968, Köln 1983.

Laqueur, W., Die globale Bedrohung. Neue Gefahren des Terrorismus, 2. Aufl., 2001.

Laskar, J. / Gastineau, M., Existence of collisional trajectories of Mercury, Mars and Venus with the Earth, in: Nature, 2009, No. 459, S. 817-819.

Laszlo, A., The Nature of Evolution. World Futures, in: The Journal of General Evolution, 2009, Nr. 65, S. 204-221.

Laszlo, A. / Krippner, S., System theories: their origins, foundations, and development, in: Jordan, J. S. (Hrsg.): System theories and a prior aspects of perception, 1998, S. 47-74.

Leakey, R. / Lewin R., Origins reconsidered: In search of what makes us human, New York 1992.

Leftwich, A., Drivers of Change: Refining the Analytical Framework. Part 1: Conceptual and Theoretical Issues, Paper prepared for DFID, York 2006.

Lenton, T. M., Gaia and natural selection, in: Nature, 1998, No. 394, S. 339-447.

Lenton, T. M. et al., Tipping elements in the Earth's climate system, in: PNAS, 2008, No. 6, S. 1786-1793, abrufbar unter: www.pnas.org.

Levin, V. / Dollar, D., The Forgotten States. Aid Volumes and Volatility in Difficult Partnership Countries (1992-2002), London 2005.

Lewis, W. A., The Theory of Economic Growth, London 1955.

Lin, N., Building a Network Theory of Social Capital, in: Lin, N. / Cook, K. / Burt, R. S. (Hrsg.), Social Capital: Theory and Research. New York 2001, S. 3-29.

Lombaerde, P. de (Hrsg.), Multilateralism, Regionalism and Bilateralism in Trade and Investment, Dordrecht 2007.

Lovelock, J. E. / Margulis, L., Atmospheric homeostasis by and for the biosphere – The Gaia hypothesis, in: Tellus, 1974, No. 26, S. 2-10.

Luhmann, N., Die Weltgesellschaft, in: Archiv für Rechts- und Sozialphilosophie, 1971, Nr. 57, S. 1-35.

Ders., Gesellschaft, in: Fuchs, W. et al. (Hrsg.), Lexikon zur Soziologie, 2. Aufl., Opladen 1978, S. 267.

Ders., Trust and Power, London 1979.

Ders., Soziale Systeme. Grundriß einer allgemeinen Theorie, Frankfurt/Main 1987.

Mair, S. / Tull, D. M., Deutsche Afrikapolitik, SWP-Studie, Berlin 2009.

Malik, F., Strategie des Managements komplexer Systeme. Ein Beitrag zur Management-Kybernetik evolutionärer Systeme, Bern 2008.

Manow, P., Politische Korruption und politischer Wettbewerb: Probleme der quantitativen Analyse, in: von Alemann, U. (Hrsg.), Dimensionen politischer Korruption. Beiträge zum Stand der internationalen Forschung, Wiesbaden 2005, S. 249-266.

Martens, J. / Debiel, T., Das MDG-Projekt in der Krise. Halbzeitbilanz und Zukunftsperspektiven, INEF Policy Brief No. 4, Duisburg 2008.

Marx, W., Fundamentalethik ohne Anwendung ist leer – angewandte Ethik ohne theoretische Begründung ist blind, in: Brudermüller, G., Angewandte Ethik und Medizin, Würzburg 1999, S. 13-24.

Maxwell, S. / Messner, D., A new global order. Bretton Woods II ... and San Francisco II, in: Open Democracy, 11 November 2008, abrufbar unter: www.opendemocracy.net.

Mead, M., From the Stone Age to the Twentieth Century, in: Novack, D. E. / Lekachman, R. (Hrsg.), Development and Society, The Dynamics of Economic Change, New York 1964.

Meadows, D. / Meadows, D. H. / Zahn, E., Die Grenzen des Wachstums. Ein Bericht des Club of Rome zur Lage der Menschheit, Stuttgart 1972.

Meadows, D. L. / Meadows, D. H. / Zahn, E., Die Grenzen des Wachstums. Ein Bericht des Club of Rome zur Lage der Menschheit, Hamburg 1983.

Meadows, D. H. / Meadows, D. L. / Randers, J., Die neuen Grenzen des Wachstums. Die Lage der Menschheit: Bedrohung und Zukunftschancen, Stuttgart 1993.

Dies., Grenzen des Wachstums. Das 30-Jahre-Update; Signal zum Kurswechsel, Stuttgart 2007.

Mearsheimer, J., China's unpeaceful rise, in: Current History, 2006, No. 105, S. 160-162.

Menkhoff, T., Staat, Markt und Modernisierung- The Singapore Experience, in: Carsten, H.-P. / Lackner, M. (Hrsg.), Länderbericht China – Politik, Wirtschaft und Gesellschaft im chinesischen Kulturraum. Schriftenreihe der Bundeszentrale für politische Bildung No. 351, Bonn 1998, S. 240-257.

Ders., Managing the Knowledge Gap with Effective Governance. Invited Keynote Speech delivered at the International K4D Conference 'Knowledge Management as an Enabler of Change and Innovation: A Conference for Policymakers and Practitioners' organized by the World Bank Institute, Knowledge for Development (K4D) Program, Cairo, Egypt, June 11-13, 2007.

Menkhoff, T. / Gerke, S. (Hrsg.), Chinese Entrepreneurship and Asian Business Networks, London and New York 2002.

Menkhoff, T. / Evers, H.-D. / Chay, Y. W. (Hrsg.), Governing and Managing Knowledge in Asia, Singapore / London 2005.

Menkhoff, T. / Evers, H.-D. / Chay, Y. W. (Hrsg.), Governing and Managing Knowledge in Asia. Series on Innovation and Knowledge Management, Vol. 3, 2. Aufl., New Jersey / London 2009.

Menzer, P (Hrsg.), Eine Vorlesung Kants über Ethik, Berlin 1924.

Meran, Josef, Weltwirtschaftsethik. Über den Stand der Wiedererweckung einer philosophischen Disziplin, in: Lenk. H. / Maring, M. (Hrsg.), Wirtschaft und Ethik, Stuttgart 1992, S. 45-81.

Merkel, W. et al., Defekte Demokratie, Band 1: Theorie, Wiesbaden 2003.

Mills, R. / Darin-Ericson, L., Identifikation mit Armutsbekämpfungsstrategien: Das Ownership-Problem, in: Social Watch Report Deutschland, Nr. 46, 2002.

Molt, P., Internationales Symposium, Berlin 2008, abrufbar unter: www.kas.de.

Montinola, G. R. / Jackman, R. W., Sources of Corruption: A Cross-Country Study, in: British Journal of Political Science, Vol. 32 2002, No. 1, S. 147-170.

Moran, J., Democratic transitions and forms of corruption, in: Crime, Law and Social Change, Vol. 36 2001, No. 4, S. 379-393.

Moyo, D., Dead Aid - Why Aid Is Not Working and How There Is a Better Way for Africa, London 2009.

Müller, U., Der Mensch im Mittelpunkt, in: Politische Ökologie, Jg. 18 2002, Sonderheft 12, S. 8-11.

Münkler, H., Die Neuen Kriege, 3. Aufl., Reinbek 2002.

Ders., Terrorismus als Kommunikationsstrategie, in: Internationale Politik, 2007, Nr. 7, S. 11-18.

Mungiu-Pippidi, A., Corruption: diagnosis and treatment, in: Journal of Democracy, Vol. 17 2006, No. 3, S. 86-99.

Mwenda, A., Foreign Aid and the Weakening of Democratic Accountability in Uganda, Washington D.C. 2006.

Nacos, B. L., Terrorism as Breaking News, in: Political Science Quarterly, 2003, Spring, S. 23-52.

Nahapiet, J. / Ghoshal, S., Social Capital, Intellectual Capital, and the Organizational Advantage, in: Academy of Management Review, Jg. 23 1998, Nr. 2, S. 242-266.

Ng, T., Migrant Women as Wives and Workers, in: Yeoh, B. et al. (Hrsg.), Asian Migrations: Sojourning, Displacement, Homecoming and Other Travels, Singapore 2005.

Nicolescu, B., La transdiscplinarité – Manifeste, Monaco 1996.

Nicolis, G. / Prigogine, I., Self-organization nonequilibrium systems. From dissipative structures to order through fluctuation, New York 1977.

Nida-Rümelin, J., Globalisierung und kulturelle Differenz. Eine zivilgesellschaftliche Perspektive, in: Aus Politik und Zeitgeschichte, 2002, Nr. 12, S. 3-5.

Nonaka, I., A Dynamic Theory of Organizational Knowledge Creation., in: Organization Science, 1994, Nr. 5, S. 14-37.

Nonaka, I. / Konno, N. / Toyama, R., Emergence of 'Ba': A Conceptual Framework for the Continuous and Self-Transcending Process of Knowledge Creation, in: Nonaka, I. / Nishiguchi, T. (Hrsg.), Knowledge Emergence: Social, Technical, and Evolutionary Dimensions of Knowledge Creation, Oxford / New York 2001, S. 13-29.

Norad Evaluation Department, Anti-Corruption Approaches: A Literature Review, Study 2/2008, Oslo 2008.

North, D. C., Theorie des institutionellen Wandels. Eine neue Sicht der Wirtschaftsgeschichte, Tübingen 1988.

Nunnenkamp, P., IWF und Weltbank: Trotz aller Mängel weiterhin gebraucht?, Kieler Diskussionspapiere Nr. 388, Kiel 2002.

Nuscheler, F., Die Entwicklungspolitik der Regierung Thatcher. Wie konservativ ist die Overseas Aid-Politik der britischen Konservativen?, Bonn 1986.

Ders., Edle Seelen unterm Hammer. Ein Plädoyer für das "Gegrabsche in die Intimsphäre", in: EVKOMM, 1993, Nr. 3, S. 149-151.

Ders., Halbierung der absoluten Armut: die entwicklungspolitische Nagelprobe, in: Aus Politik und Zeitgeschichte, 2001, Nr. 18-19, S. 6-12.

Ders., Entwicklungspolitik, 5. Aufl., Bonn 2004.

Ders., Parlamente im subsaharischen Afrika, in: Zeitschrift für Parlamentsfragen, Jg. 38 2007, Nr. 4, S. 842-856.

Ders., Good Governance, INEF-Report 96, Duisburg 2009.

Nuscheler, F. / Roth, M. (Hrsg.), Die Millennium-Entwicklungsziele. Entwicklungspolitischer Königsweg oder ein Irrweg?, Bonn 2006.

Oehring, O., Zur Lage der Menschenrechte in der Türkei – Laizismus = Religionsfreiheit?, Aachen 2002.

Organisation for Economic Co-operation and Development, 2008 Survey on Monitoring the Paris Declaration, Paris 2008.

Dies., Development Aid at a Glance, Statistics by Region, Paris 2008.

Dies. (Hrsg.), International Migration Outlook, Paris 2008.

Dies. (Hrsg.), Western African Mobility and Migration Policies, Paris 2008.

Dies., Development Co-operation Report 2009, Paris 2009.

Papademetriou, D. G., The Global Struggle with Illegal Migration: No End in Sight, Washington D.C. 2005, abrufbar unter: www.migrationinformation.org/Feature/display.cfm?id=336 (updated February 2007).

Pfeiffer, D. A., Eating fossil fuels. Oil, food and the coming crisis in agriculture, Lancaster 2006.

Pillar, P. R., Terrorism and U.S. foreign policy, Washington D.C. 2001.

Porter, M., The Competitive Advantage of Nations, New York 1990.

Portes, A., Social Capital: Its Origins and Applications in Modern Sociology, in: Annual Review of Sociology, Jg. 24, S. 1-24.

Powell, W. W., Learning from Collaboration: Knowledge and Networks in the Biotechnology and Pharmaceutical Industries, in: California Management Review, Jg. 40 1998, Nr. 3, S. 223-240.

Prigogine, I. / Allen, P. M. / Hermann, R., Long term trends and the ecolution of complexity, in: Laszlo, E. / Bierman, J. (Hrsg.), Goals in a global community. Rapport Club of Rome, Vol. 1, 1977, S. 41-62.

Putnam, R. D., Making Democracy Work, Princeton / New Jersey 1993.

Ders., Bowling Alone: America's Declining Social Capital, in: Journal of Democracy, Jg. 6 1995, Nr. 1, S. 65-78.

Rat für Nachhaltige Entwicklung, Welche Ampeln stehen auf Rot? Stand der 21 Indikatoren der nationalen Nachhaltigkeitsstrategie – auf der Grundlage des Indikatorenberichts 2006 des Statistischen Bundesamtes. Stellungnahme des Rates für Nachhaltige Entwicklung. Texte Nr. 22, Berlin 2008, abrufbar unter: http://www.nachhaltigkeitsrat.de/veroeffentlichungen/stellungnahmen/texte-nr-22-ampel/.

Ravetz, J. R., Usable knowledge, usable ignorance: incomplete science with policy implications, in: Clark, W. C. / Munn, R. C. (Hrsg.), Sustainable Development of the Biosphere, New York 1986, S. 415-432.

Reisch, Lucia, Abschied vom "immer mehr", in: Politische Ökologie, 1998, Sonderheft, S. 43-47.

Richardson, K. et al., Synthesis Report. Climate change Global risks, challenges & decisions, 2009.

Ringger, B., Die Demokratie und das Gesetz der optimalen Komplexität, in: Jahrbuch Denknetz 2007. Zur politischen Ökonomie der Schweiz. Eine Annäherung, Zürich 2007, S. 169-188.

Rioux, S. / Penner, L. A., The Causes of Organizational Citizenship Behavior: A Motivational Analysis, in: Journal of Applied Psychology, Jg. 86 2001, Nr. 6, S. 1303-1314.

Rode, R., Weltwirtschaft im Zeichen der Globalisierung, in: Kaiser, K. / Schwarz, H.-P. (Hrsg.), Weltpolitik im neuen Jahrhundert, Bonn 2000, S. 255-264.

Rose-Ackerman, S., Political Corruption and Reform in Democracies: Theoretical Perspectives, in: Kawata, J. (Hrsg.), Comparing Political Corruption and Clientelism, Hampshire/Burlington 2006, S. 45-61.

Rost, J., Umweltbildung – Bildung für eine nachhaltige Entwicklung: Was macht den Unterschied?, in: Zeitschrift für internationale Bildungsforschung und Entwicklungspädagogik (ZEP), 2002, Nr. 1, abrufbar unter: http://www.ipn.uni-kiel.de/blk21-sh/umweltbildung.pdf.

Rothchild, D., Hegemonial Exchange: An Alternative Model for Managing Conflict in Middle Africa, in: Thompson, D. L. / Ronen, D. (Hrsg.), Ethnicity, Politics, and Development, Boulder 1986, S. 65-104.

Ruck, C., Governance aus Sicht der Entwicklungspolitik, in: Dolzer, R. / Herdegen, M. / Vogel, B. (Hrsg.), Good Governance, Freiburg / Basel / Wien 2007, S. 45-54.

Rulke, D. L. / Zaheer, S., Shared and Unshared Transactive Knowledge in Complex Organizations: An Exploratory Study, in: Shapira, Z. / Lant, T. (Hrsg.), Organizational Cognition: Computation and Interpretation, New Jersey 2000, S. 83-100.

Sachs, J., Common wealth. Economics for a crowded planet, New York 2008.

Saxenian, A. L., Brain Circulation: How High Skilled Immigration Makes Everyone Better off, Washington D.C. 2002.

Schaltegger, S. / Sturm, A., Ökologische Rationalität, in: Die Unternehmung, 1990, Nr. 4, S. 273-290.

Scheunpflug, A., Die globale Perspektive einer Bildung für nachhaltige Entwicklung, in: Overwien, B. (Hrsg.), Lernen und Handeln im globalen Kontext. Beiträge zur Theorie und Praxis internationaler Erziehungswissenschaft, Frankfurt/Main 2000, S. 315-327.

Scheunpflug, A. / Seitz, K., Die Geschichte der entwicklungspolitischen Bildung. Bd. 1-3, Frankfurt/Main 1995.

Schleich, K., Zukunftssicherung durch Bildung? Zur Transformation des Konzeptes einer „Nachhaltige Entwicklung" in die deutsche Bildungspolitik, Diplomarbeit, Bielefeld 2007.

„Schlimmer als London und Madrid", Zeit online, dpa, 5. September 2007.

Schmelz, A., Die kamerunische Diaspora in Deutschland. Ihr Beitrag zur Entwicklung Kameruns, Eschborn 2007.

Dies., Die ghanaische Diaspora in Deutschland. Ihr Beitrag zur Entwicklung Ghanas, Eschborn 2009.

Schmidt, S., Menschenrechte und Demokratie, in: Ihne, H. / Wilhelm, J. (Hrsg.), Einführung in die Entwicklungspolitik, Hamburg 2006.

Schneider, A.-K., Die Weltbank in der Wolfensohn-Epoche: Armutsbekämpfung zwischen Rhetorik und Reformversagen, in: Informationsbrief Weltwirtschaft & Entwicklung, 2002, Nr. 7/Dezember, S. 2.

Dies., Vom Post-Washington-Konsensus zum Washington-Konsensus-Plus? Das Scheitern der orthodoxen Strukturanpassung, in: WEED (Hrsg.), Die Umverteilungsmaschine. Fakten, Analysen, Alternativen, Bonn/Berlin 2003, S. 36-40.

Schumacher, E. F., Small is Beautiful – A study of Economics as if people mattered, London 1973.

Schuppert, G. F. (Hrsg.), Governance-Forschung, Baden-Baden 2005.

Schurr, P. H. / Ozanne, J. L., Influences on Exchange Processes: Buyers' Preconceptions of a Seller's Trustworthiness and Bargaining Toughness, in: Journal of Consumer Research, Jg. 11 1985, Nr. 4, S. 939-953.

Schwarzer, A., Warum Burma echte Freunde braucht, Frankfurter Allgemeine Zeitung, 31. Mai 2008.

Scott, W. R., Institutions and Organizations, Thousand Oaks 1995.

Seel, M., Über das Böse in der Moral, in: Moral. Und Macht, in: Sonderheft Merkur, hrsg. v. K. H. Bohrer et al., München 1996, S. 772-780.

Seitz, K., Bildung in der Weltgesellschaft. Gesellschaftstheoretische Grundlagen Globalen Lernens, Frankfurt/Main 2002.

Sen, A., Poverty and Famines. An Essay on Entitlement and Deprivation, Oxford 1981.

Senge, P. et al., The necessary revolution. How individuals and organizations are working together to create a sustainable world, New York / London 2008.

Senghaas, D., Kulturelle Globalisierung – ihre Kontexte, ihre Varianten, in: Aus Politik und Zeitgeschichte, 2002, Nr. B 12, S. 6-9.

Seufert, G., Staat und Islam in der Türkei, Stiftung Wissenschaft und Politik (SWP Studie), Berlin 2004.

Shikwati, J., „Fehlentwicklungshilfe", in: Internationale Politik, Jg. 61 2006, Nr. 4, S. 6-15.

Sieveking, N. / Fauser, M., Migrationsdynamiken und Entwicklung in Westafrika: Untersuchungen zur entwicklungspolitischen Bedeutung von Migration und Mobilität in Ghana und Mali, Bielefeld 2009.

Signer, D., Die Ökonomie der Hexerei oder Warum es in Afrika keine Wolkenkratzer gibt, Wuppertal 2004.

Simonis, E., Weltumweltpolitik, in: Woyke, W. (Hrsg.), Handwörterbuch Internationale Politik, 11. Auflage, Opladen 2007, S. 561-572.

Six, C., Was bedeutet Wirksamkeit von Entwicklung?, Working Paper 21, Wien 2008.

SPD-Bundestagsfraktion, Eckpunkte für eine kohärente Migrationspolitik in Deutschland und in Europa, Berlin 2009.

Staud, T., Die Leiden der Heidi W., in: DIE ZEIT, 17. Juli 2003, S. 6.

Stehr, N., Knowledge Societies, London 1994.

Ders., Wissen und Wirtschaften. Die gesellschaftlichen Grundlagen der modernen Ökonomie, Frankfurt/Main 2001.

Steinvorth, U., Moralbegründung und normative Argumente, in: Laufhütte, H. / Lüdeke, R., Werte, Wohlfahrt und das Gute Leben. Philosophen und Ökonomen im Ethik-Diskurs, Berlin 2002, S. 47-66.

Stern, N., The Economics of Climate Change, London 2006.

Stewart, J., Evolution's arrow, Canberra 2000.

Stewart, K. / Harding, S., Bad endings: American apocalypsis, in: Annual Review of Anthropology, 1999, No. 28, S. 285-310.

Stiftung Entwicklung und Frieden, Die Herausforderung des Südens. Der Bericht der Südkommission, Bonn 1990.

Dies. (Hrsg.), Nachbarn in Einer Welt. Der Bericht der Kommission für Weltordnungspolitik (The Commission on Global Governance), Bonn 1995.

Dies., Globale Trends 2002, hrsg. v. I. Hauchler, D. Messner, F. Nuscheler, Frankfurt/Main 2001.

Stiglitz, J., Die Schatten der Globalisierung, Berlin 2002.

Subramanian, S., The Dual Narrative of "Good Governance": Lessons for Understanding Political and Cultural Change in Malaysia and Singapore, Contemporary Southeast Asia 23, 2001.

Sussman, G. J. / Wisdom, J., Chaotic evolution of the solar system, in: Science, 1992, No. 257, S. 56.

Szulanski, G. / Cappetta, R., Stickiness: Conceptualizing, Measuring, and Predicting Difficulties in the Transfer of Knowledge within Organizations, in: Easterby-Smith, M. / Lyles, M. A. (Hrsg.), The Blackwell Handbook of Organizational Learning and Knowledge Management, Malden 2003, S. 513-534.

Tan, H. H. / Chee, D., Understanding Interpersonal Trust in a Confucian Influenced Society: An Exploratory Study, in: International Journal of Cross Cultural Management, Jg. 5 2005, Nr. 2, S. 197-212.

Tetzlaff, R. (Hrsg.), Perspektiven der Demokratisierung in Entwicklungsländern, Hamburg 1995.

Theobald, C., Governance in der Perzeption der Weltbank, in: König, K. et al. (Hrsg.), Governance als entwicklungs- und transformationspolitisches Konzept, Berlin 2002, S. 55-128.

Thränhardt, D., Wenig Bewegung nach all den konzeptionellen Debatten. Was ist zu tun?, in: Ders. (Hrsg.), Entwicklung und Migration: Jahrbuch Migration - Yearbook Migration 2006/2007, Münster 2008, S. 9-26.

Tibi, B., Islamischer Fundamentalismus, moderne Wissenschaft und Technologie, 2.Aufl., Frankfurt/Main 1993.

Ders., Die neue Weltordnung: westliche Dominanz und islamischer Fundamentalismus, Berlin 1999.

Tjosvold, D. / Hui, C. / Sun, H., Social Face and Open-mindedness: Constructive Conflict in Asia, in: Lau, C. M. et al. (Hrsg.), Asian Management Matters: Regional Relevance and Global Impact, London 2000.

Toh, M. H. / Tang, H. C. / Choo, A., Mapping Singapore's Knowledge-Based Economy. Economic Survey of Singapore, Singapore 2002, S. 56-75.

Tomuschat, C. (Hrsg.), Menschenrechte. Eine Sammlung internationaler Dokumente zum Menschenrechtsschutz, 2. Aufl., Bonn 2002.

Tørnæs, U., Sehr komplexe Landschaft, in: Entwicklung und Zusammenarbeit (E+Z), Nr. 05, 2007.

Triandis, H. C., Collectivism vs. Individualism: A Reconceptualization of a Basic Concept in Cross-Cultural Psychology, in: Verna, G. K. / Bageley, C. (Hrsg.), Cross-Cultural Studies of Personality, Attitudes and Cognition. New York 1988, S. 60-95.

Triandis, H. C. / Gelfand, M. J., Converging Measurement of Horizontal and Vertical Individualism and Collectivism, in: Journal of Personality and Social Psychology, Jg. 74 1998, Nr. 1, S. 118-128.

Trompenaars, F. / Hampden-Turner, C., Riding the Waves of Culture - Understanding Diversity in Global Business, 2. Aufl., 1997.

Truch, A. / Batram, D. / Higgs, M., Personality and Knowledge Sharing, in: Truch, E. (Hrsg.), Leveraging Corporate Knowledge, Aldershot 2004, S. 131-143.

Turowski, G., Raumplanung/Gesamtplanung, in: Handwörterbuch der Raumordnung, Hannover 2005, S. 893-898.

Unbehauen, H. / Hackspacher, S., Von der Umweltbildung zu einer Bildung für nachhaltige Entwicklung (BNE) – eine Bestandsaufnahme, in: Beiträge RN, 2008, Nr. 5, S. 95-104.

United Nations, Resolutions adopted by the General Assembly. Report of the World Commission on Environment and Development, abrufbar unter: http://www.un-documents.net/a42r187.htm.

Dies., The Global Compact Report on Progress and Activities (2002), abrufbar unter: http://www.wfsgi.org/_wfsgi/new_site/meetings/Meet_sum02/UN_Global_compact_progress/ProgressReport_July_2002_pdf.

United Nations Development Programme, Bericht über die menschliche Entwicklung 2000, Bonn 2000.

Ders., Bericht über die menschliche Entwicklung 2002. Stärkung der Demokratie in einer fragmentierten Welt. Bonn 2002.

Ders., Human Development Report 2007/2008: Fighting climate change, New York 2008.

United Nations Environment Programme, A Global Green New Deal, Nairobi 2009.

United Nations Educational, Scientific and Cultural Organization (Hrsg.), World Declaration on Education for All and Framework for Action to Meet Basic Learning Needs. Adopted by the World Conference on Education for All (WCEFA), Jomtien, Thailand, 5-9 March 1990, abrufbar unter: http://www.unesco.org/education/pdf/JOMTIE_E.PDF.

Dies., UNESCO World Report: Towards Knowledge Societies, Paris 2005.

Dies., EFA Global Monitoring Report 2009, Paris 2008.

Dies., Bonn Declaration. World Conference on Education for Sustainable Development held in Bonn, Germany on 31 March to 2 April 2009, abrufbar unter: http://www.unesco.de/bonner_erklaerung.html?&L =0.

United Nations Global Compact, The 9 Principles, abrufbar unter: http://www.wfsgi.org/_wfsgi/new_site/meetings/Meet_sum02/UN_Global_compact_progress/thenine.htm.

Unsworth, S., Rethinking Governance to Fight Corruption, U4 Brief 7/2007, Bergen 2007.

Valasek, T., What Europe wants from President Obama, Policy Brief, Centre for European Reform, Brussels 2008.

Varela, F. J. / Maturana, H. R. / Uribe, R., Autopoiesis: The organization of living systems, its characterization and a model, in: Biosystems, 1974, No. 5, S. 187-196.

Vasconcelos, A. de / Zaborowski, M. (Hrsg.), European perspectives on the new American foreign policy agenda, ISS Report No. 04, Paris 2009.

Vester, F., Das kybernetische Zeitalter. Neue Dimensionen des Denkens, Frankfurt/Main 1974.

Ders., Die Kunst vernetzt zu denken. Ideen und Werkzeuge für einen neuen Umgang mit Komplexität, Stuttgart 2001.

Vitek, W. / Jackson, W. (Hrsg.), The virtues of ignorance. Complexity, sustainability, and the limits of knowledge, Lexington 2008.

Vossenkuhl, W., Ökonomische Rationalität und moralischer Nutzen, in: Lenk, H. / Maring, M. (Hrsg.),Wirtschaft und Ethik, Stuttgart 2000, S. 186-213.

Wagner H., Philosophie und Reflexion, München 1959.

Ders., Die Würde des Menschen, Würzburg 1992.

Waltner-Toews, D. et al. (Hrsg.), The ecosystem approach. Complexity, uncertainty, and managing for sustainability, New York 2008.

Wedeman, A., Looters, Rent-Scrapers, and Dividend Collectors: Corruption and Growth in Zaire, South Korea, and the Philippines, in: The Journal of Developing Areas, Vol. 31 1997, No. 4, S. 457-478.

WEED – Weltwirtschaft, Ökologie & Entwicklung e.V., Unternehmen in der Pflicht. Internationale Ansätze zur (Selbst-)Regulierung der Wirtschaft, Bonn 2000.

Ders., Die Umverteilungsmaschine. Finanzmärkte und Verschuldung. Fakten, Analysen, Alternativen, Bonn/Berlin 2003.

Weidenfeld, W., (Hrsg.), Nizza in der Analyse (inkl. CD-ROM), Gütersloh 2001.

Ders. (Hrsg.), Die Europäische Verfassung in der Analyse, Gütersloh 2005.

Ders. (Hrsg.), Lissabon in der Analyse – Der Reformvertrag der Europäischen Union, Baden-Baden 2008.

Weltkommission für Internationale Migration, Migration in einer interdependenten Welt. Neue Handlungsprinzipien, Berlin 2006.

Welzer, H., Klimakriege. Wofür im 21. Jahrhundert getötet wird, Bonn 2008.

Wieczorek-Zeul, H., Aufgaben und Ziele Globaler Strukturpolitik im 21. Jahrhundert, in: Betz, J. / Brüne, S. (Hrsg.), Jahrbuch Dritte Welt 2000, München 1999, S. 20-38.

Dies., Regierungen als Akteure einer Weltsozialpolitik, in: terre des hommes et al. (Hrsg.), Kopenhagen + 5, Bonn 2000, S. 12-17.

Dies., Damit schadet Europa sich selbst, in: Generalanzeiger Bonn, 17. Juli 2009.

Wilhelm, J., Im Schildkrötengang. Ethik und Notwendigkeit der Nothilfe, Süddeutsche Zeitung, 11. Juni 2009.

Ders., Die Ambivalenz religiöser Einflüsse auf friedlichen Wandel und globale Entwicklung, in: Wilhelm, J. / Ihne, H. (Hrsg.), Religion und globale Entwicklung, Berlin 2009.

Willke, H., Organisierte Wissensarbeit, in: Zeitschrift für Soziologie, Jg. 27 1998, Nr. 3, S. 161-17.

Ders., Atopia. Studien zur atopischen Gesellschaft, Frankfurt/Main 2001.

Ders., Dystopia. Studien zur Krisis des Wissens in der modernen Gesellschaft, Frankfurt/Main 2002.

Ders., Smart Governance. Governing the Global Knowledge Society, Frankfurt / New York 2007.

Winters, A. / Yusuf, S., Dancing with Giants. China, India, and the global economy, Washington D.C. 2007.

Wissenschaftlicher Beirat der Bundesregierung Globale Umweltveränderungen, Climate change as a security risk, London 2008.

Ders., Zukunftsfähige Bioenergie und nachhaltige Landnutzung, Berlin 2008.

Wodon, Q. (Hrsg.), Migration, Remittances and Poverty: Case Studies, Washington D.C. 2008.

Wodon, Q. et al., Water Tariffs, Alternative Service Providers and the Poor, Case Studies of Sub Sahara Africa, Washington D.C. 2007.

Wolff, P., The Financial Crisis and Developing Countries, DIE Briefing Papers Nr. 2/08, Berlin 2008.

Woods, N., From intervention to cooperation: reforming the IMF and World Bank, Progressive Governance, London 2008.

World Bank, Sub-Sahara Africa. From Crisis to Sustainable Growth, Washington D.C. 1989.

Dies., Governance and Development, Washington D.C. 1992.

Dies., Knowledge for Development: World Development Report 1998/99, New York 1999.

Dies., Helping Countries Combat Corruption. Progress at the World Bank since 1997, Washington D.C. 2000.

Dies., Review of World Bank Conditionality. Washington D.C. 2005.

Dies., Agriculture for Development, World Development Report 2008, Washington D.C. 2007.

Dies., Strengthening World Bank Group Engagement on Governance and Anticorruption, Washington D.C. 2007.

Dies., A Decade of Measuring the Quality of Governance. Worldwide Governance Indicators, 1996-2006, Washington D.C. 2007.

Dies., Global Monitoring Report 2008. MDGs and the Environment. Agenda for Inclusive and Sustainable Development, Washington D.C. 2008.

Dies., Migration and Remittances Factbook, Washington D.C. 2008.

World Commission on Environment and Development, Our common future, Oxford 1987.

Yaro A. J., Development as Push and Pull Factor in Migration, 2009, abrufbar unter: http://www.migration-boell.de/web/migration/46_1910.asp.

Yepes, T. / Pierce, J. / Foster, V., Making Sense of Sub-Saharan Africa's Infra-structur Endowment. A Benchmarking Approach, Africa Infrastructure Country Diagnostic (AICD), Washington D.C. 2008.

Yli-Renko, H. / Autio, E. / Sapienza, H. J., Social Capital, Knowledge Acquisition, and Knowledge Exploitation in Young Technology-Based Firms, in: Strategic Management Journal, 2001, Nr. 22, S. 587-613.

Yunus, M., Die Armut besiegen, München 2008.

Zahrnt, A., Nachhaltigkeit: Kein semantischer Goldstaub, sondern eine Modernisierungsstrategie – auch für die berufliche Bildung. Vortrag anlässlich der 13. Hochschultage für berufliche Bildung am 10.3.2004, abrufbar unter: http://www.bibb.de/redaktion/nachhaltigkeit/vortrag_zahrnt.pdf.

Dies., Bildung als Schrittmacher für nachhaltige Entwicklung. Vortrag anlässlich der Veranstaltung der SPD Bundestagsfraktion „Bildung für eine nachhaltige Entwicklung" am 14.6.2004, abrufbar unter: http://www.nachhaltigkeitsrat.de/veroeffentlichungen/reden-praesentationen/reden-2004/angelika-zahrnt-bildung-als-schrittmacher-fuer-nachhaltige-entwicklung.

Zeleny, M., Knowledge of Enterprise: Knowledge Management or Knowledge Technology?, in: Menkhoff, T. / Evers, H.-D. / Chay, Y. W. (Hrsg.), Governing and Managing Knowledge in Asia. Series on Innovation and Knowledge Management, Vol. 3, New Jersey / London 2005.

Zewell, R. (Hrsg.), Islam – Die missbrauchte Religion, München 2001.

Zoellick, R., Time to herald the Age of Responsibility, in: Financial Times, 25 January 2009.

Zöpel, C., Politik mit 9 Milliarden Menschen in Einer Weltgesellschaft, Berlin 2008.

Autorenhinweise

Prof. Dr. iur. **Theo Blank**, Rechtsanwalt und Honorarprofessor für Staats- und Verfassungsrecht an der Fachhochschule für öffentliche Verwaltung NRW, war Mitglied der Hauptgeschäftsführung des Deutschen Städte- und Gemeindebundes, Gründungspräsident der Deutschen Welle-Akademie und 20 Jahre Mitglied des Deutschen Bundestages.

Prof. Dr. **Tobias Debiel** ist Direktor des Instituts für Entwicklung und Frieden (INEF) und Professor für Internationale Beziehungen und Entwicklungspolitik an der Universität Duisburg-Essen. Zuvor war er u.a. Leiter der Forschungsgruppe Governance and Conflict am Zentrum für Entwicklungsforschung (ZEF) der Universität Bonn. Zu seinen Arbeitsschwerpunkten gehören Staatsversagen und gewaltsame Konflikte, Staatsbildung und Governance-Förderung in Nachkriegsgesellschaften, UN-Friedensoperationen, Souveränität und Intervention im Zeichen von Global Governance, Krisenprävention und Konfliktbearbeitung in der deutschen Außen- und Entwicklungspolitik.

Dr. phil. habil. **Eckhard Deutscher** ist seit 2008 Vorsitzender des Entwicklungsausschusses der OECD in Paris. Zuvor studierte er Sozialwissenschaften, Philosophie und Erziehungswissenschaften in Frankfurt/Main. Von 1978-1985 Hochschulassistent sowie von 1986-1990 Auslandsmitarbeiter der Friedrich-Ebert-Stiftung in Costa Rica. Zischen 1991 und 2000 war Herr Deutscher als Abteilungsleiter bei der Deutschen Stiftung für Internationale Entwicklung (heute Inwent) und von 2001-2003 als Berater des Deutschen Exekutivdirektors bei der Weltbank tätig. Zwischen 2003 und 2007 bekleidete er selbst das Amt des Deutschen Exekutivdirektors bei der Weltbank.

Prof. Dr. **Hans-Dieter Evers** ist Professor Emeritus für Entwicklungsplanung und Entwicklungspolitik, Senior Fellow am Zentrum für Entwicklungsforschung (ZEF) der Universität Bonn sowie Honorarprofessor für Soziologie an der Universitas Indonesia. Zuvor lehrte er Soziologie an den Universitäten Bielefeld, Yale, Monash in Melbourne und der National University of Singapore. Er ist Mitglied der Knowledge for Development (K4D) Arbeitsgruppe der Abteilung Politischer und Kultureller Wandel des ZEF und der Lee Kong Chian School of Business der Singapore Management University.

Prof. Dr. **Solvay Gerke** ist Professorin für Entwicklungsforschung, Honorarprofessorin für Entwicklungssoziologie an der Universität von Indonesien in Jakarta sowie Direktorin am Zentrum für Entwicklungsforschung (ZEF) der Universität Bonn. Sie war zuvor Professorin für Südostasienwissenschaft, Direktorin des Seminars für Orientalische Sprachen an der Universität Bonn und lehrte davor Soziologie an der Andalas Universität in Indonesien. Zudem ist sie Mitglied der Knowledge for Development (K4D) Arbeitsgruppe der Abteilung Politischer und Kultureller Wandel des ZEF und der Lee Kong Chian School of Business, Singapore Management University.

Prof. Dr. **Wolfram Hilz** ist seit April 2005 ordentlicher Professor für Politische Wissenschaft, mit den Schwerpunkten Internationale Beziehungen, Außenpolitik- und Integrationsforschung an der Universität Bonn. Zuvor studierte er Politische Wissenschaft, Geschichte und Recht in München. Im Anschluss arbeitete er als Wissenschaftlicher Mitarbeiter an der Universität der Bundeswehr in Neubiberg sowie an der TU Chemnitz.

Prof. Dr. **Pierre L. Ibisch** lehrt seit 2004 als Professor für Naturschutz an der FH Eberswalde, ist Begründer des MSc-Studiengangs Global Change Management sowie seit 2007 Dekan des Fachbereichs für Wald und Umwelt. Ab 2009 als Forschungsprofessor zum Thema Biodiversity and Natural Resource Management under Global Change berufen. Zuvor studierte er von 1986-1992 Biologie an der Universität Bonn. Insgesamt war er neun Jahre in der Entwicklungszusammenarbeit tätig (GTZ, CIM; Bolivien).

Prof. Dr. **Hartmut Ihne**, geb. 1956, ist seit 2008 Präsident der Hochschule Bonn-Rhein-Sieg und seit über 20 Jahren in Theorie und Praxis der internationalen Zusammenarbeit tätig. Er lehrt seit 1986 an verschiedenen Hochschulen Wirtschaftsethik, politische Philosophie, Entwicklungspolitik und Politikberatung. Zuvor studierte Hartmut Ihne u.a. Philosophie, Politische Wissenschaften, Germanistik und Elektrotechnik in Bonn, Neuchâtel, Bern, Siegen und Oxford. Von 1987-1994 war er Büroleiter bei Prof. Dr. Uwe Holtz, Vorsitzender des Bundestagsausschusses für wirtschaftliche Zusammenarbeit; von 1994-1996 Projektleiter eines Minderheitenrechteprojekts des Schweizerischen Nationalfonds an der Universität Bern; von 1996-2004 Geschäftsführer der Zentren für Entwicklungsforschung und Europäische Integrationsforschung der Universität Bonn (unter dem Dach des Internationalen Wissenschaftsforum Bonn) und bis 2008 Direktor von ZEFConsult am Zentrum für Entwicklungsforschung der Universität Bonn.

Prof. Dr. **Detlev Karsten**, Jahrgang 1935, Dipl. Wirtsch. Ing. (1959) sowie Dr. rer. pol. (1964) an der T.H. Darmstadt. Von 1975 bis zur Emeritierung 2001 Professor für Wirtschaftswissenschaft und Didaktik der Wirtschaftslehre an der P.H. Rheinland, ab 1990 Universität Bonn. Davor lehrte er von 1970-75 an der T.U. Stuttgart und habilitierte dort 1972. Von 1964-70 war er Professor für Wirtschaftswissenschaft an der Universität in Addis Abeba. Seine Arbeitsgebiete umfassen Entwicklungs-, Umwelt-, Wirtschaftsordnungspolitik und Didaktik.

Karin Kortmann, Jahrgang 1959, von 1998-2009 Mitglied des Deutschen Bundestages und von 2005-2009 Parlamentarische Staatssekretärin im Bundesministerium für wirtschaftliche Zusammenarbeit und Entwicklung (BMZ). Die Düsseldorferin ist verheiratet und hat zwei Kinder. Von 2002-2005 war sie Sprecherin für Wirtschaftliche Zusammenarbeit und Entwicklung der SPD Bundestagsfraktion; von 1999-

2002 Sprecherin ihrer Fraktion in der Enquete-Kommission des Deutschen Bundestages „Zukunft des Bürgerschaftlichen Engagements".

Die Bundestagsabgeordnete engagiert sich in zahlreichen Gremien. Unter anderem ist sie Mitglied des Zentralkomitees der deutschen Katholiken (ZdK), dort seit 2001 Sprecherin für politische Grundfragen. Für die Bundesregierung ist Karin Kortmann Gouverneurin der afrikanischen, asiatischen, interamerikanischen und karibischen Entwicklungsbanken.

Professor Dr. **Ludger Kühnhardt** is Director at the Center for European Integration Studies (ZEI) of the Rheinische Friedrich-Wilhlems-University Bonn. He studied history, political science and philosophy in Bonn, Geneva, Harvard and Tokyo; PhD and postdoctoral lecture qualification in political science. From 1987 to 1989 he worked as speechwriter for the President of the Federal Republic of Germany, Richard von Weizsäcker. Kühnhardt was chair for Political Science at the Albert-Ludwigs-University Freiburg between 1991 and 1997. His main research covers issues of European integration, the global comparison of regional integration groupings as well as questions of political theory and German contemporary history.

Prof. Dr. **Gerd Langguth** ist Autor zahlreicher Bücher zur deutschen und internationalen Politik, zuletzt: Angela Merkel, München 2005 (Neuauflage 2007), Horst Köhler-Biografie, München 2007, Kohl-Schöder-Merkel. Machtmenschen, München 2009. Er unterrichtet Politische Wissenschaft an der Universität Bonn. Frühere politische Positionen (u.a.): Mitglied des Deutschen Bundestags, Direktor der Bundeszentrale für politische Bildung, Staatssekretär und Bevollmächtigter des Landes Berlin beim Bund, Leiter der Vertretung der Europäischen Kommission in der Bundesrepublik Deutschland, Geschäftsführender Vorsitzender der Konrad-Adenauer-Stiftung.

Prof. Dr. rer. soc. **Thomas Menkhoff** lehrt als Practice Associate Professor of Organizational Behaviorand Human Resources an der Singapore Management University, vormals an der National University of Singapore, der Universität zu Köln und Universität Bielefeld. Er ist Mitglied der Knowledge for Development (K4D) Arbeitsgruppe der Abteilung Politischer und Kultureller Wandel des ZEF und der Lee Kong Chian School of Business, Singapore Management University.

Prof. Dr. **Dirk Messner**, Director of the German Development Institute in Bonn (www.die-gdi.de), Vice-Chair of the German Advisory Council on Global Change (Wissenschaftlicher Beirat der Bundesregierung Globale Umweltveränderungen; www.wbgu.de), member of the China Council for International Cooperation on Environment and Development (CCICED) and professor for political science at the University of Duisburg-Essen.

Prof. em. Dr. phil. **Franz Nuscheler**, Studium der Politikwissenschaft, der Geschichte und des Öffentlichen Rechts in Heidelberg; 1974-2003 Lehrstuhl für Internationale und Vergleichende Politik an der Gerhard-Mercator-Universität Duisburg; 1990-2005 Direktor des INEF (Institut für Entwicklung und Frieden); Senior Fellow des INEF und der Johannes Kepler Universität Linz; zusammen mit Uwe Holtz Träger des Verdienstordens von NRW.

M.A. **Birgit Pech** ist Wissenschaftliche Mitarbeiterin am Institut für Entwicklung und Frieden (INEF). Zuvor war sie Mitarbeiterin der Deutschen Gesellschaft für Technische Zusammenarbeit (GTZ) und des Deutschen Entwicklungsdienstes (DED) in Kenia. Ihre Arbeitsschwerpunkte sind Nord-Süd-Beziehungen, deutsche Entwicklungspolitik, Demokratisierung und Governance mit Schwerpunkt auf Sub-Sahara Afrika.

Prof. Dr. **Winfried Pinger**, Universitätsprofessor in Bielefeld. Vorstandsvorsitzender der AFOS-Stiftung; Vorsitzender des Kuratoriums der Hesse-Stiftung, der Schmitz-Stiftung sowie der Aktion 2015; in der Zeit von 1982-1998 entwicklungspolitischer Sprecher der CDU/CSU-Bundestagsfraktion.

Dr. **Winfried Polte**, Studium der Wirtschafts- und Sozialwissenschaften an der Universität zu Köln. Seit 1974 bei der KfW Bankengruppe vor allem im Bereich der Entwicklungszusammenarbeit tätig, zuletzt als Bereichsleiter für Afrika/Naher Osten/Lateinamerika sowie Karibik und von 2001-2009 Sprecher der Geschäftsführung der Deutschen Investitions- und Entwicklungsgesellschaft mbH (DEG) in Köln.

Dr. **Hermann Scheer** ist Mitglied des Deutschen Bundestags, ehrenamtlicher Präsident der Europäischen Vereinigung für Erneuerbare Energien EUROSOLAR und Vorsitzender des Weltrates für Erneuerbare Energien WCRE. Er ist Wirtschafts- und Sozialwissenschaftler und wissenschaftlicher Publizist. Hermann Scheer hat eine Ehrenprofessur und zwei Ehrendoktortitel. Für sein jahrelanges internationales Engagement für erneuerbare Energien ist er mit dem Alternativen Nobelpreis und zahlreichen weiteren Preisen ausgezeichnet worden.

Bernd Schleich ist seit Mai 2002 Geschäftsführer der InWEnt – Internationale Weiterbildung und Entwicklung gGmbH. Zuvor war er seit 1992 Geschäftsführer bei der Carl Duisberg Gesellschaft e.V. (CDG). Er studierte Sozialwissenschaften und Wirtschaftspädagogik an der Universität Göttingen. Bernd Schleich ist Mitglied des Steering Comittees des Managerkreises der Friedrich-Ebert-Stiftung und des Vorstandes des Afrika-Vereins der deutschen Wirtschaft.

Prof. Dr. **Wiltrud Terlau** ist Professorin der Volkswirtschaftslehre, Internationale und Nachhaltige Entwicklung, Mitgründerin des Studiengangs MBA in NGO-Management sowie seit 2009 Vizepräsidentin für Internationalisierung und Internationale Zusammenarbeit an der Hochschule Bonn-Rhein-Sieg. Zuvor war sie im Bundeswirtschaftsministerium für die Koordinierung der Europäischen Strukturfonds auf nationaler und europäischer Ebene verantwortlich. Weiterhin hat sie in der Wirtschaftsabteilung der OECD in Paris und der Afrika-Abteilung der Weltbank, im Bereich Wasser-Ressourcen-Management in Washington D.C./USA gearbeitet. Darüber hinaus war sie am Rheinisch-Westfälischen Institut für Wirtschaftsforschung tätig, hat das Zentrum für Angewandte Wirtschaftswissenschaften (ZAW) der Hochschulen Köln und Bonn-Rhein-Sieg mitbegründet sowie an der Coastal Carolina University (South Carolina/USA) gelehrt und geforscht. Ihre Forschungs- und Beratungsgebiete sind Entwicklungszusammenarbeit, Umwelt- und Klimaschutz, Energiepolitik, Biodiversität und Wasser-Ressourcen-Management.

Heidemarie Wieczorek-Zeul ist seit 1987 Mitglied des Deutschen Bundestages und war von 1998-2009 Bundesministerin für wirtschaftliche Zusammenarbeit und Entwicklung. Bis 1974 unterrichtete sie als Lehrerin Englisch und Geschichte. Von 1974-1977war sie Bundesvorsitzende der Jungsozialisten sowie von 1979-1987 Mitglied des Europäischen Parlaments. Zwischen 1987 und 1998 arbeitete Frau Wieczorek-Zeul als Europapolitische Sprecherin der SPD-Bundestagsfraktion.

Dr. jur. **Jürgen Wilhelm**, geb. 1949, seit 1998 Geschäftsführer des Deutschen Entwicklungsdienstes. Studium der Rechtswissenschaften and der Universität Köln, Referent und Referatsleiter im BMZ (1979-1997) und im Bundeskanzleramt (Abteilung für Außen und Sicherheitspolitik, 1982-1983). Außerdem von 1984-1999 sowie seit 2005 Vorsitzender der Landschaftsversammlung Rheinland. Seit 2000 Vorsitzender der Kölnischen Gesellschaft für Christlich-Jüdische Zusammenarbeit. Lehrbeauftragter für Politische Wissenschaften, insbesondere Entwicklungspolitik, an den Universitäten Bonn (bis 2008) und Düsseldorf.

Dr. **Christoph Zöpel**, freier Publizist, geb. 1943, Studium Wirtschaftswissenschaften, Philosophie, Öffentliches Recht, 1969 Dipl.-Ökonom, seit 1974 Dr. rer. oec. Seit 2006 Lehrbeauftragter an der TU Dortmund sowie seit 2009 Lehrbeauftragter an der Universität Duisburg. Zuvor war er Staatsminister im Auswärtigen Amt (1999-2002) und Mitglied des Deutschen Bundestages (1990-2005). Landespolitisch engagierte er sich von 1978-1990 als Minister des Landes NRW und Mitglied des Landtages (1972-1990). Davor war er Wissenschaftlicher Assistent an der Ruhr Universität Bochum und Akademischer Rat der Universität Essen.